专利信息利用高级培训教材

专利信息利用技能

杨铁军　主　编

曾志华　副主编

知识产权出版社

内容提要

本书由国家知识产权局具有丰富检索及相关教学经验的人员编写，介绍了利用专利信息所需的基本技能，包括专利信息检索的基本思路和策略、常用专利信息检索工具以及常用的专利信息检索方法，除此之外，还通过实例介绍了专利信息分析中使用的各种方法。

本书是专利信息检索领域的权威教材，也可作为企业、科研机构、高等院校等机构的信息检索专业教材。

责任编辑：黄清明　　　　　　责任校对：董志英

装帧设计：张　冀　　　　　　责任出版：卢运霞

图书在版编目（CIP）数据

专利信息利用技能/杨铁军主编 . —北京：知识产权出版社，2011.5（2012.4 重印）

专利信息利用高级培训教材

ISBN 978 - 7 - 5130 - 0409 - 1

Ⅰ.①专…　Ⅱ.①杨…　Ⅲ.①专利 - 情报检索 - 技术培训 - 教材　Ⅳ.①G252.7

中国版本图书馆 CIP 数据核字（2011）第 027891 号

专利信息利用技能
Zhuanli Xinxi Liyong Jineng

主　编　杨铁军

副主编　曾志华

出版发行：知识产权出版社

社　　址：北京市海淀区马甸南村 1 号　　　　　　邮　编：100088

网　　址：http：//www. ipph. cn　　　　　　　　邮　箱：bjb@ cnipr. com

发行电话：010 - 82000860 转 8101/8102　　　　　传　真：010 - 82005070/82000893

责编电话：010 - 82000860 转 8117　　　　　　　责编邮箱：hqm@ cnipr. com

印　　刷：北京富生印刷厂　　　　　　　　　　　经　销：新华书店及相关销售网点

开　　本：787mm×1092mm　1/16　　　　　　　印　张：29

版　　次：2011 年 5 月第 1 版　　　　　　　　　印　次：2012 年 4 月第 2 次印刷

字　　数：600 千字　　　　　　　　　　　　　　定　价：78.00 元

ISBN 978 - 7 - 5130 - 0409 - 1/G · 387（3320）

本书编写组

主　　编：杨铁军

副主编：曾志华

主　　审：黄迎燕　吴泉洲　郝显义　霍庆云

　　　　　那　英　王一民　刘勇刚　章　璠

　　　　　蔡小鹏　佟一强　陈卫明

成　　员：（以章节为序）

　　　　　黄迎燕（第一章）

　　　　　盖　爽　那　英（第二章）

　　　　　宋瑞玲　姚　文　那　英（第三章）

　　　　　贾丹明（第四章）

　　　　　闫晓苏（第五章）

　　　　　吴泉洲（第六章）

　　　　　李　鹏（第七章）

　　　　　宋瑞玲（第八章）

　　　　　陈卫明（第九章）

　　　　　陈　燕（第十章）

序

随着知识经济日新月异发展与全球化进程的不断加快，知识产权在技术创新和经济发展中的地位日益重要。专利制度是知识产权制度的重要组成部分，作为一项激励和保护技术创新的法律制度，在各国经济发展中受到高度关注。

专利信息资源是专利制度的产物，它蕴涵着丰富的技术、法律、商业信息，已成为与生产资料、资本资源、人力资源并列的独特的资源。目前，全球专利信息资源包括 7 000 多万份专利文献，是一个巨大的信息资源宝库。在我国加快转变经济发展方式、调整产业结构优化升级的过程中，如何把专利信息资源中所传达的信息变为推动经济、科技发展的动力，为传统产业的振兴和新兴产业的发展，提供科学的路径和手段，为国民经济发展提供更直接、更深入、更有效的支持，就成为专利信息传播与利用的根本目的。因此，要做好专利信息传播与利用，促进专利信息在政府机构、科研院所、企业及公众中的有效利用，关键在于专利信息利用人才的培养和使用，这是知识产权工作的最重要组成部分。

为切实增强全社会专利信息利用的能力，提高专利信息服务从业人员为政府决策、技术创新、项目研发、产业投资、市场开拓、出口贸易等活动服务的水平，国家知识产权局组织有关专家编写本书，希望本书的出版，一方面能够完善专利信息传播利用培训体系，提高培训质量和水平；另一方面规范专利信息传播与利用理论和技能的相关概念，提高从业人员解决实际问题的能力。

愿专利信息服务能为国家的经济增长与繁荣发挥出更大的作用。

杨铁军

前　　言

　　近年来，为满足社会各界对专利信息传播与利用技能的需求，国家知识产权局、地方知识产权局以及其他相关机构每年面向全国的政府机构、科研院所、企业及个人大力开展专利信息检索、分析等技能的培训。为配合培训工作规范化、标准化的开展，特编写本教材。本教材一套共分3册分别为《专利信息利用导引》、《专利信息利用技能》和《专利信息利用实践》，目前出版的是导引和技能两个部分，其中导引部分内容涵盖世界主要国家和地区专利制度、专利文献知识、网上主要专利信息检索资源概要以及专利信息检索和分析理论；技能部分内容涵盖专利信息检索策略、因特网上中国专利信息资源检索及专利分类使用讲解，以及专利性检索、专利技术信息检索、同族专利检索、法律状态检索、引文检索、外观设计检索的思路与方法，还包括专利信息分析实务。本教材编写采取理论与技能相结合、重在应用的基本原则，辅以案例的讲解，适合具备一定专利信息基本知识的本关人员学习使用，是一套学以致用的实用性教材。

　　本教材由国家知识产权局专利局专利文献部具体负责组织编写，其中曾志华为总策划，曾志华、黄迎燕负责结构框架设计。《专利信息利用技能》各章编撰分工如下：第一章由黄迎燕完成，第二章由盖爽、那英完成，第三章由宋瑞玲、姚文、那英完成，第四章由贾丹明完成，第五章由闫晓苏完成，第六章由吴泉洲完成，第七章由李鹏完成，第八章由宋瑞玲完成，第九章由陈卫明完成，第十章由陈燕完成。

　　参加本教材编写的人员虽然多年从事专利文献信息研究与服务工作，但编写过程中难免有疏漏和不当之处，恳请广大读者批评指正。

曾志华

目　　录

第一章　专利信息检索策略的制定及其实施

专利信息检索是利用各种检索工具，从大量的专利信息中查找出用户所需的特定信息的过程。高效的专利信息检索过程应以完善的专利信息检索策略为基础，而且好的检索策略能使检索过程达到最优化。

第一节　专利信息检索的基本内容

专利信息检索的实质是将用户头脑中的信息需求转化为具体的检索行为。因此在进行专利信息检索时，首先要将信息需求转变成检索提问特征，即检索要素，然后与专利数据库中存储的数据进行比较，从中找出与检索要素一致或基本一致的专利信息。为此要制定一个全面的检索方案并实施，再将最终结果整理并应用。

一、专利信息检索策略的制定

（一）检索要素

检索要素是指从信息需求的技术内容及相关线索中分解、提炼出来的、能表达信息需求的、可检索的要素。简单地说，检索要素就是通过技术主题分析所得到的基本检索信息，此外，也包括申请人、发明人、日期及号码等检索信息。

（二）检索策略

从广义上说，专利信息检索策略就是为实现专利信息检索目标而制定的全盘计划或方案。专利信息检索策略是建立在充分分析检索课题信息需求基础之上的一系列科学措施：从发掘检索目的入手，进而确定检索要素及其相互间的逻辑关系，选择检索系统，科学运用检索技术，构建合理的检索式，最终给出检索的最佳实施方案。

从狭义上而言，则是把由检索要素和逻辑运算符号构建的检索式称为专利信息检索策略。

（三）制定检索策略的必要性

制定检索策略是进行专利信息检索的核心内容之一。在进行专利信息检索时，由于用户的信息需求与文献标识之间的匹配工作是由机器完成的，因此用户信息需求的提问语言必须是计算机能够理解的语言。

虽然，目前专利信息检索系统的功能都比较强大，特别是自由词检索功能的完善，人们可以用自然语言表达信息需求而进行专利信息检索。例如：检索 led 日光灯方面的中国专利，直接将"led 日光灯"输入到因特网上的中国专利检索系统中，如图 1-1 所示，可以检索到一些相关的中国专利。

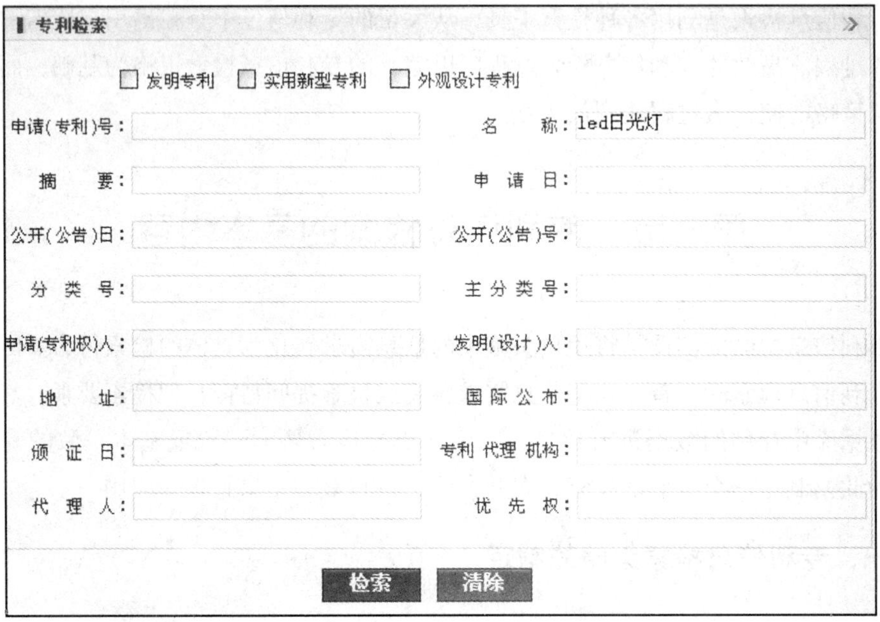

图 1-1 在中国专利检索系统中检索"led 日光灯"

但是这样的检索并不全面和完善，因为计算机只是从字面上、表面上理解检索需求，它无法理解这种日光灯是用 led 还是用发光二极管制造的，所以这种自然语言的检索结果只能找到一小部分有用信息；如果是技术专指度较高的检索，有时甚至检索不到有用信息。目前，智能检索还不能深入地理解人类自然语言背后的内容，随着科学技术的进步，智能检索技术会不断地完善并且会越来越准确地理解人类自然语言。

因此，要将用户的信息需求转换为检索要素，并运用检索技术正确表达检索要素之间的关系，这样计算机才能够理解检索者的意图。

制定检索策略所要解决的问题是让计算机理解用户信息需求，所以专利信息检索质量虽然主要取决于检索者的检索知识、经验和能力，但是在进行检索时如果能拟订周密的检索策略，并用计算机能够理解和运算的形式表达用户信息需求，成功的专利信息检索就有了一定的保证。

（四）制定检索策略的一般步骤

制定一个成功的专利信息检索策略，前提条件是要了解信息检索系统的收录范围及其基本性能。其基础是要全面分析检索课题的内容要求，明确检索目的，其核心内容是要正确选择能表达用户信息需求的检索要素，合理使用检索技术进行逻辑组配并构建尽可能精确与完整的检索式。

1. 分析检索课题的信息需求

分析检索课题的信息需求，就是要明确检索课题的内容要求和检索目的，确定检索课题的技术主题内容、应用的范围、地域性和时间性。

2. 分析检索课题的技术主题，确定检索要素

根据信息需求分析的结果，确定表达各种信息需求内容的检索要素，例如：技术主题内容，应用范围、国家范围和时间范围等。

3. 选择信息检索系统

根据信息需求分析的结果，围绕检索目的、应用领域和时间等特征，在分析各类检索系统性能的基础上选择合适的专利信息检索系统。

4. 构建检索式

根据所确定的检索要素以及逻辑运算符号，正确构建相应的检索策略。

二、检索策略的实施及优化

（一）实施检索策略

根据所制定的检索策略及检索式，在检索系统中正确输入检索要素，检索出一批相关的专利信息。

（二）优化检索策略

浏览检索结果中的题目和文摘，并根据信息需求加以筛选，若检索结果没有满足信息需求，应及时修改或调整检索策略，然后按照新的检索策略再行检索，直到实现检索目的为止。

三、检索结果的整理及应用

（一）检索结果的输出

在检索结果中，筛选出符合信息需求的相关专利信息，选择相关著录项目，例如申请人、发明人、申请号、公开号、发明名称、摘要、分类号、引文等项内容，输出检索结果。

（二）检索结果的整理

将所获得的检索结果加以系统整理，作出相应的检索报告并进行最终应用。

第二节　检索课题的信息需求分析

在进行专利信息检索、制定检索策略时，应首先对检索课题的信息需求进行认真的分析研究，这个环节十分必要而且重要。所谓信息需求分析是指将反映信息需求的主体因素及其他因素挖掘出来，以便将其转换成相应的检索要素。

一、信息需求分析的必要性

专利信息需求与人们的科技、经济活动等所有方面都有密切关系，在开展诸如科研课题立项、技术难题攻关、新产品开发、发明创造申请专利、技术引进、专利侵权纠纷的处理、了解竞争对手的情况、产品出口、专利预警和专利战略研究等工作之前，首先应该查找专利信息。因此，人们的专利信息需求是多方面的，如不同技术领域，不同国家、地域，不同时间跨度的专利信息等。

对检索者来说，检索课题的信息需求分析，是选择检索要素、选择专利数据库、制定检索式、实施检索策略的前提和基础，也是使检索的质量和效果达到最优化的基础。其目的是让检索者了解专利信息检索要解决哪些问题，明确专利信息检索课题的目的与要求，这也是检索课题的信息需求分析的主要任务之一，两者相辅相成，互相促进。

二、检索的主要种类及其选择

因用户的信息需求、检索目的不同而有不同种类的专利信息检索，它主要可分为4种：专利技术信息检索、专利性检索、专利法律状态检索和同族专利检索。

（一）检索的主要种类

1. 专利技术信息检索

是指根据技术主题对专利文献进行检索，从而找出一批相关专利信息的过程。它适用于需要了解创造发明或研究成果的全面发展情况的课题，例如：产品/技术研究开发立项之时、进行专利预警或制定专利战略之前，需要全面了解相关产品、技术或领域的专利信息。这种检索通常要求以查全为主。

2. 专利性检索

是指为确定申请专利的发明创造是否具有新颖性、创造性，通过发明创造的技术主题对包括专利文献在内的全世界范围内的各种公开出版物进行的检索。其目的是找出可进行新颖性、创造性对比的文献。它适用于申请专利、审批专利及宣告专利权无效以及科研立项、成果鉴定、申报奖励、科学评估和调研等活动之前的检索。虽然专利性检索与专利技术信息检索都是从技术主题进行检索，但其对检索结果的要求以查准为主，而且检索过程中伴随着对技术特征的对比。

3. 专利法律状态检索

是指为获取一项专利或专利申请当前所处的法律状态信息所进行的检索，其目的是了解该项专利是否有效。专利法律状态检索属于号码检索，即从专利或专利申请的申请号、文献号、专利号等入手，检索出该项专利或专利申请的法律状态信息。

4. 同族专利检索

是指为获取一项专利或专利申请在其他国家申请专利并被公布等有关情况进行的检索。该检索的目的是找出该专利或专利申请在其他国家受法律保护的情况。同族专利检索也属于号码检索，即从专利或专利申请的优先申请号、文献号、专利号等入手，检索出该项专利或专利申请在其他国家公布的文献（专利）号。虽然同族专利检索与专利法律状态检索同属号码检索，但它们所借助的检索系统和得到的检索结果是不同的。

（二）检索种类的选择

在专利信息应用实践中，为满足不同检索课题的信息需求可将上述各种检索组合起来应用，如将专利技术信息检索与同族专利检索结合，将同族专利检索与专利法律状态检索结合，将专利性检索与专利法律状态检索结合，将专利性检索与专利法律状态检索、同族专利检索结合，将专利技术信息检索与专利法律状态检索、同族专利检索结合，甚至上述4种检索全部结合起来应用。

由此产生出许多综合性检索种类，如：专利族法律状态检索；专利无效诉讼检索；技术引进中的专利信息检索；技术创新中的专利信息检索；产品出口前的专利信息检索；竞争对手研究中的专利信息检索；专利战略研究中的专利信息检索。

第三节　分析技术主题及确定检索要素

明确了信息需求及检索目的，确定了检索种类之后，另一重要任务就是分析技术主题概念、类型和结构，并根据分析结果选取合适的检索要素，准确表达检索要素。

一、技术主题分析与检索要素的提炼

所谓技术主题，就是检索课题要研究的中心技术问题，它还包括要研究的技术特征。技术主题分析的目的就是要根据信息需求，将技术主题/特征分解成主次分明的各个单元概念，排除与信息需求无关的信息，从而确定基本检索要素。所谓基本检索要素是指专利文献中表达技术内容的关键词和分类号。在进行专利技术信息检索和专利性检索时，首先必须进行技术主题分析。

（一）技术主题分析

一般技术主题分析包括：分析技术主题概念；分析技术主题类型；分析复合主题结构。

1. 分析技术主题概念

概念分析就是识别检索课题的真正主题内容，把检索主题分解为若干基本概念，并明确这些基本概念之间的关系。

依据对技术主题概念的理解层次，技术主题分析主要表现为 3 种类型。

（1）一般层技术主题概念分析

一般层技术主题概念分析是技术主题概念分析的基本层面，是从课题描述的字面上分解出检索要素的方法。其任务是分析出技术主题所涉及的、主要的基本概念，并将这些概念确定为基本检索要素。例如，要查询"治疗高血压的中药"，通过课题名称可以分解出"治疗、高血压、中药"这 3 个基本概念，而"中药"的功效就是治病，因此它涵盖了"治疗"的概念，所以这个可以最基本概念就应该确定为"高血压、中药"。

（2）隐含层技术主题概念分析

隐含层技术主题概念分析，是在一般层概念分析的基础上进一步挖掘技术主题概念，因为一些技术主题的实质性内容往往很难从检索课题的表面名称上反映出来。当技术主题所隐含的概念和相关的内容，不能用表面名称的基本层面概念准确表达时，需要从检索课题所属的技术领域、技术主题内容详细描述等作深入分析，然后结合技术主题内容，提炼出能够确切反映技术主题内容的检索概念，并将其确定为基本检索要素。例如，要查询"改型小口充气瓶盖"，就很难从检索课题的表面名称上分解出确切的检索要素，因为从"改型、小口充气"的字面上无法理解技术主题，所以要结合其技术领域、技术主题内容的详细描述作分析。该瓶盖是用于饮料、酒类密封，它的上面有一个凹形槽。因此最后确定的基本概念就是"瓶盖、凹形槽（或凹槽）"。

（3）核心层技术主题概念分析

核心层技术主题概念分析是技术主题分析的最高层次，这个层次的概念分析，主要是针对检索课题的技术特征描述而展开的。该层次分析的目标就是抽象出课题的核心概念，并根据概念之间的同义、近义及蕴涵关系，扩展出与核心概念相关的概念。例如要检索"太阳能热水器"方面的专利信息，这个课题的主题概念，是由"太阳能"这个概念对"热水器"这个概念进行能源种类限定而形成的"太阳能热水器"，因此其核心概念是"热水器"，要将它作为基本检索要素。

一般讲，每个检索课题可能包含一个或多个技术特征或技术特征的组合，因此从技术特征描述入手选取主题概念时，检索者与信息用户应当充分沟通，深入挖掘检索课题所要解决的技术问题和技术效果，选择与技术问题和技术效果密切相关的技术特征和/或技术特征的组合作为基本检索要素。

2. 分析技术主题类型

按照检索课题研究的中心问题划分，技术主题的主要类型包括：

单一主题：如果一个检索课题研究的中心问题只有一个，那么就是单一主题。例如：发光二极管。

多主题：如果一个检索课题研究的中心问题有多个，那么就是多主题。例如：发光二极管、其制造材料及其生产工艺。

复合主题：如果检索课题研究的中心问题表面看只有一个，但其实质上包含着不同技术领域的主题因素，那么就是复合主题。例如：激光在医疗中的应用。

根据各种类型的技术主题确定检索要素时应该注意：确定单一主题和多主题的检索要素时，可将每个主题作为一个检索要素。但是对于复合主题，就需要先分析其主题结构，然后确定检索要素。

3. 分析复合主题结构

复合主题结构，即构成复合主题的各个主题因素及它们的作用和相互关系。复合主题结构分析就是对复合主题类型的课题进一步分析，明确它是由哪些主题因素构成的，各主题因素的作用以及各主题因素之间的关系，也就是对复合主题进行分解和认识的过程。复合主题的主题因素类型主要有：主体因素、通用因素、空间因素、时间因素、文献类型因素。

分析复合主题结构目的在于判断课题的中心、动态部分和限定部分，用以把握技术主题的主要成分和次要成分，从而对课题内容所涉及的技术主题概念进行提炼、精选、取舍，最终确定出基本检索要素。

对于检索者来讲，最合适、最容易掌握的复合主题结构分析方法是主题结构模式法，就是按照事先设计好的主题结构模式提炼相关主题因素，分析主题因素之间的关系。主题结构模式可表述为"主体因素—通用因素—空间因素—时间因素—文献类型因素"。检索课题中包含哪个因素就分析哪个因素，对含有多个因素的要全部分析，以便筛选、确定基本检索要素。

（二）检索要素的确定

所谓检索要素，是指从信息需求的技术内容及相关线索中分解、提炼出来的、能表达信息需求的、可检索的要素。简单地说，检索要素就是通过技术主题分析所得到的基本概念。技术主题的基本概念分解、提炼正确，就能比较容易地确定检索要素。除了技术主题内容之外，还可以把申请人、发明人、日期及号码等，也作为检索要素进行检索。

检索要素是构成检索式的核心组成部分，确定检索要素的目的是保证检索逻辑表达式能精确表达信息需求，提高检索效果。

二、专利信息检索要素的表达

理论上讲，检索要素要转化成具体的、计算机认识的表达符号，例如：词汇、号码或日期等，并将其精确、标准地表达出来，才能进行计算机检索。而专利文献所包含的、描述专利信息的全部外部特征，如申请人、发明人、分类号等，以及内容特征，如名称、文摘、全文中的词汇等，都可以用来表达检索要素。

（一）检索要素的表达类型

一般来讲，专利信息检索要素的表达可以分为以下 4 种类型：分类号、主题词或关键词、公司/人名以及申请号/文献号等。大多数检索系统都针对这 4 种检索要素的表达方式提供相应的检索字段或入口。

通常，表达技术主题检索要素的有关键词和分类号。对于某些特殊技术领域还存在另外的检索要素表达方式，如化学领域中的化学结构式和生物序列。

1. 主题词或关键词

主题词或关键词是代表技术主题或特征等的词汇，是表达专利信息的技术主题内容的检索要素的最常用的方式之一。主题词（或者关键词）是指专利数据中的实词，它可分为标引词和非标引词：标引词是指经过专门标引加工从专利文摘或全文中筛选出来的词；非标引词也称自由词，在中文计算机检索系统中自由词还包括字。有些检索系统允许从标引词入手检索包含该主题词及其同义词的专利信息。

2. 分类号

分类号是代表技术主题所对应的专利分类类别，它也是表达专利信息的技术主题内容的检索要素的最常用的方式之一。在专利领域中，各国使用的分类体系有国际专利分类（IPC）、美国专利分类（USPC）、欧洲专利分类（ECLA）、德温特分类（DC）、中国专利范畴分类等。这种检索要素的分类表达是以 IPC 分类号或其他分类标识为代表，从技术领域的专业角度来表达专利信息。

利用分类号表达检索要素，关键在于要对 IPC 分类或其他分类体系有很好的理解，因为各种专利分类体系都比较专业化，一般使用者使用起来有一定的难度。可以利用各种分类工具，在充分分析技术主题及其特征以及弄清楚技术主题及其特征所属技术领域的基础上，确定表达检索要素的分类号。

3. 公司/人名

公司/人名，即专利发明人的姓名或申请人的公司名称等信息，虽然不是从技术内容等线索中分解、提炼出来的、能表达信息需求的、可检索的要素，但它是一种非常实用的专利信息检索要素，是具体的、计算机认识的表达符号，无须转换。如果想了解某人发明的一项新技术，或某公司的新技术或新产品是否申请专利且其专利的内容，可以将已知发明人或专利申请人的名称作为检索要素进行专利信息检索。

这种检索依据主要涉及发明人、设计人、专利申请人、专利权人等的名称。发明人、设计人均为自然人，而专利申请人、专利权人则既可以是自然人也可以是法人。依据公司/人名进行检索的关键在于要事先知道发明人、专利申请人的名称。

4. 其他检索要素

其他检索要素包括专利文献上标注的、除主题词/关键词、分类号及公司/人名之外的著录项目信息，也是非常实用的、具体的、计算机可识别、无须转换的专利信息检索要素。专利文献上的其他检索要素信息很多，常见的有各种号码（如专利号、申请号等），各种日期（如专利授权日、申请日期等），申请人地址、国家代码等。依据它们进行检索的关键在于要事先知道这些检索要素的信息。

（二）表达检索要素的主要原则

1. 要根据检索课题的具体情况表达检索要素

主题词或关键词、分类号等检索要素表达，都是从技术主题出发的对检索要素的主要表达方式。选择哪个方式进行检索要素的表达，要根据具体的检索需求而定。通常每个检索要素都应当尽可能地用主题词或关键词、分类号等多种形式进行表达。若检索课题的泛指性较高，即所需专利信息范围较广，则选用分类表达较好；反之，如果检索课题的专指性较高，即所需专利信息比较专、深，则选主题词表达为宜。

在表达检索要素时，除了利用最为直接、准确的主题词或关键词、分类号等表达检索要素以外，通常还需要考虑检索要素所表征的技术特征和/或技术特征的组合的功能、作用、效果或者其所要解决的技术问题。

2. 尽可能选择容易的检索要素

若已知某件专利的申请人、发明人、申请号、公开号等信息，则可使用这些信息作为检索要素直接在专利检索系统检索出该专利文献信息。这些公司/人名以及申请号、文献号等其他检索要素，就是检索要素的直接表达，这些表达是最易获取所需的专利信息的方式。同时，通过这些检索要素还可以间接获取该类专利的确切分类号、主题词或专利引文等信息。

三、主题词或关键词的确定

确定检索要素的关键词表达，就是把上述技术主题分析的结果所得出的检索要素，转换为相应的主题词/关键词。由于通过分析技术主题概念、类型和结构，已得到检索要素的提炼和取舍，只要分析正确，将其转换成相关的主题词/关键词是比较容易的。其重点是要将反映信息需求内容的、具有实质意义的、所需要的主题词/关键词选择出来。

（一）确定主题词或关键词应遵循的原则

1. 专指性原则

应选择专指词、特定概念或专业术语作为主题词或关键词，避免普通词和词义太宽泛的词，因为词义太宽泛会检索出数以万计的检索结果，这就失去了检索意义。这种词在专利信息检索中一般被称为"禁用词"，如：的、地、得。

2. 通用性原则

主题词或关键词的选取一般要体现国际通用性，应尽量避免使用如"第三世界"、"自然水"等具有地方特色的冷僻词和自选词。

3. 准确性原则

主题词或关键词的选择不仅要从检索课题名称中分析，更要从技术领域和检索目的的角度，概括出能够反映检索课题信息需求的实质内容及概念深浅程度的主题词或关键词。

（二）确定主题词或关键词的基本方法

一般应当从内容、形式及意义等方面确定主题词/关键词。

1. 内容上准确

选择的主题词/关键词应当能够反映技术主题的实质，而不应选择那些对检索来说没有任何实质意义的高度概括的词，例如"装置"、"方法"等，也没有必要选择已确定的 IPC 分类号类名作为关键词。例如，检索"制造发光二极管的方法或装置"课题时，只有"发光二极管"可以选择作为关键词。

2. 形式上完整

注意关键词的规范化，外文的缩写词、词形变化以及英美的不同拼法。例如，检索有关"加热装置"的课题时，"加热"的英文表达：heat、heated、heating 等都应该作为关键词。在中文数据库中常有错别字或不同表达方式，例如：支撑——支承，连接——联接，碳黑——炭黑，桂圆——桂园，聚酯——聚脂，树脂——树酯等，这些都应予以注意。

3. 意义上完整

选择技术领域中国际通用的、国内外专利文献中出现过的术语作为主题词或关键词；同时还应包括其同义词，近义词，反义词，上、下位词以及与检索有关的词。例如"餐具"，实际上它可以是刀、叉、匙或筷子等，所以选择了"餐具"作为关键词时，也要将其下位概念词刀、叉、匙或筷子选作关键词。

四、分类号的确定

选择分类号表达进行专利信息检索，首先就要确定技术主题的分类位置。在确定专利分类时，必须对分类表的原则及结构、分类位置规则等认真理解并熟练掌握，才能准确确定检索的技术主题的分类位置。但事实上，一些专利分类系统中分类位置的含义及其使用规则人们很难完全理解，最典型的是国际专利分类（IPC）体系。IPC分类的理念就是将同样的技术主题都归在同一分类位置上，即同一个分类位置上的专利文献都反映共同技术主题，它的原则是功能与应用相结合。在确定 IPC 分类位置时，检索者无法按照习惯的实用技术分类思想或学科分类思想进行 IPC 分类。为了帮助检索人员确定分类号，一些辅助分类工具——分类查询系统、关键词索引或分类表索引等应运而生，因此检索人员可借助辅助分类工具进行 IPC 分类。

关键词索引或分类表索引，是从多个分类位置的类名中选出常用主题词，编制成索引。用技术主题中选出的主题词，对照"关键词索引"或"分类表索引"，从中找出该技术主题的大致分类，然后用分类表进行分类位置的验证。

例如：检索"二极管及其制造工艺"的专利信息。

分析：该检索的技术主题包含"二极管"产品本身，以及它的制造工艺。其范围较宽，确定分类有一定难度。可选择"二极管"为关键词，用《国际专利分类表关键词索引》进行查找，可获得以下结果：

二极管	
放电二极管	H01J
二极管的制造	H01L　21/02
半导体二极管	H01L　29/66

从中可以看出，"二极管"产品本身的分类号为：H01L29/66，其制造工艺的分类号为：H01L21/02。

在进行专利信息检索时，如果检索特别要求全面性，则将分类号确定到小类即可。若检索出的文献篇数太多，即分类范围太大，可用一个或几个主题词对分类加以限制。这样既可消除人为因素和避免漏检，也可以使一般检索者不再感觉分类困难。

五、检索要素表达形式

在确定基本检索要素时，可采用如下"基本检索要素表"来记录检索过程中使用的关键词和分类号。通常，在该表中不同的基本检索要素之间一般以逻辑"与"的关系组合，而表达每个基本检索要素的不同的关键词和分类号之间一般以逻辑"或"的关系组合。此外，还可以根据检索课题的技术主题所涉及的技术领域的特点、不同依据的特点以及实际检索的效果，在该表中记录每种检索要素的适用性，以便为日后同类检索提供借鉴。另外，基本检索要素通常需要随着检索的深入而不断调整。

表 1 – 1　基本检索要素表

检索主题 基本检索要素 表达形式		基本检索要素 1	基本检索要素 2	基本检索要素 3
分类号	IPC			
	EC			
	其他分类			
关键词	中文			
	英文			
其他表达				

第四节　检索式的构建

正确构建检索式，就需要在分析检索课题、发掘检索点以及确定了最准确、最全面的反映发明技术思想的检索要素之后，灵活运用恰当的逻辑关系（即检索算符）将这些检索要素联系起来，构造出能够代表用户的信息提问到检索工具中匹配信息的表达式。

一、检索式的概念

专利信息检索式，是指计算机检索中表达用户检索提问的逻辑表达式，通常它是由检索要素和各种布尔逻辑算符、位置算符以及系统规定的其他连接组配符号组成。检索要素是构成检索式的最基本的单元，检索式中所涉及的检索要素包括：描述文献外部特征的检索要素，如发明名称、申请人、发明人、专利公开号、公开日等；描述文献内容特征的检索要素，如分类号以及关键词等；以及数字、日期、文字或词、代码等。

通过本章第三节课题的技术主题分析可以得知，技术主题是一种有着丰富内涵的思想。要想十分准确、完整地表达出整个技术主题的思想，可能有很多检索要素与其相关，因此要表达这些检索要素必须选择若干主题词、分类号或其他检索要素。而且利用计算机检索系统检索专利信息时，检索要素不能无序地输入，而必须使用计算机检索语言将这些检索要素之间所存在的逻辑关系表达出来。

二、检索式的合理组配

构建检索式就是将已经选择好的检索要素，通过各种算符进行组配，成为能反映所需信息的技术主题/特征以及逻辑关系正确的检索式。逻辑运算符号将检索要素组配成计算机检索语言，正确表达所需信息的技术主题和特征，这是专利信息检索的关键。

一般来讲，常用的专利信息检索系统都支持布尔逻辑检索技术，因此检索式也就简化为检索要素与布尔逻辑算符 AND、OR、NOT 的有序排列。例如检索"发光二极管的散热"方面的专利信息，确定的检索要素为：发光二极管、led、散热等关键词，则检索式为：（发光二极管＋led）＊散热。

布尔逻辑算符的作用如下：

1. "AND"或"＊"，称为逻辑"与"，表示组配的关键词要同时出现在检索结果中；"与"的关系是被用来组配反映不同技术特征的检索要素集合，所以常常被用来进一步限定范围。上述事例中，发光二极管和散热是两个反映不同技术特征的检索要素，因此要用布尔逻辑算符 AND（或＊）将二者组配起来。

2. "OR"或"＋"，称为逻辑"或"，表示检索出来的检索结果或者只包括布尔逻辑算符"OR"（或＋）的前项，或者只包含其后项，或者前项与后项同时包含；"或"关系常常被用来将反映相同技术特征的检索要素组配起来，得到一个更大的或者说更上位的集合。上述事例中，发光二极管和 led 是两个反映相同技术特征的检索要素，因此要用布尔逻辑算符 OR（或＋）将二者组配起来。

3. "NOT"或"－"，称为逻辑"非"，表示检索出的专利信息不包含逻辑算符"NOT"或"－"的后项，它也常常被用来进一步限定范围。例如要检索 led 方面的专利信息，但要排除包含 oled 的内容，则要用"NOT"或"－"把它们组配起来。

在构造检索式时除了用到的逻辑算符 AND、OR、NOT，此外还包括位置算符 W、nW、D、nD 等。

三、检索式的组配原则及技巧

（一）检索式的组配原则

检索式应尽可能精练，不宜过于复杂，限制条件也不宜过多，否则将得不到理想的检索结果，组配通常应满足以下 3 个方面的要求。

1. 检索式应完整而准确地反映出信息检索的主题内容；对检索要素集合的选择要求要准确，每个检索要素都要准确地反映发明的某个技术特征。

2. 组成检索式的检索要素应与专利数据库的索引体系和检索用词规则相匹配。

3. 检索式的组配应符合检索系统的功能及限制条件的规定。

（二）构建检索式的技巧

提高检索质量与检索效率是构建检索式要考虑的核心，为了提高检索效率和减少检索所费时间，构建检索式时可利用以下技巧。

1. 把出现频率低的检索要素放在逻辑"与"（AND）的左边，可缩短计算机处理时间。

2. 把出现频率高的检索要素放在逻辑"或"（OR）的左边，有利于提高检索速度。

3. 同时使用逻辑"与"（AND）和"或"（OR）检索时，应把"或"运算放在"与"运算的左边或者将"或"的关系用括号括起来。

4. 同时使用位置算符（W）和（F）时，（W）算符应排在（F）算符的左边。

5. 主题词/关键词集合要尽量地"上位"，选择的主题词/关键词要全面；要有尽量多的主题词/关键词集合作并集，或者每个主题词/关键词集合之间的交叉范围要尽量小。

对于同一检索课题而言，检索式不是唯一的。由于人的思维有很强的主观性，针对相同的主题，不同的人确定的检索式可能是不相同的。

第五节　检索系统的选择

专利技术信息检索对检索系统的要求很高，数据库的选择是关系检索结果质量的重要因素。如果检索时系统选择不好，检索结果则有可能不具有权威性，因而会使其失去参考价值，同时也会使依据专利技术信息检索结果所作的专利数据分析等工作失去可信度。

一、选择检索系统的考虑因素

选择检索系统应该考虑地域和时间范围、文种和检索功能等几个方面的因素，即根据检索课题的信息应用地域、时间范围以及系统所用的语言文字和检索功能等选择合适的专利检索系统。

（一）信息应用的地域性分析

在本章第二节检索课题的需求分析中谈到，专利信息检索课题有时需要不同国家或地域的专利信息，例如产品出口前的专利信息检索，其需要关注出口目的地的专利信息；专利性检索、专利技术信息检索通常关注的是全世界的专利信息。然而，不同的专利检索系统收录的专利数据的国家、地域范围是不同的。一般各国专利或知识产权机构建立的专利检索系统，只提供本国的专利信息，只有极少数国际性组织建立的专利检索系统提供全世界范围内的专利信息，例如欧洲专利局建立的 ESPACENET 专利检索系统等。

因此，分析信息应用的地域性，就是要明确专利信息检索课题是否存在对特殊国家或地域的专利信息需求，通过分析明确所检索国家、地域范围的要求，确定目标检索系统。

（二）信息应用的时间范围分析

专利信息检索课题有时需要特定时间范围的专利信息，例如侵权检索通常比较关注专利的申请日期信息；产品出口前的专利信息检索，除了关注产品出口目的地的专利信息之外，也关注出口日期之前的相关专利信息。在进行专利技术信息检索时，由于专利信息浩如烟海，即使有各种各样的专利检索系统，若检索的时间范围确定不当，会浪费大量的时间和精力，而且还会影响检索的信心。通过分析查找年代，获取技术领域发展的历史背景，如初期、高峰期和稳定期，高峰期的信息一般较多，可重点查找。这样就可以抓住重点，节省时间和精力。

然而，不同的专利检索系统收录的专利数据的时间范围是不同的。一般各国专利或知识产权机构的专利检索系统，提供近 30 年左右的专利检索数据；极少数国际性组织的专利检索系统或商业数据库，提供的专利检索数据较早，例如欧洲专利局的 ESPACENET 专利检索系统、汤姆森路透集团的 DWPI 数据库等。

因此，分析检索课题的时间范围，就是要明确专利信息检索课题是否存在对特殊时间的专利信息需求，以便确定目标检索系统。

（三）文种和检索功能分析

不同专利检索系统有不同的检索功能，而且也有不同的工作语言。因此，选择数据库时，要了解清楚其文种和检索功能，以便实施检索策略，同时方便浏览和筛选检索结果。

（四）数据库的选择原则

针对用户的特殊性，数据库的选择还应遵循以下原则。

1. 熟悉原则

针对一个检索课题，假如同时存在几个数据库可供选择，则应首先选择比较熟悉的数据库，因为用户熟悉的检索环境能够帮助信息用户既快速又准确地查找到真正需要的信息。

2. 费用原则

选择检索系统时不仅要注重官方权威性的专利检索系统，还要注意选择数据质量高的商业专利检索系统。但需要注意的是，商业的专利检索系统都是需要一定费用的，因此要根据经济实力来确定检索系统，做到量力而为。

二、检索中国专利信息的系统

能够满足专利技术信息检索要求、且用于中国专利文献检索的系统有：

1. 国家知识产权局政府网站上的专利检索系统

国家知识产权局官方网站提供的专利检索系统，收录了自 1985 年 9 月 10 日以来公布的全部专利信息，包括发明、实用新型和外观设计 3 种专利的著录项目、摘要、图像型专利说明书全文及外观设计图形，数据内容每周周三更新一次。它还提供 1985 年至今公告的中国专利的法律状态信息。

2. 重点产业专利信息服务平台

重点产业专利信息服务平台由国家知识产权局牵头，联合国有资产监督管理委员会和重点产业行业协会联合建设，提供可进行包括中国、美国、日本、英国、法国、德国、瑞士韩国、俄罗斯（包括前苏联）、澳大利亚、印度、巴西和世界知识产权组织、欧洲专利局、非洲知识产权组织以及中国香港特区、台湾地区等数十个国家（地区）和机构的专利文献信息。

3. 中国专利数据库（CNPAT）

该数据库是由国家知识产权局专利信息中心向社会公众提供的免费专利信息检索系统，主要提供 1985 年以来公开/公告的中国专利的中、英文数据信息资源。数据内容包括发明、实用新型和外观设计 3 种专利的著录项目、摘要、主权利要求、法律状态信息，以及发明和实用新型专利说明书全文信息。该数据库以国家知识产权局专利局局域网上的 CPRS 系统为基础，还添加了一些其他功能，如：逻辑运算检索、二次检索、表达式检索、对检索结果的多种排序及分类统计等。

三、检索世界专利信息的系统

目前能够满足专利技术信息检索要求、且用于世界专利文献检索的系统有：

1. 德温特世界专利索引（DWPI）数据库

它是经过专业化数据加工的、包含全世界 70 多个国家和组织的专利数据库。

2. 美国专利商标局政府网站上的美国专利检索系统

它包括 1976 年以来的美国专利的著录项目、文摘、说明书等信息，通过它用户可以免费检索美国专利。

3. 欧洲专利局的 ESPACENET 数据库

它包括欧洲专利在内的世界上数十个国家、地区和国际专利机构的专利著录项目、文摘、说明书和同族专利等信息，通过它用户可以免费进行多个国家的专利检索。

4. 日本特许厅的工业产权数字图书馆

它包括 1885 年以来公布的所有日本专利、实用新型和外观设计专利文献，通过它用户可以免费进行日本专利检索。

第六节　检索的执行

检索策略制定后，即可开始实施。在执行检索时，必须指定每个检索要素出现在哪一个字段中，计算机才能识别。检索字段选择得合适与否，直接影响到检索策略的实施和检索的结果。

一、主题类和非主题类检索字段

在专利信息检索系统中，检索字段有主题类检索字段和非主题类检索字段之分。非主题类检索字段揭示的是专利文献的外部特征，如发明人、申请人、申请日、申请号、授权日、专利号等。非主题类检索字段与专利文献的外部特征一一对应，因此选择与运用较为容易。例如检索"华为集团"申请的中国专利，只要把"华为集团"输入到中国专利检索系统中的"申请人"字段中进行检索即可；检索 2009 年 10 月 10 日申请的中国专利，只要把"20091010"输入到中国专利检索系统中的"申请日"字段中进行检索即可。

主题类检索字段揭示的则是专利文献的内容特征，包括发明名称、摘要、关键词、全文等。主题类检索字段是信息检索系统的主要途径，它们大都与主题词、关键词有关。选择与运用主题类检索字段有一定难度。

二、主题类检索字段的输入选择

（一）主题类检索字段与检索需求的内在联系

据相关统计研究表明，每个检索要素在各主题类检索字段中的信息检出量，都毫无例外地是按照发明名称、摘要、关键词、全文的检索字段顺序而递增的。基于这一顺序，根据信息检索的查全率与查准率的互逆关系，进一步发现，在检索要素不变的情况下，存在这样的规律：这一顺序从左到右，信息检出量递增，这意味着查全率增高，查准率降低，检索要求趋松；反之，从右到左，信息检出量递减，意味着查准率增高，查全率降低，检索要求趋严。这一规律可用图 1 - 2 表示。

图 1 - 2 十分简要地揭示了主题类检索字段与检索需求的内在联系。这一规律恰好为主题类检索字段的选择与运用提供了很好的参考。依照这一顺序，掌握上述规律，检索时可视检索提问的不同而采取相应的措施、选取合适的检索字段。

（二）选择"关键词"检索字段

通常情况下，宜选取处于该"顺序"中间的"关键词"检索字段。理由在于：

```
┌─────────────────────────────────────────────────────────┐
│  信息检出量递增，查全率增高，查准率降低，检索要求趋松          │
│  ─────────────────────────────────────────────►           │
│        发明题目、摘要、关键词、全文                           │
│  ◄─────────────────────────────────────────────           │
│  信息检出量递减，查准率增高，查全率降低，检索要求趋严          │
└─────────────────────────────────────────────────────────┘
```

图 1 - 2　在主题类检索字段中查全率和查准率的对应关系

（1）关键词是指专利文献中具有检索意义的词，它最能揭示专利信息的技术主题内容；

（2）关键词处于主题类检索字段"顺序"的中部，对检索要求不松不严，比较适中，会得到相对而言既全又准的检索效果。

因此，"关键词"检索字段适用面较广，尤其是一些新用户或对查准、查全没有特殊要求的专利信息检索需求。

（三）选择"全文"检索字段

对于一些检索需求是以全为主、需要高度查全率的检索课题，如检索获得的文献量偏少，可选择"全文"检索字段。例如，当需要某一领域所有的专利信息、分析某行业的专利技术发展趋势时，应多考虑选择"全文"字段。检出的文献量偏少，存在诸多原因：对于新兴技术领域，数据库中包含的专利信息本来就少，检索要求再趋严一些的话，检索结果就会寥寥无几，甚至为零。因此，选择全文检索字段，意于放松检索要求，释放更多相关专利信息。

（四）选择发明名称检索字段

对于某些以查准为主的检索需求，如检索获得的文献量偏多，可选择发明名称检索字段。例如，申请专利之前的查新检索、提出无效诉讼的侵权检索等，不一定要求检出的专利信息很全，只要有足够的准确专利信息，可以进行新颖性、创造性判断就行了。因此，检索时应多考虑选择发明名称检索字段。之所以检出的文献量偏多，大多是由于对检索课题使用的检索字段要求趋松所致。选择发明名称检索字段，在于严格检索要求，滤掉全部或部分无关文献。

三、检索效果的初步评价

当检索策略初步实施完成后，应对检索结果的有效性、检索质量进行初步评价。检索过程是一个动态的随机过程，在某些检索环节中会不可避免地产生一些和检索目标相距甚远的现象。所以，有必要对检索结果进行初步评价和信息反馈，进而在评价检索效果的基础上重新修正检索式，实现检索式的优化。

初步评价的指标也是查全率和查准率，当得到的检索结果适合于逐篇浏览时，可以开始浏览检索结果以查找相关的信息进行评价。评价的结论归纳起来主要有 3 种：检索结果基本满足要求；检索得到的结果为零或数量太少，查全率低；检索得到的结果太多，查准率低。对于第一种结论，可以认为检索工作较圆满；对于后两种结论，需要修正检索式，然后重新检索。

四、检索策略的优化

（一）检索策略优化要考虑的因素

1. 调整基本检索要素
需要根据检索课题的技术主题作进一步理解，增加、修改或减少检索要素。

2. 调整检索系统
当在某一检索系统中没有检索到合适的专利信息时，需要根据可以使用的检索手段和功能以及技术主题的特点，重新选择检索系统。

3. 调整检索要素的表达方式
需要根据检索结果随时调整检索要素的表达方式。如用分类号表达时，通常首先使用最准确的下位组，然后逐步调整扩大到上位组，直至大组甚至小类，或者根据检索结果发现新的更适合的分类号或者扩展的分类号；用关键词表达时，通常首先使用最基本、最准确的关键词，然后逐步在形式和意义上扩展。

（二）检索式优化的两种方式

1. 扩大检索范围，提高查全率
如果检索课题需要尽可能全面地检索到相关信息，即较高的查全率，或初步检索得到的结果为零或数量太少时，需要扩大检索范围，调整检索式可以有以下一些做法。

（1）增加选取检索要素的同义词、近义词及相关词，并利用逻辑算符 OR 将这些同义词、近义词及相关词组配起来。

（2）选择在全文字段中检索；利用截词算符进行检索。

（3）减少代表不太重要的技术特征的词汇，降低检索要素的专指度，从词表或检出的专利文献中选择一些上位词或相关词，并减少检索式中的 AND 运算。

（4）利用某些检索系统所具备的自动扩检功能进行相关检索以扩大检索范围。

（5）取消某些过于严格的限制符，调整位置算符，把（W）算符改成（1N），（2N）。

2. 缩小检索范围，提高查准率
如果检索课题需要尽可能准确地检索到相关信息，即较高的查准率，或初步检索得到的结果太多，需要缩小检索范围时，调整检索式可以有以下一些做法。

（1）提高检索要素的专指度，增加或换用下位词和专指性较强的自由词。

（2）增加代表不太重要的技术特征的词汇，并用 AND 连接这些进一步限定主题概念的相关词汇，用逻辑非（NOT）来排除一些无关的检索信息。

（3）将检索要素的检索范围限制在检出量较低的检索字段，例如限定在发明名称字段中进行检索。

（4）利用进阶检索功能。进阶检索（二次检索）是指利用前一次检索的结果作为后一次检索的范围，逐步缩小检索范围，进阶检索是信息过滤的一种有效方式。

（三）注意事项

查全率和查准率是判断检索质量、评价检索效果的两个重要指标。但是查全和查准是相对的，只有在全的范围内追求准，在准的基础上力求全。采取上述调整方法时，应针对检索课题的具体情况和所用检索工具的客观实际综合分析，灵活应用。由于专利信息检索过程是一个不断循环、不断完善、不断优化检索策略的过程，检索者需要根据自己的检索目的不断调整查全率和查准率，并最终确定满意的检索结果，进一步获取原文信息。

第七节　检索结果的筛选与分析

当构造一个检索式进行检索时，不论是从关键词的角度还是分类号的角度去构造检索式，即使在选取的关键词和分类号准确的情况下，其结果中也经常会出现一些技术方案与被检索的技术方案不相符合的情况。因此，在获得检索结果之后，应进行检索结果的筛选与分析。

一、检索结果内容筛选的基本步骤

检索结果的内容筛选是为了按照信息需求，梳理、归纳技术特征，判断新颖性/创造性。它是专利信息定性分析的前期工作。

（1）结合附图以及快速浏览摘要的方式进行相关性判断，并将相关、相似的对比文件保存。

这个过程实际上就是以被检索的技术方案为基础，对所命中的对比文件进行初步的相关、相似性的判断。作为初步筛选，显然是希望能较快地去除相关度不大的文献，挑选出比较相关、相似的对比文件。因此，快速浏览阅读的对象是附图和摘要。

（2）仔细浏览比较相关、相似对比文件的全文，以便进行相关性的判断。

有时通过阅读摘要发现，摘要公开的信息暂时还不能判断是否公开了相同的技术方案，因此要浏览全文说明书。通过阅读全文发现该对比文件确实公开了相似的技术方案，故在实际筛选中应当关注此类文献，有必要筛选出此文献并进行相关的追踪。

有时附图与被检索的技术方案相差比较远，但由于摘要描述非常相关，需要仔细判断，因此需要浏览全文说明书。另外，在没有摘要和附图的情况下，如果从发明名称判断觉得可能相关，为了全面筛选，也需要浏览全文说明书。

由于在初步筛选阶段得到相关或相似对比文件的数量较大，因此，应优先阅读相关性最高的文献，其次阅读相关性较高的文献，以此类推。当然，在进行新颖性和/或创造性判断时，还要注意对比文件的公开时间。

（3）确定最合适的对比文件，列出特征对比表（如表 1 - 2、表 1 - 3、表 1 - 4 所示）。

从以下几个角度可以确定最合适的对比文件。

第一，公开了被检索技术方案的所有技术特征的对比文件优先；或者公开的特征的数目最多的对比文件优先。

第二，与技术主题最接近、相关性强的对比文件优先。

第三，与技术主题的某一部分或制造工艺、材料、应用等最接近、相关性强的对比文件优先。

表 1 - 2　技术特征分解对比表

被检索技术方案的内容	对比文件 1	对比文件 2
技术主题	√	√
组成部分 1	√	×
组成部分 2	√	×
组成部分 3	√	相似
组成部分 4		相似
技术特征 1	√	√
技术特征 2	√	√
技术特征 3	√	×

表 1 - 3　文献中的技术特征梳理对比表

	技术特征 1	技术特征 2	技术特征 3	技术特征 4
对比文献 1	√			
对比文献 2	√			
对比文献 3	√	√		
对比文献 4		√	√	
对比文献 5				√

表 1 - 4　用途与技术特征对比表

	技术特征 1	技术特征 2	技术特征 3	技术特征 4
用途 1	√			
用途 2	√			
用途 3	√	√		
用途 4		√	√	
用途 5				√

二、检索结果的量化处理

在有些情况下，检索结果数量众多，需要经过一系列信息量化加工和整理后，方可进行分析及利用。这种加工整理，旨在促进知识的系统化、条理化，是按不同需要对检索结果中有关的专利信息数据进行整理、选择、提取、归类组合。

（1）形式整理。基本上不涉及信息的具体内容，而是凭借专利信息某些外在特征，进行分门别类的量化处理，是一种粗线条的信息初级分析。例如，可以将检索结果按照分类、国家、申请人或申请日期进行归类及量化。也可以围绕某一特定需求，将检索结果中与之相关的专利信息进行选择、再现、重组，使之相对地更加有序化。例如，将检索结果中与某申请人相关的专利信息，按照分类、国家或申请日期进行归类及量化。

在形式整理过程中，要特别注意一些连续性的量化数据整理，应制成相应的统计表和图形，以便于直接观察和分析其变化特征。也可以充分发挥计算机在信息整理中的作用，边整理边制作一些数据库，为进一步的统计分析和数据挖掘做好准备。

（2）分类整理。依据检索课题所包含的对象、内容范畴、领域、主题以及时间、空间等，对检索结果的原始信息内容进行细分。例如，在研究钢铁生产技术的现状和走势方面的课题时，可以按选矿、采矿、烧结、炼铁、炼钢、轧钢等类别将信息进行分类整理。在条件允许的情况下，每一类还应当根据其内容之间的差异性进行尽可能详细的划分，如将轧钢分为初轧和精轧，将精轧又进一步细分为棒材轧制、线材轧制、板材轧制和管村轧制。内容划分得越细，今后使用起来就越方便。

从表面上看，这种加工整理并没有增加检索结果的数量，但却极大地提高了检索结果的质量，因为这一过程不仅使大量的检索结果活化为"应激态"，而且对积累的内容有了更为深刻的进一步理解和认识，可以借此发现原来没有发现的问题，产生原来没有过的想法，得到以往不曾有过的新的启示。

三、专利信息检索结果的分析

专利信息分析研究是信息研究课题中最重要的一环，也是专利信息的检索和整理的延续，在拥有大量的、错综复杂的专利信息基础上，对经过初步整理的素材，运用各种定性和定量的方法，对专利信息的内容、专利数量以及数量的变化及其比值（如百分比、增长率等）等的研究，以及对专利文献中包含的各种信息进行定向选择和科学抽象的研究，形成新的增值的专利信息产品。

专利信息具体分析方法和流程，在《专利信息利用导引》第五章，以及本书第十章进行论述，在此不再赘述。

第八节　专利检索报告

专利检索报告是专利信息检索成果的记录形态和最终表现形式，可以使该项工作得到社会的承认，同时也是专利信息检索成果进入科学交流系统、发挥更大的社会作用的重要环节。

一、发明专利检索报告

发明专利检索报告用于记载发明专利审查中的检索结果，特别是记载构成相关现有技术的文件。审查员在检索报告中清楚地记载检索的领域、数据库以及所用的基本检索要素及其表达形式（如关键词等）、由检索获得的对比文件以及对比文件与申请主题的相关程度，并且应当按照检索报告表格的要求完整地填写其他各项。

在发明专利检索报告中，审查员采用下列符号来表示对比文件与权利要求的关系：

X：单独影响权利要求的新颖性或创造性的文件；

Y：与检索报告中其他 Y 类文件组合后影响权利要求的创造性的文件；

A：背景技术文件，即反映权利要求的部分技术特征或者有关的现有技术的文件；

R：在申请日或申请日后公开的同一申请人的属于同样的发明创造的专利或专利申请文件以及他人在申请日向专利局提交的、属于同样的发明创造的专利申请文件；

P：中间文件，其公开日在申请的申请日与所要求的优先权日之间的文件，或者会导致需要核实该申请优先权的文件；

E：单独影响权利要求新颖性的抵触申请文件。

上述类型的文件中，符号 X、Y 和 A 表示对比文件与申请的权利要求在内容上的相关程度；符号 R 和 E 同时表示对比文件与申请在时间上的关系和在内容上的相关程度；而符号 P 表示对比文件与申请在时间上的关系，其后应附带标明文件内容相关程度的符号 X、Y、E 或 A，它属于在未核实优先权的情况下所作的标记。

发明专利的一项权利要求中包括几个并列的技术方案，而一份对比文件与这些技术方案的相关程度各不相同，专利审查员在发明专利检索报告中应当用表示其中最高相关程度的符号来标注该对比文件。除上述类型的文献外，审查意见通知书中引用的其他文献也应当填写在发明专利检索报告中（如表 1 - 5 所示）。

表 1–5　发明专利检索报告

发明专利检索报告

专利申请号：93106062	申请日：1993 年 5 月 9 日	首次检索 补充检索
权利要求项数：××	说明书页数：××	
审查员确定的 IPC 分类号：C12N 1/12 审查员实际检索的 IPC 分类号：C12N 1/12		
机检数据（数据库名称、检索词等）：中国专利检索系统；盐藻		

相关专利文献

类型	国别以及代码［11］给出的文献号	代码［43］或［45］给出的日期	IPC 分类号	相关的段落和/或图号	涉及的权利要求
×	××××××××	××年××月××日	C12N 1/12	全文	1

相关非专利文献

类型	期刊或文摘名称（包括卷号和期号）	发行日期	作者姓名和文章标题	相关页数	涉及的权利要求

表格填写说明事项：

1. 审查员实际检索领域的 IPC 分类号应当填写到大组和/或小组所在的分类位置。

2. 期刊或其它定期出版物的名称可以使用符合一般公认的国际惯例的缩写名称。

3. 相关文件的类型说明：

　　X：一篇文件影响新颖性或创造性；

　　Y：与本报告中的另外的 Y 类文件组合而影响创造性；

　　A：背景技术文件；

　　R：任何单位或个人在申请日向专利局提交的、属于同样的发明创造的专利或专利申请文件；

　　P：中间文件，其公开日在申请的申请日与所要求的优先权日之间的文件；

　　E：抵触申请。

二、专利权评价报告

当专利侵权纠纷涉及实用新型专利或者外观设计专利时，国家知识产权局根据专利权人或者利害关系人的请求，对相关实用新型专利或者外观设计专利进行检索，并就该专利是否符合《专利法》及其实施细则规定的授权条件进行分析和评价，作出专利权评价报告。专利权评价报告是法院或者专利管理部门审理、处理专利侵权纠纷的证据，主要用于法院或者专利管理部门确定是否需要中止相关程序。专利权评价报告不是行政决定，因此专利权人或者利害关系人不能就此提起行政复议和行政诉讼。

（一）实用新型专利权评价报告

1. 实用新型专利检索

实用新型专利权评价报告，是在完成针对被评价专利进行检索的基础上产生的。而针对实用新型专利所进行的检索的具体工作，与上述专利性检索的一致。

2. 实用新型专利权评价报告的内容

除了清楚地记载检索的领域、数据库以及所用的基本检索要素及其表达形式（如关键词等）之外，实用新型专利权评价报告包括反映对比文件与被评价专利相关程度的表格部分，以及该专利是否符合《专利法》及其实施细则规定的授予专利权的条件的说明部分（如表1－6所示）。

（1）表格部分

其表格部分的主要内容与发明专利检索报告的相关内容一致，即该表格部分采用的表示对比文件与权利要求的关系的符号与发明专利检索报告的相同。

（2）说明部分

其说明部分记载和反映对实用新型专利权评价的结论。

对于不符合《专利法》及其实施细则规定的授予专利权条件的被评价实用新型专利，还要给出明确、具体的评价意见。

对于不符合《专利法》及其实施细则规定的授予专利权条件的实用新型专利，应当给出具体的评价说明，并明确结论，必要时应当引证对比文件。例如，对于不具备新颖性和/或创造性的权利要求，要逐一进行评述；对于多项从属权利要求，要对其引用不同的权利要求时的技术方案分别进行评述；对于具有并列选择方案的权利要求，要对各选择方案分别进行评述。

表 1 −6　实用新型专利权评价报告

实用新型专利权评价报告

专利号: ZL2009202385662	申请日: ＿＿＿＿年＿月＿日	优先权日: ＿＿＿年＿月＿日
授权公告日: ＿＿＿年＿月＿日	专利权人/请求人:	
实用新型名称:		
请求日: ＿＿＿年＿月＿日	请求号:	
评价报告总计＿＿＿＿＿＿＿＿页	☒ 附有报告中引用的各相关文件的副本＿＿＿＿＿份。	

评价所针对的文本
☒ 与授权公告一并公布的专利文件
☐ 由生效的无效宣告请求审查决定维持有效的专利文件,其中涉及第＿＿＿＿＿＿号无效宣告请求审查决定。

☒ 检索针对的权利要求
☐ 全部权利要求＿＿＿＿＿＿＿＿;
☐ 权利要求＿＿＿＿＿＿＿＿未被检索因为其主题属于专利法第五条或第二十五条规定的范围;
☐ 权利要求＿＿＿＿＿＿＿＿未被检索,因为其主题不具备实用性;
☐ 权利要求＿＿＿＿＿＿＿＿未被检索,因为其主题不符合专利法第二条第三款的规定;
☐ 权利要求＿＿＿＿＿＿＿＿未被检索,因为说明书未对其主题作出清楚、完整的说明,以致于所属技术领域的技术人员不能实现。

续表

A. 主题的分类（IPC）

B. 检索领域

C. 在检索时查阅的电子数据库（数据库的名称和/或使用的检索式）

D. 相关文件

类型	文献号或书名 （包括期刊卷号/期号）	公开/出版/ 发行日期	分类号	相关部分	相关的权利 要求编号

□其余的相关文件，参见续页 I。

* 引用文件的专用类型：

"X" 单独影响权利要求的新颖性或创造性的文件；

"Y" 与报告中其它 Y 类文件组合影响权利要求创造性的文件；

"R" 在实用新型专利的申请日向专利局提交的属于同样的发明创造的专利文件；

"A" 背景技术文件，即反映权利要求的部分技术特征或者现有技术一部分的文件；

"E" 在实用新型申请日的当天或之后公布的在先的抵触申请或专利文件；

"P" 中间文件，其公布日在实用新型的申请日与所要求的优先权日之间，或者会导致需要核实实用新型专利优先权的文件。

E. 关于是否符合授予专利权条件的结论；对不符合授予专利权条件的具体说明和解释：

1. 初步结论：

    ☐ 全部权利要求_____未发现存在不符合授予专利权条件的缺陷。

    ☐ 全部权利要求_____不符合授予专利权条件。

    ☒ 权利要求_____不符合授予专利权条件，权利要求_____未发现存在不符合授予专利权条件的缺陷。

具体的不符合授予专利权条件的缺陷如下：

    ☐ 权利要求_____不具备专利法第 22 条第 2 款规定的新颖性。

    ☒ 权利要求_____不具备专利法第 22 条第 3 款规定的创造性。

    ☐ 权利要求_____不具备专利法第 22 条第 4 款规定的实用性。

    ☐ 权利要求_____属于专利法第 25 条规定的不授予专利权的范围。

    ☐ 权利要求_____不符合专利法第 26 条第 4 款的规定。

    ☐ 权利要求_____不符合专利法第 33 条或实施细则第 43 条第 1 款的规定。

    ☐ 权利要求_____不符合专利法第 2 条第 3 款的规定。

    ☐ 权利要求_____不符合专利法第 9 条的规定。

    ☐ 权利要求_____不符合专利法实施细则第 20 条第 2 款的规定。

    ☐ 权利要求_____不符合授予专利权条件，因说明书不符合专利法第 26 条第 3 款的规定。

    ☐ 权利要求_____不符合授予专利权条件，因申请的内容属于专利法第 5 条规定的不授予专利权的范围。

2. 对不符合授予专利权条件的具体说明和解释：

    ＊

☒ 对不符合授予专利权条件的进一步说明和解释，参见续页 II。

专利评价报告 专用章	评价员：	审核员：	完成日期：____年__月__日

对不符合授予专利权条件的进一步说明和解释，续页 II。

续表

* * * * *

（二）外观设计评价报告

1. 外观设计专利检索

外观设计专利检索是产生外观设计专利权评价报告的前提，它是针对外观设计专利的图片或照片表示的所有产品外观设计进行的，同时还要考虑简要说明的内容。外观设计专利检索的对象是被评价外观设计专利在中国提出申请之日以前公开的所有外观设计。为了确定是否存在抵触申请，要检索在被评价外观设计专利的申请日之前向专利局提交、并且在该外观设计专利的申请日后公告的外观设计专利。为了确定是否存在重复授权，还要检索在被评价外观设计专利的申请日向专利局提交的、并且已经公告的外观设计专利。

2. 外观设计专利权评价报告的内容

除了清楚地记载检索数据库以及所用的外观设计分类、图形检索要素等内容之外，外观设计专利权评价报告包括反映对比文件与被评价外观设计专利相关程度的表格部分，以及该外观设计专利是否符合《专利法》及其实施细则规定的授予专利权的条件的说明部分（如表1–7所示）。

（1）表格部分

对于外观设计专利权评价报告，其表格部分应当清楚地记载检索的领域、数据库、由检索获得的对比文件以及对比文件与外观设计专利的相关程度等内容。

（2）说明部分

对于外观设计专利权评价报告，其要记载和反映被评价外观设计专利权评价的结论。

对于不符合《专利法》及其实施细则规定的授予专利权条件的被评价外观设计专利，还应当给出明确、具体的评价意见。

对于不符合《专利法》及其实施细则规定的授予专利权条件的外观设计专利的每项外观设计，均须给出具体的评价说明，并明确结论，必要时应当引证对比文件。

表 1 - 7　外观设计检索报告

编号：

外 观 设 计

检 索 报 告

项 目 名 称：
委 托 单 位：
委　托　人：
委 托 日 期：

检索单位：

A. 检索种类　☒ 新颖性　□ 专题检索　□ 立项　□ 宣告无效　□ 侵权诉讼

B. 检索要素的材料（见附件）：□ 国/内外专利公报　　□ 图片或照片　　□ 样品或模型

C. 委托人指定的产品类别（国际工业品外观设计分类表第　　　　版）：

D. 检索的类别领域（国际工业品外观设计分类表第　　　　版）：

E. 检索范围： 　　□ 中国《外观设计专利公报》　　　　　□ 美国《外观设计专利公报》 　　□ 日本《外观设计专利公报》　　　　　□ 韩国《外观设计专利公报》 　　□ 世界知识产权组织《外观设计专利公报》　　□ 其他

F. 使用的中文与外文检索关键词：

G. 相关专利文献（见附件）：

类型 *	专利号/申请号	申请日	公告日/卷期号	分类号	产品名称
X	ZL200230080151.4	2002-12-30	2003-08-27/ 19 卷 35 号	09-01	化妆品容器

续表

H. 相关非专利文献（见附件）：

类型 *	书名、期刊或文摘名称 （包括卷号或期号或网页地址）	文章标题	相关页码	涉及的视图

* 引用文件的类型：

X：单独导致外观设计专利不符合专利法第二十三条第一款或第二款规定的文件；

Y：与报告中其他文件结合导致外观设计专利不符合专利法第二十三条第二款规定的文件；

A：背景文件，即反映外观设计的部分设计特征或者有关的现有设计的文件；

P：中间文件，其公开日在外观设计专利的申请日与所要求的优先权日之间的文件，或者会导致需要核实外观设计专利优先权的文件；

E：与外观设计专利相同或者实质相同的抵触申请文件；

R：任何单位或个人在申请日向专利局提交的、属于同样的发明创造的外观设计专利文件。

I. 关于新颖性和/或创造性的意见：		
1. 被比外观设计新颖性和/或创造性的评述：		
2. 检索结论：		
检索人		审核人	
检索单位		国家知识产权局专利检索咨询中心 （盖　章） 年　月　日

注：检索结果仅供参考，不作为任何法律依据

三、专利技术信息检索报告

专利技术信息检索报告是汇报专利技术信息检索结果的书面报告。通常，专利技术信息检索报告应包括以下内容（如表 1 – 8 所示）。

（1）检索课题名称：与检索委托人提交的书面委托材料上的检索课题名称一致。

（2）检索委托单位相关信息：以检索委托人提交的书面委托材料为准。

（3）检索目的及线索：以检索委托人提交的书面委托材料为准。

（4）使用的检索系统：列出检索所使用的专利检索系统的名称。

（5）检索到的"该技术主题相关文献"目录：列出专利的国家代码，专利号，文献种类代码，发明名称。

（6）检索结果说明：检索人对检索结果进行归纳、总结评述，并给出建设性意见。

（7）检索人信息：检索人姓名，单位，检索完成日期。

（8）检索结果附件等：检索到的所有文献的专利著录项目和文摘。

表 1-8　专利技术信息检索报告

编号	
检 索 报 告	
课题名称　一种利用蓝藻碳酸酐酶基因构建的琥珀酸高产大肠杆菌工程菌及其应用	
委托单位 委 托 人 委托日期	

续表

A. 检索目的及线索	

A. 检索目的及线索

　　检索的技术主题：利用蓝藻碳酸酐酶基因构建的琥珀酸高产大肠杆菌工程菌及其应用。

　　检索目的：在利用专利信息的基础上，开发蓝藻碳酸酐酶基因构建的琥珀酸高产大肠杆菌工程菌的应用技术。

B. 使用的中文与外文检索关键词

琥珀酸，丁二酸，高产，菌株，大肠杆菌，蓝藻，碳酸酐酶，基因，succinic acid，butanedioic acid，carbonic anhydrase，CA，cyanobacterium，strain，gene

C. 检索确定的主题分类（IPC 第 8 版）

C12N 1/21 （2006.01）I

C12N 15/09 （2006.01）I

C12R 1/19 （2006.01）I

C12P 7/46 （2006.01）I

D. 检索的国际专利分类领域（IPC 第 8 版）

C12N，C12R，C12P，A61K，A61P，C07K，C07H

E. 检索工具：

　　检索用专利文献

　　☒ CPRS　　　　　　　　　　　　　　☒ WPI

　　☒ 日本专利英文文摘数据库　　　　　　☒ 欧洲专利/申请公开说明书

　　☒ 专利合作条约的国际专利申请公开说明书　　☒ 美国专利/申请公开说明书

　　☐　　　　　　　　　　　　　　　　　☐

　　检索用非专利文献

　　☒ CNKI　　　　　　　　　　　　　　☒ 国家图书馆非专利期刊

　　☐ 互联网　　　　　　　　　　　　　　☐

　　☐　　　　　　　　　　　　　　　　　☐

F. 相关专利文献

公开号/公告号	公开/公告日 期	分 类 号	相 关 部 分
1. CN1268972 A	2000-10-04	C12N 1/21	全文
2. CN1884484 A	2006-12-27	C12N 1/20	全文
3. WO9716528 A1	1997-05-09	C12N 1/12	全文
4. WO2005113744 A1	2005-12-01	C12N 1/15	全文
5. ……			
6. ……			

G. 相关非专利文献		
书名、期刊或文摘名称 （包括卷号或期刊号）	**文章标题**	**相关部分**
7. 微生物学通报　第 34 卷 第 1 期	一株琥珀酸产生菌的筛选及鉴定	80 ~ 84 页
8. 郑州大学学报（医学版）第 39 卷 第 1 期	杜氏盐藻荧光素酶基因表达载体的构建	29 ~ 31 页

H. 检索结果说明：

　　相关文件 1 公开了一种利用基因工程技术构建的乙酸和乳酸形成途径缺陷的大肠杆菌 SS373 以及使用该菌株进行琥珀酸生产的方法；

　　相关文件 2 公开了一种产丁二酸的放线杆菌菌株及其筛选方法和应用；

　　相关文件 3 公开了一种琥珀酸产量增加的大肠杆菌的突变菌株。

　　······

　　结论：······

检索员		审核员	
检索单位			

第二章　因特网上中国专利信息资源检索及专利分类

通过网络共享专利信息资源可以有 3 种不同的方式：一是数据库的生产商有偿提供；二是商业性服务机构有偿提供；三是通过因特网免费获取，这是当前发展最为迅猛的网络化专利文献服务方式。

目前，为了方便社会公众对专利信息的获取，世界各国专利局或国际性/地区性知识产权组织建立了免费的专利数据库网站。这些免费数据库网站，内容更新及时、检索系统简单易用、检索字段和检索方式多样，大部分网站在提供文摘的同时还提供专利全文，为各国用户检索专利文献提供了方便。中国也不例外，中国国家知识产权局以及部分地方政府为了促进专利信息的传播与利用，也通过因特网免费提供了丰富的专利信息资源和检索系统。

第一节　概　　述

因特网上存在许多中国专利检索系统，这些系统在数据收录范围和检索功能方面各有特点。进行中国专利检索时，应当对各系统的特点有所了解，才能选择合适的检索系统。各系统的基本特点如表 2 - 1 所示。

表 2 - 1　各检索系统的基本特点

检索系统	国家知识产权局政府网站专利检索系统	中国专利数据库检索系统	重点产业专利信息服务平台	上海市知识产权（专利信息）公共服务平台
网　址	www. sipo. gov. cn	search. cnpat. com. cn	www. chinaip. com. cn	www. shanghaiip. cn
数据范围	中国	中国（中、英文）	七国两组织	中国以及 80 个国家、国际组织和地区的专利文摘（中、英文）
专利类型	发明、实用新型、外观设计	发明、实用新型、外观设计	发明、实用新型、外观设计	发明、实用新型、外观设计
信息内容	著录项目、说明书全文外观设计图形	著录项目、说明书全文、主权利要求	著录项目、说明书全文、外观设计图形、法律状态	著录项目、说明书全文、外观设计图形、法律状态

检索系统	国家知识产权局政府网站专利检索系统	中国专利数据库检索系统	重点产业专利信息服务平台	上海市知识产权（专利信息）公共服务平台
更新情况	每周三一次		中国数据每周三一次，外国数据不定期	中国数据每周三一次，外国数据不定期
检索方式和功能	简单检索、高级检索（表格检索）、IPC 分类检索、法律状态检索	表格检索（检索字段间可组合逻辑）、高级检索（命令检索）	表格检索、命令检索、IPC 分类检索、法律状态检索	简单检索、表格检索、高级检索、IPC 分类检索、法律状态检索、自动提取关键词
检索结果显示与保存	列表显示、专利文本显示、全文图像显示（单页显示和下载）	列表显示、专利文本显示、全文图像显示	列表显示、专利文本显示、全文图像显示（PDF 格式下载）、著录数据批量下载	列表显示、专利文本显示、全文图像显示（PDF 格式下载）

第二节　国家知识产权局网站专利信息检索

国家知识产权局官方网站检索系统是由国家知识产权局提供的专利信息检索系统，可以获取中国发明、实用新型和外观设计专利的著录项目信息以及专利文献全文。

一、检索方式

国家知识产权局政府网站提供的中国专利信息检索系统主要有 3 种检索方式：简单检索、高级检索和 IPC 分类检索，本节重点介绍简单检索和高级检索，IPC 分类检索的内容详见第九节。

（一）简单检索

SIPO 主页页面右侧的"专利检索"，就是"简单检索"页面，如图 2－1 所示。简单检索方式提供一个检索字段选项和一个信息输入框。

1. 可选择的检索字段

号码信息：申请（专利）号、公开（公告）号。

日期类型信息：申请日、公开（公告）日。

公司/人名信息：申请（专利权）人、发明（设计）人。

技术信息：名称、摘要和主分类号。

图 2 - 1　"简单检索"页面

2. 检索步骤

检索时，先在检索选项中选择需要的检索字段，然后在信息输入框中根据系统帮助中的输入规则输入相关检索式，最后选择"搜索"即可获得检索结果。

在简单检索方式下，检索式中不能使用逻辑算符。

（二）高级检索

单击 SIPO 主页页面右侧中部的"高级搜索"，即可进入"高级检索"页面，如图 2 - 2 所示。系统提供的"高级检索"是格式化的检索方式。

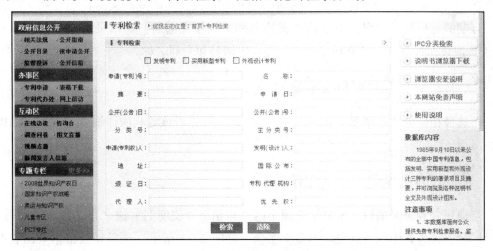

图 2 - 2　"高级检索"页面

1. 检索字段

高级检索提供 16 个检索字段，包括：

号码信息：申请（专利）号、公开（公告）号。

日期类型信息：申请日、公开（公告）日、颁证日。

综合信息：国际公布、优先权。

公司/人名信息：申请（专利权）人、发明（设计）人、地址、专利代理机构、代理人。

技术信息：名称、摘要、分类号和主分类号。

这些检索字段之间全部为逻辑"AND"关系。

2. 检索步骤

（1）通过页面上方专利种类的选择项选择待检索的专利类型，缺省状态下默认在全部专利类型中进行检索。

（2）选择检索字段，输入相应的检索条件。

二、检索结果显示

正确输入检索条件后，选择检索页面下方的"检索"按钮，系统将执行检索并进入检索结果显示页。

简单检索、高级检索和 IPC 分类检索的检索结果显示相同，共提供了 3 种检索结果显示：检索结果列表显示、专利文本显示和专利说明书全文图像显示。

（一）检索结果列表显示

如图 2-3 所示，在检索结果列表显示页面的上方依次显示"发明专利"、"实用新型专利"和"外观设计专利"的命中记录数。检索出的专利文献按照专利文献公布日期的先后顺序排列，即最新公布的专利文献排在前面。显示页面一次只能显示 20 条记录，每一条记录分别显示：序号、申请号和专利名称。

（二）专利著录项目文本显示

选择相应的"申请号"或者"专利名称"，可查看该专利的详细著录数据，如图 2-4 所示。

（三）专利说明书全文图像显示

通过专利著录项目文本显示页面中的"申请公开说明书"或"审定授权说明书"的链接，可查看中国专利说明书全文图像，如图 2-5 所示。选择高级检索页面右部的"说明书浏览器下载"，并安装下载程序才可以实现浏览说明书全文的功能。

该网站提供的信息仅供公众参考，如有与国家知识产权局发明专利公报、实用新

专利检索　▸ 您现在的位置： 首页 > 专利检索

▪ 发明专利 (14)条　▪ 实用新型专利 (9)条

序号	申请号	专利名称
1	03141469.9	高压气液混合放爆瞬间海水淡化装置
2	03132908.X	高压气液混合放爆瞬间海水汽化装置
3	03141611.X	高压气液混合放爆瞬间汽化装置
4	03141676.4	放爆分离瞬间海水淡化装置
5	03132625.0	节能喷雾负压蒸馏式海水淡化方法及设备
6	03809968.3	利用太阳、风及波浪能量,由咸水生产淡水的持续供应,超促进自然的方法和结构
7	03111757.0	全自然能海水和苦咸水淡化方法及其装置
8	03133919.0	太阳能蒸发式分离方法及所用装置
9	03109076.1	一种模拟自然界降水的海水淡化设备
10	03109959.9	一种太阳能热虹吸循环浸没管式多效蒸发脱盐装置
11	03109965.3	太阳能热虹吸循环蒸发器表面薄膜多效蒸馏脱盐装置
12	03110061.9	一种太阳能热能溴化锂吸收式中央空调海水淡化装置
13	200380107198.3	用未处理液体生产干净液体的工艺和装置
14	200380104318.4	一种水脱盐的方法和设备
15	03212404.X	太阳能海水淡化装置
16	03256153.9	气液混合高速汽化海水淡化装置
17	03254690.4	太阳能蒸馏水发生器
18	200320116238.8	太阳能海水淡化器

图 2－3　“检索结果列表显示”页面

申请（专利）号：200510084532.9

+ 大 中 小

▪ **申请公开说明书**（22）页　▪ **审定授权说明书**（22）页

申　请　号：	200510084532.9	申　请　日：	2000 09 28
名　　称：	联合收割机		
公开（公告）号：	CN1736149	公开(公告)日：	2006 02 22
主 分 类 号：	A01F7/00(2006 01)I	分案原申请号：	00128895 4
分　类　号：	A01F7/00(2006.01)I；A01F12/18(2006 01)I		
颁　证　日：		优　先　权：	1999 10 28 JP 307037/1999；1999.11.8 JP 316813/1999，2000 8 28 JP 258651/2000
申请(专利权)人：	洋马农机株式会社		
地　　址：	日本大阪府		
发 明（设计)人：	楢原阳三郎；佐村木仁；森山浩二；新福勇一；丰田功；山本明人	国 际 申 请：	
国 际 公 布：		进入国家日期：	
专利代理机构：	中国国际贸易促进委员会专利商标事务所	代　理　人：	何腾云

摘要

本发明的目的是提高脱谷效率和实现收获作业速度的高速化。本发明的联合收割机，在内设有脱粒滚筒(6)的滚筒室(22)侧方，架设送料链(5)，由脱粒滚筒(6)使送料链(5)运送的谷杆脱谷，其特征在于，用脱粒滚筒(6)外周的若干个滚筒弓齿(51)的前后方向中间部，把沿脱谷滚筒(6)旋转方向延设的杆承接体(53)(54)固定在滚筒室(22)底部，从正面看将杆承接体(53)(54)重合在滚筒弓齿(51)的旋转轨迹上。

图 2－4　“专利著录项目文本显示”页面

型专利公报、外观设计专利公报及相关说明书、附图、权利要求书不符之处，均应以公报和说明书全文的内容为准。

[19] 中华人民共和国国家知识产权局

[51] Int. Cl.
A01F 12/52 (2006.01)
A01F 12/18 (2006.01)

[12] 发 明 专 利 说 明 书

专利号 ZL 200510084532.9

[45] 授权公告日　2007 年 10 月 17 日

[11] 授权公告号 CN 100342772C

[22] 申请日　2000.9.28
[21] 申请号　200510084532.9
　　　分案原申请号　00128895.4
[30] 优先权
　　　[32] 1999.10.28 [33] JP [31] 307037/1999
　　　[32] 1999.11. 8 [33] JP [31] 316813/1999
　　　[32] 2000. 8.28 [33] JP [31] 256651/2000
[73] 专利权人　洋马农机株式会社

JP42013947 Y　1967.8.9
审查员　陈旭暄
[74] 专利代理机构　中国国际贸易促进委员会专利
　　　　　　　　　　商标事务所
　　　代理人　何腾云

图 2－5　"专利说明书全文图像显示"页面

第三节　中国专利数据库检索系统

中国专利数据库检索系统由中国专利信息中心开发，提供了中国发明、实用新型和外观设计专利的检索。

一、检索方式

中国专利数据库检索系统提供了表格检索、高级检索、IPC 分类检索等检索功能以及简单的专利统计功能。

（一）表格检索

1. 检索字段

如图 2－6 所示，表格检索提供 17 个检索字段和 1 个逻辑检索式的输入框，检索字段包括：

号码信息：申请号、公开号、公告号。

日期类型信息：申请日、公开日、公告日。

综合信息：优先权。

公司/人名信息：申请人、发明人、申请人地址、代理机构代码、国别省市代码。

技术信息：名称、摘要、主题词、主权利要求和分类号。

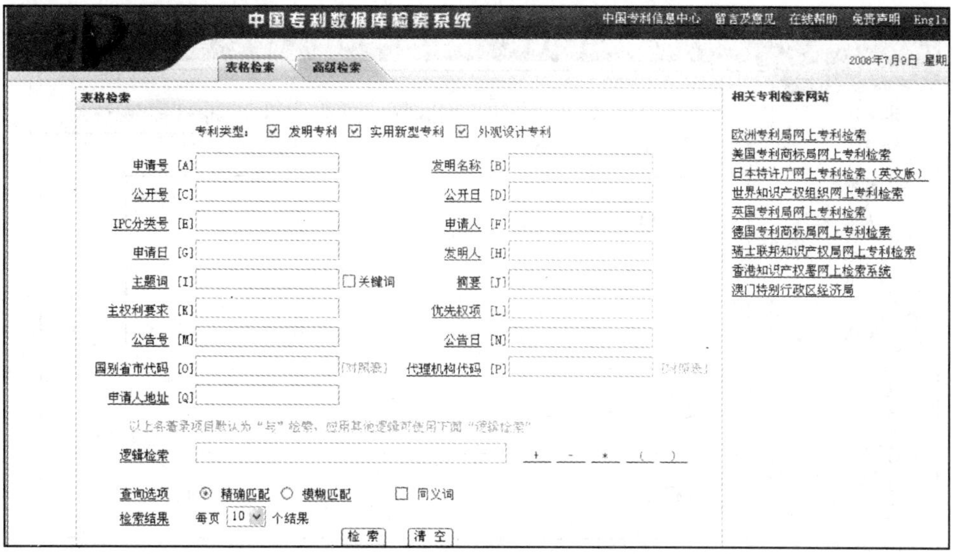

图 2 - 6　　"表格检索"页面

通过逻辑检索式输入框可以实现多个检索字段间的逻辑运算。

2. 特殊检索功能

在表格检索方式中，还提供了同义词检索和模糊匹配、精确匹配的检索功能。

（1）同义词检索功能

勾选页面下方"同义词"选项，系统自动使用检索输入词的同义词进行检索。这一功能仅适用于在名称、申请人、发明人、摘要、关键词和主权利要求的检索字段中进行检索。

（2）模糊匹配和精确匹配

在表格检索方式中，提供了模糊匹配和精确匹配两种检索功能。模糊匹配是以"字"为单位进行检索，也就是说，当输入某个词汇时，系统自动将其分解为一个个单字与数据库中的文献进行匹配，只要文献中同时出现各个单字，该文献即被列入检索结果；精确匹配是指只有当文献中存在与输入条件完全一致的检索词时，该文献才出现在检索结果中。

（二）高级检索

高级检索的特有功能是保存检索历史记录和检索结果，方便用户同时进行多次检索。

如图 2 - 7 所示，根据功能模块的不同，将高级检索页面划分为：操作区（A区），列表区（B区），检索区（C区）和工作区（D区）。

1. 操作区（A区）

"操作区"包含多个操作按钮，可以对检索式的导入、保存等进行控制。

图 2 - 7　"高级检索"页面

"导出检索式"按钮：即"保存检索式"；在进行专利检索之后想要把这些检索式保存下来，单击此按钮即可出现保存文件对话框，系统自动按照一定规则产生一个文件名。

"导入检索式"按钮：单击该按钮，可以向系统导入在本地存储的表达式文件，表达式文件必须是 txt 格式，并且大小不能超过 2M。

"运行检索式"按钮：在成功导入检索式后，单击"运行检索式"后系统开始按照从上至下的顺序逐一开始执行检索，在工作区中逐一显示出执行的检索结果。

"清空结果集"按钮：清空工作区中存在的运行结果。

"清空工作区"按钮：进行了表达式列表检索之后想要进行单命令行检索，就可以清除工作区内的全部内容，包括"表达式列表"、"结果记录"和"查看结果"选项。

"清除最后 1 行"按钮：单击该选项可以清除工作区所显示的最后 1 行表达式。

"清除最后 10 行"：单击该选项可以清除工作区所显示的最后 10 行表达式。

2. 列表区（B 区）

为方便用户使用命令行检索功能，系统提供了所有供检索的检索字段列表；单击某个检索字段后在检索式输入框内即出现相应的代码。

举例：单击"F AP（申请号）"，在检索式输入框内就会出现"F AP "。

3. 检索区（C 区）

检索区提供了命令行输入框，可以输入检索式，并支持逻辑符运算（ * 、+和 - ）。

4. 工作区（D区）

检索过程中，工作区会显示三部分内容：表达式列表、各表达式的检索结果数量以及查看结果的链接，如图2-8所示。

图2-8　"高级检索"检索执行页面

表达式列表：用于显示所有已检索或者待检索的表达式。

载入任意检索式文件，就会出现相应的表达式列表。

在检索式输入框内输入检索式进行命令行检索时，选择"检索"按钮提交后列表区就会自动增加该项表达式。

结果显示：每一个合法输入表达式都会有一个命中条数，格式为 Hit（n），n 为命中条数；当输入的检索式错误时，此处给出错误信息，比如"input error"或者"syntax error"，方便检查错误的来源。

查看结果：提交检索后，结果显示区显示全部命中条数，选择此选项可打开检索结果显示页面。

二、检索结果显示与统计

该系统提供3种检索结果显示方式：列表显示、专利著录项目文本显示以及说明书图像显示，提供检索结果详细信息、对结果的多种查看方式、多种排序方式以及二次检索功能。除此之外，当检索的命中结果数在5 000条以内时，系统还提供对结果进行排序和统计的功能。

（一）列表显示

输入检索条件进行检索后，首先进入检索结果列表显示界面，如图 2 - 9 所示。该方式下可以浏览检索结果的数量、申请号以及名称。通过选择页面上方的"排序方式"可以使得检索结果按照相关度、申请号、公开号、公开日期、名称以及申请日升序或降序排列，还可以通过"每页结果数"设置每页显示的检索结果数量。

图 2 - 9 "检索结果列表显示"页面

（二）专利著录项目文本显示

在检索结果列表页面中可直接单击专利名称，可以查看著录数据显示页面，如图 2 - 10 所示，查看某一件文献著录数据、文摘、权利要求。

通过页面上方的按钮表示可以对该页面上的信息进行保存、查看本专利的主附图如果有的话）、查看公开说明书和授权说明书。

（三）说明书图像显示

说明书以图像形式显示，可以单页保存，如图 2 - 11 所示。

图 2-10　"专利著录项目文本显示"页面

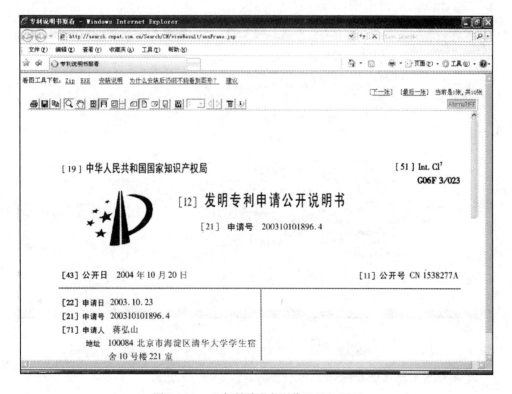

图 2-11　"专利说明书图像显示"页面

（四）二次检索

二次检索是在前次检索结果的基础上进行的，其结果更精确。

进行二次检索时，应选中"在结果中检索"，系统将在"申请号/名称/分类号/摘要/关键词/权利要求"字段中进行检索。

（五）结果统计

检索结果统计功能位于检索结果列表显示页面中，对检索结果的统计可以按照"IPC"、"国别地区"及"申请人"进行。

1. 按照 IPC 进行统计

如图 2－12 所示，按照 IPC 进行统计后，系统统计了已有检索结果中 IPC 以 A～H 开头的记录数；选择代表"部"的相应字母，可查看以该字母开头的结果记录；用户还可以根据检索需要，按照 IPC 分类的等级顺序显示大类、小类、大组和小组的专利记录。

图 2－12　"按照 IPC 进行统计"页面

2. 按照国别地区进行统计

如图 2－13 所示，选择相应的国家/地区，即可显示已有检索结果中该国家/地区的结果记录。

图 2 - 13 "按照国别地区进行统计"页面

3. 按照申请人进行统计

按照申请人进行统计后，系统按照已有检索结果中含专利记录数的高低对申请人进行排列，如图 2 - 14 所示。

三、检索实例

某公司想了解"抽油机新型节能异步电动机"已有国内专利情况，应用高级检索进行操作，检索步骤及结果如图 2 - 15 及图 2 - 16 所示。

检索思路为：

1. 利用主题词进行初步检索

（1）F VFT 抽油机 * 电动机   Hits（622）

（2）F TI 电动机   Hits（8380）

（3）1 * 2   Hits（76）

单击"查看结果 3"，均为与"抽油机"相关的"电动机"。

2. 利用统计功能确定该主题的分类号

进入查看结果 3 页面后，在"结果统计"处单击"IPC"进行分类号统计。

得到 IPC 统计结果分别为：

H02K 40 件（电机）；

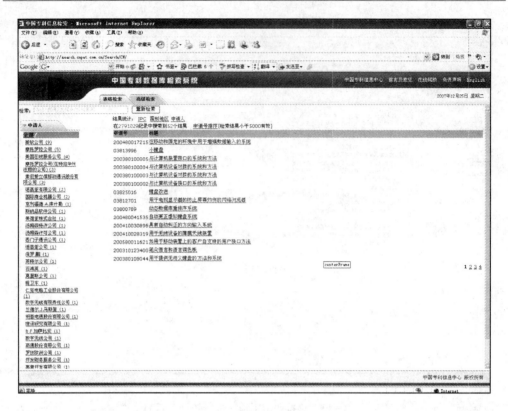

图 2-14 "按照申请人进行统计"页面

图 2-15 检索步骤

H02P　9件(电动机、发电机或机电变换器的控制或调节；控制变压器、电抗器
　　　　或扼流圈)；

H02H　5件（紧急保护电路装置）；

E21B　7件（土层或岩石的钻进；从井中开采油、气、水、可溶解或可熔化物
　　　　质或矿物泥浆）；

F16H　4件（传动装置）；

F04B　4件（液体变容式机械；泵）。

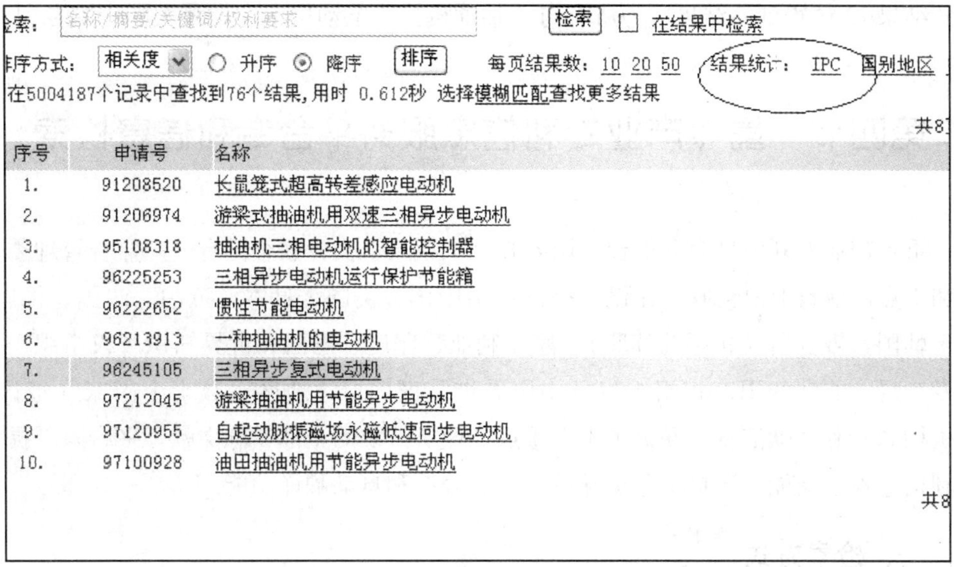

图 2 - 16　检索结果

3. 针对不同技术主题分别进行 IPC 号检索

（4）电动机主题：f ic H02K + H02P + H02H + F16H

（5）抽油机主题：f ic E21B + F04B

4. 找出同义词、近义词，进行同义主题词检索

浏览（3）检索结果，获得"电动机"同义词"电机"。

（6）f ti 电机

（7）f vft 抽油

5. 最终检索

将上述检索提问式进行逻辑组配，组成完整检索提问式，进行最终检索。

分析主题词："电动机"与"电机"为同义词，进行组合。

（8）2 + 6

再进行 IPC 和主题词之间的组合。

（9）4 * 7

（10）5 * 8

共得到 3 组符合"抽油机电动机"主题的结果，再进行 3 组结果之间的组合。

（11）3 + 9 + 10

6. 进一步限定检索

根据企业开发的产品主题"一种抽油机新型节能异步电动机"，可进一步限定为"异步电动机"，再次检索：

（12）F VFT 异步

(13) 11 ＊ 12

结果 13 中得到的结果应为所有与"抽油机异步电动机"主题相关的中国专利。

第四节　重点产业专利信息服务平台专利信息检索

重点产业专利信息服务平台由国家知识产权局牵头，联合国有资产监督管理委员会和重点产业行业协会联合建设，提供包括中国、美国、日本、英国、法国、德国、瑞士韩国、俄罗斯（包括前苏联）、澳大利亚、印度、巴西和世界知识产权组织、欧洲专利局、非洲知识产权组织以及中国香港特区、台湾地区等数十个国家（地区）和机构的专利文献信息，涵盖了十大重点产业所涉及的全部专利文献。平台除了提供专利信息检索功能，还提供分类导航、专利分析和自动翻译功能。

一、检索方式

在该服务平台中，既可以在所有专利数据中检索，也可以分别在数据库提供的十大特定产业数据库中进行检索。

（一）在所有专利数据中进行检索

在主页中单击页面左侧任一产业子平台系统链接，均可进入全领域数据库（不仅仅局限于所选产业）进行检索，检索页面如图 2-17 所示。

通过检索页面上方的国家选择区域，可以选择专利检索的国家范围，选择不同国家范围，应当使用与之对应的语种输入检索条件。勾选某些数据范围时可能会使部分著录项失效，即输入框变灰，例如勾选"法国"时，将无法进行"专利代理机构"、"国省代码"等的检索；勾选"中国发明专利"时，将无法对"同族专利"进行检索。

默认状态下，系统在发明专利、实用新型和外观设计 3 个数据库中检索。台湾专利和失效专利不能与其他数据库同时选择。

1. 系统检索字段

号码信息：申请（专利）号、公开（公告）号、优先权号。

日期类型信息：申请日、公开（公告）日。

公司/人名信息：申请（专利权）人、发明（设计）人、代理人、代理机构、国省代码、地址（申请（专利权）人为个人或团体，模糊检索时应尽量选用关键字）。

技术信息：名称、摘要、权利要求书、说明书、分类号和主分类号。

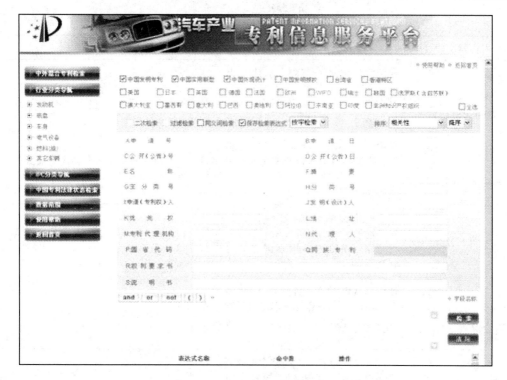

图 2 - 17　全领域数据库检索页面

表 2 - 2　检索字段说明及举例

检索字段	说　　　明	举　　　例
申请（专利）号	? 代表单个字符，% 代替多个字符	% 2144%，表示申请号中间几位为 2144
公开（公告）号		
申请日	格式 yyyymmdd 或 yyyy. mm. dd，可用 to 限定范围	
公开（公告）日		
名　　称		
摘　　要		
主权项	? 代表单个字符，% 代替多个字符；字段内各检索词之间可进行 and、or、not 运算	计算机 or 控制，表示名称中包含计算机或控制
地　　址		
专利代理机构		
代理人		
主分类号	可进行模糊检索，使用代替多个字符%，模糊字符在末尾时可省略	% 15/16%，表示主分类号中包含 15/16
分类号		

续表

检索字段	说　明	举　例
申请（专利权）人 发明（设计）人	使用？代替单个字符，％代替多个字符，位于字符串起首或末尾时模糊字符可省略。字段内各检索词之间可进行and、or运算	（（北京 or 上海）and（电子 or 开关）），表示申请人为北京或上海的某厂，厂名中包含"电子"或"开关"
优先权	使用？代替单个字符，％代替多个字符，位于字符串起首或末尾时模糊字符可省略。字段内各检索词之间可进行and、or运算	％92112960，表示专利优先权编号含有92112960
范畴分类	使用？代替单个字符，％代替多个字符，位于字符串起首或末尾时模糊字符可省略。字段内各检索词之间可进行and、or运算	12A or 12，表示范畴分类中包含12A 或 12F
全文检索	使用？代替单个字符，％代替多个字符，位于字符串起首或末尾时模糊字符可省略。字段内各检索词之间可进行and、or运算	
同族专利	？代替单个字符，％代替多个字符，位于字符串起首或末尾时模糊字符可省略。字段内各检索词之间可进行and、or运算	

2. 对特定字段进行单独检索

当检索条件比较简单时，可使用检索页面上的表格检索区域对特定字段进行单独检索。此时，选择所需要的检索字段，输入相应的检索条件即可。各输入字段之间默认为逻辑"与"的关系。

3. 使用复杂检索式

（1）方式一：利用表格检索中的检索字段，组合检索式进行检索

可以将检索表格中使用的检索项目和输入的检索条件进行布尔运算式逻辑组合，按照组合后的表达式进行检索。首先在检索项目中输入检索条件，然后单击检索项目名称，在检索框中直接输入部分检索式，再使用and、or、not、"（"和"）"改变运算顺序。

（2）方式二：利用提供的字段名称和各种运算符进行组合

单击运算符后的"字段名称"，显示字段名称列表，用户可以利用各种字段名称和各种运算符组合书写检索式，例如：检索式"％98/AN and 林/IN"可检索申请号含"98"并且发明人姓名中含"林"的专利申请。

（3）方式三：利用历史表达式的编号进行组合检索

用户每次检索的历史表达式记录在表达式列表中，显示保存过的表达式和序号。

单击表达式序号，将在检索式输入框中输入该表达式序号，可以和其他表达式配合进行检索；单击表达式名称，将在检索式输入框中输入该表达式的完整内容，可以和其他表达式配合进行检索。例：@1 and @2。

4. 检索历史表达式列表

表达式名称	命中数	操作				检索库
@1　(计算机 or 控制)/TI	43325	查看	锁定	重命名	删除	发明专利,外观设计,实用新型,发明授权

图 2 - 18　检索历史表达式列表

如图 2 - 18 所示，为检索历史表达式列表。表达式名称是执行过的检索式。命中数指保存表达式时所命中的专利件数。操作菜单下可对检索结果进行操作。锁定：锁定表达式，当保存的表达式超过 50 条时，先删除未锁定的表达式，再删除锁定的表达式；重命名：修改表达式的名称；删除：删除保存的表达式；检索库：当时保存检索式时，所选择的专利数据库。

5. 系统使用的运算符

（1）xor（逻辑异或），例如：在摘要中检索含有"变速"或"装置"，但不能同时含有"变速"和"装置"的专利，应键入：（变速 xor 装置）/AB，或键入：（变速 or 装置）/AB not（变速 and 装置）/AB。

（2）adj（两者邻接，次序有关），例如：在摘要中检索含有"变速"和"装置"，且"变速"在"装置"前面的专利，应键入：（变速 adj 装置）/AB。

（3）equ/n（两者相隔 n 个字，次序有关（默认相隔 10 个字）），例如：在摘要中检索含有"方法"和"装置"，且"方法"在"装置"前面，"方法"和"装置"相隔 10 个字的专利，应键入：（方法 equ/10 装置）/AB。

（4）xor/n（两者在 n 个字之内不能同时出现（默认相隔 10 个字）），例如：在摘要中检索含有"方法"和"装置"，且"方法"和"装置"在 10 个字内不能同时出现的专利，应键入：（方法 xor/10 装置）/AB。

（5）pre/n（两者相隔至多 n 个字，次序有关（默认相隔 10 个字）），例如：在摘要中检索含有"方法"和"装置"，且"方法"在"装置"前面，"方法"和"装置"至多相隔 10 个字的专利，应键入：（方法 pre/10 装置）/AB。

（二）在特定产业数据库检索

在特定产业数据库中检索需要借助系统提供的行业分类导航进行，该分类导航是由国资委牵头，并联合十大振兴行业协会、组织行业内专家组成团队针对十大重点产业的技术创新领域进行行业细分，如图 2 - 19 所示。

单击平台首页的行业列表中的行业名称或其子分类，页面右侧区域中将显示该行业或子分类下的专利检索结果；该状态下单击检索结果下方的"二次检索"，可以回

图 2 - 19　特定产业数据库检索页面

到字段检索界面，在所选的行业或子分类中根据字段检索页面的输入条件进一步检索。

二、检索结果的显示与处理

本系统提供列表显示、文本显示和图像全文显示。

（一）列表显示

单击检索页面的"检索"按钮，如果检索式正确，检索结果以列表形式显示。系统默认的列表显示内容包括：申请（专利）号、主分类号和名称。

1. 检索结果处理工具

检索结果处理工具栏中包括全选、打印文摘、批量下载和设定显示字段等工具。

（1）全选

选择本页所显示全部检索结果，也可以直接单击每条检索结果记录前的选择框进行选择。

（2）打印文摘

单击打印文摘后，将弹出对话框，如图 2 - 20 所示，用户可以选择需要打印的字段，单击确定系统按照设置打印出所选专利的文摘。

（3）批量下载

批量下载对于一般用户只能批量下载选择的检索结果的文摘。单击批量下载后将弹出如下对话框，如图 2 - 21 所示，用户可以选择需要下载的字段和文件保存的类型，文件保存的类型包括：Excel 文件和页面文件。系统按照设置下载所选专利的文摘。对于注册会员，可进行说明书图形数据的批量下载，最多一次下载 5 篇文献。

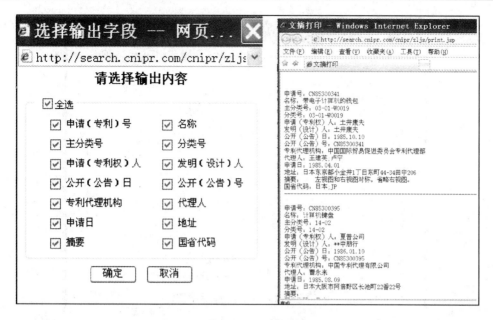

图 2 - 20　打印对话框

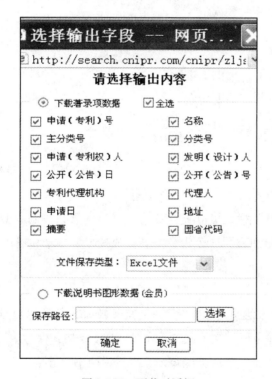

图 2 - 21　下载对话框

（4）设定显示字段

可以通过该选项设置在检索结果窗口中所显示的专利信息。选择设定显示字段，将弹出对话框，如图 2 - 22 所示。用户可根据需要添加或减少显示字段。

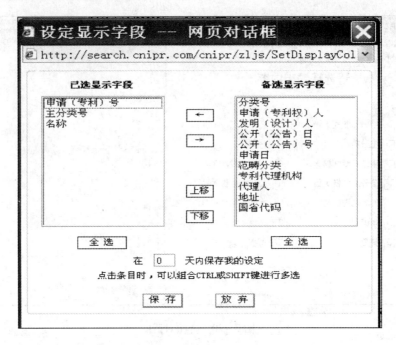

图 2 - 22　设定显示字段对话框

2. 辅助检索工具

在检索结果列表下，提供了重新检索、二次检索和过滤检索 3 种辅助检索工具的链接，单击后可执行相应辅助检索。

（二）文本显示

单击列表显示中的"申请（专利）号"可进入单篇专利文献的文本显示页面。显示的内容包括各种著录项目和主权项信息。

单击"授权信息"栏，可以查看专利授权时的著录项目信息和主权项信息。其中的公开（公告）号和公开（公告）日转换成授权公告号和授权公告日。

（三）全文保存

单击检索记录页面显示页的"专利全文"链接，还可以打开专利申请公开说明书图像全文信息，并可以一次下载整篇文献，以 .tif 格式保存。

如果检索记录页面显示页有"审定、授权说明书"链接，可以打开专利授权公告说明书图像全文信息，并也可以一次下载整篇文献，同样以 .tif 格式保存。

（四）在线机器翻译

系统提供了将检索出的英文专利信息自动翻译为中文的功能。翻译是由无人工介入的自动机器翻译软件完成，虽然无法与专业人员的翻译相提并论，但可以提供参考，能够帮助用户理解翻译文本要点。

（五）专利文献批量下载

系统提供多篇专利说明书的下载功能，用户可以在列表显示中勾选所需要的专利，然后单击底端的"批量下载说明书"按钮，在弹出的对话框中选择保存的路径，然后开始下载，并显示进度。

三、专利信息分析模块

专利信息分析是将专利数据经过系统化处理后，分析整理出直观易懂的结果，并以图表的形式展现出来。通过把专利数据升值为专利情报，可以帮助用户全面、深层地挖掘专利资料的战略信息并促进产业技术的升级，有助于研究、制定和实施企业的专利发展战略。

本系统的专利信息分析模块提供包括趋势分析、国省分析、区域分析、申请人分析、发明人分析、技术分类分析、中国专项分析和自动分析报告。

分析系统的分析结果是以表格或者图形方式呈现出来，其中分析图形有折线图、柱状图、三维折线图、三维柱状图、雷达图和饼状图等多种显示方式。

（一）趋势分析

趋势分析按专利申请日期或专利公开日期统计专利数量。默认显示图形为按申请年分析的折线图，如图 2－23 所示，也可选择以柱状图、三维折线图、三维柱状图和雷达图来表示。分别单击标签栏中的标签，可以按相应条件生成用户所需要的分析图形和数据。单击其中的"综合"标签，可以同时显示专利申请数量和专利公开数量随年份变化的趋势。单击"详细报表"链接，查看表格式的分析结果。单击"重新设置"按钮，用户可以重新设定"开始时间"和"结束时间"进行分析。还可以导出统计数据，选择"表格"或"图象"，然后单击导出，以 Excel 表或 . png 图像格式输出。

（二）国省分析

通过专利信息的国省分析，可以了解行业发展的重点区域以及不同区域内专利研发的重点方向和各区域之间技术的差异性、不同区域内专利技术的主要竞争者（申请人）和发明人。国省分析包括国省分布状况、国省申请人分析、国省发明人分析以及国省技术分类分析。要注意，国省分析仅适用于中文专利。

1. 国省分布分析

默认是对专利最多的 10 个国家和中国省份进行分析。可以对分析的国家进行选择，单击"重新设置"，可以用户选择"国家和地区"重新进行分析，将"中国"

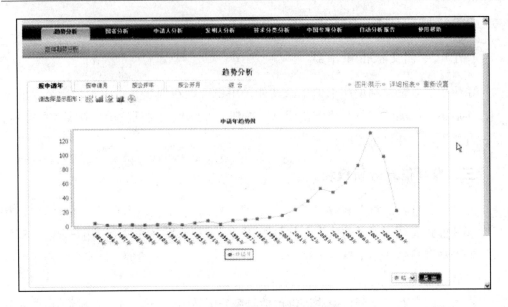

图 2 – 23　　趋势分析折线图

勾选上，是以国家为单位进行分析；分析图形中只显示被选的国家和地区，勾选
"显示其他"复选框，会将未选中的国家或地区的专利数加到一起，显示在分析图形
和分析数据列表的其他项里。

2. 国省申请人分析

国省申请人分析主要用于了解关键技术掌控在哪些申请人手中，对比目标国省内
申请人之间的技术差异。针对目前分析的行业主题，揭示国省内申请人在该技术领域
内关键技术的专利申请发展情况。默认显示图形为三维柱形图，如图 2 – 24 所示，纵
轴为专利数，横轴为国省，颜色为申请人。系统默认只显示专利数量最多的 10 个申
请人及国省。单击"重新设置"链接，可以选择符合用户条件的"申请人"或所属
的"国省"进行重新分析。如果点选了右边的"合并中国"，则中国申请人作为整
体而不再分省进行统计。

3. 国省发明人分析

国省发明人分析是对重点发明人的国省分布进行分析，同样，系统默认只显示专
利数量最多的 10 个发明人及国省。单击"重新设置"按钮，选择符合用户条件的
"发明人"或所属的"国省"进行重新分析。如果点选了右边的"合并中国"，则中
国发明人作为整体而不再分省进行统计。

4. 国省技术分类分析

国省技术分类分析可以了解目标国省内技术构成及技术的周期性变化，了解形成
这种变化的主要技术因素，以便从中找出阶段性关键技术。统计按专利 IPC 分类和国
省分布的专利数量。系统默认只显示专利数量最多的 10 个 IPC 小类及国省。单击
"重新设置"按钮，选择符合用户条件的"部、大类、小类、大组以及小组"或所属

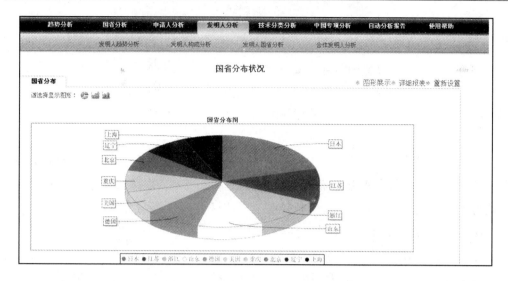

图 2 – 24　国省申请人分析三维柱状图

的"国省"进行重新分析。

（三）申请人分析

申请人分析包括：申请人趋势分析、申请人构成分析、申请人国省分析、申请人技术分类构成、申请人综合比较、合作申请人分析以及申请人区域构成。

1. 申请人趋势分析

申请人趋势分析主要是了解一个特定时期目标申请人的申报技术类型区别、技术衍变过程和变化周期。针对目前分析的主题，揭示各个申请人在该技术领域内历年专利申请情况随特定时间段的技术发展变化趋势。可以通过选择标签栏中的标签，可以统计选中申请者按年份的专利申请数量或公开的专利数量。系统默认只显示专利数量最多的 10 个申请人。单击"重新设置"按钮，选择符合用户条件的"申请人"或所属的"年份"进行重新分析。

2. 申请人构成分析

了解申请人竞争的总体状况。针对目前分析的行业主题，以申请人为基础，了解该技术领域内的主要申请人、各申请人的技术研发实力和重视专利申请的程度。单击"重新设置"按钮，选择符合用户条件的"申请人"或所属的"年份"进行重新分析。系统默认只显示专利数量最多的 10 个申请人。如果点选了"显示其他"复选框，没有被选中的申请人所申请的专利数量会合并在"其他"项中进行显示。

3. 申请人国省分析

了解行业内申请人各自关注的竞争国省情况。针对目前分析的行业主题，揭示不同申请人在该技术领域内专利申请的侧重国省和对比情况。申请人国省分析仅适用于中文专利。"重新设置"按钮的作用与前面的分析是一致的。

4. 申请人技术分类构成

了解关键技术掌控在哪些申请人手中，对比目标区域（国省）内申请人之间的技术差异。针对目前分析的行业主题，揭示各个区域（国省）内申请人在该技术领域内关键技术的专利申请发展情况。单击"重新设置"按钮，选择符合用户条件的"申请人"或"技术类别"进行重新分析。

5. 申请人综合比较

了解目标申请人的技术研发实力情况。针对目前分析的主题，揭示各个申请人在该技术领域内专利研发实力等详细数据信息，包括：专利所属国家、专利件数、占本主题专利百分比和申请人研发能力比较等。默认显示方式为表格。

6. 合作申请人分析

了解关键申请人手都有哪些技术合作者，继而分析他们之间的关系，对比合作者之间的重要性程度，了解合作技术领域。针对目前分析的主题，揭示申请人相互之间的合作专利申请情况。单击"重新设置"按钮，选择符合用户条件的"申请人"，可以重新进行数据分析。值得注意的是，这里的详细报表主要对申请人专利数、合作专利数、合作者数量以及主要合作者及次数统计等四个方面来考察合作申请人的研发能力。

（四）发明人分析

发明人是技术的来源，了解发明人对于企业技术创新特别是技术合作具有重大意义。围绕某项核心技术往往会衍生很多相关技术，这些技术表面上与核心技术之间没有直接联系，但是会对核心技术的效能产生很大的支撑作用，这些不同类型的技术往往会通过发明人产生某种关联。发明人分析包括：发明人趋势分析、发明人构成分析、发明人国省分析、合作发明人分析。

1. 发明人趋势分析

了解不同时期发明人的活动状况。针对目前分析的主题，揭示不同发明人在该技术领域内历年专利发明情况。可以选择按专利的申请日期或公开日期进行分析。单击"重新设置"按钮，选择符合用户条件的"发明人"或所属的"起止年份"进行重新分析。系统默认显示为所选择的申请年或公开年所对应的起止时间。

2. 发明人构成分析

了解发明人发明的总体状况。针对目前分析的主题，以发明人为基础，了解该技术领域内的主要发明人和各发明人的主要技术领域。系统中默认只显示拥有发明数量最多的 10 个发明人的专利数量。单击"重新设置"按钮，选择符合用户条件的"发明人"进行重新分析。如果点选了"显示其他"复选框，没有被选中的发明人的专利数量会合并在"其他"项中进行显示。

3. 发明人国省分析

了解发明人发明活动的主要区域（国省）。针对目前分析的行业主题，揭示不同发明人发明活动在不同国省的申请情况。发明人国省分析仅适用于中文专利。系统默认只显示专利数量最多的 10 个发明人以及国省。单击"重新设置"按钮，选择符合用户条件的"发明人"和所属的"国省"进行重新分析。如果点选了右边的"合并中国"，则中国发明人作为整体而不再分省进行统计。

4. 合作发明人分析

了解发明人的主要技术合作者及其主要技术领域。勾选"在全部发明人中选择"复选框，会更新发明人列表，列出有合作者和没有合作者的所有发明人，取消选中也会更新发明人列表，只列出有合作者的发明人。勾选"分析所有合作者"复选框，会分析选中发明人以及选中发明人的所有合作者，取消选中则只分析选中的发明人。

（五）技术分类分析

企业涉足某种产品、技术的市场竞争，必须了解其技术发展变化趋势以及影响这些变化的技术因素，这些不同因素在不同区域（国省）的差别，这种差别源自哪些发明人。因此，进行产品、技术的发展及衍变趋势的分析能够帮助企业了解竞争的技术环境，增强技术创新的目的性。技术分类分析包括：技术分类趋势分析、技术分类构成分析、技术分类国省分析、技术分类申请人构成、技术关联度分析以及技术分类区域构成。

1. 技术分类趋势分析

了解目标技术领域的衍变过程和变化周期，并对指定时期该技术领域的技术衍变过程进行全过程描述。针对目前分析的主题，揭示不同技术领域历年专利申请情况。可以按专利的申请日期或公开日期进行分析。系统默认显示专利数最多的 10 个 IPC 小类，单击"重新设置"按钮，选择符合用户条件的"技术分类"以及相应的"起止年份"进行重新分析。

2. 技术分类构成分析

了解目标技术领域的具体构成情况。针对目前分析的行业主题，揭示不同的目标技术领域内的专利申请情况。系统默认显示专利数最多的 10 个 IPC 小类，单击"重新设置"按钮，选择符合用户条件的"技术分类"进行重新分析。如果点选了"显示其他"复选框，没有被选中的技术分类所包含的专利会合并计算，在"其他"项中进行显示。

3. 技术分类国省分析

了解不同时期各国、各地区关键技术构成的差异及其变化周期。针对目前分析的行业主题，揭示目标技术领域在不同国省内的专利申请情况。技术分类国省分析仅适用于中文专利。系统默认显示专利数最多的 10 个 IPC 小类及国省，单击"重新设置"按钮，选择符合用户条件的"技术分类"或所属的"国省"进行重新分析。如果点选了"合并中国"，则中国发明作为整体而不再分省进行统计。

4. 技术分类申请人构成

了解关键性技术的掌控者，并进行技术细节方面的差异性比较。了解不同时期各国、各地区关键技术构成的差异及其变化周期。针对目前分析的主题，揭示目标技术领域内不同申请人的专利申请情况。系统默认显示专利数最多的 10 个申请人及 IPC 小类，单击"重新设置"按钮，选择符合用户条件的"申请人"或所属的"技术分类"进行重新分析。

5. 技术关联度分析

了解关键技术之间的联系，并进行技术交叉分析。针对目前分析的行业主题，揭示目标技术领域内的技术融合状况。系统默认显示复合技术专利数最多的 10 个 IPC 小类，单击"重新设置"按钮，选择符合用户条件的"技术分类"进行重新分析。选中"在全部 IPC 中选择"会更新技术分类列表，并列出有关联技术的 IPC 分类和没有关联技术的 IPC 分类；取消选中也会更新技术分类列表，而仅列出有关联技术的 IPC 分类。选中"分析所有合作者"，会分析选中的 IPC 分类和与选中 IPC 分类有关联的所有 IPC 分类，取消选中只分析选中的 IPC 分类。

6. 技术分类区域构成

了解不同时期各国、各地区关键技术构成的差异及其变化周期。针对目前分析的行业主题，揭示目标技术领域在不同区域内的专利申请情况。技术分类区域构成仅适用于外文专利。系统默认显示专利数最多的 10 个 IPC 小类及区域。单击"重新设置"按钮，选择符合用户条件的"技术分类"或所属的"区域"进行重新分析。

（六）中国专项分析

中国专项分析是针对于中国的专利数据进行的分析，它主要包括专利类型分析、国省分布状况。

1. 专利类型分析

了解在中国区域内不同类型专利（发明专利、实用新型专利、外观设计专利）的构成情况。系统默认 3 种专利类型全选，单击"重新设置"按钮，选择符合中国专利条件的"专利类型"进行重新分析。

2. 国省分布状况

国省分布状况主要体现了中国专利数据内国内、国外专利权人的地区构成比例。单击"重新设置"按钮，选择符合用户条件的"国家和地区"进行重新分析。

（七）区域分析

企业欲以某种产品、技术参与不同国家和地区的市场竞争，必须了解其区域性竞争状况及消费需求。而这些需求往往通过申请人、专利申请量以及产品、技术的某些技术特征来体现。因此，通过专利信息的区域性分析，可以了解行业发展的重点区域、不同区域内专利研发的重点方向和各区域之间技术的差异性、不同区域内专利技术的主要竞争者（申请人）和发明人。区域分析包括：区域趋势分析、区域构成分析、区域技术领域构成（IPC 构成）、区域申请人构成。区域分析只适用于全英文专利数据或中英文混合专利数据分析，对于纯粹是中文专利数据分析，采用"国省分析"。国省指的是专利的申请人所在行政区域信息，包括国家、省级行政区域，对应中国专利的国省代码，只有中国受理的专利才有这样的信息。区域指的是专利的受理国信息，包括国家、组织、对应所有专利的国别码。

1. 区域趋势分析

了解一个特定时期内目标区域的技术衍变过程和变化周期。针对目前分析的主题，揭示各个区域在该技术领域内历年专利申请情况，随特定时期段的技术发展变化。主要按公开年生成分析图。单击"重新设置"按钮，选择符合用户条件的"区域"和"起始时间"进行重新分析。

2. 区域构成分析

了解区域竞争的总体状况。针对目前分析的主题，以申请人申请区域为基础，了解该技术领域内的重要竞争区域、申请区域的技术研发实力和重视专利申请的程度。单击"重新设置"按钮，选择符合用户条件的"区域"进行重新分析。

3. 区域技术分类构成

了解目标区域技术构成及技术的周期性变化，了解形成这种变化的主要技术因素，以便从中找出阶段性关键技术。了解各区域重点技术研发方向和各区域之间技术的差异性。针对目前分析的主题，揭示各个区域在该技术领域内关键技术的专利申请发展情况。单击"重新设置"按钮，选择符合用户条件的"技术分类"（系统默认为小类）和"区域"进行重新分析。

4. 区域申请人构成

了解关键技术掌控在哪些申请人手中，对比目标区域内申请人之间的技术差异。针对目前分析的主题，揭示各个区域内申请人在该技术领域内关键技术的专利申请发展情况。单击"重新设置"按钮，选择符合用户条件的"申请人"和"区域"进行重新分析。

（八）自动分析报告

自动分析报告中可包含前面各类分析项目，还可增加一些其他分析项目，分析结果（表格或者图形）可以导出并保存到 word 文档中。

通过单击"导出本章报告"或"导出整体报告"将保存本章节生成的图形和表格，其中"导出本章报告"只是保存当前分析页面中勾选的分析图形和表格，"导出整体报告"将保存本章节所有分析项目下的分析图形和表格。

表 2-3 是自动分析报告中所有的分析项目及其显示模式。

表 2 - 3　分析项目及显示模式

分析项目	分析内容	显示模式	Y 轴/X 轴
总体发展趋势	申请量年度趋势分析	图形或表格	申请量/年份
	公开量年度趋势分析比		公开量/年份
	申请公开量对比分析		申请量、公开量/年份
其他专项分析	代理机构分析	表格	申请量/代理人
	国省综合状况分析		申请量/专利类型/国省
	专利类型分析		申请量/专利类型
	申请类型分析		申请量/申请类型
专利申请区域分析	区域申请构成分析	图形或表格	申请总量/区域
	区域申请趋势分析		申请量/区域/年份
	主要技术区域申请对比分析		申请量/领域/区域
	主要竞争者区域申请对比分析		申请量/竞争者/区域
主要技术领域分析	技术总体状况		申请总量/领域（大类）
	技术细分状况		申请总量/领域（小类）
	主要技术申报趋势分析		申请量/领域/年份
	主要技术区域申请对比分析		申请量/领域/区域
主要竞争者分析	主要竞争者专利份额		申请总量/申请人
	主要竞争者申报趋势分析		申请量/申请人/年份
	主要竞争者区域申请对比分析		申请量/申请人/区域
	主要竞争者技术差异分析		申请量/申请人/领域
主要发明人分析	主要发明人专利份额		申请总量/发明人
	主要发明人申报趋势分析		申请量/发明人/年份
	主要发明人区域申请对比分析		申请量/发明人/区域
	主要发明人技术差异分析		申请量/发明人/领域

四、检索实例

某公司想了解"抽油机新型节能异步电动机"已有国内专利情况，应用高级检索进行操作，检索步骤及结果如图 2 - 25 所示。

1. 利用主题词进行初步检索（图 2 - 26）

（1）名称 =（抽油机 and 电动机）or 摘要 =（抽油机 and 电动机）or 权利要求书 =（抽油机 and 电动机）

浏览检索结果，分析主题词检索初步效果，发现多数专利涉及"抽油机"而非"电动机"，可以在检索结果页面单击"二次检索"，如图 2 - 27 所示。

| and | or | not | (|) | » | | | | | ⊛字段 |

名称=(抽油机 and 电动机) or 摘要=(抽油机 and 电动机) or 权利要求书=(抽油机 and 电动机)|

检
清

@1：(名称=(异步)or 摘要=(异步)or 权利... 68 查看 锁定 重命名 删除 发明专利,实用新型,外观设计
@2：((名称=(抽油) or 摘要=(抽油) or... 1378 查看 锁定 重命名 删除 发明专利,实用新型,外观设计
@3：(名称=(抽油) or 摘要=(抽油) or... 1047 查看 锁定 重命名 删除 发明专利,实用新型,外观设计
@4：((名称=(电机) or (名称=(电动机)) a... 430 查看 锁定 重命名 删除 发明专利,实用新型,外观设计
@5：(名称=(电机) or 名称=(电动机)) 41498 查看 锁定 重命名 删除 发明专利,实用新型,外观设计
@6：名称=(抽油) or 摘要=(抽油) or 权... 11299 查看 锁定 重命名 删除 发明专利,实用新型,外观设计
@7：名称=电机 32010 查看 锁定 重命名 删除 发明专利,实用新型,外观设计
@8：分类号=(e21b or f04b) or 主... 45626 查看 锁定 重命名 删除 发明专利,实用新型,外观设计
@9：分类号=(h02k or h02p or h0... 74216 查看 锁定 重命名 删除 发明专利,实用新型,外观设计
@10：(名称=(电动机) and (名称=(抽油机 a... 104 查看 锁定 重命名 删除 发明专利,实用新型,外观设计
@11：名称=电动机 9623 查看 锁定 重命名 删除 发明专利,实用新型,外观设计
@12：名称=(抽油机 and 电动机) or 摘要=... 728 查看 锁定 重命名 删除 发明专利,实用新型,外观设计

图 2-25 检索结果页面

| and | or | not | (|) | » | | | | ⊛字段 |

检
清

表达式名称	命中数	操作				
@1：名称=电动机	9623	查看	锁定	重命名	删除	发明专利,实用新型,外观设计
@2：名称=(抽油机 and 电动机) or 摘要=...	728	查看	锁定	重命名	删除	发明专利,实用新型,外观设计

图 2-26 初步检索结果页面

☐ CN201010263396.0 CN101902113A H02K21/00(2006.01)| 适用电压380V的低速永磁同步电机
☐ CN201010263892.6 CN101924515A H02P23/06(2006.01)| 抽油机急停调速技术
☐ CN200910021341.6 CN101619651 E21B43/00(2006.01)| 摇块六杆机构抽油机
☐ CN200910072687.9 CN101629483 E21B43/00(2006.01)| 功率平衡抽油机
☐ CN200910018146.8 CN101649897 F16H41/04(2006.01)| 一种抽油机用液力偶合器传动箱动力机组

全选 - 打印文摘 - 下载文摘 - 批量下载说明书 - 设定显示字段   重新检索 | 已次检索 | 过滤

本次检索命中记录数：728条 共73页 第 1 页 go   首页 上一页 下一页 尾页

图 2-27 检索结果列表显示

　　然后输入：

（2）名称=电动机

浏览检索结果，均为与"抽油机"相关的"电动机"。

2. 利用统计功能确定该主题的分类号

在检索结果页面中，单击分析，如图2-28所示，进入信息分析页面。

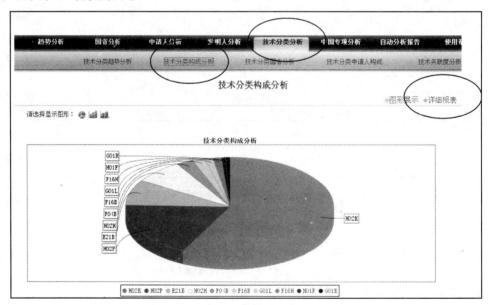

图2-28　检索结果页面

　　然后选择技术类型分析中的"技术分类构成分析"（如图2-29所示），单击后即可得到 IPC 分类结果。

图2-29　"技术分类构成分析"页面

在统计结果中，可以通过详细报表得到相关 IPC 的具体结果：

H02K　89件（电机）；

H02P　28件（电动机、发电机或机电变换器的控制或调节；控制变压器、电抗器或扼流圈）；

H02H 12 件（紧急保护电路装置）；

E21B 13 件（土层或岩石的钻进；从井中开采油、气、水、可溶解或可熔化物质或矿物泥浆）；

F04B 4 件（液体变容式机械；泵）；

F16H 2 件（传动装置）。

3. 按照技术主题分别进行 IPC 号检索

（3）"电动机"主题：分类号 =（H02K or H02P or H02H or F16H ）or 主分类号 =（ H02K or H02P or H02H or F16H）

（4）"抽油机"主题：分类号 =（E21B or F04B）or 主分类号 =（E21B or F04B）

IPC 检索结果及检索式序号变化如图 2 – 30 所示。

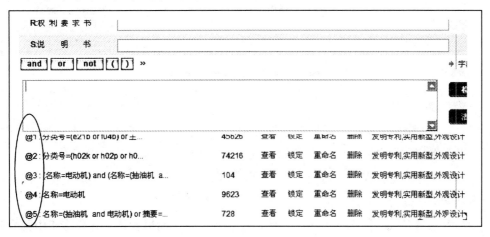

图 2 – 30 IPC 检索结果及检索式序号变化页面

4. 找出同义词、近义词

浏览@3 检索结果，发现"电动机"同义词"电机"。

进行同义词、扩大主题检索：

（5）名称 = 电机

（6）名称 =（抽油）or 摘要 =（抽油）or 权利要求书 =（抽油）

5. 将上述检索提问式进行逻辑组配，组成完整检索提问式，进行最终检索

分析主题词："电动机"与"电机"为同义词，进行组合，输入时注意检索式序号的变化。

（7）（2）or（6）（（名称 = 电动机）or（名称 = 电机））

再进行 IPC 和主题词之间的组合。

（8）（5）and（8）（抽油机的分类与电动机的主题词）

（9）（4）and（7）（电动机的分类与抽油的主题词）

共得到 3 组符合"抽油机电动机"主题的结果，再进行 3 组结果之间的组合。

（10）（3）or（9）or（10）

以上得到的结果应为所有与"抽油机电动机"主题相关的中国专利。

6. 进一步限定检索

根据企业开发的产品主题"一种抽油机新型节能异步电动机"，可进一步限定为"异步电动机"，可以在检索步骤（11）的结果中单击二次检索，如图2-31所示。

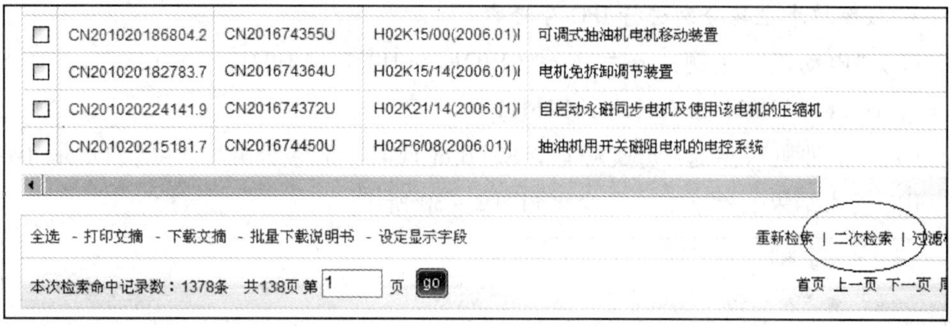

☐	CN2010201868004.2	CN201674355U	H02K15/00(2006.01)	可调式抽油机电机移动装置
☐	CN2010201827833.7	CN201674364U	H02K15/14(2006.01)	电机免拆卸调节装置
☐	CN2010202224141.9	CN201674372U	H02K21/14(2006.01)	自启动永磁同步电动机及使用该电机的压缩机
☐	CN2010202215181.7	CN201674450U	H02P6/08(2006.01)	抽油机用开关磁阻电机的电控系统

全选 · 打印文摘 · 下载文摘 · 批量下载说明书 · 设定显示字段　　　　　　　　重新检索 | 二次检索 | 过滤

本次检索命中记录数：1378条　共138页 第 1 页 go　　　　　　　　首页 上一页 下一页

图2-31　"限定检索"页面

然后输入：

（11）名称=（异步）or 摘要=（异步）or 主权项=（异步）

以上得到的结果应为所有与"抽油机异步电动机"主题相关的中国专利。

需要注意的是，在检索历史栏中，检索式的序号会随着操作而不断变化，因此在利用检索结果进行逻辑运算时，需要留意序号的变化。

与本章第三节的检索结果相比，使用重点产业平台的检索结果要略多于中国专利数据库检索系统（分别为68篇和62篇），且没有完全包含其检索结果，可能由以下原因造成：

1. 搜索引擎的差异；

2. 系统切词的差异；

3. 数据质量的差异。

第五节　中国专利复审委员会数据库检索

国家知识产权局专利复审委员会在其官方网站上向社会公众提供了专利复审信息的查询系统。此系统不仅可以查询到复审决定，还可以查询口头审理公告。

一、概　　述

在地址栏中直接输入专利复审委员会的网址 www. sipo-reexam. gov. cn，就可以进入网站；也可以在 SIPO 网站上的直属单位栏目下，单击"专利复审委员会"进入该网站。

在专利复审委员会网站提供口头审理公告查询和复审无效决定选编查询。

二、审查决定查询

在专利复审委员会网站单击"复审无效决定选编查询"入口链接，进入审查决定查询页面，如图 2 - 32 所示。

图 2 - 32　审查决定查询页面

（一）检索字段

审查决定查询提供发明、新型和外观的复审决定，可选择检索全部审查决定、复审决定和无效决定信息，检索结果可以按决定日、决定号、委内编号、申请日、授权公告日和审定公告日的升序或降序排列。其中委内编号，是专利复审委对复审和无效请求的决定的编号。检索字段有：

号码检索字段：决定号、申请（专利）号；

日期检索字段：决定日、申请日、授权公告日、审定公告日；

专利权相关人入口：请求人、专利权人、主审员、会议组组长；

技术信息入口：发明名称、外观设计名称、国际分类号、外观设计分类号；

复审决定入口：法律依据、决定要点。

各个检索字段支持模糊检索，各个检索字段之间是逻辑"与"关系。

（二）检索结果

在检索页面的"发明名称"检索字段输入"计算机"，单击"检索"，检索结果以列表方式显示，如图 2 - 33 所示。显示的内容包括：决定号、申请（专利）号、决定日和专利（申请）名称。

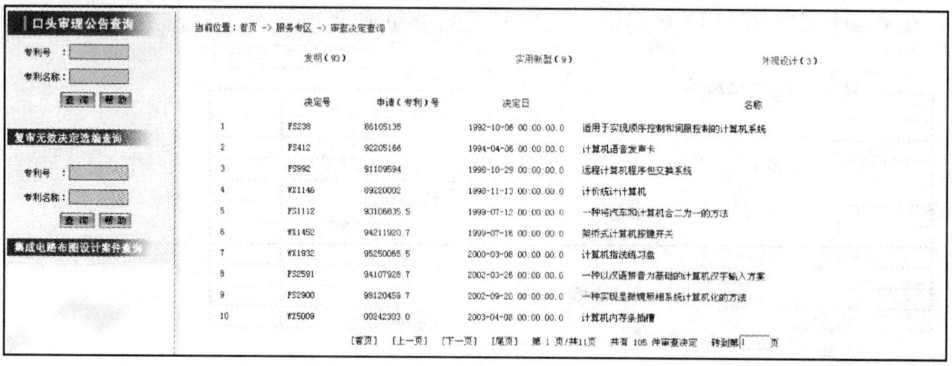

口头审理公告查询
专利号 ：
专利名称：
查 询 帮 助
复审无效决定选编查询
专利号 ：
专利名称：
查 询 帮 助
集成电路布图设计案件查询

当前位置：首页 -> 服务专区 -> 审查决定查询

发明（93） 实用新型（9） 外观设计（3）

	决定号	申请（专利）号	决定日	名称
1	FS238	86105135	1992-10-06 00:00:00.0	适用于实现顺序控制和伺服控制的计算机系统
2	FS412	92205166	1994-04-06 00:00:00.0	计算机语音发声卡
3	FS992	91109594	1998-10-29 00:00:00.0	远程计算机程序包交换系统
4	WX1146	89220002	1998-11-13 00:00:00.0	计价统计计算机
5	FS1112	93106835.5	1999-07-12 00:00:00.0	一种将汽车和计算机合二为一的方法
6	WX1452	94211920.7	1999-07-16 00:00:00.0	架桥式计算机按键开关
7	WX1932	95250065.5	2000-03-08 00:00:00.0	计算机指法练习盘
8	FS2591	94107928.7	2002-03-26 00:00:00.0	一种以汉语拼音为基础的计算机汉字输入方案
9	FS2900	98120459.7	2002-09-20 00:00:00.0	一种实现显微镜照相系统计算机化的方法
10	WX5009	00242303.0	2003-04-08 00:00:00.0	计算机内存条插槽

[首页] [上一页] [下一页] [尾页] 第 1 页/共11页 共有 105 件审查决定 转到第1 页

图 2-33 检索结果列表显示页面

单击一条记录的“决定号”或“申请（专利）号”可以参看复审决定的详细内容，如图 2-34 所示。其中包括发明创造名称、决定日和决定号等复审信息，专利（申请）的部分著录信息以及复审审查员信息。其中还包含复审决定的全文。

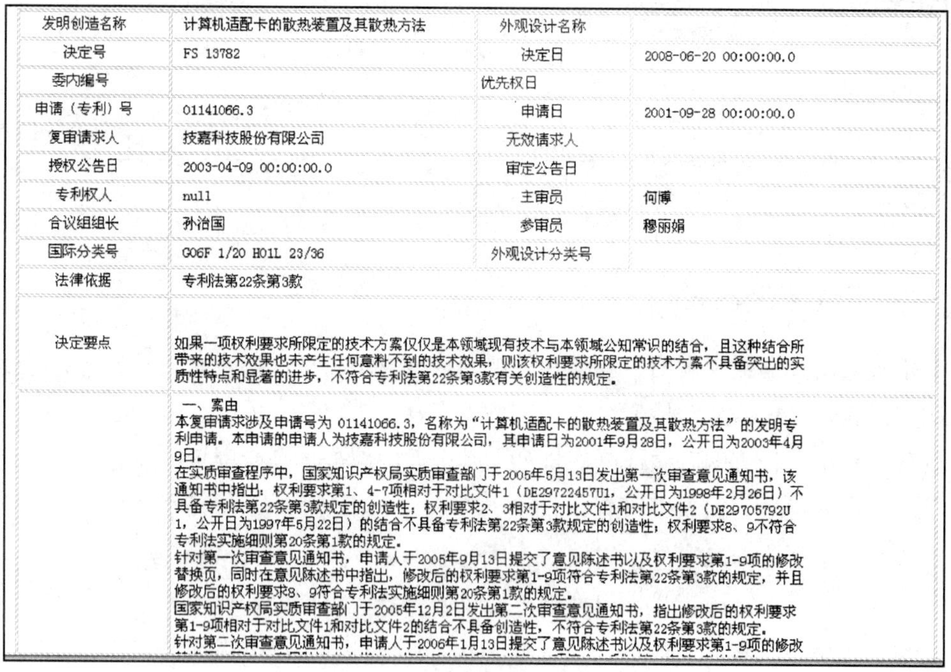

发明创造名称	计算机适配卡的散热装置及其散热方法	外观设计名称	
决定号	FS 13782	决定日	2008-06-20 00:00:00.0
委内编号		优先权日	
申请（专利）号	01141066.3	申请日	2001-09-28 00:00:00.0
复审请求人	技嘉科技股份有限公司	无效请求人	
授权公告日	2003-04-09 00:00:00.0	审定公告日	
专利权人	null	主审员	何博
合议组组长	孙治国	参审员	穆丽娟
国际分类号	G06F 1/20 H01L 23/36	外观设计分类号	
法律依据	专利法第22条第3款		
决定要点	如果一项权利要求所限定的技术方案仅仅是本领域现有技术与本领域公知常识的结合，且这种结合所带来的技术效果也未产生任何意料不到的技术效果，则该权利要求所限定的技术方案不具备突出的实质性特点和显著的进步，不符合专利法第22条第3款有关创造性的规定。		
	一、案由 本复审请求涉及申请号为 01141066.3，名称为“计算机适配卡的散热装置及其散热方法”的发明专利申请。本申请的申请人为技嘉科技股份有限公司，其申请日为2001年9月28日，公开日为2003年4月9日。 在实质审查程序中，国家知识产权局实质审查部门于2005年5月13日发出第一次审查意见通知书，该通知书中指出：权利要求第1、4-7项相对于对比文件1（DE29722457U1，公开日为1998年2月26日）不具备专利法第22条第3款规定的创造性；权利要求2、3相对于对比文件1和对比文件2（DE29705792U1，公开日为1997年5月22日）的结合不具备专利法第22条第3款规定的创造性；权利要求8、9不符合专利法实施细则第20条第1款的规定。 针对第一次审查意见通知书，申请人于2005年9月13日提交了意见陈述书以及权利要求第1-9项的修改替换页，同时在意见陈述书中指出，修改后的权利要求第1-9项符合专利法第22条第3款的规定，并且修改后的权利要求8、9符合专利法实施细则第20条第1款的规定。 国家知识产权局实质审查部门于2005年12月2日发出第二次审查意见通知书，指出修改后的权利要求第1-9项相对于对比文件1和对比文件2的结合不具备创造性，不符合专利法第22条第3款的规定。 针对第二次审查意见通知书，申请人于2006年1月13日提交了意见陈述书以及权利要求第1-9项的修改		

图 2-34 复审决定的详细内容

三、口头审理公告查询

在无效宣告程序中，有关当事人可以向专利复审委员会提出口头审理的请求，并且说明理由。当事人应当以书面方式提出口头审理请求，合议组可以根据案情需要决定是否进行口头审理。确定需要进行口头审理的，合议组应向当事人发出口头审理通知书，通知举行口头审理的日期和地点等事项。

（一）口头审理公告的查询

在专利复审委员会网站单击口头审理公告查询入口链接，进入口头审理公告查询页面。口头审理公告查询提供申请/专利号、专利名称、专利权人和请求人检索字段。这些入口都支持模糊检索，如图2-35所示。

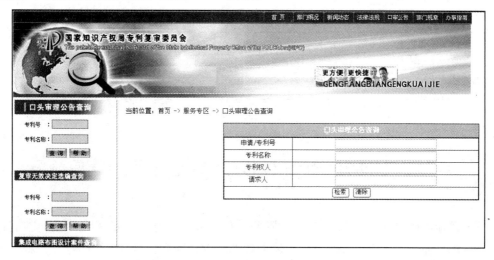

图2-35 口头审理公告查询页面

（二）检索结果的显示

检索结果采用列表显示，如图2-36所示，包括专利号、专利名称、时间和地点。单击检索结果记录的任意一个字段，都可以查看具体的口头审理公告的详细信息，如图2-37所示。

口头审理公告			
专利号	专利名称	时间	地点
200620056816.7	计算机系统接口高密度连接插座	2010-03-16上午	第九口审厅
200510100240.X	计算机投影辅助定位方法及使用该方……	2010-01-21上午	第八口审厅
200510100240.X	计算机投影辅助定位方法及使用该方……	2010-01-21下午	第八口审厅
01134218.8	计算机外围设备共享的无线接收装置	2009-08-19上午	第七口审厅
01134218.8	计算机外围设备共享的无线接收装置	2009-08-19下午	第七口审厅
01134218.8	计算机外围设备共享的无线接收装置	2009-08-19上午	第七口审厅
01134218.8	计算机外围设备共享的无线接收装置	2009-08-19下午	第七口审厅
03147560.4	汉字教学用计算机字型及其笔顺、部……	2009-08-10下午	第七口审厅
01134218.8	计算机外围设备共享的无线接收装置	2009-06-23上午	第七口审厅
01134218.8	计算机外围设备共享的无线接收装置	2009-06-23下午	第七口审厅

【首页】 【前页】 【后页】 【尾页】 页次：1/2页 共有 17 条口头审理公告 转到第 1 页

图2-36 检索结果的列表显示页面

专利复审委员会口头审理公告	
专利号	200620056816.7
专利名称	计算机系统接口高密度连接插座
专利权人	安费诺东亚电子科技（深圳）有限公司
请求人	深圳盛凌电子股份有限公司
合议组组长	张度
主审员	穆丽娟
参审员	李晓晖
地点	第九口审厅
时间	2010-03-16上午

图 2-37 口头审理公告的详细信息

第六节 上海知识产权公共服务平台专利信息检索

上海知识产权（专利信息）公共服务平台（以下简称"服务平台"）由上海知识产权局主办，提供中国发明、实用新型和外观设计专利以及 80 个国家、国际组织和地区的专利文摘（中、英文）的检索，还包括集成电路布图设计检索，知识产权案例检索；专利交易信息，培训信息发布，专利信息网上服务等功能。

本系统内建立了大量的词表数据库，包括同义词表、企业名称关联词表、中英文词表、技术类型词表、IPC 词表和外观分类词表等。为方便使用和更新，还提供了词表管理系统，注册的高级用户可以根据权限不同对词表进行管理和更新。词表也方便了用户的查找和使用。

一、系统用户

在浏览器地址栏输入 www. shanghaiip. cn，可直接进入服务平台。服务平台用户类型分为非注册用户、注册一般用户和注册高级用户。非注册用户可以进行专利信息简单检索、表格检索、高级检索、IPC 分类检索、法律状态检索和自动提取关键词等。注册一般用户可进行非注册用户的所有操作，系统提供了自动保存检索过程的功能，还可利用检索结果建立专题数据库，并进行数据管理。注册高级用户是系统管理员级的用户，除可进行非注册用户和注册一般用户的各种操作外，还可建立深加工数据库和进行词表管理。图 2-38 是注册一般用户的页面。

二、检索方式

此专利信息检索平台提供了简单检索、表格检索、高级检索、IPC 检索、中英文

图 2-38 注册一般用户页面

双语检索、概念检索等检索功能；还提供了专利分析的功能，利用专利分析功能可以对检索结果进行分析。

（一）简单检索

1. 简单检索的功能

简单检索是一个形式简单的表格式检索功能，用户只需要按照界面的提示，输入要查询的信息，就可以完成检索，如图 2-39 所示。检索字段有：

文本型信息：发明/专利权人、题目/文摘、说明书全文；

日期型信息：专利号/申请号/优先权号。

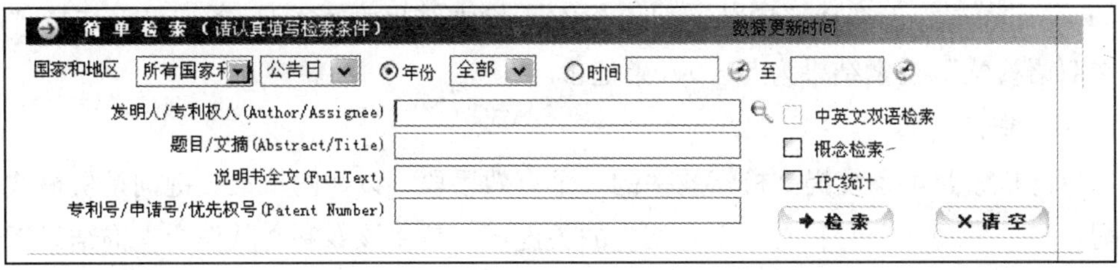

图 2-39 "简单检索"页面

可以在检索条件输入框中输入一个或者多个检索词。每个输入框中的检索词之间以及各个输入框之间默认作逻辑与（AND）运算。

其中，第一个输入框为在发明人和专利权人字段中同时检索；第二个输入框为在题目和文摘字段中同时检索；第三个输入框为在说明书全文中检索；第四个输入框为在专利号、申请号和优先权号 3 个字段中同时检索。每个输入框的各检索词之间支持逻辑运算符（AND、OR），但第一个检索词不可以为 AND、OR 逻辑运算符。逻辑运算符不区分大小写。例如：汽车 and 轮胎 and 材料，海尔 or 海信。

各检索条件输入框支持通配符检索：＊代表任意个字符，？代表 1 个字符。

还可以同时在 3 个输入框中输入检索词进行精确检索。

2. 简单检索的其他条件

（1）选择国家和地区

选择检索的专利数据范围，可以选择检索系统提供的一个、多个或所有国家、国际组织和地区的专利数据进行检索。

（2）选择日期条件

首先在下拉列表中选择日期的种类：公告日或申请日，默认为公告日。这里的公告日为专利申请的公开日或专利授权公告日。

然后可以在下拉列表中选择特定年份或者选择特定的时间段。起始日期和终止日期的输入格式是 YYYYMMDD、YYYY、YYYYMM。终止日期不输入，默认为检索当日。注意：必须选择年份前面的单选按钮后，选择的年才会成为检索的有效条件。

（3）中英文双语检索

在专利检索中为了同时查询中外专利数据，往往需要在各个数据库之间切换，这为检索带来了不必要的麻烦。在后台中英文词表的支持下双语检索功能很好地解决了这一问题，当输入中文会自动翻译成英文在外国数据库中进行检索，输入英文会自动翻译成中文在中国数据库中进行检索。

系统提供了中英文双语检索功能。如果选中中英文双语检索，系统就会在后台的中英文词表中查找目前检索条件中的各个检索词。如果中英文词表中存在检索词，则系统可以根据检索词及其中文/英文翻译进行中英文双语检索；如果检索词不存在于中英文词表中，则系统只对检索词进行检索。例如：在"题目/文摘"入口输入"电脑 or computer"，不选择"中英文双语检索"检索结果为 531 311 条记录，选择"中英文双语检索"检索结果为 583 901 条记录。

（4）概念检索

概念检索是本系统提高检索效率的一个有效手段，以往的检索关键词是机械式的匹配，只要发现某个专利文献中有相应的关键词，就将该专利文献作为查询结果返给用户。由于参与匹配的是字符的外在形式，而不是它们所表达的概念，所以经常出现检索不全、答非所问的结果。而概念检索就是指当用户输入一个检索词后，检索工具不仅能检索出包含这个具体词汇的结果，还能检索出包含那些与该词汇同属一类概念的词汇的结果，如"自行车"这个概念，你可把它表述成"单车"、"脚踏车"、"Bi-cycle"。这样的结果就是突破了以往关键词局限于表面形式的缺陷，从词所表达的概念意义层次上来认识和处理用户的检索请求，从而提高了检索的查全率。

系统提供了概念检索功能。如果选中了概念检索，系统就会在同义词词表中查找目前检索条件中的各个检索词。如果同义词词表中存在检索词，则系统可以根据检索词的所有同义词进行同义词检索；如果检索词不存在于同义词词表中，则系统只对检索词进行检索。例如：在"题目／文摘"入口输入"电脑"，不选择"概念检索"检索结果为 28 351 条记录，选择"概念检索"检索结果为 80 962 条记录。

（5）企业名称代码检索

在专利检索中，对专利权人的检索经常难于查全，这是由于数据库内企业名称不规范，使得同一企业会有许多不同的名称，如果仅用其中的某一个或某几个名称检索，而不知道或忽略了一些其他的叫法就会产生漏检。企业名称关联检索就是建立公司名称标准化词表，将同一公司的不同叫法，或者一个公司和他的子公司及其他关联公司作为一个检索项目一起检出结果，可以有效解决因一个企业多个名称（尤其是有多个中文译名的外国企业）而造成的漏检问题。

用户单击发明人／专利权人（Author/Assignee）输入框后面的放大镜图标，即显示企业名称代码的浮动检索页。输入要检索的企业名称关键词后单击检索按钮，下拉列表框中显示命中的结果，单击下拉列表框中的某项，企业代码输入框中就显示企业代码，同时企业代码输入到发明人／专利权人检索框。例如：PHILIPS 的企业代码为 PHIG，索尼的企业代码为 SONY。

（6）IPC 统计功能

IPC（国际专利分类表）是进行的专利文献检索时的一种有效检索工具，而大量技术人员对其并不熟悉，不能有效地利用 IPC 分类进行检索，导致检索的准确性和效率不高。IPC 统计功能是在输入关键词进行检索的同时，提示用户与该关键词相关的专利所处的 IPC 分类，便于用户运用 IPC 分类进行进一步检索，提高检索的效率并降低检索门槛。

系统提供的 IPC 统计功能是针对检索结果所属的 IPC 分类、洛迦诺分类进行分类统计。在输入检索式后，勾选上 IPC 统计，然后单击检索按钮，检索结果界面会显示检索结果的 IPC 统计、洛迦诺分类统计结果，也就是相应分类下的检索结果的个数，如图 2 - 40 所示。

单击相应分类下的检索结果超链接，可以进入相应细分类的检索统计结果，检索统计结果一直统计到大组。

（7）检索历史

非注册用户本次使用的检索式会自动记入"历史检索式"项中，但是一旦退出系统，就无法保留检索式。注册用户每次使用的检索式会自动记入"历史检索式"项中，方便用户进行回顾和检索式的调整。

（二）表格检索

表格检索功能是系统为用户提供的一种标准的表格检索方式，用户只需要在检索

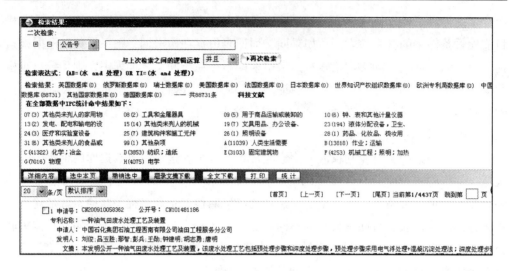

图 2 - 40　IPC 分类统计结果

字段输入检索词并限定查询范围，系统就会在该范围内搜索包含相应检索词的所有专利文献记录。对于普通用户，这种检索方式简单、直观，易于操作，并且查询结果非常全面，完全可以满足检索需求；对于专业用户，使用表格检索也会提高效率。

表格检索提供了中国专利数据库和外国专利数据库两个检索选项卡。

1. 中国专利数据库检索

单击中国专利数据库选项卡在中国专利数据库中进行检索，如图 2 - 41 所示，系统提供了发明、实用新型、外观和发明授权等 4 个子数据库库的检索选项，用户可以进行选择和取消，然后对选中的数据子库进行检索。系统默认选择为同时在发明、实用新型和外观 3 个子库中进行检索。

中国专利数据库检索提供 18 个检索字段，包括：

号码信息：申请号、公开号和优先权（号）；

公司/人名文本信息：申请人、发明人、地址、代理人、代理机构；

公司/人名代码信息：国省代码、邮编和企业代码；

技术信息：专利名称、摘要、主权项、说明书、分类号、主分类号和范畴分类。

这些检索字段之间全部为逻辑"AND"运算。在每个检索字段中可以输入一个或多个检索词，当输入多个检索词时，可以选择使用逻辑算符和模糊字符。

输入国省代码和企业代码可单击检索输入框后的"放大镜"，选择输入相应的代码信息。

中国专利数据库检索还提供对检索日期的限制选项、中英文双语检索、概念检索和 IPC 分类统计，其基本功能同简单检索，这里不再赘述。

按照页面的提示信息在提问框中输入检索条件，并选择各个检索条件之间的逻辑运算关系，最后单击检索按钮就可以进行检索。

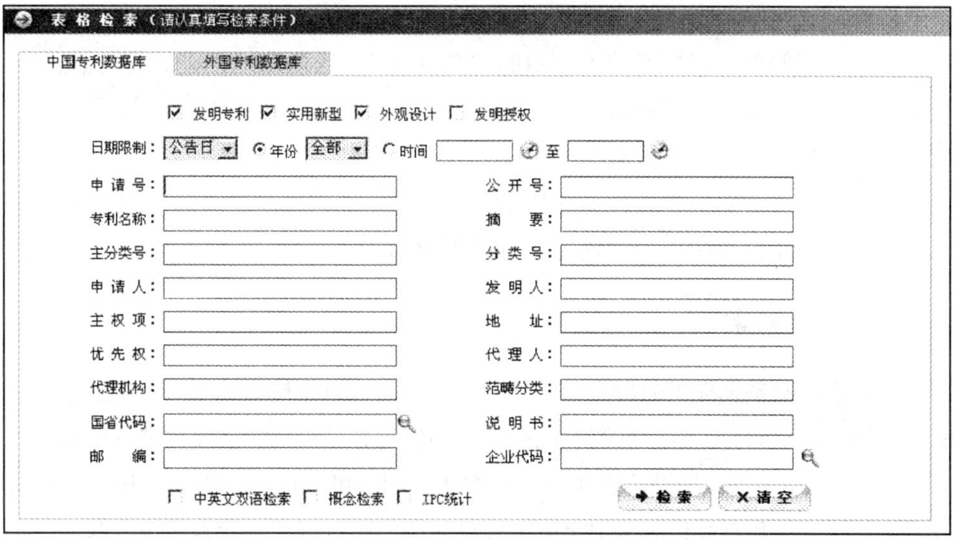

图2-41　中国专利数据库表格检索页面

2. 外国专利数据库检索

在外国专利数据库中进行检索，用户首先要选择打开国家和地区下拉列表，如图2-42所示，一次可以选择一个或多个国家和地区进行专利数据库检索，默认为全部选中。

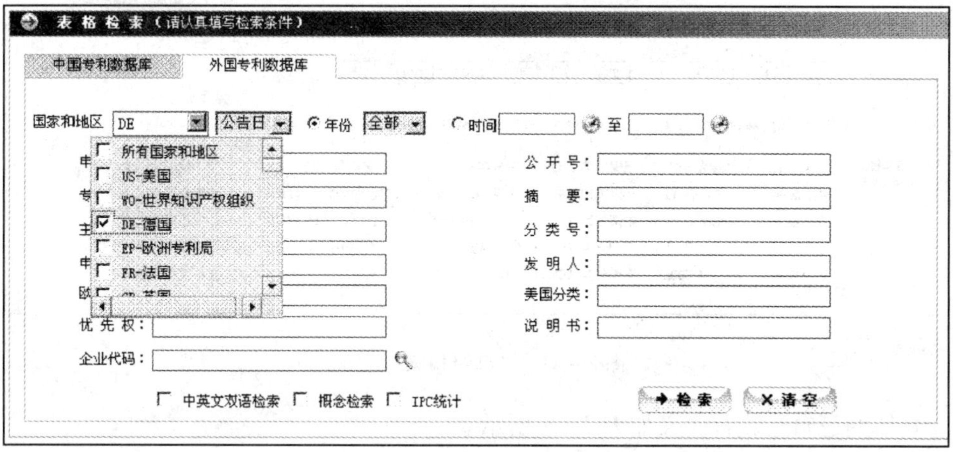

图2-42　外国专利数据库表格检索页面

外国专利数据库检索提供13个检索字段，包括：

号码信息：申请号、公开号和优先权（号）；

公司/人名文本信息：申请人和发明人；

公司/人名代码信息：企业代码；

技术信息：专利名称、摘要、说明书、分类号、主分类号、欧洲分类和美国分类。

这些检索字段之间全部为逻辑"AND"运算。在每个检索字段中可以输入一个或多个检索词，当输入多个检索词时，可以选择使用逻辑算符和模糊字符。

输入企业代码可单击检索输入框后的"放大镜"，选择输入相应的代码信息。

欧洲分类只对欧洲专利有效。

美国分类只对美国专利有效。

还可以勾选英文双语检索、概念检索、IPC 统计复选框，方法与中国数据库选项卡中操作相同。用户单击检索按钮即可进行提交检索。

（三）高级检索

高级检索是本系统提供的命令式检索功能，用户可以在检式输入框中输入各种检索命令，包括检索词、逻辑运算符、截词符、邻位运算符和特殊字段等进行检索，如图 2 - 43 所示。本系统提供辅助检索命令输入方式，用户可以通过单击高级检索页面提供的逻辑运算符按钮和字段代码表中字段名称将相应的信息输入到检式输入框中。

图 2 - 43　"高级检索"页面

具体的逻辑运算符含义如表 2 - 4 所示。

表 2 - 4　逻辑运算符含义

功　能	运算符	含　义	举　例	说　明
逻辑运算	AND	与	A AND B，表示同时包含 A，B	优先级别：NOT > AND > OR，可以利用括号"（ ）"改变逻辑运算的优先级别
	OR	或	A OR B，表示包含 A，B 两者之一即可（包括 A and B）	
	NOT	非	A NOT B，表示包含 A，但不包含 B	

续表

功　能	运算符	含　义	举　例	说　明
后方和中间截词运算	?	任意一个英文字符	t? me，表示 time，tame	
	*	任意一个或多个英文字符	work *，表示 worked，working，worker 等	
位置运算	（N）	同在	A（N）B，表示 AB，BA	
	（nN）		A（nN）B，表示 A，B 之间字符数小于或等于 n 个单词或汉字，并且 A，B 顺序可变	n < 10
	（W）		A（W）B，表示 AB 命中，BA 未命中	
	（nW）		A（nW）B，表示 A，B 之间字符数小于或等于 n 个单词或汉字，并且 A，B 顺序不变	n < 10
英文短语检索运算	" "	英文短语精确检索	"identifying RNA binding compounds" 表示 identifying RNA binding compounds	半角双引号，系统在检索时将自动去掉一些停用词，例如：a,an,the,to 等
字段限制检索运算	=	在给定字段进行检索	PA = 海尔，表示申请人字段中含有"海尔"	大小写皆可

例如：

PA = "PLAYTEX PRODUCTS INC" AND AD = 2003 *

TI = （LED OR 发光二极管）AND IC1 = H01L33/00

高级检索还提供对检索日期的限制选项、中英文双语检索、概念检索和 IPC 分类统计，其基本功能同简单检索，这里不再赘述。

（四）自动提取关键词

自动提取关键词功能是本系统的一大特色功能，系统可以从一段文字中自动提取检索所用的关键词，用户可以参照自动提取的关键词进行检索。

自动提取关键词功能是针对给定一段文字，运用概率论和信息论的模型匹配技术，即通过统计分析和数据挖掘等技术理解文章的核心概念及概念间的关系，进行上下文分析和概念抽取，自动编制形成有关该段文章所述核心技术的一组关键词，并将这些关键词推荐给用户用以检索。

在检索中查询关键词的质量是影响搜索效果的最重要的因素之一，关键词推荐技术可以通过向用户提供高质量的查询词，帮助用户缩小查询范围，提高搜索结果的查准率。

　　用户单击进入自动提取关键词页面，如图 2 - 44 所示。进行关键词提取，首先用户应该将要提取关键词的文字内容输入到"输入内容"框中；然后在关键词个数输入框中输入要提取的关键词个数（只能输入阿拉伯数字，建议数字不要太大），在摘要长度输入框中输入汉字符长度数（只能输入阿拉伯数字，建议数字不要太大）；最后单击"提交"按钮。

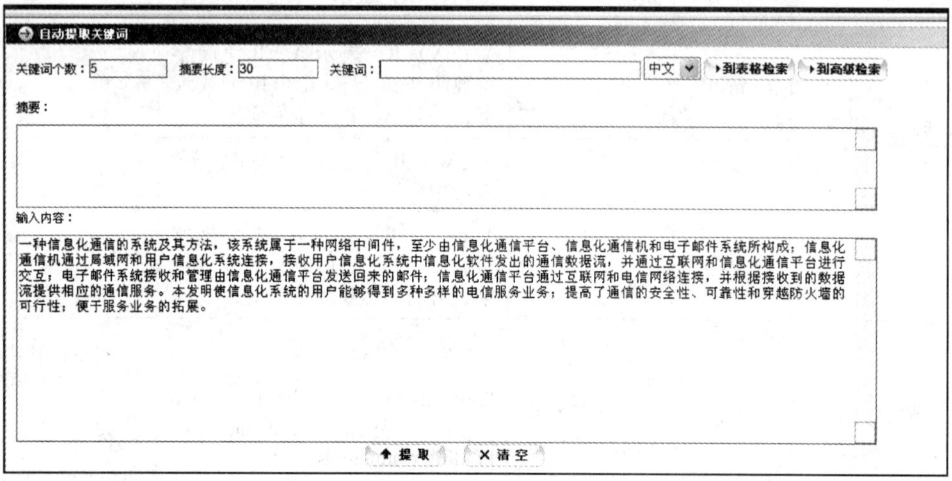

图 2 - 44　自动提取关键词页面

　　如果用户输入提取的关键词个数和摘要长度不正确，系统会进行提示；如果用户全部输入正确，单击提交按钮后系统会自动提取关键词返回到关键词输入框中，如图 2 - 45 所示。

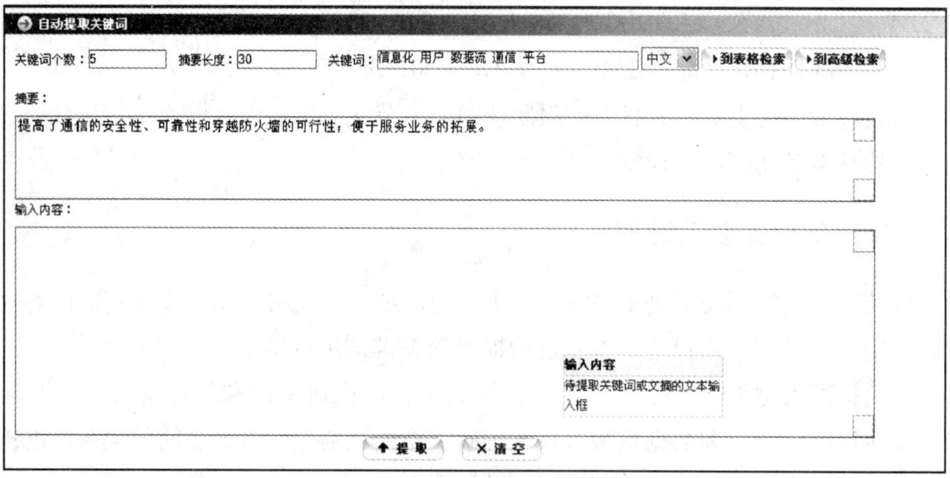

图 2 - 45　关键词输入框页面

　　用户单击"到表格检索"可以进入表格检索，单击"到高级检索"可以进入高级检索，并把推荐的关键词输入到相应的检索输入框中。"到表格检索"如图 2 - 46

所示，推荐的关键词输入到专利名称和摘要检索输入框中。用户可以根据需要输入其他的检索条件。

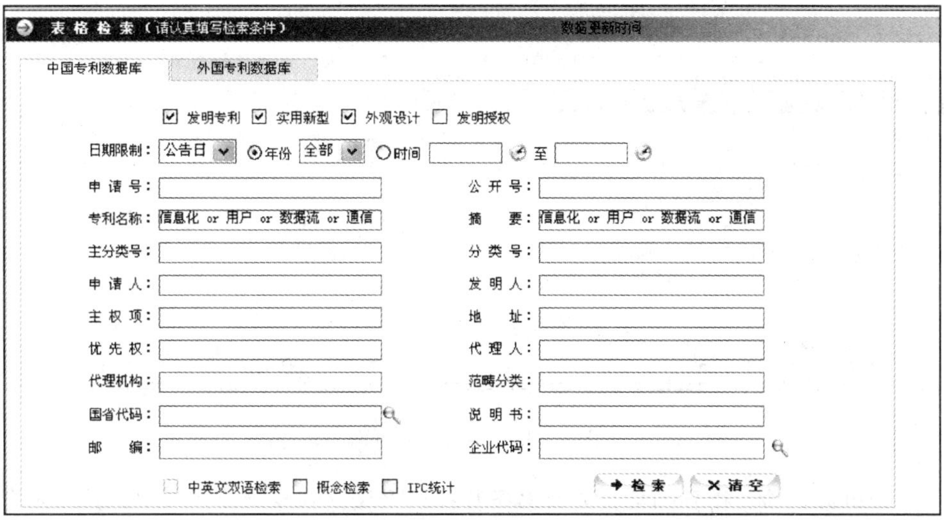

图2-46 "表格检索"页面

"到高级检索"如图2-47所示，利用推荐的关键词在专利名称和摘要中检索。用户可以根据需要输入其他的检索条件。

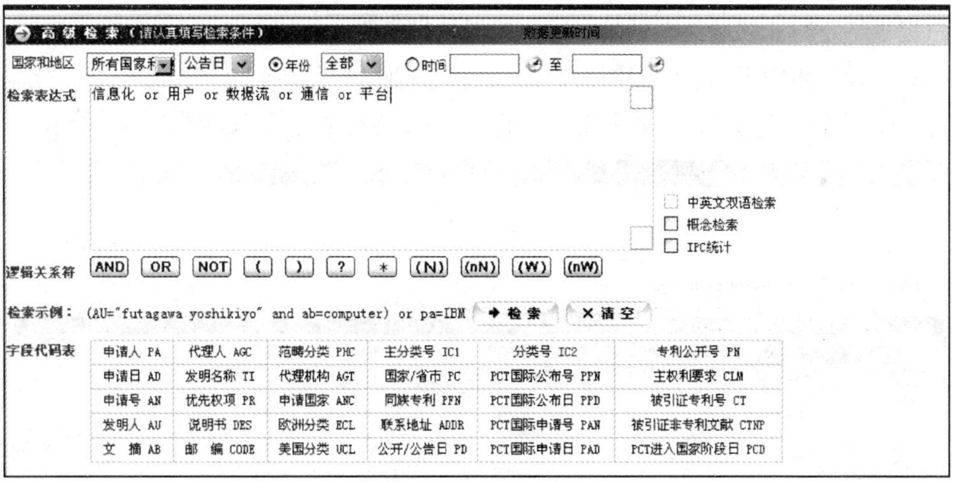

图2-47 "高级检索"页面

只利用推荐的关键词进行检索的结果如图2-48所示。

（五）创建企业专题数据库和企业深加工专题数据库

用户（特别是企业用户）对专利数据检索和利用往往不是一次性的，而是一个长期跟踪的过程，而且特定用户往往关注的是特定领域的数据。本系统为用户提供了专题数据库和创建专题数据库的功能。

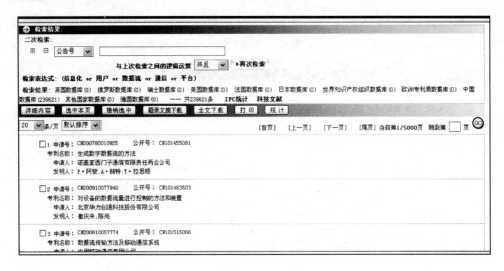

图 2 - 48　检索结果页面

用户可以把检索得到的某条或者多条数据增量保存到专题数据库中，并可对个性化数据库进行二次检索。该应用将大大方便中小企业的应用成本，利用信息平台建立属于自己的个性化数据库，还可以结合企业的知识管理系统实现知识共享。

1. 系统提供的专题数据库的使用

打开专利检索页面的就可以看到，在页面的左侧有一个专题数据库列表。系统为用户提供特定行业领域的专题数据库，包括信息产业、新能源与环保产业、设施农业与生态农业、生物医药、汽车制造业、飞机制造业、电气机械及器材制造业、化学原料与化学制品、日用品制造和非金属矿物等 10 个专题数据库，如图 2 - 49 所示。

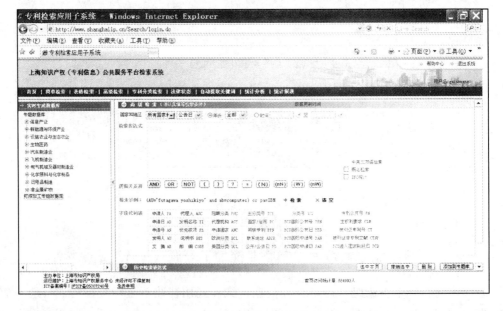

图 2 - 49　专题数据库列表页面

企业专题数据库以导航的形式呈现给用户，导航可以建立多级。用户单击数据库名称前的"＋"，可以打开企业专题数据库下向下细分多级专题，如图2－50所示。

图2－50　多级细分专题页面

2. 自建专题数据库

注册一般用户登录系统后，可自定义检索式进行检索，然后将该检索结果在线实时生成特定的专题数据库。当再次进入系统时可不用重复查询，并且可以在专题数据库的范围内进行检索。该数据库还根据用户的检索式对新公开的专利文献进行跟踪，并及时发出警示和提醒。

用户可以基于检索结果在线实时生成个性化数据库，并可对其中的数据进行管理，包括增加、删除、修改、标引等操作。

（1）生成专题数据库

在历史检索式列表中用户在检索历史列表中选中一个或多个历史记录，如图2－51所示。

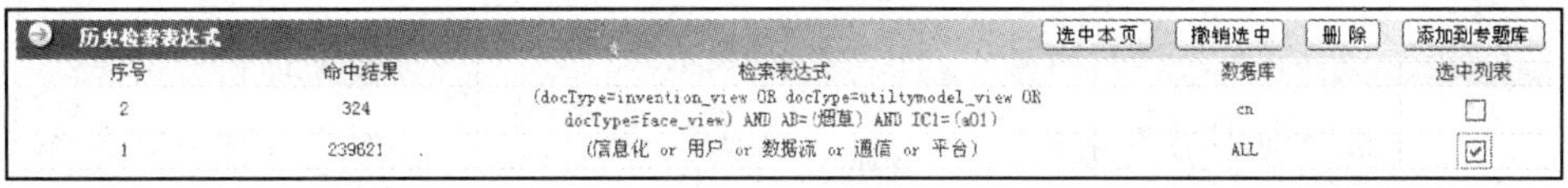

图2－51　历史检索表达式页面

然后，单击"添加到专题库"按钮，可以把检索式保存到专题数据库，页面跳转到专题数据库管理页面，如图2－52所示。

用户在专题数据库管理页面应选择添加的节点，为新建的专题数据库命名，系统会自动记录检索式和检索数据库，这样就实时建立了一个用户自己的数据库。

（2）使用自建专题数据库

专题数据库建立完成后，用户下次登录专题数据库信息仍然存在，用户单击数据

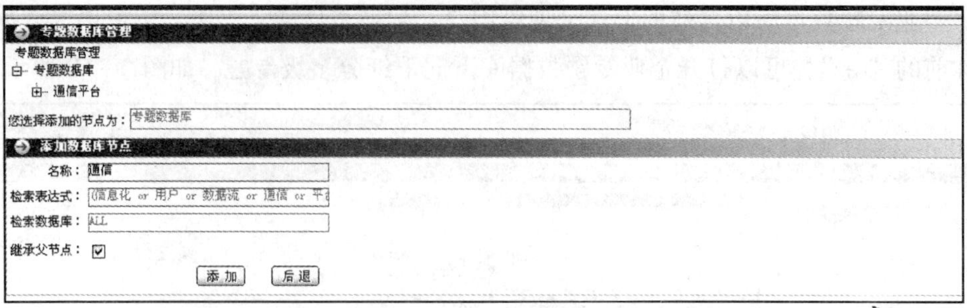

图 2 - 52　专题数据库管理页面

树结点即可显示此结点对应检索式在数据库中进行检索得到的检索结果列表。

（3）管理自建专题数据库

用户再重新登录系统，左侧的导航部分会出现用户建立的专题数据库。单击左侧列表的"专题数据库"，系统会进入自建数据库管理页面。

（六）统计报表

定时对长三角有关省市和上海市的区县等区域专利统计信息进行展示，展示的时间根据年、月自行确定，展示的内容包括：三种专利公开情况、公开专利的申请人排名情况、公开专利技术构成（IPC）情况等。

三、检索结果的显示与处理

通过简单检索、表格检索和高级检索获得的专利信息的页面显示、进行保存、二次检索和统计分析功能等大致相同。

（一）检索结果的列表显示

单击检索后的检索结果以列表形式显示，如图 2 - 53 及图 2 - 54 所示。

1. 检索式
本次检索所使用的检索式，方便用户回顾检索式。

2. 检索结果
在各个数据库中的检索结果。如果是在所有国家和地区数据库中进行检索，显示的是各个国家和地区数据库中的检索结果数；如果只在中国数据库中检索，显示的是在发明、实用新型、外观设计和发明授权库中的检索结果数。

3. IPC 分类统计结果
如果检索时选中了 IPC 统计，还将显示 IPC 统计结果。

4. 科技文献
是本系统提供的网上关联检索功能。为了实现除专利外其他科技文献的查询，本

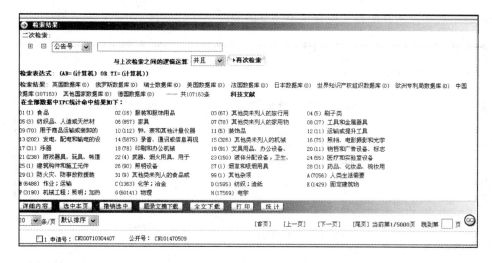

图 2 - 53　检索结果的列表显示页面（上）

系统加入了网上科技文献的关联检索功能。此功能主要利用在专利数据库中输入的检索式作为检索条件在因特网上查询相关的科技文献。关联检索功能为检索人员提供了更为广泛的参考资料，有利于提高检索质量。单击"科技文献"可以直接将检索词发送到 Google 学术搜索引擎上进行检索。

5. 检索结果操作菜单

选中一条或多条数据，单击"详细内容"则可查看选中数据的详细信息，如图 2 - 54 所示。

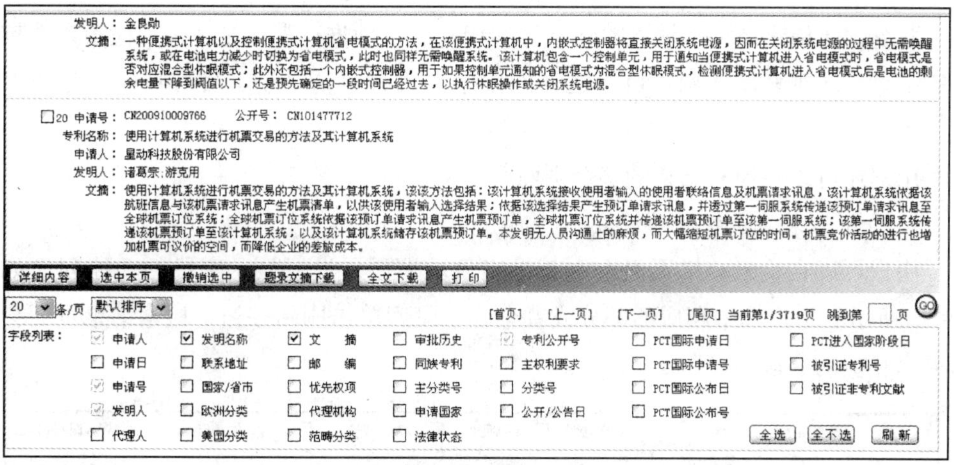

图 2 - 54　检索结果的列表显示页面（下）

单击"选中本页"可以选中本页的所有数据。

选中一条或多条数据，单击"撤销选中"可以取消选中的数据。

选中一条或多条数据，单击"题录文摘下载"系统弹出题录文摘下载设置框，如图 2 - 55 所示，用户可以选中要下载的文摘的格式和字段的值，设置完成后单击确定进行下载。以选择的格式保存选中的字段的题录文摘信息。

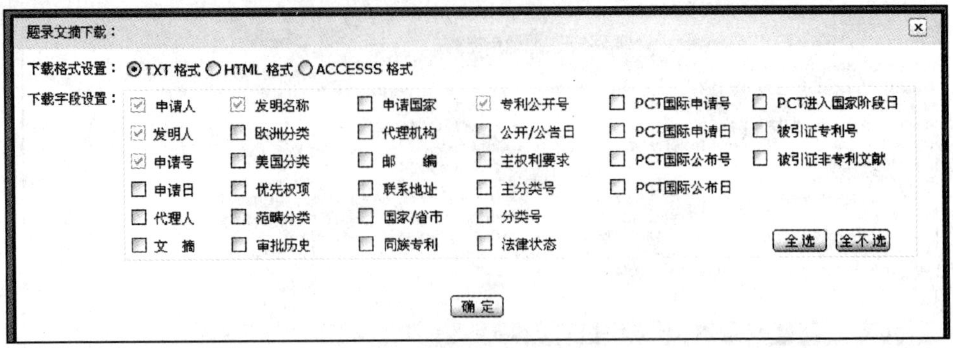

图 2 - 55　题录文摘下载设置框

选中一条或多条数据，最多不能超过 10 条。单击"全文下载"系统列出将下载的专利文献列表。用户可以在地址栏单击下载全文。

单击"打印"可以打印检索结果页面显示的 20 条专利数据信息。

单击"统计"可以对不超过 10 万条的检索结果进行统计分析，具体的操作在统计分析功能介绍中详细说明。如果检索结果超过 10 万条不能使用统计功能，可以通过二次检索缩小检索结果范围，再进行数据统计分析。

6. 检索页面操作栏

用户可以自己选择每页的显示条数，有 20、50、100 三个选项，默认为 20。当选择显示条数改变时，页面显示结果数目自动更新。

系统按照检索结果和输入检索条件的相关度自动进行默认排序，和检索条件越相关的结果排序越靠前。用户可以选择的排序方式有申请日期、公告日期、专利申请人、IPC 分类号。

用户还可以在检索结果的多个页面间自由跳转。

7. 命中结果显示字段的设置

用户可以在检索结果页面上重新设定显示字段，设置显示字段的功能列表如图 2 - 56 所示。用户选中相应的部分或者全部字段后单击刷新按钮，检索结果页面会重新显示相应的字段值。

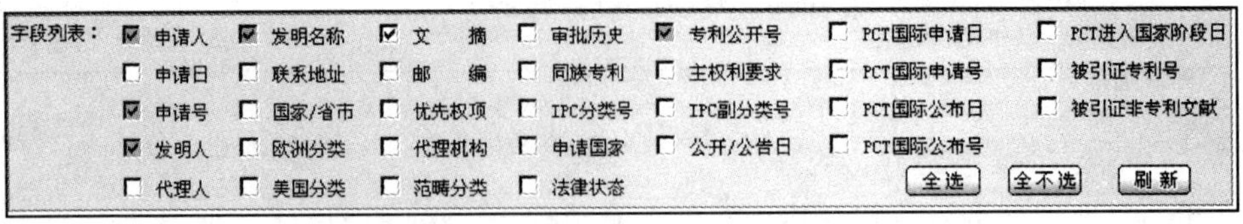

图 2 - 56　设定检索结果显示字段页面

（二）检索结果的页面显示

单击列表显示的一条记录中的申请号字段，进入到一条检索结果的显示页面，如图2－57所示。显示的内容包括：申请号、公开号、专利名称、申请人、发明人、联系地址、公开/公告日期、申请日、申请国家、主分类号、分类号、文摘、国家/省市代码和邮编等著录项目信息和主权利要求。

检索结果的页面显示中还可以查看该专利的法律状态和全文信息。

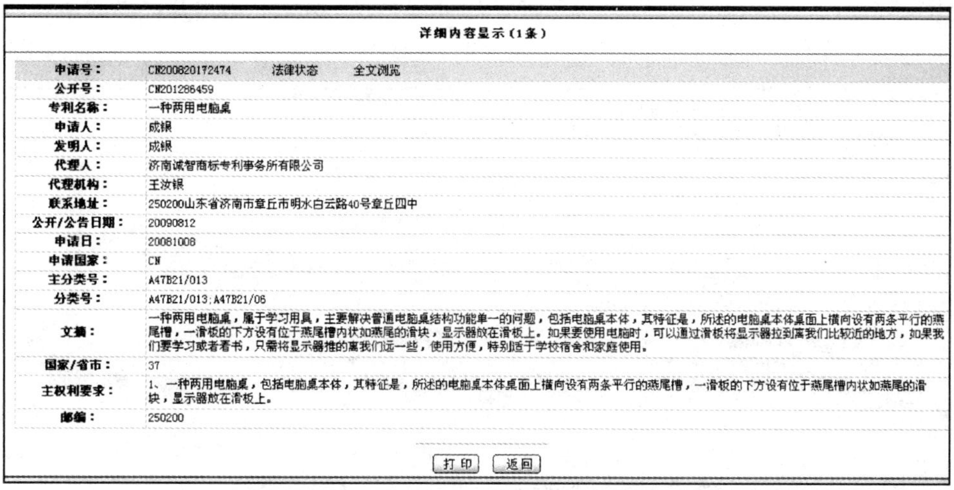
详细内容显示（1条）

申请号：	CN200820172474　法律状态　全文浏览
公开号：	CN201286459
专利名称：	一种两用电脑桌
申请人：	成银
发明人：	成银
代理人：	济南诚智商标专利事务所有限公司
代理机构：	王汝银
联系地址：	250200山东省济南市章丘市明水白云路40号章丘四中
公开/公告日期：	20090812
申请日：	20081008
申请国家：	CN
主分类号：	A47B21/013
分类号：	A47B21/013;A47B21/06
文摘：	一种两用电脑桌，属于学习用具，主要解决普通电脑桌结构功能单一的问题，包括电脑桌本体，其特征是，所述的电脑桌本体桌面上横向设有两条平行的燕尾槽，一滑板的下方设有位于燕尾槽内状如燕尾的滑块，显示器放在滑板上。如果要使用电脑时，可以通过滑板将显示器拉到离我们比较近的地方，如果我们要学习或者看书，只需将显示器推的离我们远一些，使用方便，特别适于学校宿舍和家庭使用。
国家/省市：	37
主权利要求：	1、一种两用电脑桌，包括电脑桌本体，其特征是，所述的电脑桌本体桌面上横向设有两条平行的燕尾槽，一滑板的下方设有位于燕尾槽内状如燕尾的滑块，显示器放在滑板上。
邮编：	250200

打印　返回

图2－57　一条检索结果的页面显示

（三）检索结果的保存

本系统提供的全文信息是PDF格式的，不仅可以查看也可以下载。

单击检索结果的页面显示中的“全文浏览”，不仅可以查看该专利的全文信息，也可以下载。

单击检索结果的页面显示中的“打印”，可以打印或保存文本显示页面。

（四）检索结果的处理

1. 二次检索

在检索结果页面的最上面是二次检索功能栏，用户可以进行二次检索。输入二次检索的输入框如图2－58所示。在界面中用户可以单击加号按钮，最多添加5个检索限制条件，选择检索字段和检索字段之间的逻辑关系，输入检索条件，然后单击“再次检索”则可以在当前结果中进行二次检索。

2. 统计分析

大量的专利数据检索完成后，很重要的利用方式是进行统计分析。本系统提供了

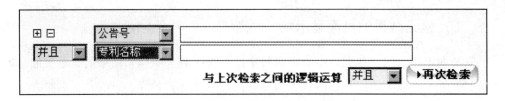

图 2 - 58 二次检索输入框

强大的数据在线分析系统。统计分析模块就是对用户的检索结果数据进行统计分析。单击统计分析，进入统计分析查询界面中，如图 2 - 59 所示。用户在此界面下可以直接单击菜单进行统计。

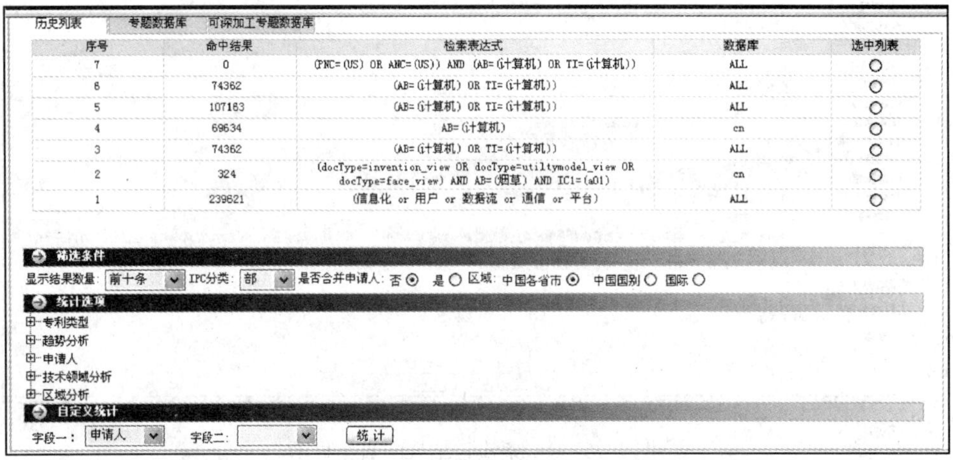

图 2 - 59 统计分析页面

（1）数据范围的选择

用户可选择检索历史列表、自建专题数据库和可深加工专题数据库中的数据进行分析。

（2）筛选条件

在进行分析前，用户需要在页面上"显示结果数量"下拉框中选择用来控制需要显示结果的条数；IPC 分类下拉框中选中用来区分专利类别的层次；确定是否合并申请人；确定数据分析区域。

（3）统计选项

系统提供的统计分析大致上分为 5 类，如图 2 - 60 所示，具体包括：

专利类型分析：专利申请类型分析。

趋势分析：申请日、公开日和生命周期。

申请人：申请人分析、申请人趋势分析、申请人技术构成、申请人类型和申请人组合分析。申请人趋势分析是对申请人和申请日统计分析，申请人技术构成是对申请人和国际分类号统计分析，申请人组合分析是对申请人和申请人统计分析。通过分

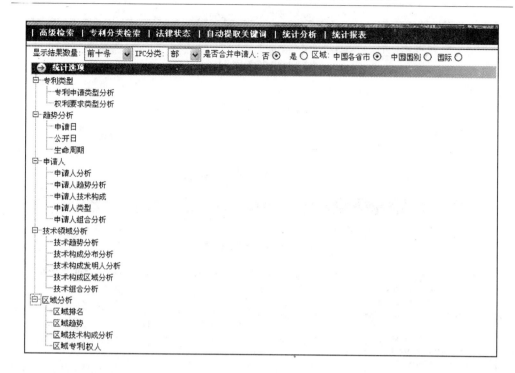

图 2 - 60　统计选项页面

析，可以了解对方产品的技术水平、经营方向及市场范围，以便决定自己的经营战略与对策。

技术领域分析：技术趋势分析、技术构成分布分析、技术构成发明人分析、技术构成区域分析和技术组合分析。技术趋势分析是对国际分类号和申请日统计分析，技术构成分布分析是对国际分类号和申请人统计分析，技术构成发明人分析是对国际分类号和发明人统计分析，技术构成区域分析是对国际分类号和区域的分析，技术组合分析是对分类号和分类号的分析。

区域分析：区域排名、区域趋势、区域技术构成分析和区域专利权人分析。区域趋势是对区域和申请日的分析，区域技术构成分析是对区域和国际分类号的分析，区域专利权人分析是对区域和申请人的分析。通过该分析，能够得出有关产品及技术的销售规模和潜在市场等有关经济情报。

其中，专利申请类型、申请日、公开日、申请人分析和区域排名的分析结果以列表、饼状图、折线和柱状图的形式呈现，如图 2 - 61、图 2 - 62 所示。

生命周期分析是对年份、申请人数量和专利申请量的分析，以列表和图例形式呈现。

用户还可以自定义选择分析的二维数据，目前可进行二维分析的数据有：申请人、发明人、申请日、公告日、分类号、主分类号、区域和代理机构。

分析结果可以 Excel 表或图表形式导出。

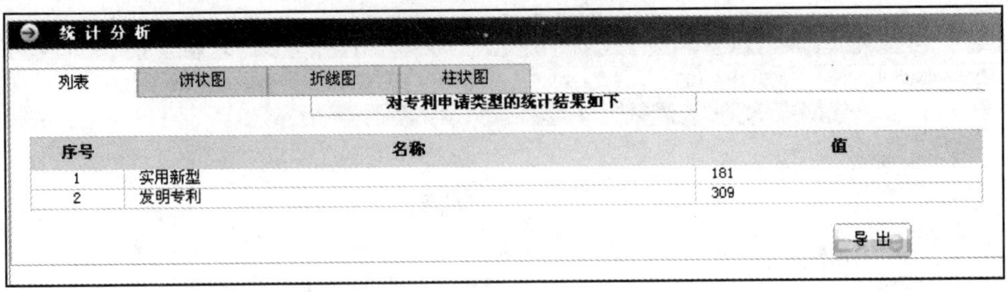

序号	名称	值
1	实用新型	181
2	发明专利	309

图 2－61 统计分析结果列表显示

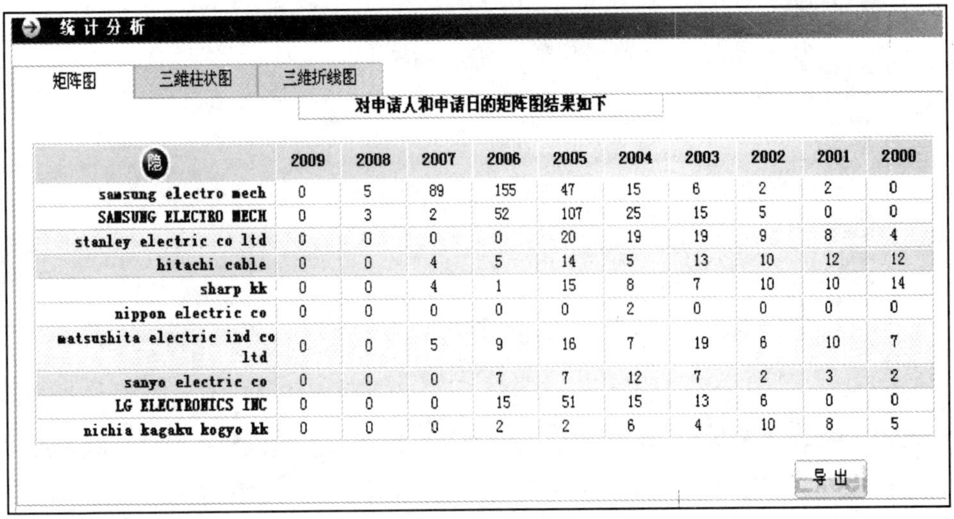

隐	2009	2008	2007	2006	2005	2004	2003	2002	2001	2000
samsung electro mech	0	5	89	155	47	15	6	2	2	0
SAMSUNG ELECTRO MECH	0	3	2	52	107	25	15	5	0	0
stanley electric co ltd	0	0	0	0	20	19	19	9	8	4
hitachi cable	0	0	4	5	14	5	13	10	12	12
sharp kk	0	0	4	1	15	8	7	10	10	14
nippon electric co	0	0	0	0	0	2	0	0	0	0
matsushita electric ind co ltd	0	0	5	9	16	7	19	6	10	7
sanyo electric co	0	0	0	7	7	12	7	2	3	2
LG ELECTRONICS INC	0	0	0	15	51	15	13	6	0	0
nichia kagaku kogyo kk	0	0	0	2	2	6	4	10	8	5

图 2－62 统计分析结果矩阵图显示

第七节 因特网上中国香港特别行政区专利信息检索

香港知识产权署提供了“知识产权署网上检索系统”，提供香港专利数据和注册外观设计数据的检索服务。

一、进入方法

香港知识产权署的网址是 www. ipd. gov. hk。进入香港知识产权署首页后，选择“繁体版”或“简体版”，即可进入香港知识产权署的主页。在香港知识产权署主页上选择“网上服务”栏目，进入后单击“网上检索”，进入“知识产权署网上检索系统”，其网址为 ipsearch. ipd. gov. hk，如图 2－63 所示。用户还可通过国家知识产权局网站主页中“国外及港澳台专利检索”的下拉菜单里的“香港知识产权署网上检索系统"的链接进入，或者在 IE 浏览器地址栏中直接输入 ipsearch. ipd. gov. hk。

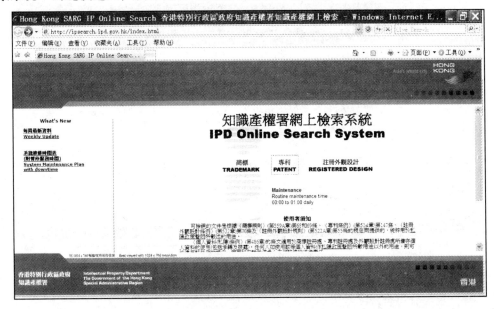

图 2 - 63　香港知识产权署网上检索系统页面

进入后选择"专利"或"注册外观设计"项，然后选择"繁体中文"，即可进入"专利"或"外观设计"数据库检索页面。每种数据库均设有两种检索页面：简易检索（简单检索）和进阶检索（高级检索），选择菜单项单击进入即可。

二、检索方法

香港专利数据库和外观设计检索数据库都有两种检索页面：简易检索和进阶检索，这两种检索方式都是表格式的检索。页面显示和输入操作均为繁体字。

（一）简易检索

用户直接进入专利简易检索页面，如图 2 - 64 所示，可以选择的检索限制条件包括：

1. 记录种类

记录种类包括：全部、只限于已发表的标准专利申请、只限于已批准的标准专利和只限于短期专利。

2. 检索入口

简易检索界面提供了 6 个检索入口：香港申请编号、香港专利/发表编号、申请人/专利所有人姓名或名称、发明名称通信地址。检索字段可单独使用，也可组合使用，各检索字段之间默认的逻辑关系为逻辑"与"。

可以从下拉式菜单中选择检索输入框内检索条件的匹配程度，首选包含输入字、

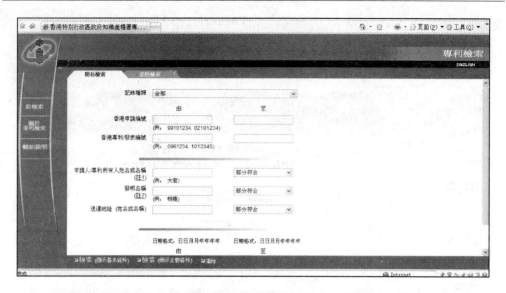

图 2 - 64　简易检索页面

完全符合及部分符合。

（二）进阶检索

进阶检索页面设置了 14 个检索入口，如图 2 - 65 所示。检索入口可单独使用也可组合使用，各检索入口之间默认的布尔逻辑关系为"与"。

进阶检索页面不仅提供更多检索入口，并且使用者可以在检索条件输入通配符以检索文字，下划线符号"＿"代表一个字符，百分号"％"代表任意个字符。

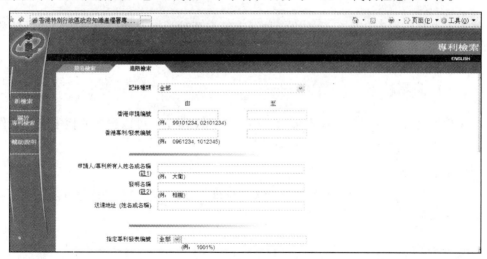

图 2 - 65　进阶检索页面

检索完毕后单击左侧的"新检索"，可清空检索页面上的检索式，开始新一轮的操作。"关于专利检索"中向用户介绍了一些有关专利检索的知识，如"为什么要进行专利检索"等。"辅助说明"中包含了检索系统的使用方法和注意事项。此系统按照所选择的页面语言显示检索结果。使用者可在屏幕的右上角，选按"English"或"繁体中文"选项，以浏览检索结果的英文或中文版。

（三）检索字段相关问题

1. 香港提交日期

香港提交日期输入格式为 DDMMYYYY。当检索一个特定日期，在第一个检索式输入窗口输入一个日期；当检索某一时间段时，可在两个检索式输入窗口分别输入起止日期。例如：28032004，指要检索的日期是 2004 年 3 月 28 日；01032005 和 02032006，指要检索的日期是从 2005 年 3 月 1 日至 2006 年 3 月 2 日。

2. 指定专利发表编号/指定专利提交日期

指定专利发表编号/指定专利提交日期为指定专利局编配给相应专利申请的发表编号及提交日期。香港指定专利局及代码分别为：中国国家知识产权局为 CN；欧洲专利局为 EP；英国专利局为 GB。输入指定专利局代码，检索一指定专利局的记录。

3. 香港记录请求发表日期

在香港特别行政区申请标准专利的程序分为两个阶段，申请人需提交下述两项请求：指定专利申请的记录请求，指定专利申请是指在中国国家知识产权局、欧洲专利局（指定英国）或英国专利局发表的专利申请（第一阶段）；就已获中国国家知识产权局、欧洲专利局（指定英国）或英国专利局批予的专利，在香港特别行政区提交注册与批予请求（第二阶段）。

香港记录请求发表日期为第一阶段的标准专利申请在香港特别行政区的发表日期。

4. "当作标准专利"

根据已废除的《专利权注册条例》（香港法例第 42 章）注册的专利，如该专利于 1997 年 6 月 27 日当日在英国仍然有效，可被当作一项标准专利。以下的检索项目并不适用于"当作标准专利"：优先权日期、发明人姓名或名称。另外，"当作标准专利"的记录并没有包含任何中文资料。

5. 注册编号的转换

1997 年 6 月 27 日前注册的专利，其注册编号编排方式为："注册编号"of"注册年份"，例如：321 of 1994。如以注册编号检索，需将注册编号转换成香港发表编号，然后使用转换后的发表编号作为检索的项目。注册编号转换成发表编号转换方式：0 + 年份（两位数字）＋注册编号（四位数字）。例如：321 of 1994 转换为 0 + 94 + 0321，即 0940321。

1995 年以前提交的专利申请，申请/档案编号的编排方式：申请或档案编号/年份，如 233/84。如以申请编号检索，需将申请/档案编号转换成：年份（两位数字）+0+申请或档案编号（5位数字）的编排方式，例如：233/84 转换为 84+0+00233，即 84000233。

6. 双语准则

本系统中以申请人提交的文种储存数据。用户在文本型检索字段可以繁体中文或英文作为检索条件。因此，如果用户输入文种和数据储存文种不一致，将不会检索到有关记录。例如：在"发明人姓名或名称"检索字段输入"约翰"，得到检索结果356条，输入 john 可以得到检索结果500条。

使用者可在同一检索入口同时输入繁体中文及英文。但若繁体中文及英文的文字并不储存于专利记录的同一位置，在同一检索条件输入两种语言不能得出检索结果。

三、检索结果显示

"简易检索"和"进阶检索"两个检索页面均提供两种显示检索的结果方式，分别为"检索（显示基本资料）"和"检索（显示主要资料）"。在屏幕上按要求输入检索式后，选按"检索（显示基本资料）"或"检索（显示主要资料）"；在键盘上，按"输入"键进行检索，默认的结果显示方式是"检索（显示基本资料）"。

（一）显示基本资料

输入检索式后，单击"检索（显示基本资料）"，界面上显示检索式和20条检索结果的列表，显示内包括发表编号和发明名称，如图 2 - 66 所示。

图 2 - 66　检索结果列表显示页面

单击发表编号可查看"专利注册记录册记项"和"维持标准专利申请详情"。单击发明名称，如果有链接，可查看图像格式的专利说明书。可在网上查阅的专利说明书均为 1997 年 6 月 27 日后公布的。为了使用者能够更方便地浏览专利说明书，屏幕上方还设置了工具栏，可对图像页随意进行放大、缩小、打印、下载等操作。

（二）显示主要资料

输入检索式后，单击"检索（显示主要资料）"，屏幕上显示 20 条检索结果的著录项目列表，显示内包括发表编号、申请编号和申请人等更多的著录信息，如图 2 - 67 所示。

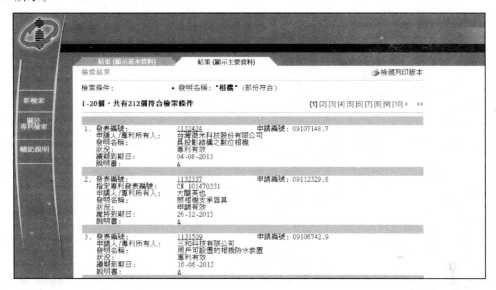

图 2 - 67　著录项目列表显示页面

单击发表编号可查看"专利注册记录册记项"和"维持标准专利申请详情"。单击说明书类型代码，可查看图像格式的专利说明书。标准专利可查看图像格式的专利说明书全文，短期专利可查看香港说明书首页、说明书页和检索报告。说明书的浏览方式同"显示基本资料"中，可对图像页随意进行放大、缩小、打印、下载等操作。

第八节　中国台湾地区专利信息检索

"台湾专利资料公报资料库检索服务系统"由"台湾工业总会"制作和维护，网址是：www. patent. org. tw。该系统向会员提供中国台湾地区专利公报的检索、打印和保存服务。但是试用账号每次只能显示检索结果的前 5 个记录，这也是目前台湾地区唯一一个免费的专利检索系统，这里只介绍试用账号下的系统功能。

一、检索方式

在首页中输入试用账号和密码，单击"登入"就会进入查询页面。本系统提供一般查询和指令查询方式。其中一般查询是格式化检索方式，指令查询是命令检索方式。值得注意的是该网站使用的全部是繁体中文，进行检索时输入也必须是繁体中文。

（一）一般查询

该系统一般查询提供了多个检索条件入口，如图2－68所示，可以选择一个或多个检索字段进行组合检索查询。各检索字段说明见表2－5。

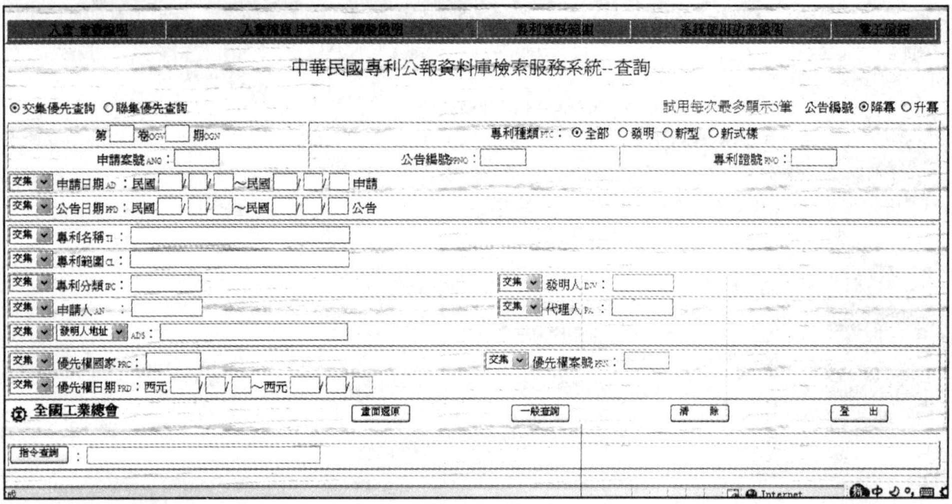

图2－68　一般查询检索页面

表2－5　各检索字段说明

检索字段	说　明	举　例
专利种类	选择查询专利的种类	选择"全部"，查询全部发明、新型和新式样三种专利； 选择"发明、新型和新式样"中的一种，查询发明、新型和新式样三种专利种的一种
卷期号	填写并查询指定的卷、期中的专利	第16卷　期，查询在第16卷中的专利； 第　卷11期，查询在每一卷第11期中的专利； 第16卷11期，查询在第16卷第11期中的专利； 第3～5卷2～4期，查询在第3～5卷第2～4期中的专利

续表

检索字段	说　明	举　例
申请案号	查询特定的申请号	申请案号：2，查询申请号为 2 的专利；公告编号：1～5，查询公告号为 1～5 的专利
公告编号	查询特定的公告号	
专利证号	查询特定的专利号	
申请日期	以台湾地区纪年，台湾地区元年 = 1911 年	查询特定日期的专利，必须指定查询区间，输入"92/　/　"，默认区间："0920101-9991231"
公告日期		
优先权日期	以公元纪年	
专利名称	在专利名称中查询	可使用逻辑运算符，＊表示逻辑与，＋表示逻辑或,！表示逻辑非
专利范围	在权利要求书中查询	
专利分类	可进行 IPC 和洛迦诺分类查询	
发明人	输入发明人姓名	
申请人	输入申请人姓名	
代理人	输入代理人姓名	
地址选择框	可选择发明人、申请人、代理人的地址	
优先权国家	输入国家名称	
优先权案号	输入准确优先权号	

（二）指令查询

指令查询是利用一般查询的各检索字段代号构造查询逻辑关系式，实现检索的命令查询方式，使各种检索字段的逻辑关系更加灵活。例如，在一般查询检索字段中输入如下：

公告日期 PPD = 87/7/1～89/6/30

专利名称 TI = 光阻

专利分类 IPC = G03

而在指令查询中可输入如下检索式：

指令查询：PPD ＊（TI ＋ IPC）。

二、检索结果的显示和保存

（一）列表显示

使用试用账号进行检索每次只能显示检索结果的前 5 个记录，如图 2 - 69 所示。显示顺序是根据检索页设定的公告编号的降序或升序排列。显示的内容包括：台湾地区专利公报的卷期号、公告日、专利名称、申请号、申请日、专利证书号。

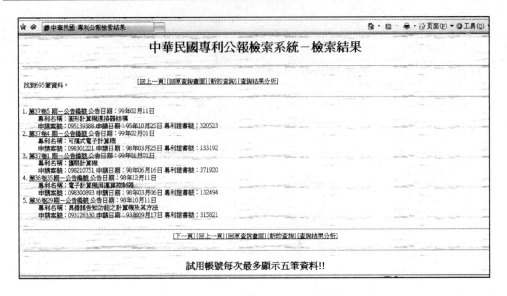

图 2-69　检索结果列表显示

在检索结果操作栏有一个"查询结果分析"链接，单击后进入查询结果分析页面，具体显示每个检索字段的检索结果及最终的检索结果，如图 2-70 所示。

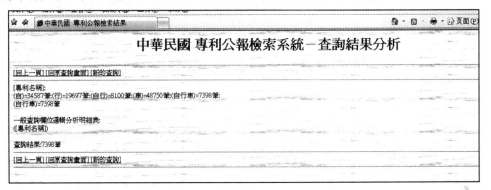

图 2-70　查询结果分析页面

（二）页面显示

用户浏览列表显示页面，单击列表显示中的卷期公告编号链接，可进入检索一条结果的显示页面，如图 2-71 所示。显示的信息包括：发明种类、公告号和公告日等著录信息。对于 1974 年 1 月 21 日后出版的台湾地区专利，还将显示权利要求信息。1992 年后出版的台湾地区专利公报，提供了可以下载 PDF 格式的链接。

（三）文本保存

对于检索结果的页面显示页，可以以网页格式另存的形式保存；1992 年后出版的台湾地区专利公告，可以下载 PDF 格式的公报。

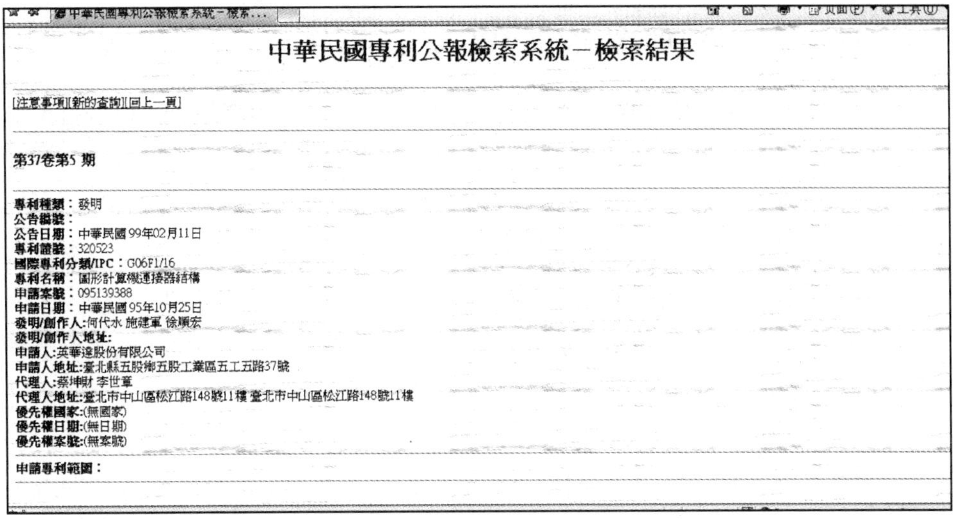

图 2 - 71　检索结果页面显示

第九节　IPC 分类检索

一、国家知识产权局政府网站分类表查询

在国家知识产权局政府网站上的"文献服务"栏目下的"标准与分类"，可以链接到第 8 版《国际专利分类表》（2006.01）高级版中文，同时公布了其各修订版的分类表及相关的内容，网址为：http：//www. sipo. gov. cn/sipo2008/wxfw/bzyfl。如图 2 - 72 所示。通过这种方式可以浏览或下载 PDF 格式的最新版 IPC 分类表。

图 2 - 72　SIPO 政府网站上的分类工具列表

二、国家知识产权局政府网站 IPC 检索

在国家知识产权局政府网站专利数据库中提供了 IPC 检索功能，可以进行国际专利分类号的类名查询，以 IPC 分类号为线索检索专利信息，以及在限定分类号的基础上进行分类号和其他字段的组配检索，各检索字段之间全部为逻辑"AND"运算。

在国家知识产权局政府网站主页，单击右面"高级搜索"进入页面，选择右上角的"IPC 分类检索"进入到 IPC 分类导航检索页面。根据左侧的国际专利分类表 8 个部的代码和类名，可以按照 IPC 分类表的部、大类、小类、大组、小组逐级选择相应的分类号。同时，右侧的"分类号"入口的输入框中将随着左侧分类表的浏览进程出现相应的分类号。

例如：检索"2003 年申请的利用太阳能进行污水处理"方面的专利，即可先根据分类导航找到"利用太阳能进行污水处理"所在的分类号 C02F1/14，然后在"申请日"检索入口中输入：2003，如图 2 - 73 所示。

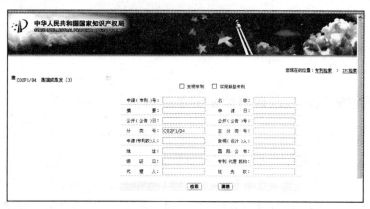

图 2 - 73 利用分类导航查找分类号

三、重点产业平台 IPC 检索

单击检索页面中左侧列表中的"IPC 分类检索"进入到 IPC 分类检索页面。

IPC 分类检索可以进行国际专利分类号的类名查询，可以以 IPC 分类号为线索检索专利信息，还可以在限定分类号的基础上进行分类号和其他字段的组配检索。

单击 IPC 分类号前的可打开 IPC 分类表到小类。单击小类名前的标志可以获得此小类作为检索式的检索结果。单击小类名可以将小类名加入到小类名表格检索的"主分类号"检索字段，可以将 IPC 分类检索和其他检索字段结合在一起进行检索。

四、上海检索系统中的 IPC 分类检索

专利分类检索中包含 IPC 检索和外观分类检索，IPC 检索页面和外观专利分类检索除了提供对国际专利分类表的浏览、查询功能，还提供了把需要进行检索的 IPC 分

类号输入到表格检索和高级检索页面，以及通过 IPC 分类号和外观分类号直接进行检索的功能。

单击专利分类检索，进入专利分类检索查询界面中，如图 2－74 所示。

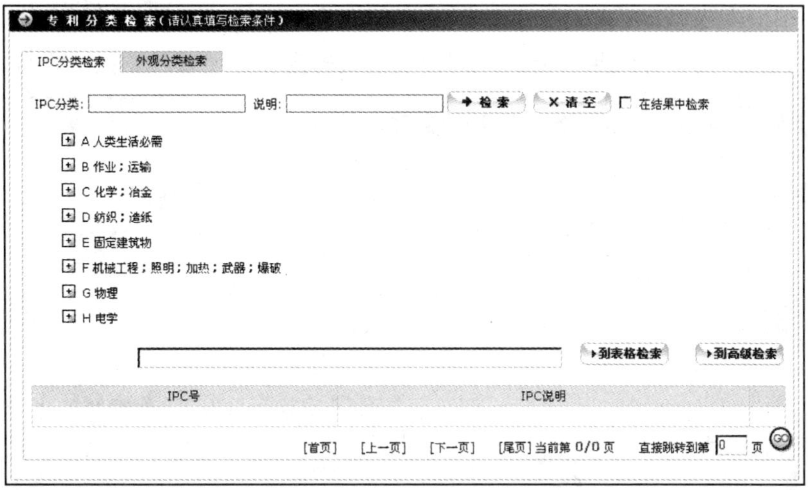

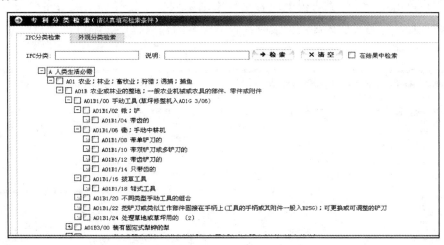

图 2－74　专利分类检索页面

（一）IPC 分类表浏览

可以通过单击 ＋ 展开 IPC 分类表树，浏览 IPC 分类表的详细信息，可以展开到最小分类等级，如图 2－75 所示。IPC 分类表浏览功能方便用户了解 IPC 分类表的详细内容。

图 2－75　IPC 分类表浏览页面

（二）IPC 分类号检索

IPC 分类号检索有两个检索字段：分类号检索和说明检索。这两个检索字段是逻辑"与"的关系。用户可以在输入框内分别输入所要检索的 IPC 号和说明，单击检索则可进行 IPC 分类号检索。当输入多个检索词时，可以选择使用逻辑算符和模糊字符。

检索结果以表格形式在本页下方显示，如图 2 - 76 所示，用户可以在检索结果中进行二次检索。选中在结果中检索，在检索输入框内输入所要检索的 IPC 号或说明。

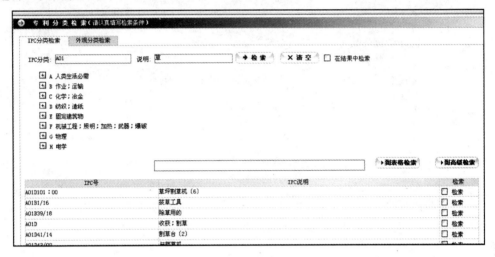

图 2 - 76　IPC 分类号检索结果

（三）利用 IPC 分类号进行专利检索

用户单击在 IPC 分类表树上或者是检索结果列表中选择一个或者多个 IPC 分类号，将选择的分类号加入高级检索或者表格检索的输入框中，则可进行相应的查询，如图 2 - 77 所示。

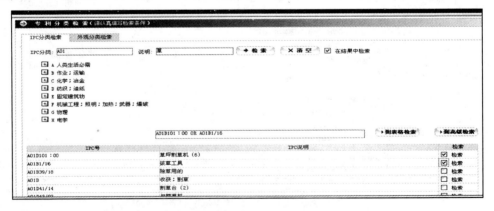

图 2 - 77　选择 IPC 分类号

用户单击 ▶到表格检索 可以进入表格检索，单击 ▶到高级检索 可以进入高级检索，并把已选中的 IPC 分类号输入到相应的检索输入框中。到表格检索如图 2 - 78

所示。用户可以根据需要输入其他的检索条件。

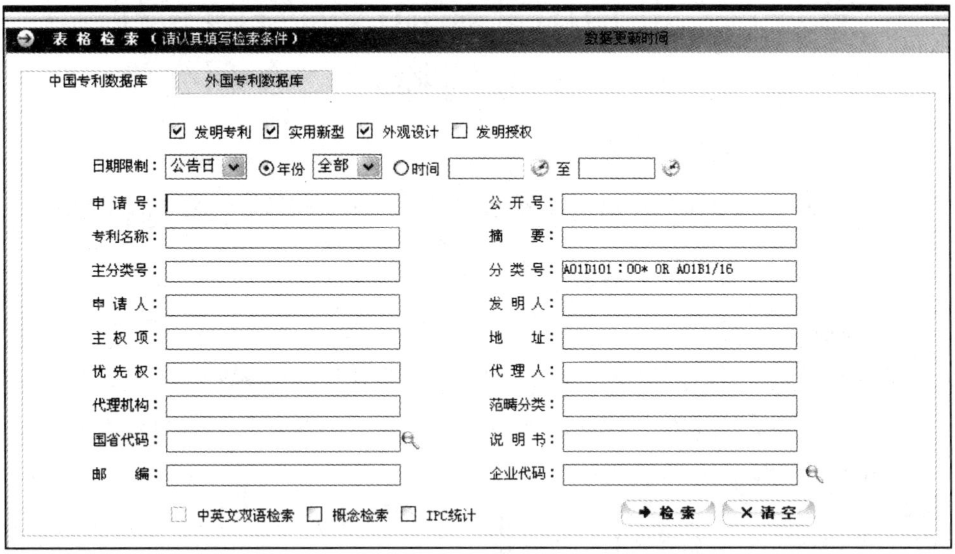

图 2-78 "到表格检索"页面

到高级检索如图 2-79 所示，用户可以根据需要输入其他检索命令。

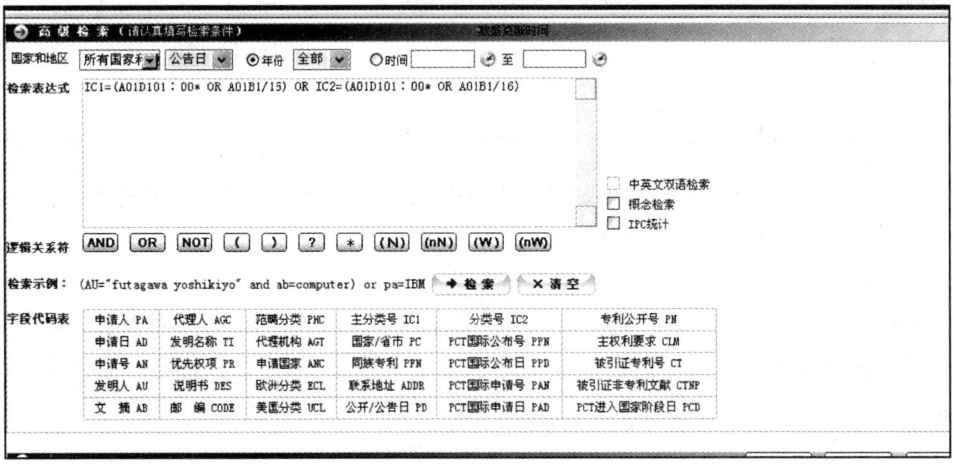

图 2-79 "到高级检索"页面

第三章 其他国家和地区因特网专利信息资源的检索及专利分类

第一节 欧洲专利局因特网专利信息资源的检索

如本套教材中《专利信息利用导引》"欧洲专利局因特网专利信息资源"中所述，欧洲专利局通过因特网提供了多个专利数据库，用以检索欧洲乃至全世界多个国家的专利信息。本节介绍其中 espacenet 检索系统、欧洲专利文献公布服务器以及欧洲专利公报中专利信息资源的获取。

一、espacenet 系统专利信息检索

《专利信息利用导引》"欧洲专利局因特网专利信息资源"中详述了 espacenet 检索系统包含的数据库及数据内容，本部分对数据库的使用方式进行介绍。

输入网址 http：//ep. espacenet. com/可直接进入 espacenet 检索系统的主页面。

（一）检索方式

espacenet 检索系统主要提供 5 种检索方式：智能检索（Smart Search）、快速检索（Quick Search）、高级检索（Advanced Search）、号码检索（Number Search）和分类检索（Classification Search）。其中，智能检索可以作为命令式的检索方式。

快速检索、高级检索和号码检索方式下默认使用 Worldwide 数据库，但也可以选择其他数据库进行检索；智能检索方式下，系统只能在 Worldwide 数据库中检索。

在各检索方式下，每个检索字段中最多输入 10 个检索条件；同时使用多个检索字段时，最多输入 21 个检索条件和 20 个算符。

1. 快速检索

快速检索（图 3 - 1）允许使用关键词、发明人或公司名称进行快捷简便的检索。检索步骤如下：

（1）选择检索数据库

通过下拉列表，可以选择 Worldwide、EP 数据库或 WIPO 数据库进行检索。

（2）选择检索字段

根据待检索的检索要素的类型，可以选择使用主题词在"发明名称或摘要"中进行检索，或使用人名/公司名在"发明人或申请人"中进行检索，或使用主题词在"说明书和权利要求书的全文文本"中进行检索。

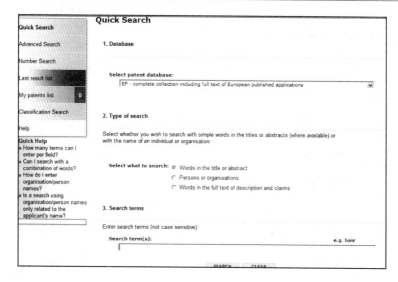

图 3 - 1 "快速检索"页面

（3）输入检索词

在输入框中输入的检索词应与所选择的检索字段相对应，输入的检索词不区分大小写。

2. 高级检索

高级检索（图 3 - 2）提供了多个检索字段，但选择不同的数据库时，显示的检索字段有所不同：当选择 Worldwide 数据库时，检索界面提供 10 个字段，包括发明名称、发明名称或摘要、IPC 分类号、申请号、公开号、公开日、优先权号、申请人、发明人和欧洲分类（ECLA）；选择 EP 和 WIPO 数据库时，可检索的字段不包括欧洲专利分类号，但包括全文文本字段。

使用各字段进行检索时，号码类型的字段中可一次性输入最多 4 个号码，各号码之间以空格间隔，默认逻辑关系为"或"；名称、摘要、发明人、申请人、ECLA 和 IPC 字段输入以空格分隔的多个检索要素时，各检索要素之间默认逻辑关系为"与"。

检索时可以只在一个检索字段中进行检索，也可在多个字段中进行组配检索，各字段之间默认逻辑关系为"与"。

3. 号码检索

号码检索（图 3 - 3）是通过公布号、申请号或优先权号快速获得专利文献的方法。

输入号码时，国家/地区代码可省略，此时，检索结果中将包含所有含有该号码的文献。

4. 智能检索

（1）智能检索（图 3 - 4）的使用方法

有两种方法使用智能检索方式。允许用户在输入框中输入单个词、多个词，或者更加复杂的检索条件。

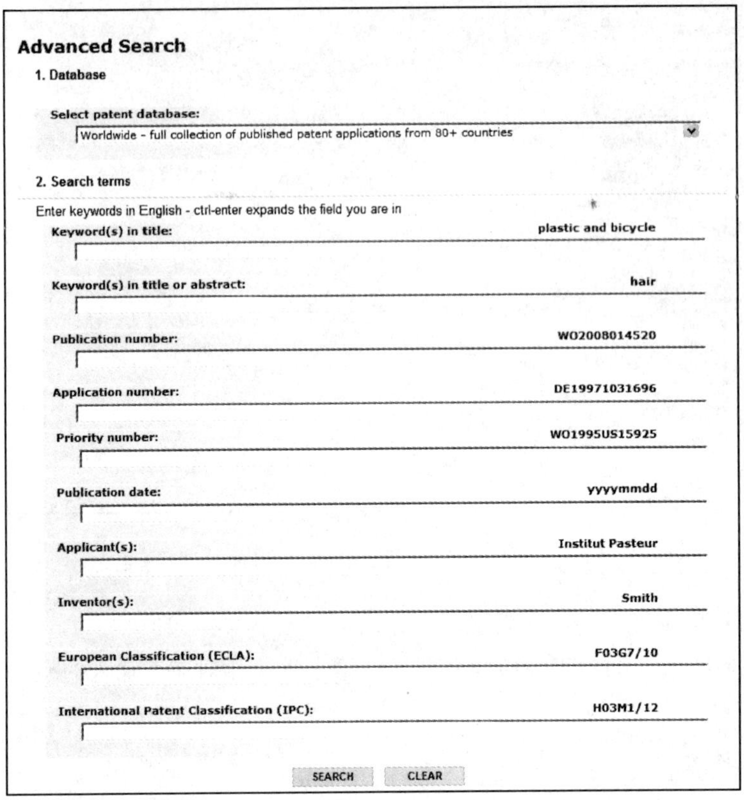

Advanced Search

1. Database

Select patent database:

| Worldwide - full collection of published patent applications from 80+ countries ▼ |

2. Search terms

Enter keywords in English - ctrl-enter expands the field you are in

Keyword(s) in title:　　　　　　　　　　　　　　　　　　　　　plastic and bicycle

Keyword(s) in title or abstract:　　　　　　　　　　　　　　　hair

Publication number:　　　　　　　　　　　　　　　　　　　WO2008014520

Application number:　　　　　　　　　　　　　　　　　　DE19971031696

Priority number:　　　　　　　　　　　　　　　　　　　WO1995US15925

Publication date:　　　　　　　　　　　　　　　　　　　yyyymmdd

Applicant(s):　　　　　　　　　　　　　　　　　　　Institut Pasteur

Inventor(s):　　　　　　　　　　　　　　　　　　　　Smith

European Classification (ECLA):　　　　　　　　　　　　F03G7/10

International Patent Classification (IPC):　　　　　　　H03M1/12

SEARCH　　　CLEAR

图 3 - 2　　"高级检索"页面

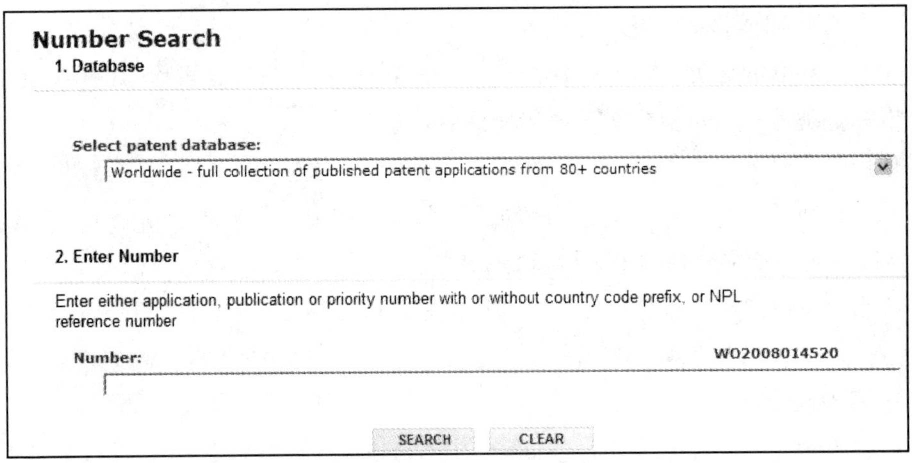

Number Search

1. Database

Select patent database:

| Worldwide - full collection of published patent applications from 80+ countries ▼ |

2. Enter Number

Enter either application, publication or priority number with or without country code prefix, or NPL reference number

Number:　　　　　　　　　　　　　　　　　　　WO2008014520

SEARCH　　　CLEAR

图 3 - 3　　"号码检索"页面

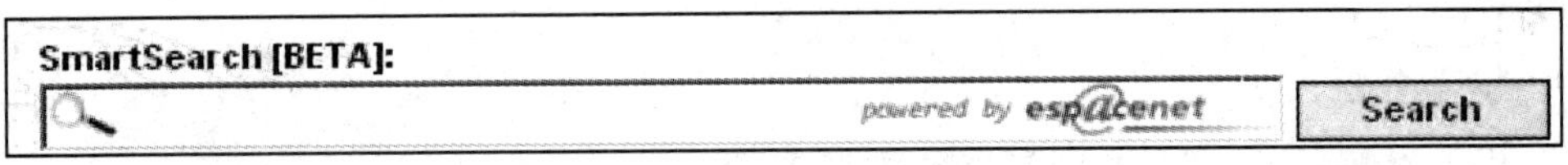

SmartSearch [BETA]:

🔍　　　　　　　　　　　　　　　powered by espacenet　　　Search

图 3 - 4　　"智能检索"页面

• 直接输入检索条件

可以输入描述发明类型的词，也可以输入专利文献的号码、发明人或公司的名称、专利申请的日期或年代；如：siemens Ep2007，系统将在申请人、发明人数据中检索有关"siemens"的信息，并在优先申请和公开日数据中分别检索"EP"及"2007年"的信息。同时满足这3个条件的检索结果，即为"命中结果"。

• 输入包含字段代码的检索式

智能检索方式还允许输入包括由字段代码、检索要素以及逻辑运算符组配而成的完整检索式。检索式的基本表示方式为：

字段代码 = 检索要素

可以通过逻辑运算符将多个检索字段连接起来，如：

（ab = backpack or rucksack）and pa = adidas

（2）智能检索字段代码

智能检索方式中可以使用下列字段代码（表3-1）。

表3-1 字段代码及含义

字段代码	描 述
IN	Inventor（发明人）
PA	Applicant（申请人）
TI	Title（名称）
AB	Abstract（摘要）
PR	Priority number（优先权号）
PN	Publication number（公布号）
AP	Application number（申请号）
PD	Publication date（公布日）
CT	Citing document（引用本专利的文献）
EC	European（ECLA）classification（ECLA分类号）
IC	International classification（IPC分类号）
CI	IPC core and invention information（IPC基本版、发明信息）
CN	IPC core and additional information（IPC基本版、附加信息）
AI	IPC advanced and invention information（IPC高级版、发明信息）
AN	IPC advanced and additional information（IPC高级版、附加信息）
IA	Inventor and applicant（发明人和申请人）
TA	Title and abstract（名称和摘要）
TXT	Title, abstract, inventor and applicant（名称、摘要、发明人、申请人）
NUM	Application, publication and priority number（申请号、公布号和优先权号）
C	ci and cn（IPC基本版中的发明信息和附加信息）
A	ai and an（IPC高级版中的发明信息和附加信息）

（二）系统使用的算符

该检索系统中可使用下述逻辑组配符及通配符等。

1. 日期范围连接符

使用日期类型的字段时，可以使用"："""，"或"" ""来表达日期范围，如 2000：2001、2000，2002 或者 "2000 2002"。

2. 短语连接符

本系统中可以使用引号进行短语检索，如："plastic bicycle" 或 "Smith John"。

3. 通配符

（1）*：代表任意长度的字符串；

（2）?：代表 0 或 1 个字符；

（3）#：代表 1 个字符。

4. 智能检索使用的特殊算符（表 3-2）

表 3-2 特殊算符

邻近算符		
prox/distance < x	互相之间间隔 x 个词	mouse prox/distance < 3 trap
prox/unit = sentence	同一个句子中	mouse prox/unit = sentence trap
prox/unit = paragraph	同一个段落中	mouse prox/unit = paragraph trap
prox/ordered	按照既定的顺序出现	ia = Apple prox/ordered ia = Corp
关系算符		
=	等于	pa = siemens
= =	严格等于（按照顺序显示）	ia = = "Mason Henry"
all	全部（不按照顺序）	ti all "paint brush hair"
any	任意一个	ti any "motor engine"
within	日期范围	pd within "2005 2006"
		pd within "2005，2006"
> =	大于或等于	pd > = 2005
< =	小于或等于	pd < = 2005

（三）检索结果显示

通过智能检索、快速检索、高级检索和号码检索方式检索后，可以获得最多 500 条检索结果的列表，选择列表中某一记录，可浏览该记录对应的专利申请的详细信息，通过该详细信息显示页面，许多专利申请还可以获取其说明书全文。

1. 结果列表显示界面

检索结果列表显示页面（图 3-5）展示了检索式、检索结果的数量及检索结果列表。该页面中可以选择其排序方式和显示内容，还可以对检索结果列表进行保存等处理。

图 3 - 5　检索结果列表显示页面

（1）检索结果的排序

检索页面上方的"Sorting criteria"显示检索结果排序方式。系统可以按照上传日期（Upload date）、优先权日期（Priority date）、发明人（Inventor）、申请人（Applicant）和 ECLA 进行排列。

（2）内容显示方式

系统有扩展显示和简洁显示两种方式：

● 扩展显示

系统默认以扩展的方式显示（如图 3 - 5 所示）。

检索页面一次最多显示 15 条记录。每一条记录显示专利名称、发明人、申请人、ECLA、IPC、公布号公布信息和优先权日期。其中，专利名称和 ECLA 下有超级链接：选择专利名称，可进入文献详细信息页面；选择 ECLA，可进入"分类检索"页面，并显示该分类位置的层级分布。

● 简洁显示

选择页面上方的"Compact"，系统将进入简洁显示页面。

在简洁显示方式下，一页最多显示 30 条记录，每一条记录显示专利名称、公布号和公布日期。

（3）检索结果列表的处理

可以通过检索结果列表页面上的各种按钮对检索结果进行保存、输入、二次检索等处理。

- 存储在"My patents list"中

通过"My patents list"按钮可以将感兴趣的文献存储在"我的专利列表"中，方便以后浏览。该列表最多可存储 100 件专利文献，保存时间最多 1 年。

- 输入检索结果列表

通过"Export"按钮可以将结果列表以 CSV 格式输出（Excel 格式）。

- 二次检索

通过"Refine search"按钮可以在检索结果基础上进行精确检索（即，二次检索）。

2. 详细信息显示页面

在检索结果列表页面中单击任意的专利名称，可以链接进入该专利申请详细信息页面（如图 3 - 6 所示）。该页面中可浏览该专利的著录数据、权利要求书、附图等信息，还可通过该页面中的各种链接获取专利引文、同族专利、法律状态等信息。

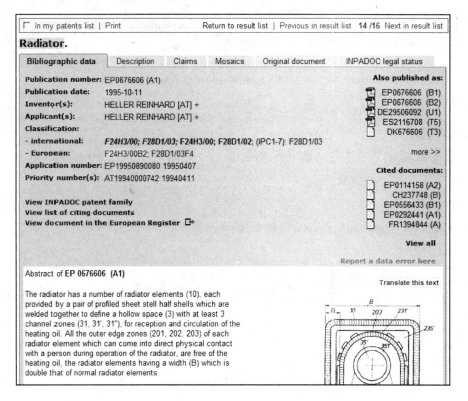

图 3 - 6　专利申请详细信息页面

（1）著录数据

通过 Bibliographic data 按钮可显示本文献的详细著录数据，包括名称、公布号、公布日期、发明人、申请人、IPC、ECLA、申请号和优先权号。

（2）说明书和权利要求书

通过 Description 和 Claims 按钮可分别显示该专利的文本型说明书部分（图 3 - 7）。

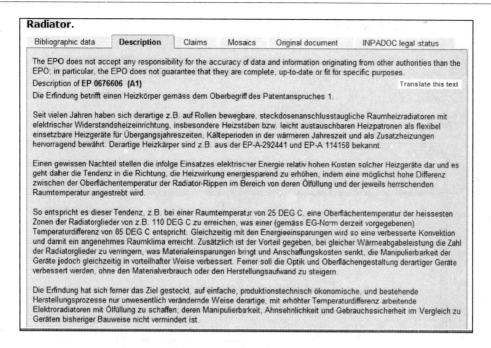

图3－7　文本型说明书页面

　　选择"Translate this text"按钮可以进行在线翻译：如果原文是英文，可翻译成德语、法语、意大利语、瑞典语、葡萄牙语或西班牙语；如果原文不是英文，系统可将其翻译成英文。

　　在 Claims 按钮下，单击"Claims tree"可获得独立权利要求和从属权利要求的树状图表示（图3－8）。

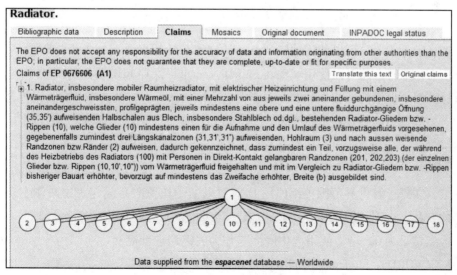

图3－8　权利要求树状图页面

上图中选择"＋"，系统将展开权利要求以浏览相关等级的从属权利要求；选择

"-"，系统将关闭权利要求等级表。

（3）附图

通过 Mosaics 按钮可查看文献的附图，每页最多显示 6 个图形。

（4）原始文献

通过 Original document 按钮可查看 PDF 格式的原始专利文献（图 3 - 9）。

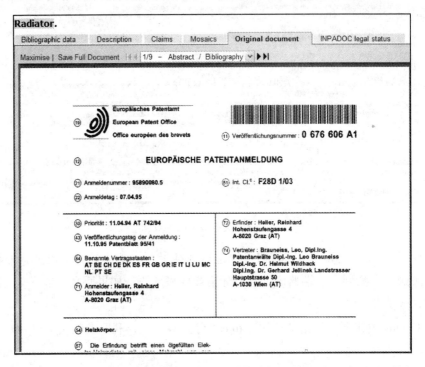

图 3 - 9　原始专利文献页面

该显示方式下，可以使用按钮 "print" 打印文献的当前页（单页打印）；文献页码小于 250 页时，还可以使用 "Save Full Document" 保存 PDF 格式的文献。

该页面中提供的同族专利、专利引文、法律状态等链接及其显示方式已包含在本书相对应的章节中，在此不再赘述。

（四）检索实例

某公司想了解世界范围关于使用 D-对甲砜基苯丝氨酸乙酯作为中间体生产氟苯尼考的专利，应用 ADVANCED SEARCH（高级检索）进行操作（图 3 - 10）。

检索结果为 0，考虑使用 "中间体" 作为关键词进行检索。

KEYWORDS：Florfenicol and intermediate *

结果如图 3 - 11 所示。

如果想获取其中的中国专利数据，除了公布号为 CN 的数据外，还应当浏览其他文献的同族专利，以找到可能隐含的中国专利文献。例如，单击文献 ZA200908404

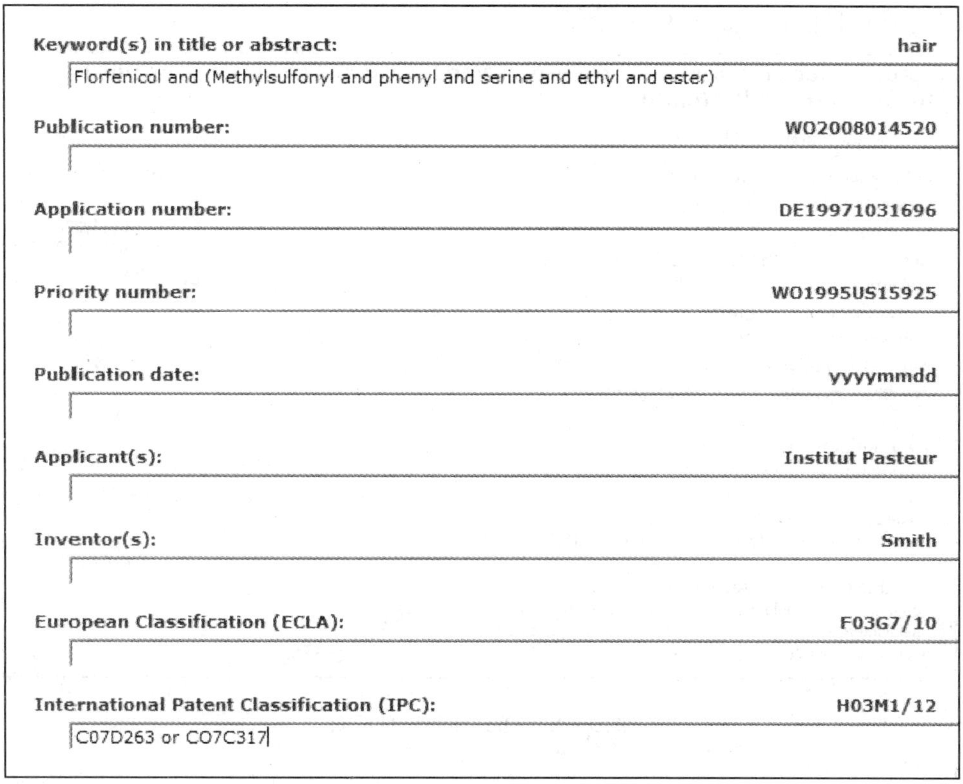

Keyword(s) in title or abstract: hair

Florfenicol and (Methylsulfonyl and phenyl and serine and ethyl and ester)

Publication number: WO2008014520

Application number: DE19971031696

Priority number: WO1995US15925

Publication date: yyyymmdd

Applicant(s):   Institut Pasteur

Inventor(s):   Smith

European Classification (ECLA):   F03G7/10

International Patent Classification (IPC):   H03M1/12

C07D263 or C07C317

图 3 – 10   "高级检索"页面

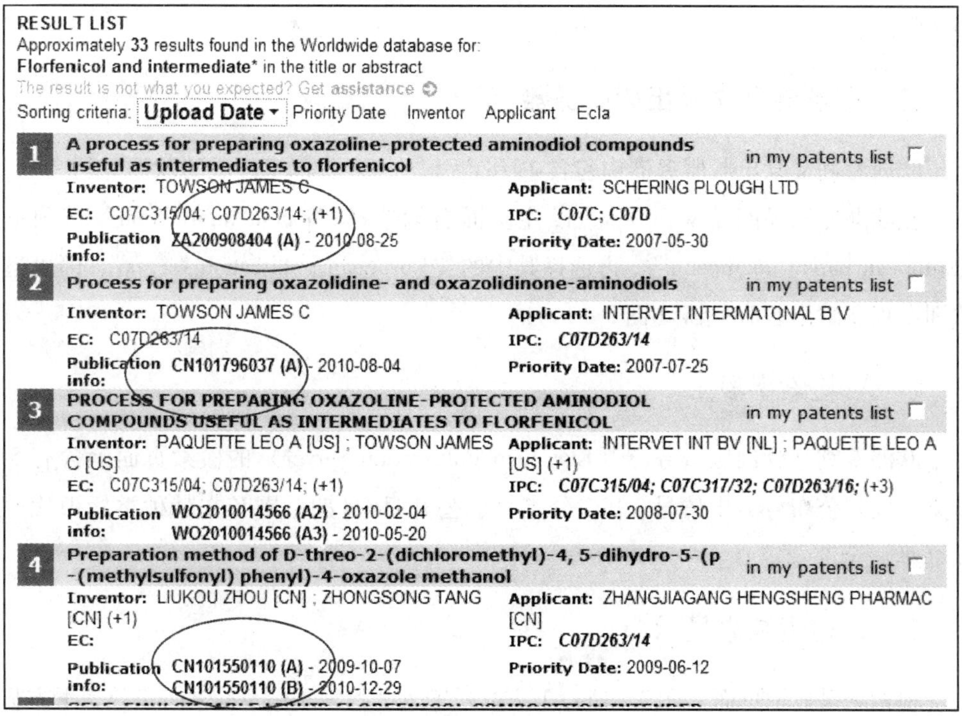

RESULT LIST

Approximately 33 results found in the Worldwide database for:
Florfenicol and intermediate* in the title or abstract

The result is not what you expected? Get assistance ↻

Sorting criteria: **Upload Date** ▾   Priority Date   Inventor   Applicant   Ecla

1   A process for preparing oxazoline-protected aminodiol compounds useful as intermediates to florfenicol   in my patents list ☐

Inventor: TOWSON JAMES C

EC: C07C315/04; C07D263/14; (+1)

Publication info: ZA200908404 (A) - 2010-08-25

Applicant: SCHERING PLOUGH LTD

IPC: C07C; C07D

Priority Date: 2007-05-30

2   Process for preparing oxazolidine- and oxazolidinone-aminodiols   in my patents list ☐

Inventor: TOWSON JAMES C

EC: C07D263/14

Publication info: CN101796037 (A) - 2010-08-04

Applicant: INTERVET INTERMATONAL B V

IPC: C07D263/14

Priority Date: 2007-07-25

3   PROCESS FOR PREPARING OXAZOLINE-PROTECTED AMINODIOL COMPOUNDS USEFUL AS INTERMEDIATES TO FLORFENICOL   in my patents list ☐

Inventor: PAQUETTE LEO A [US] ; TOWSON JAMES C [US]

EC: C07C315/04; C07D263/14; (+1)

Publication info: WO2010014566 (A2) - 2010-02-04   WO2010014566 (A3) - 2010-05-20

Applicant: INTERVET INT BV [NL] ; PAQUETTE LEO A [US] (+1)

IPC: C07C315/04; C07C317/32; C07D263/16; (+3)

Priority Date: 2008-07-30

4   Preparation method of D-threo-2-(dichloromethyl)-4, 5-dihydro-5-(p-(methylsulfonyl) phenyl)-4-oxazole methanol   in my patents list ☐

Inventor: LIUKOU ZHOU [CN] ; ZHONGSONG TANG [CN] (+1)

EC:

Publication info: CN101550110 (A) - 2009-10-07   CN101550110 (B) - 2010-12-29

Applicant: ZHANGJIAGANG HENGSHENG PHARMAC [CN]

IPC: C07D263/14

Priority Date: 2009-06-12

图 3 – 11   检索结果页面

浏览著录项目信息，如图 3 - 12 所示。

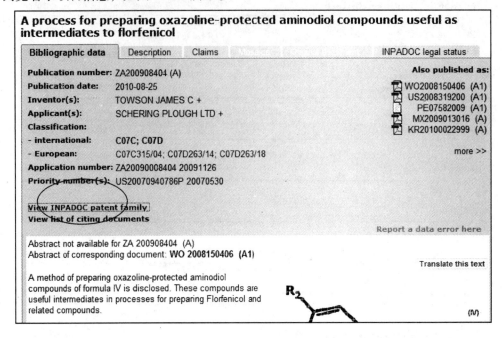

图 3 - 12　著录项目信息页面

单击 VIEW INPADOC patent family。

如图 3 - 13 所示，通过浏览该文献的同族专利，得到 CN101784534 这篇中国专利文献。

二、欧洲专利文献出版服务器

欧洲专利文献出版服务器中包含 1978 年 12 月 20 日以来出版的欧洲专利文献。

在欧洲专利局网站 www. epo. org 主页面右侧选择 "patent information" 选项下的 "European patent documents"，再选择其中的 "European publication server"，即可进入欧洲专利文献出版服务器（图 3 - 14）。

（一）检索字段

欧洲专利文献出版服务器（European Publication Server）的检索页面上含有 5 个检索字段：公布号、申请号、IPC 分类号、公开日/日期范围和文献种类标识代码选项（默认全部选定）。

（二）检索结果显示

检索结果显示页面（图 3 - 15）上方显示输入的检索条件及检索结果数，下方显示检索结果列表。每一页显示 20 条记录，每一条记录显示公布号、文献种类标识代码、

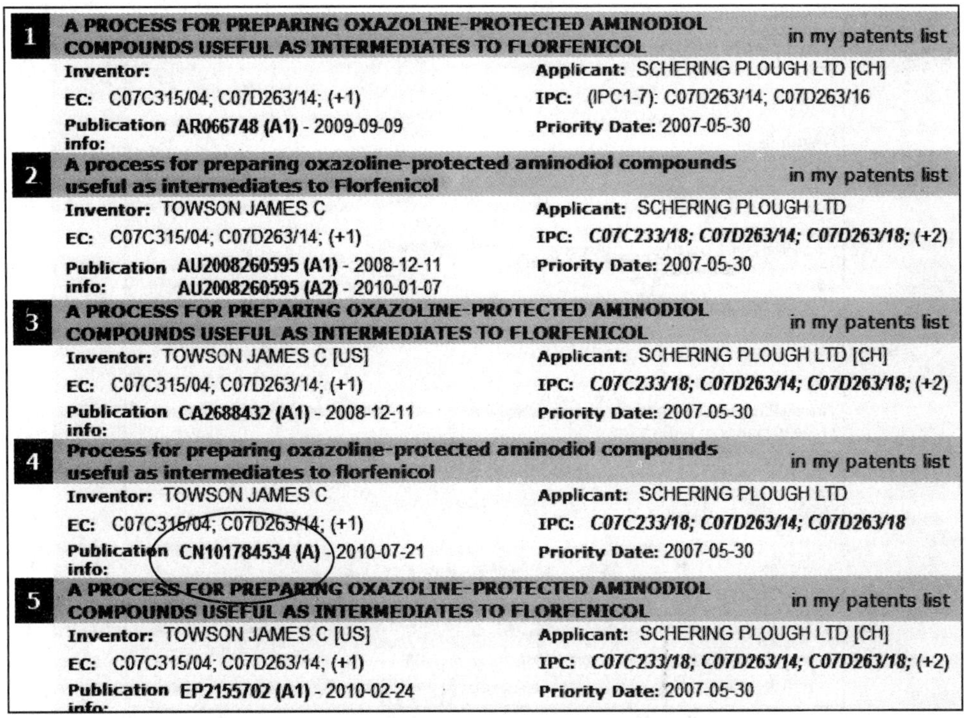

图 3 - 13　从同族专利得到一篇中国专利文献

图 3 - 14　欧洲专利文献出版服务器页面

公布日，可以选择以 PDF、ZIP 或 XML 格式进行下载，下载单件文献没有页码限制。

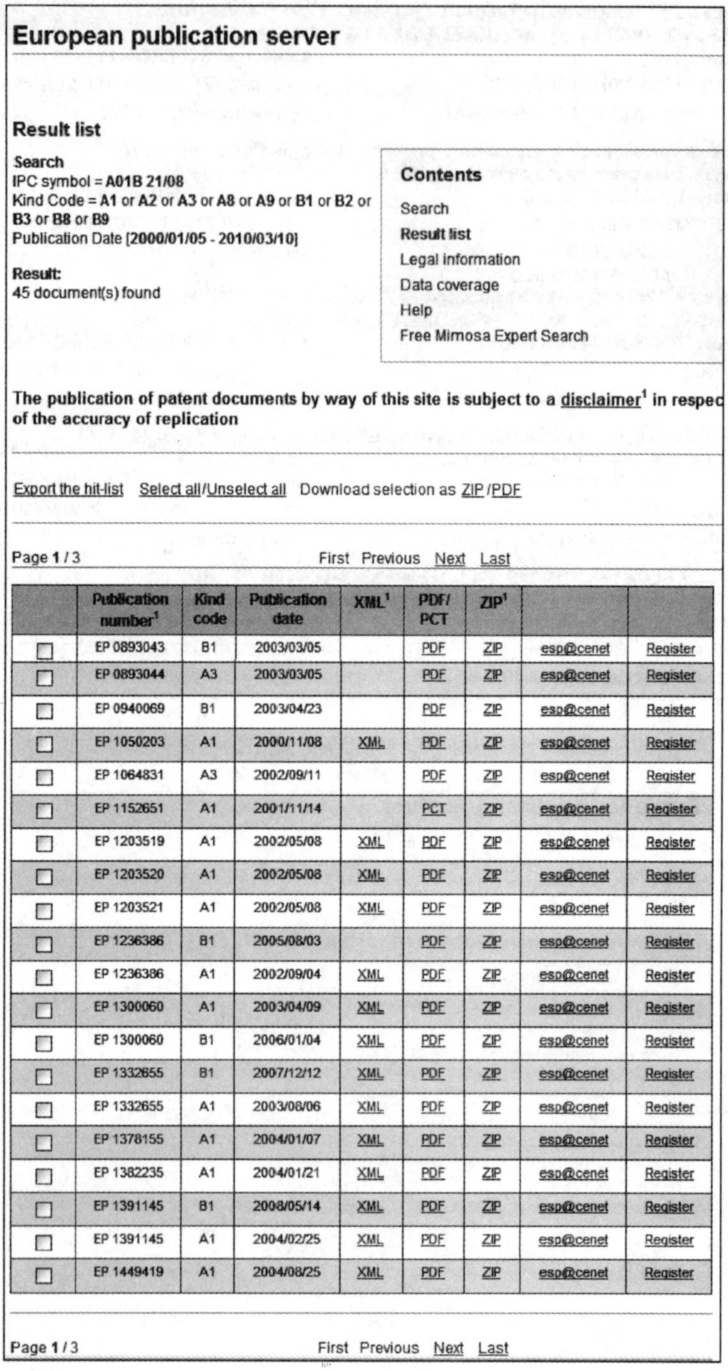

European publication server

Result list

Search
IPC symbol = A01B 21/08
Kind Code = A1 or A2 or A3 or A8 or A9 or B1 or B2 or
B3 or B8 or B9
Publication Date [2000/01/05 - 2010/03/10]

Result:
45 document(s) found

Contents
Search
Result list
Legal information
Data coverage
Help
Free Mimosa Expert Search

The publication of patent documents by way of this site is subject to a disclaimer[1] in respect of the accuracy of replication

Export the hit-list　Select all/Unselect all　Download selection as ZIP /PDF

Page 1 / 3　　　　　　　　　　First　Previous　Next　Last

	Publication number[1]	Kind code	Publication date	XML[1]	PDF/PCT	ZIP[1]		
☐	EP 0893043	B1	2003/03/05		PDF	ZIP	esp@cenet	Register
☐	EP 0893044	A3	2003/03/05		PDF	ZIP	esp@cenet	Register
☐	EP 0940069	B1	2003/04/23		PDF	ZIP	esp@cenet	Register
☐	EP 1050203	A1	2000/11/08	XML	PDF	ZIP	esp@cenet	Register
☐	EP 1064831	A3	2002/09/11		PDF	ZIP	esp@cenet	Register
☐	EP 1152651	A1	2001/11/14		PCT	ZIP	esp@cenet	Register
☐	EP 1203519	A1	2002/05/08	XML	PDF	ZIP	esp@cenet	Register
☐	EP 1203520	A1	2002/05/08	XML	PDF	ZIP	esp@cenet	Register
☐	EP 1203521	A1	2002/05/08	XML	PDF	ZIP	esp@cenet	Register
☐	EP 1236386	B1	2005/08/03		PDF	ZIP	esp@cenet	Register
☐	EP 1236386	A1	2002/09/04	XML	PDF	ZIP	esp@cenet	Register
☐	EP 1300060	A1	2003/04/09	XML	PDF	ZIP	esp@cenet	Register
☐	EP 1300060	B1	2006/01/04	XML	PDF	ZIP	esp@cenet	Register
☐	EP 1332655	B1	2007/12/12	XML	PDF	ZIP	esp@cenet	Register
☐	EP 1332655	A1	2003/08/06	XML	PDF	ZIP	esp@cenet	Register
☐	EP 1378155	A1	2004/01/07	XML	PDF	ZIP	esp@cenet	Register
☐	EP 1382235	A1	2004/01/21	XML	PDF	ZIP	esp@cenet	Register
☐	EP 1391145	B1	2008/05/14	XML	PDF	ZIP	esp@cenet	Register
☐	EP 1391145	A1	2004/02/25	XML	PDF	ZIP	esp@cenet	Register
☐	EP 1449419	A1	2004/08/25	XML	PDF	ZIP	esp@cenet	Register

Page 1 / 3　　　　　　　　　　First　Previous　Next　Last

图 3 - 15　检索结果页面

三、欧洲专利公报

在欧洲专利局网站主页面右侧选择"patent information"选项下的"European

patent documents"，选择其中的"European Patent Bulletin"，即可进入欧洲专利公报的说明页面；再选择页面中间的"Download Bulletin files"链接可进入欧洲专利公报列表页面（图3-16）。单击公报序号即可浏览或下载PDF格式的公报（图3-17）。

Download Bulletin files

bulletin1003.pdf	20-Jan-2010 14:00 4.6M
bulletin1004.pdf	27-Jan-2010 14:00 4.3M
bulletin1005.pdf	03-Feb-2010 14:00 3.0M
bulletin1006.pdf	10-Feb-2010 14:00 4.1M
bulletin1007.pdf	17-Feb-2010 14:00 6.5M
bulletin1008.pdf	24-Feb-2010 14:00 6.4M
bulletin1009.pdf	03-Mar-2010 14:00 5.9M
bulletin1010.pdf	10-Mar-2010 14:00 5.1M

图3-16 欧洲专利公报列表页面

图3-17 PDF格式的公报页面

第二节 美国专利商标局因特网专利信息资源的检索

如《专利信息利用导引》中"美国专利商标局因特网专利信息资源"所述，美国专利商标局网站上提供了诸多美国专利信息资源，其中专利申请信息查询数据库等5个数据库及专利分类检索数据库分别涉及专利法律状态检索及分类检索，在相关章节详细介绍，本节重点介绍授权专利数据库、专利申请公布数据库、专利公报数据库以及序列表数据库的使用。

输入网址 http：//www. uspto. gov/进入美国专利商标局网站主页面，在该页面的"Patents"栏目中单击"Search"可链接到多个检索数据库，如图 3 - 18 所示。

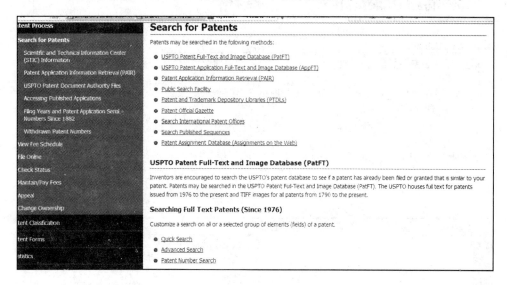

图 3 - 18　可链接检索数据库页面

一、授权专利数据库中专利信息资源的检索

单击"USPTO Patent Full-Text and Image Database（PatFT）"，进入授权专利数据库。本数据库提供了丰富的检索字段以及快速、高级和专利号 3 种检索方式。

（一）检索字段

在授权专利数据库的"快速检索"和"高级检索"方式中最多可以使用 31 个检索字段进行检索。

（1）系统提供的检索字段

· 主题词类（表 3 - 3）

表 3 - 3　主题词类字段代码及名称

字段代码	字段名称
TTL	Title（专利名称）
ABST	Abstract（文摘）
ACLM	Claim（s）（权利要求）
SPEC	Description/Specification（说明书）

- 日期类（表 3 - 4）

表 3 - 4　日期类字段代码及名称

字段代码	字段名称	输入规则
ISD	Issue Date（公布日期）	
APD	Application Date（申请日期）	

使用日期类字段时，可通过多种方式输入，如：20020115、1-15-2002、Jan-15-2002、January-15-2002、1/15/2002、Jan/15/2002、January/15/2002。

日期检索要素中可使用通配符"＄"代替月份和日期，如：200201＄、1/＄/2002。检索某个时间范围时，可使用"->"连接 2 个具体日期，如：20020101->20020131。

- 号码类（表 3 - 5）

表 3 - 5　号码类字段代码及名称

字段代码	字段名称
PN	Patent Number（专利号）
APN	Application Serial Number（申请号）
PARN	Parent Case Information（在先申请，母申请等）
PCT	PCT information（PCT 信息）
PRIR	Foreign Priority（外国优先权）
REIS	Reissue Data（再版数据）
RLAP	Related U. . S. . App. . data（相关 US 申请数据）
REF	Referenced By（被引用的文献）
FREF	Foreign References（外国参考文献）
OREF	Other References（其他参考文献）

使用专利号字段时，除发明专利（utility）可以直接输入号码（阿拉伯数字）外，其他专利种类的文献号码前必须添加相应的专利种类代码。

使用申请号字段时，申请号不足 6 位的前面使用"0"将其补充至 6 位。

- 人名/公司信息（表 3 - 6）

表 3-6　人名公司信息字段代码及名称

字段代码	字段名称
AN	Assignee Name（受让人）
IN	Inventor Name（发明人）
EXP	Primary Examiner（主审员）
EXA	Assistant Examiner（助理审查员）
LREP	Attorney or Agent（律师或代理人）

使用人名类型的字段时，如发明人、主审查员等，应当以"姓-名-中间名字的首字母"顺序输入，如"CHIZMAR-JAMES-S"；"律师或代理人"字段的输入方式与其他姓名类型的字段不同，使用引号将姓、名、中间名首字母引起来，三部分之间中间没有破折号。

- 地区/国家信息（表 3-7）

表 3-7　地区/国家字段代码及名称

字段代码	字段名称
AC	Assignee City（受让人所在城市）
IC	Inventor City（发明人所在城市）
IS	Inventor State（发明人所在州）
AS	Assignee State（受让人所在州）
ACN	Assignee Country（受让人国籍）
ICN	Inventor Country（发明人国籍）

使用上述字段时，可选择"Field Name"下的"Inventor State/ Assignee State"或"Assignee State/ Inventor country"查看美国各州代码或国家代码表。

- 分类号（表 3-8）

表 3-8　分类号字段代码及名称

字段代码	字段名称
ICL	International Classification（国际专利分类）
CCL	Current U. S. Classification（当前美国分类）

- 申请类型字段（Application Type）

申请类型字段代码为 APT；利用该字段可输入特定数字检索某个类型的专利申请，可以使用的数字及其对应的专利申请类型如下：

1——Utility（发明专利）；

2——Reissue（再版专利）；

4——Design（外观设计）；

5——Defensive Publication（防卫性公告）；

6——Plant（植物专利）；

7——Statutory Invention Registration（依法注册的发明）。

（2）系统算符

该检索系统的各字段中均可使用"＄"作为通配符，如输入 comput＄可检索到 "computer"、"computers"等；使用通配符时，应当至少保留 3 位字母或数字。

检索式中可使用引号""进行短语检索，但短语检索时的引号中不能使用通配符。

（二）检索方式

本数据库提供 3 种检索方式：快速检索（Quick Search）、高级检索（Advanced Search）和专利号检索（Patent Number Search）。

1. 快速检索

快速检索页面（图 3 – 19）提供两个检索输入框，可在 31 个检索字段中进行检索。通过两输入框之间的下拉列表可以选择输入字段之间的逻辑关系。

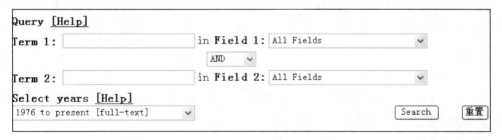

图 3 – 19　"快速检索"页面

2. 专利号检索

专利号检索页面（图 3 – 20）允许用户输入一个或多个专利号进行检索；当输入多个专利号时，各专利号之间可使用空格，也可使用布尔逻辑算符"OR"。专利号中间的逗号可缺省。

输入专利号时，发明专利可以直接输入号码（阿拉伯数字），而其他专利种类的文献号码前必须添加相应的专利种类代码。

3. 高级检索

高级检索页面（图 3 – 21）的输入框中可输入由字段代码、检索要素以及逻辑算符组配而成的完整检索式。

检索式的基本表示方法为：检索字段代码/检索要素。可以使用逻辑算符将多个

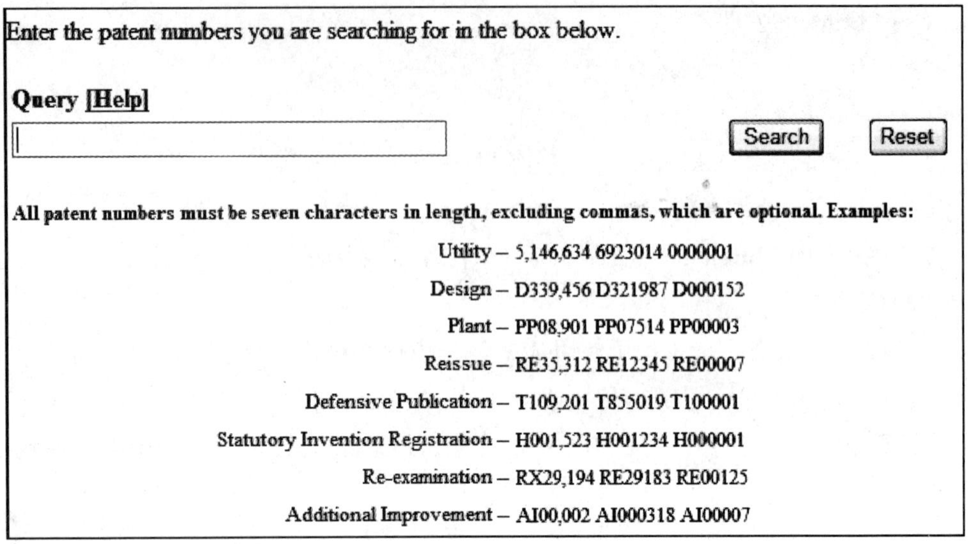

图 3 – 20   "专利号检索"页面

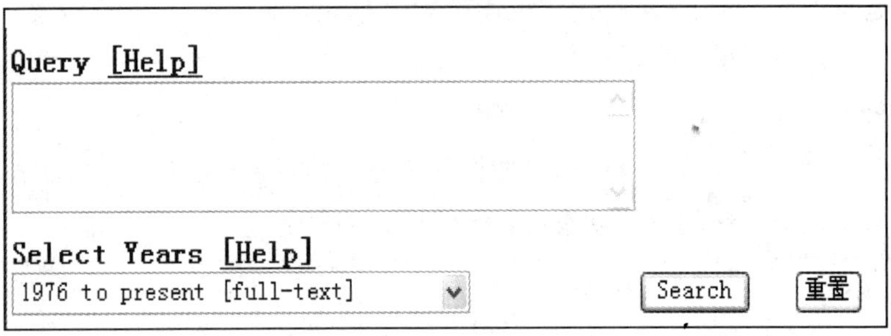

图 3 – 21   "高级检索"页面

检索字段连接起来，如检索 2001 年至 2009 年"普雷特克斯产品公司"作为专利受让人的专利申请的授权文献时，可输入检索式：

AN/"PLAYTEX PRODUCTS INC" and ISD/20010101- >20091231

检索字段代码的输入方式可以通过下方列表（图 3 – 22）中的"Field Name（字段名）"和"Field Code（字段代码）"查看，或者参考页面上方的"Help"。

（三）检索结果显示

通过任何一种方式进行检索，可显示其检索结果列表，选择列表中任一检索结果，可进入专利详细显示信息页面，获得其专利全文文本（限于 1976 年以后授权的专利文献）和专利全文图像。

1. 检索结果列表显示

在检索结果列表显示页面（图 3 – 23）上方显示用户输入的检索式及获得的检索结果记录数；页面一次最多显示 50 条记录，要查看其他记录可在输入框中键入具体

Field Code	Field Name	Field Code	Field Name
PN	Patent Number	IN	Inventor Name
ISD	Issue Date	IC	Inventor City
TTL	Title	IS	Inventor State
ABST	Abstract	ICN	Inventor Country
ACLM	Claim(s)	LREP	Attorney or Agent
SPEC	Description/Specification	AN	Assignee Name
CCL	Current US Classification	AC	Assignee City
ICL	International Classification	AS	Assignee State
APN	Application Serial Number	ACN	Assignee Country
APD	Application Date	EXP	Primary Examiner
PARN	Parent Case Information	EXA	Assistant Examiner
RLAP	Related US App. Data	REF	Referenced By
REIS	Reissue Data	FREF	Foreign References
PRIR	Foreign Priority	OREF	Other References
PCT	PCT Information	GOVT	Government Interest
APT	Application Type		

图 3-22　字段代码及名称

数字并选择 "Jump To" 完成。如果需要进一步限定检索结果，可以在 "Refine Search" 框中输入信息与前次的检索式结合进行二次检索。

```
Searching US Patent Collection...

Results of Search in US Patent Collection db for:
((AN/"PLAYTEX PRODUCTS INC" AND APD/20010101->20080305) AND CCL/53/459): 3 patents.
Hits 1 through 3 out of 3


[ Jump To ]  [          ]




[ Refine Search ]  [an/"PLAYTEX PRODUCTS INC" and apd/20010101->2008030]

 PAT. NO.    Title
1 7,178,314 T Waste disposal apparatus
2 7,073,311 T Odor control cassette
3 6,925,781 T Integrated cutting tool for waste disposal method and apparatus
```

图 3-23　检索结果列表显示页面

专利号之后的符号 "T" 表明该文献提供专利全文文本。

检索结果中的记录按照专利文献公布日期由近及远的顺序排列，即最新公布的专利文献排在前面（同一时间公布的专利文献按照专利号码由大到小的顺序排列）。通过单击列表中显示的专利号及专利名称，用户可以直接查看该记录的详细信息显示页面（图 3-24）。

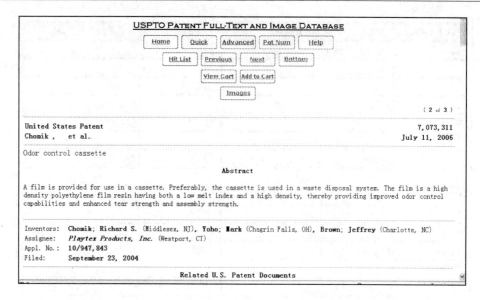

图 3 - 24　详细信息显示页面

2. 专利详细信息显示

单击检索结果列表显示页面上含有符号"T"与不含符号"T"的专利号或名称时，其详细信息显示页面的内容有所不同：前者表示 1976 年及以后授权的专利文献，显示专利著录项目数据、摘要、引用文献列表、被引用文献的链接、权利要求及说明书等，但不包括附图；后者是 1790 ~ 1975 年授权的专利文献，仅显示专利号、授权日期和美国专利分类号 3 项内容。

如果专利文献中含有附图，用户可以通过"专利全文图像显示"页面进行浏览。

3. 专利全文图像显示

选择"专利详细信息显示"页面上的按钮"Images"，即可进入专利全文图像显示页面（图 3 - 25）。若要正常显示该页面，用户首先需要通过网址 http：//patft. uspto. gov/help/images. htm 下载 TIFF 图像浏览插件。

在"专利全文图像显示"页面上，通过左侧的"Sections"列表，用户可有针对性的浏览扉页、附图、说明书或权利要求书。

该页面中，可以下载或打印所显示页面。

（四）检索案例

某公司想了解混合动力汽车方面的美国专利，可以应用高级检索，具体操作如图 3 - 26 所示：

ttl/（hybrid and（vehicle or vehicles or car））or abst/（hybrid and（vehicle or vehicles or car））or aclm/（hybrid and（vehicle or vehicles or car））

检索结果如图 3 - 27 所示：

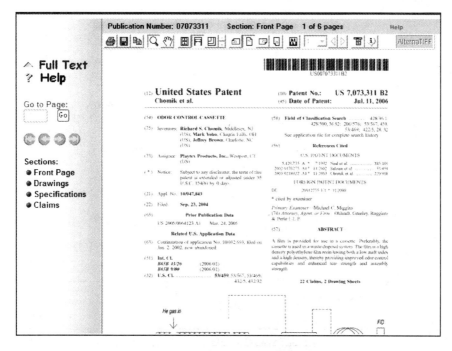

图 3 - 25　专利全文图像显示页面

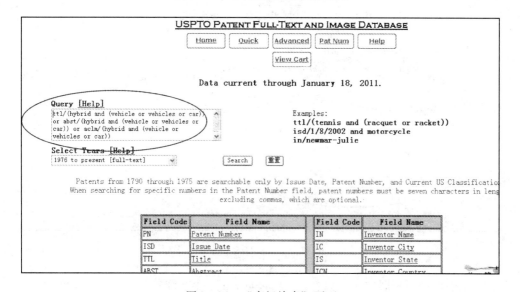

图 3 - 26　"高级检索"页面

可以看出，检索结果较多，需要进一步限定方便于浏览。该公司提出具体想要了解电动发动机的相关专利，可以在上述检索结果中进行如下操作：

在"refine search"输入框原有检索式的后面，增加"电动发动机"的检索主题：

And（Ttl/（（Electrical and engine）or（electric and motor））or abst/（（Electrical and engine）or（electric and motor））or aclm/（（Electrical and engine）or（electric and motor）））, 如图 3 - 28 所示：

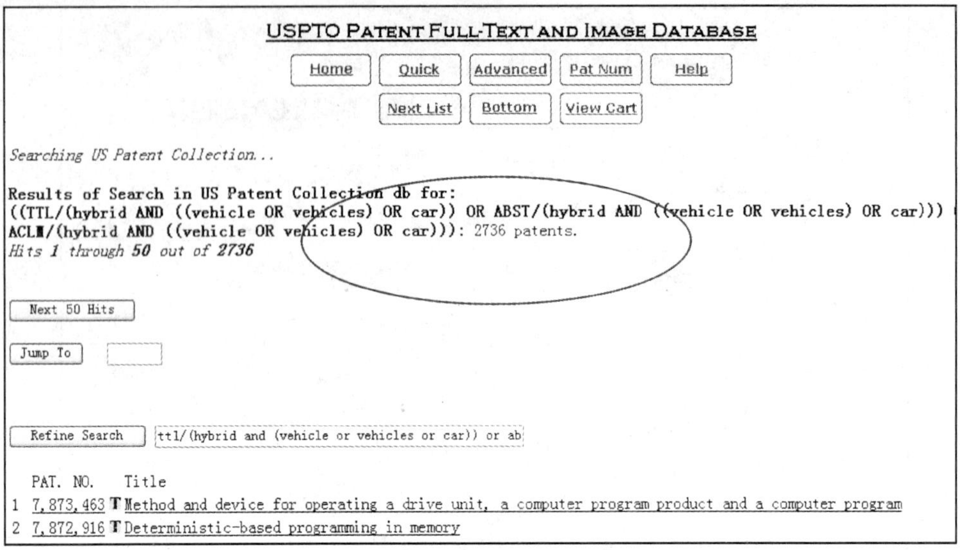

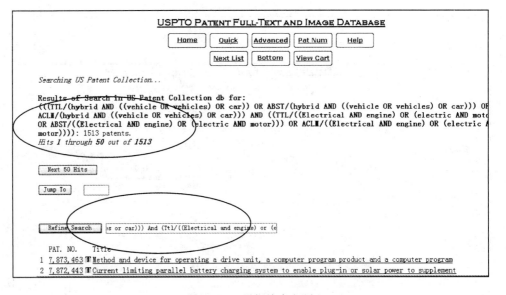

图 3 - 27　检索结果页面

图 3 - 28　增加检索主题

　　如果需要进一步限定，可以在"refine search"现有检索式的后面继续添加限定条件。

二、专利申请公布数据库中专利信息资源的检索

　　"专利申请公布数据库"的使用方式与"授权专利数据库"基本相同，区别主要体现在部分检索字段上——与专利授权数据相比，专利申请公布数据库不提供授权日（Issue Date）、专利号（Patent Number）、申请类型（Application Type）、主审员（Primary Examiner）、助理审查员（Assistant Examiner）、律师或代理人（Attorney or

Agent）、在先申请和母申请等（Parent Case Information）、再版数据（Reissue Data）、被引用的文献（Referenced By）、外国参考文献（Foreign References）和其他参考文献（Other References）字段；而另外提供了公开日（Publication Date）、文献号（Document Number）和文献种类代码（Document Kind Code）字段。

三、美国专利公报数据库中专利信息资源的检索

通过美国专利商标局网站可以查看最近52期美国专利电子公报；对于历年美国专利公报中的各种通知，美国专利商标局网站提供了专门的链接。

（一）电子专利公报

选择美国专利商标局网站主页中"Patents"，打开其"More about Patents"项，再选择"Tools"项下的"Official Gazette"即可进入到电子专利公报（Electronic Official Gazette - Patents（eOG：P））页面（图3-29）。

Published Issues		
Date	Week	Number
December 01, 2009	48	1349-1
November 24, 2009	47	1348-4
November 17, 2009	46	1348-3
November 10, 2009	45	1348-2
November 03, 2009	44	1348-1
October 27, 2009	43	1347-4
October 20, 2009	42	1347-3
October 13, 2009	41	1347-2
October 06, 2009	40	1347-1
September 29, 2009	39	1346-5
September 22, 2009	38	1346-4
September 15, 2009	37	1346-3
September 08, 2009	36	1346-2
September 01, 2009	35	1346-1
August 25, 2009	34	1345-4
August 18, 2009	33	1345-3
August 11, 2009	32	1345-2
August 04, 2009	31	1345-1
July 28, 2009	30	1344-4
July 21, 2009	29	1344-3
July 14, 2009	28	1344-2
July 07, 2009	27	1344-1
June 30, 2009	26	1343-5

图3-29 电子专利公报页面

该数据库仅保留最近52期电子专利公报，通过选择期号可进入到该期电子公报的浏览页面。

1. 授权专利的浏览方式

可以通过特定美国专利分类号、特定美国专利分类号范围、专利号或专利种类、专利权人或发明人所在地共5种索引方式浏览各期电子公报。

（1）根据美国专利分类号浏览（Browse by Class/Subclass）

该方式下，可以输入特定美国专利分类号（specific classification）浏览相应的

专利。

（2）通过特定美国专利分类号范围浏览（Classification of Patents）

按照美国专利分类号范围浏览时，需要从列表中选择分类号范围，如 210-219，220-229，230-239，240-249……页面下方的类号和类名"Class Number and Titles"链接可供用户查询分类表中"类"的类号和类名。

（3）通过专利号或授权专利种类浏览（Browse Granted Patents）

该方式下，可以通过输入专利号或选择专利种类浏览专利文献。

根据专利种类进行浏览时，可分别浏览再审查、依法注册的发明、授权的再版专利、授权的植物专利或授权的发明专利。其中，授权的发明专利又可按照 3 个不同的领域浏览：一般领域和机械领域（General & Mechanical）、化学领域（Chemical）及电子领域（Electrical）。

（4）专利权人索引（Index of Patentees）

该方式下，可以通过专利权人名字的字母顺序以及专利种类与专利权人结合两种索引方式进行浏览。

按照名称的字母顺序排列进行浏览时，选择左侧的"Patentees in Alphabetical Order"；用户既可以在输入框中输入专利权人的姓进行查询，也可直接按照字母顺序进行索引。

按照专利种类进行浏览时，首先选择专利种类，然后在该专利种类的范围内输入专利权人的姓或根据专利权人名称的字母顺序进行浏览。

（5）通过发明人住址浏览（Geographical Index of Inventors）

该方式下，可通过第一发明人居住所在州或城市浏览专利记录。系统还显示本期公报中每个州有多少条记录。

2. 检索结果显示

美国的专利公报为"权利要求型"公报，所以电子公报数据库中的每条专利记录可浏览专利的基本著录项目、权利要求 1 和主附图（图 3 - 30）。

每条专利记录的左上角有一个"Full Text"按钮，可直接链接到授权专利数据库的"专利全文文本显示"页面上。

（二）通知

专利公报的通知中包括专利失效、恢复、再版、修正以及再审查等信息。这些信息除了通过前一部分的电子公报进行查询外，美国专利商标局为其提供了专门的链接进行查阅。

在美国专利商标局网站主页面中，选择菜单栏"新闻和公示（News & Notices）"下的官方公报"Official Gazette"，即可进入各年度的政府公报通知（Official Gazette Notices）列表。

Full Text　　　　**US 7,626,103 B1**　　　　Print this page

MUSICAL INSTRUMENT PICK HOLDER

John Martin Phillips, Carson City, Nev. (US)
Assigned to William A. Phillips, Kalispell, Mont. (US)
Filed on Feb. 04, 2008, as Appl. No. 12/25,225.
Claims priority of provisional application 60/888448, filed on Feb. 06, 2007.
Int. Cl. ***G10D 3/16*** (2006.01)

U.S. Cl. 84—320　　　　**12 Claims**

1. An apparatus for storing at least one pick for a musical instrument comprising:
a housing having a top surface, an opposing bottom surface, a first end and an opposing second end, the top and bottom surfaces configured in a spaced-apart relationship defining an interior cavity therebetween, the housing further configured to substantially match the perimeter profile of the at least one pick, the second end having an opening for inserting and removing the at least one pick;
an aperture formed adjacent the first end, the aperture extending from the top surface through the bottom surface; and

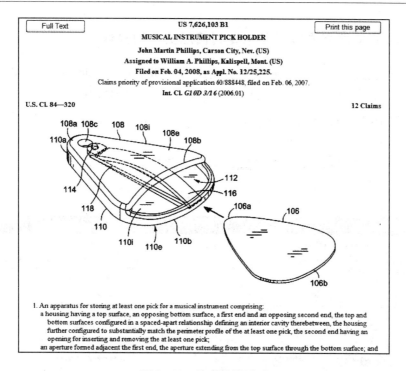

图 3－30　检索结果页面

选择某个年度（如：Browse 2010）即可查看该年每一期美国公报中的“Notices（通知）”内容（图 3－31）。

OFFICIAL GAZETTE of the UNITED STATES PATENT AND TRADEMARK OFFICE

January 12, 2010　　　　Volume 1350　　　　Number 2

CONTENTS

Patent and Trademark Office Notices　　　　**Page**

图 3－31　美国公报中的“Notices（通知）”

每一条记录都设有超级链接，可查看本期公报中的相关信息。

四、公布的序列表数据库中专利信息资源的检索

用户可以通过公布的基因序列表数据库（Publication Site for Issued and Published Sequences，简称 PSIPS）中检索美国授权专利或公布的美国专利申请的基因序列或表格，还可以下载部分或整个序列表。选择"Published Sequence Listings"即可进入公布的序列表数据库（图 3 - 32）。

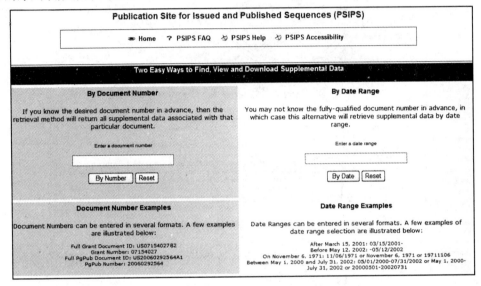

图 3 - 32　序列表数据库页面

（一）检索入口

系统提供两个检索入口：通过文献号检索（By Document Number）和通过日期范围检索（By Date Range）。

1. 文献号检索

（1）完整的授权专利文献号（Full Grant Document ID）：US07154027B2；

（2）专利号（Grant Number）：07154027；

（3）完整的申请公布文献号（Full PgPub Document ID）：US20060292564A1；

（4）公布号（PgPub Number）：20060292564。

如果没有文献号，用户可以直接选择"By Number"进行检索，系统将显示全部存储的专利文献记录，包括通过文献号或专利号存储的公布名称和公布日期。

2. 通过日期范围检索

该方式下，可以通过某个公布日期、授权日期或一定的日期范围进行检索。

如果没有特定日期或日期范围，用户可以直接选择"By Date"，按照日期由近及远的顺序浏览全部专利文献记录。

（二）检索结果显示

图 3 - 33 为按照文献号进行检索的结果，其中包括该文献包含的基因序列的数量和长序列的数量。可以选定一个、几个或一定范围的序列进行浏览。

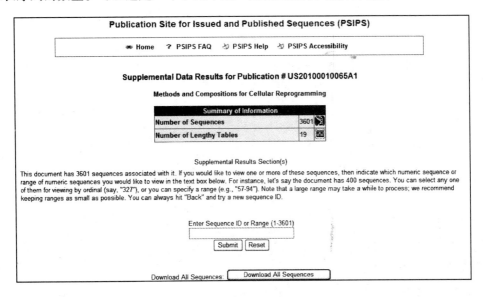

图 3 - 33　检索结果页面

通过该页面下方的按钮可以下载 zip 格式压缩的基因序列文件。

五、专利律师和代理人数据库中信息资源的检索

专利律师和代理人数据库中存储了具有相关资质的律师和代理人的信息。选择"Attorneys and Agents"即可进入专利律师和代理人数据库检索主页面（图 3 - 34）。

（一）检索字段

该数据库提供 9 个检索字段，包括：姓（Last Name）、名（First Name）、中间名（Middle Name）、代理机构名（Business/Firm Name）、城市（City）、州/省（State/Province）、邮编（Postal Code）、国籍（Country）和注册号（Registration Number）。

（二）检索结果显示

检索结果显示页面（图 3 - 35）中提供了人员的基本信息，包括名字、地址、电话、注册号、注册时间等信息。

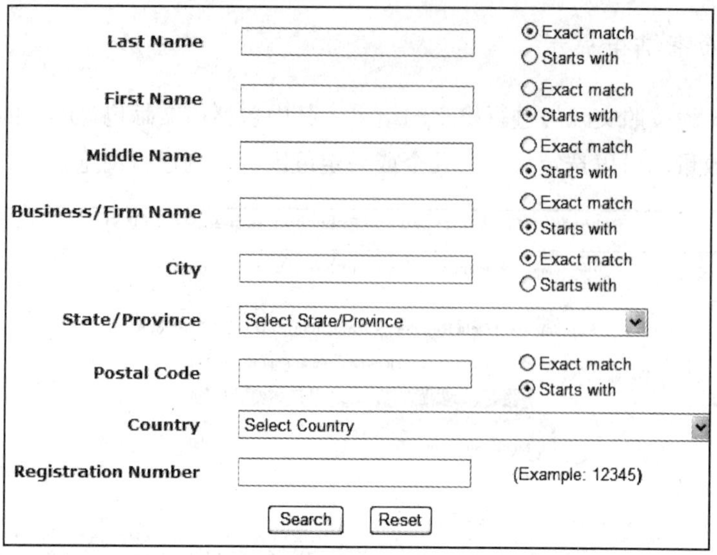

图 3 – 34 专利律师和代理人数据库检索主页面

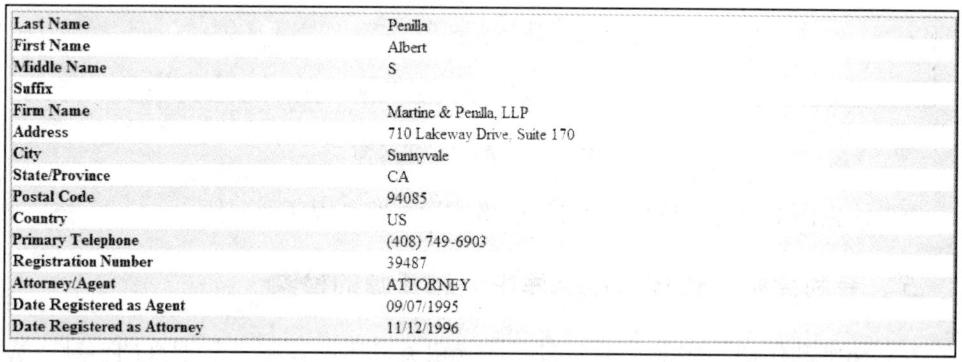

Last Name	Penilla
First Name	Albert
Middle Name	S
Suffix	
Firm Name	Martine & Penilla, LLP
Address	710 Lakeway Drive, Suite 170
City	Sunnyvale
State/Province	CA
Postal Code	94085
Country	US
Primary Telephone	(408) 749-6903
Registration Number	39487
Attorney/Agent	ATTORNEY
Date Registered as Agent	09/07/1995
Date Registered as Attorney	11/12/1996

图 3 – 35 检索结果显示页面

第三节 日本特许厅专利信息资源的检索

日本特许厅网站的工业产权数字图书馆（Industrial Property Digital Library，简称 IPDL）收录了自 1885 年以来公布的所有日本专利、实用新型和外观设计电子文献。IPDL 设有英文和日文两个系统，分别包含不同的数据库。比较而言，日文系统比英文系统提供了更多的信息。

一、英文版 IPDL

英文版"IPDL"中主要包括发明与实用新型公报数据库、发明与实用新型号码对照数据库、日本专利英文文摘数据库、FI/F-term 检索数据库、外观设计公报数据库，可通过各种号码、日本专利分类号等获取日本发明或实用新型专利文献。其中，PAJ 数据库还可以通过主题词等检索日本专利申请公布文献。

输入网址 http：//www. jpo. go. jp/进入日本特许厅网站的英文主页（图 3 - 36），选择左下方的"Industrial Property Digital Library（IPDL）"即可进入英文版 IPDL 中。

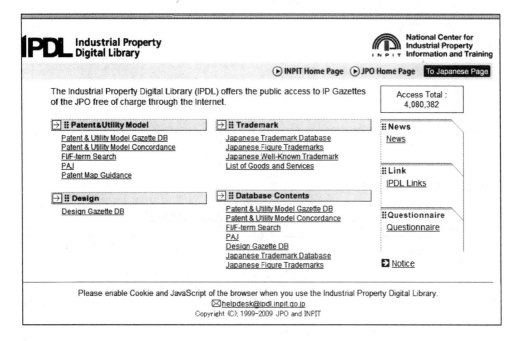

图 3 - 36　日本特许厅网站英文主页

（一）发明与实用新型公报数据库

该库收录了自 1885 年起的日本发明与实用新型说明书，仅能通过文献号码进行检索。

在英文版 IPDL 的主页面选择"Patent & Utility Model Gazette DB"的链接直接进入检索页面（图 3 - 37）。

检索时，用户必须依次输入文献种类标识代码以及文献号码。文献号码一般由年份及序列号两部分构成，两部分之间需以"-"分隔；年份应当为日本纪年或 4 位公元纪年。

通过该数据库提供的 12 个输入框，可一次最多检索 12 件专利文献。

（二）检索结果显示

通过该数据库检索后，首先可以得到专利检索结果的英文文摘（PAJ）显示页面，在该状态下，可进入英文翻译公报显示（Translated gazette document）、日文公报图像显示（Japanese gazette image）或法律状态显示（Legal Status）。

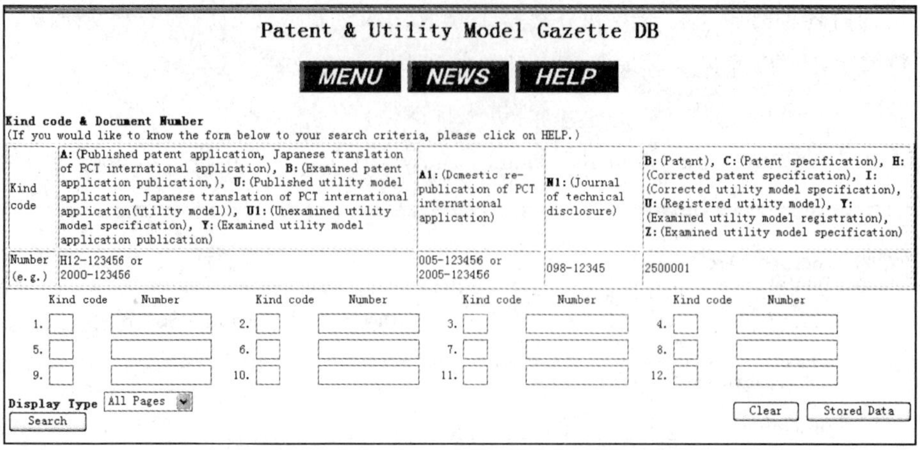

图 3-37　发明与实用新型公报数据库检索页面

1. PAJ 显示（图 3-38）

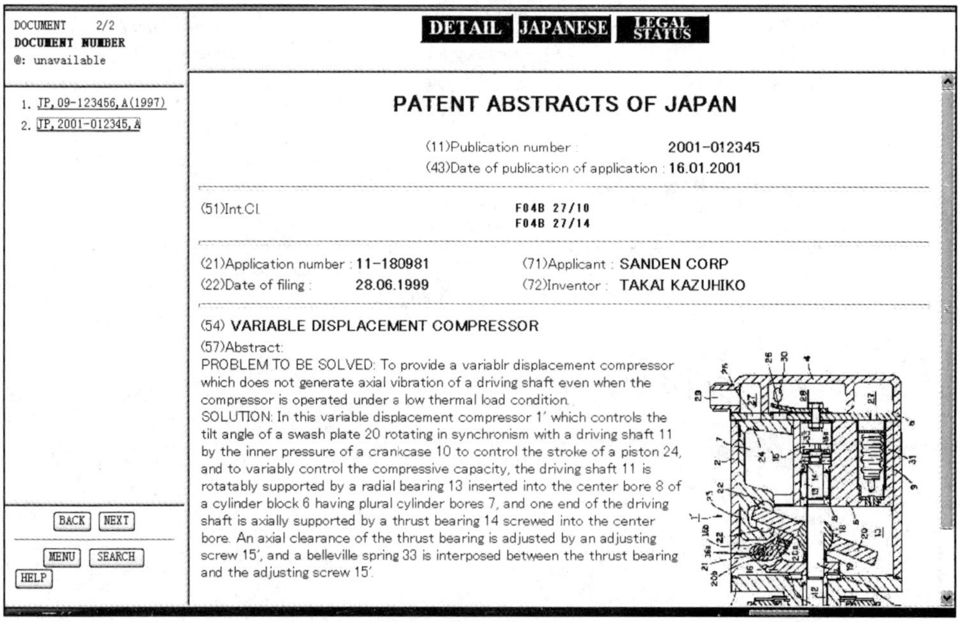

图 3-38　PAJ 显示页面

　　页面左侧上方显示检索得到的文献号列表。当选择了某一号码时，对应于号码的文献著录项目和附图在右侧窗口显示。

　　页面右侧下方显示本专利的英文著录项目、主附图，如果存在申请人或发明人的修正信息，也将显示在页面右侧下方。

2. 英文译文显示

　　在 PAJ 页面选择"DETAIL"按钮，进入翻译公报显示页面（图 3-39），当公报文件大小小于 5MB 时，该页面中将显示使用机器翻译的英文专利公报。

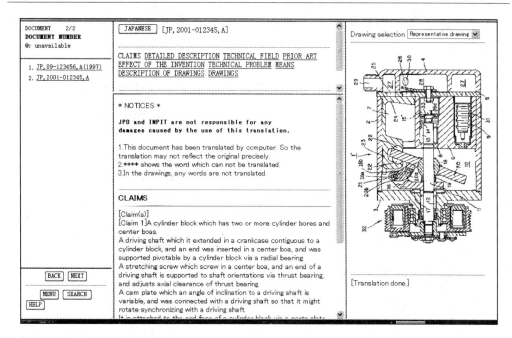

图 3 - 39　翻译公报显示页面

通过页面中间上方的各个链接，可在下方窗口分别浏览公报的各个部分：CLAIMS（权利要求）、DETAILED DESCRIPTION（详细说明）、TECHNICAL FIELD（技术领域）、PRIOR ART（已有技术）、EFFECT OF THE INVENTION（发明效果）、TECHNICAL PROBLEM（技术问题）、MEANS（方法）、DESCRIPTION OF DRAWINGS（附图说明）和 DRAWINGS（附图）等；译文中显示的"＊＊＊＊"表示未被翻译的内容。

页面右侧为专利公报附图的显示窗口。当附图总数少于 200 幅时，可通过选择"Drawing selection"项的下拉菜单选择浏览附图。

3. 日文公报图像显示

在 PAJ 或英文译文显示页面中选择"JAPANESE"按钮，进入日文公报图像显示页面（图 3 - 40）。

通过页面下方的各个选项或按钮，可对公报图像进行翻页、放大、缩小、翻转等操作。

二、发明与实用新型号码对照数据库

该库收录了自 1913 年以来的日本发明与实用新型数据，可供用户通过申请号、公布号、公告号等号码查询该申请其他相关专利编号，并获取日本发明和实用新型的公报全文。

在英文版 IPDL 的主页面选择"Patent & Utility Model Concordance"的链接直接进入检索页面（图 3 - 41）。

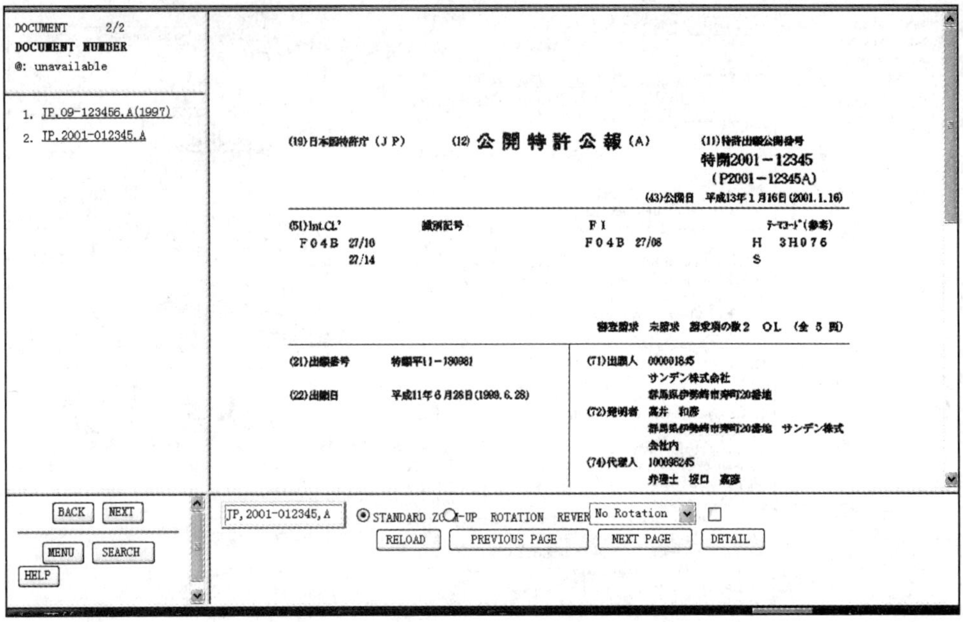

图 3 – 40　日文公报图像显示页面

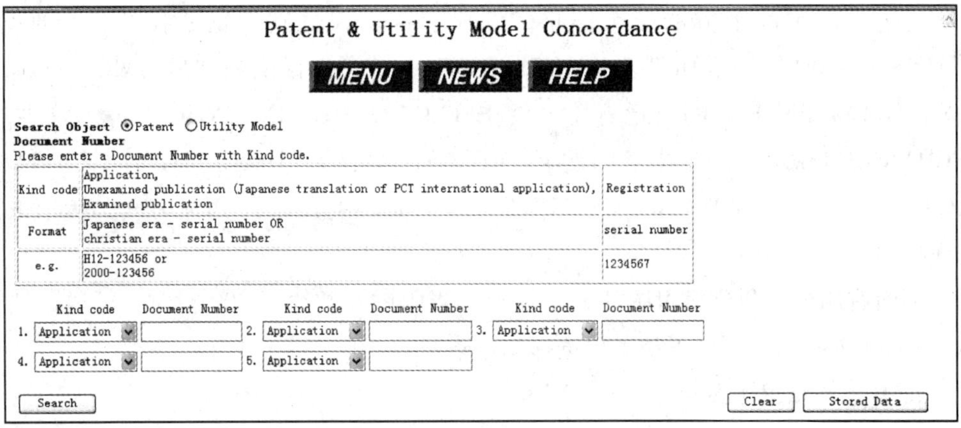

图 3 – 41　发明与实用新型号码对照数据库检索页面

（一）检索步骤

检索时，首先通过页面上方"Patent"和"Utility Model"选择所要检索的专利类型，然后通过页面下方的号码类型选项选择号码的类型，再将相应号码输入至输入框。

可选择的号码类型包括：申请号"Application"、公布号"Unexamined"、公告号"Examined"和注册号"Registration"。

（二）检索结果显示（图 3 - 42）

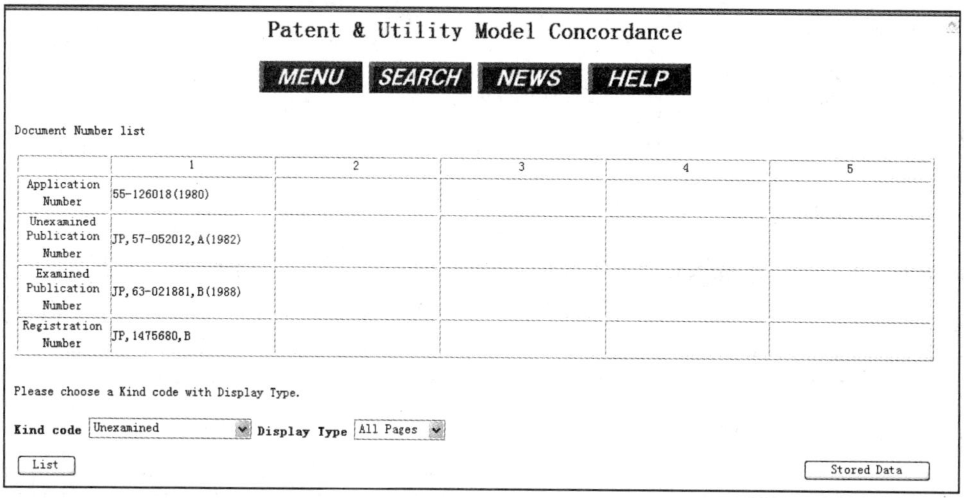

图 3 - 42 检索结果显示页面

检索后，首先得到的是号码列表，包括了输入号码对应的专利申请的申请号以及各阶段文献号。

根据页面下方的"Kind code"选项，可选择性浏览该专利申请的公开文本"Unexamined"、公告文本"Examined"、公开文本 & 公告文本"Unexamined & Examined"、说明书"Specification"或授权文本"Registration"。

三、日本专利英文文摘（PAJ）数据库

该库收录了 1976 年以来公布的日本发明专利申请公开文献（每月更新一次），以及 1990 年以来日本专利申请的法律状态信息（legal status）（每两周更新一次）。

在英文版 IPDL 的主页面选择"PAJ"的链接直接进入检索页面（图 3 - 43）。

（一）检索方式

PAJ 数据库提供两种检索方式：文本检索（Text Search）和号码检索（Number Search）。

1. 文本检索

本数据库默认文本检索方式。

该检索方式下提供 3 类检索字段：申请人、发明名称及文摘；申请公布日期；国际专利分类号。3 类检索字段之间为逻辑"与"关系。

使用申请人、发明名称和文摘字段时，可在同一检索窗口中输入以空格间隔的多个词，并通过"AND"或"OR"下拉列表选择各词之间的逻辑关系。检索词中包

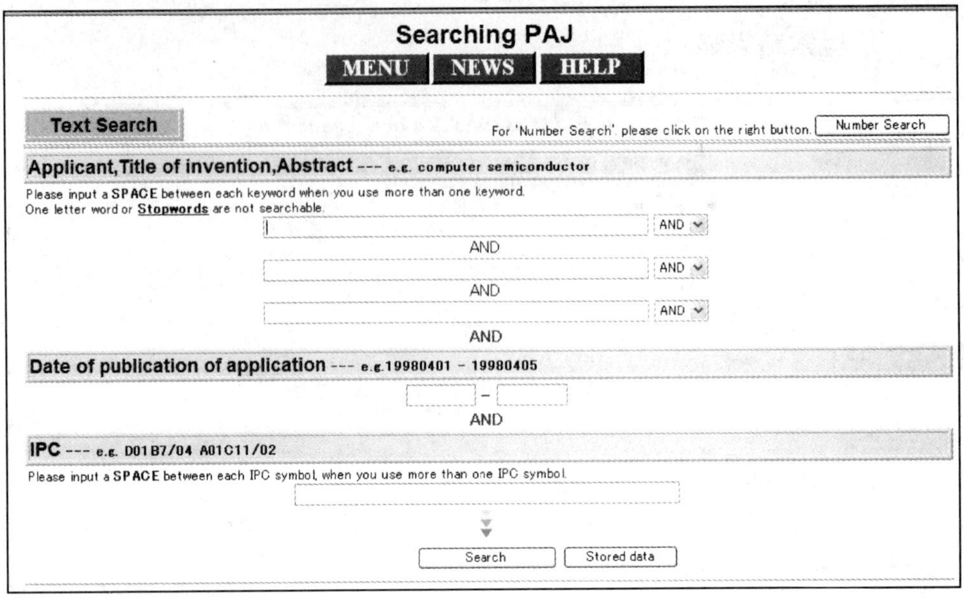

图3-43　PAJ数据库"文本检索"页面

含！、#、＄、％、－、／等分隔符时，这些分隔符被视为通配符，例如：输入"input-output"，检索结果中将包括含"input-output"、"input output"、"input/output"的专利文献。此外，输入检索词时，系统将自动对检索词的多种形式进行检索，如输入"run"时，检索结果中将包括含"run"、"runs"、"running"或"run's"等的专利文献。

2. 号码检索

号码检索方式（图3-44）下可以通过申请号（Application number）、公布号（Publication number）、专利号（Patent number）和审查员驳回决定诉讼案号（Number of appeal against examiner's decision of rejection）检索。

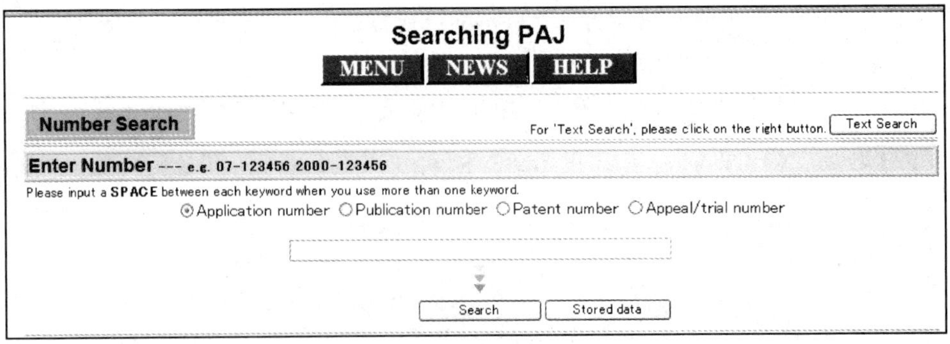

图3-44　PAJ数据库"号码检索"页面

（二）检索结果显示（图3－45）

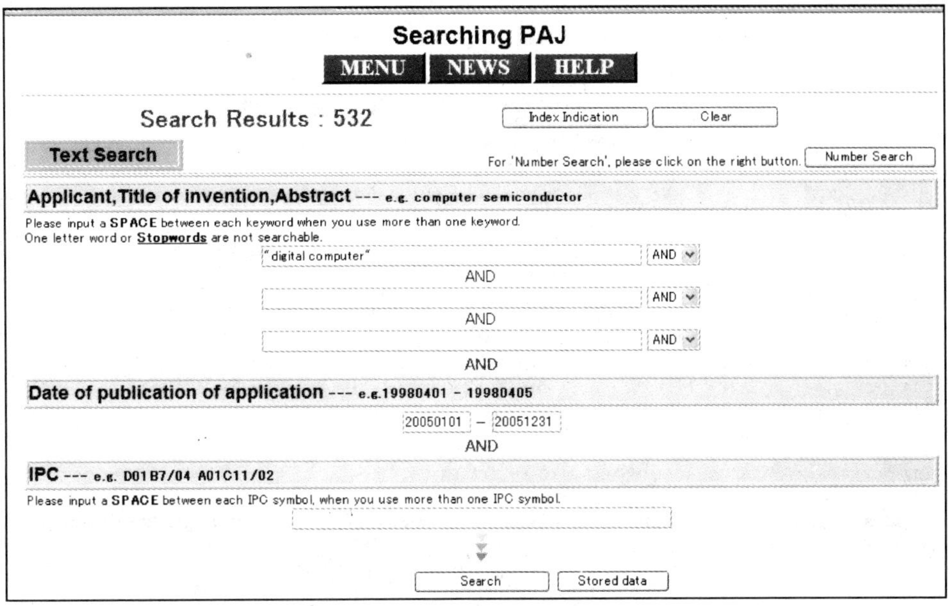

图3－45　检索结果显示页面

输入检索条件进行检索后，当检索结果在1 000件以内时，检索结果数量将在检索页面的上方显示，可通过"Index Indication"按钮获取检索结果列表页面（图3－46）。检索结果超出1 000件时，应进一步限定检索条件以减少检索结果。

在检索结果列表显示页面中，选择公布号和专利名称对应的链接可进入英文文摘（PAJ）显示页面（图3－47），在该状态下，可进入英文翻译公报显示状态（Translated gazette document）、日文公报图像显示状态（Japanese gazette image）或法律状态（Legal Status）等显示页面。

（三）检索案例

例如，某公司想了解日本在混合动力汽车方面的专利技术，可以应用PAJ进行检索，具体操作如图3－48所示。

如图3－48的检索结果所示，该检索结果较多，无法获取更准确的信息，该公司提出具体想要了解电动发动机的相关专利，可以在上述检索结果中进行进一步检索，如图3－49所示。

图3－49的检索结果依然超出了浏览要求，该公司又提出具体了解丰田、尼桑、本田3家企业的专利，此时可以作进一步限定，如图3－50所示。

由于电动发动机有相关同义词，在此检索页面下无法配合使用，因此可以使用同义词重新检索，以尽可能做到查全，如图3－51所示。

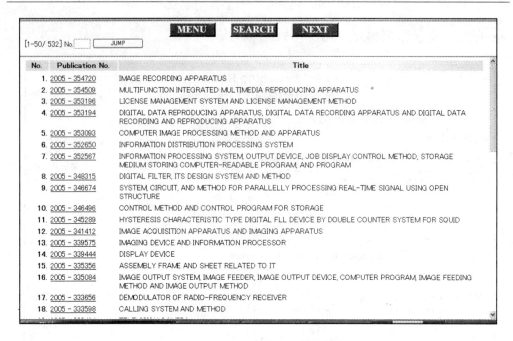

图 3 - 46　检索结果列表页面

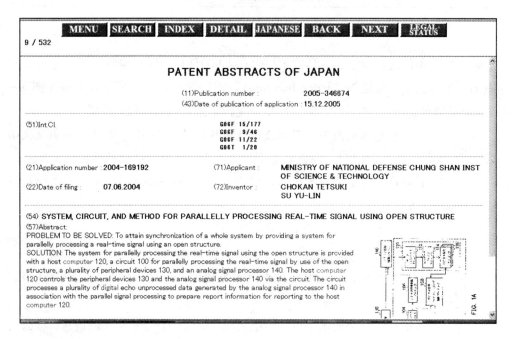

图 3 - 47　英文文摘（PAJ）显示页面

四、日文版 IPDL

日文版 IPDL 系统（图 3 - 52）中主要包括公报文本检索数据库、外国公报数据库、外观设计公报检索数据库、法律状态信息检索（经过情报检索）、复审检索（审判检索）、审查文件信息检索（审查书类情报查询）等数据库，其中后 4 个数据库分

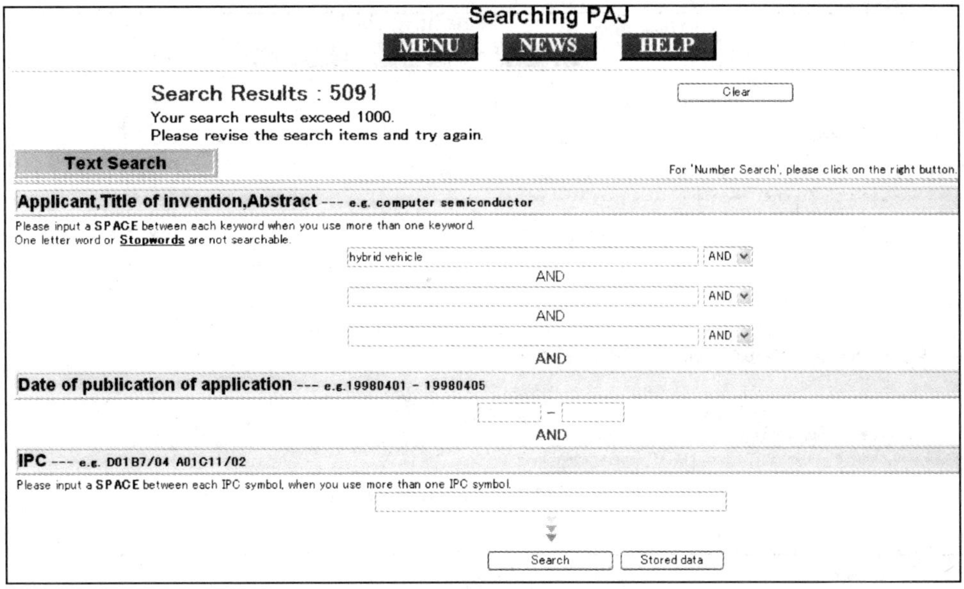

图 3 - 48　PAJ 数据库"文本检索"页面

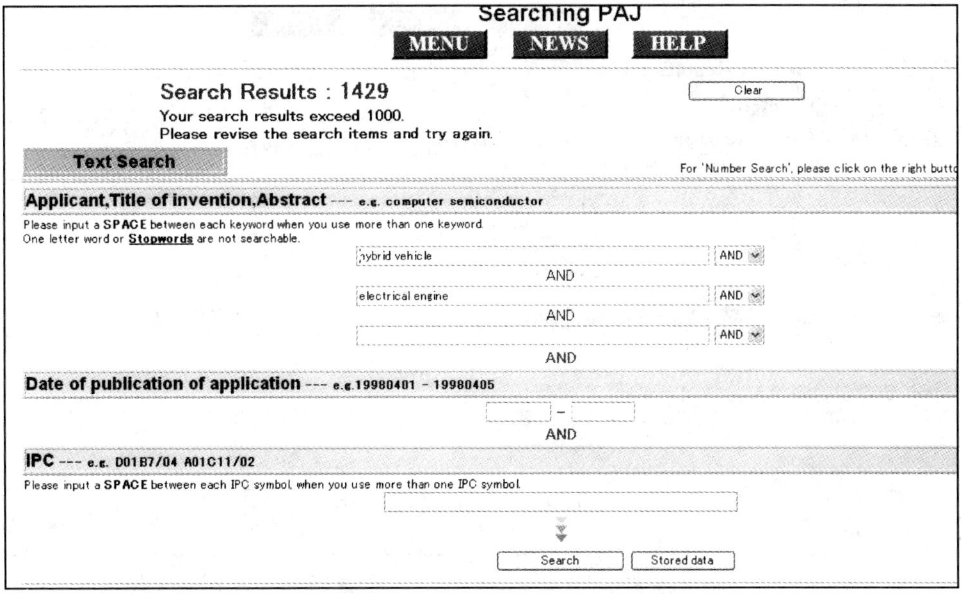

图 3 - 49　PAJ 数据库"文件检索"页面

别涉及外观设计检索与法律状态检索。

（一）公报文本检索数据库

该数据库可以通过主题词、人名、日期等字段检索日本公开专利公报（公开、公表、再公表）、专利公报（公告、授权）、公开实用新型公报（公开、公表、实用新型授权）、实用新型公报（公告、实用新型公告）和美国及欧洲专利及专利申请的

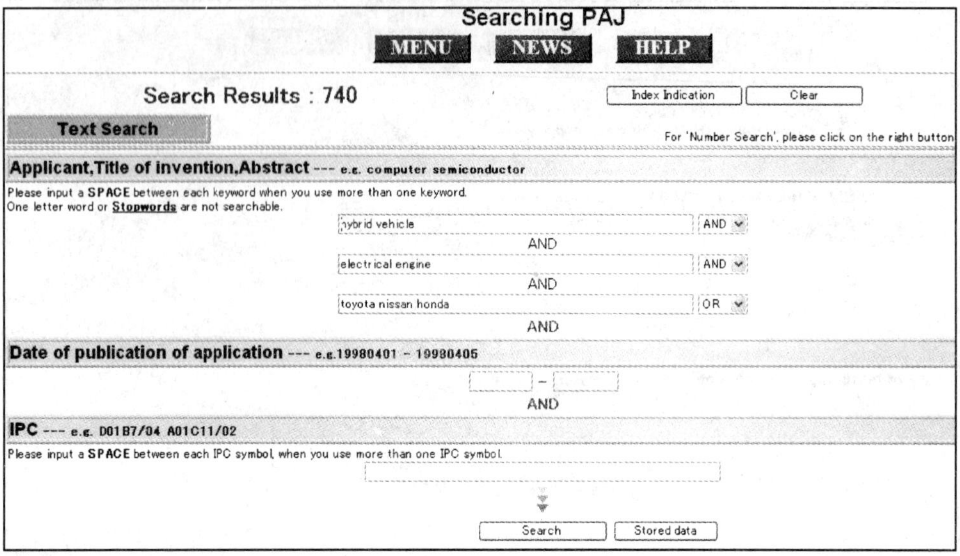

图 3 - 50　PAJ 数据库"文本检索"页面

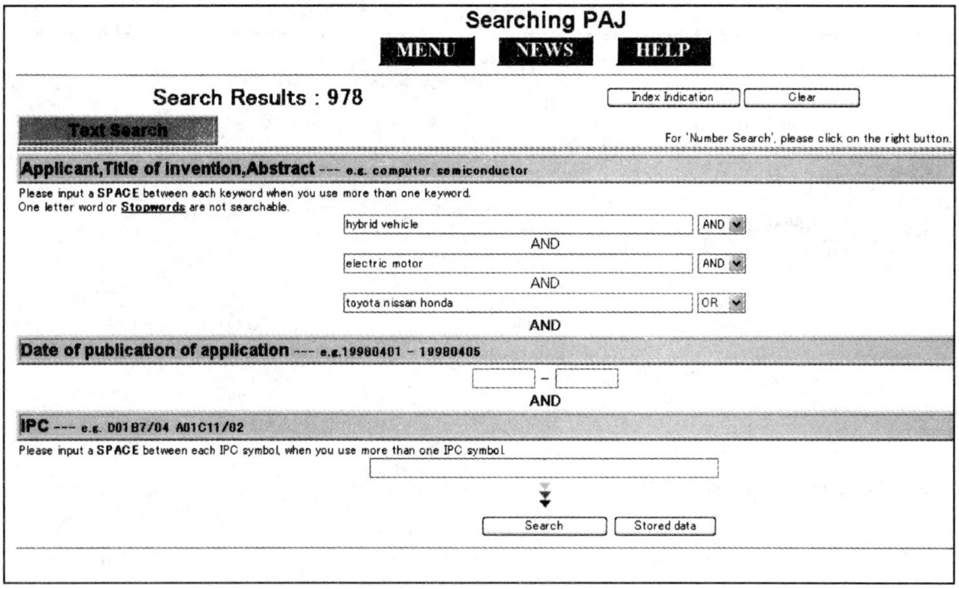

图 3 - 51　PAJ 数据库"文本检索"页面

日文译文（文摘抄录）。

在日文版 IPDL 的主页面选择"特许·实用新案检索"项目下的"公報テキスト检索"链接直接进入检索页面（图 3 - 53）。

1. 检索字段

该数据库提供的检索字段包括主题词类、日期类、号码类以及公司/人名类。

主题词类字段包括摘要和权利要求、摘要、权利要求和发明名称；

分类号类字段包括 IPC 以及 FI；

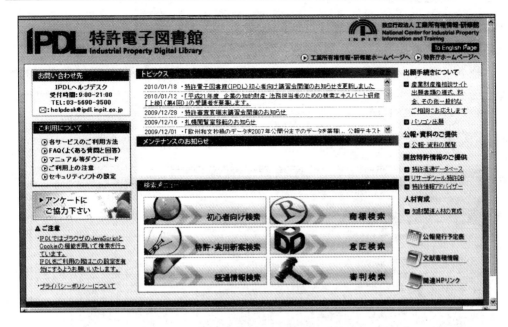

图 3 - 52 日文版 IPDL 系统页面

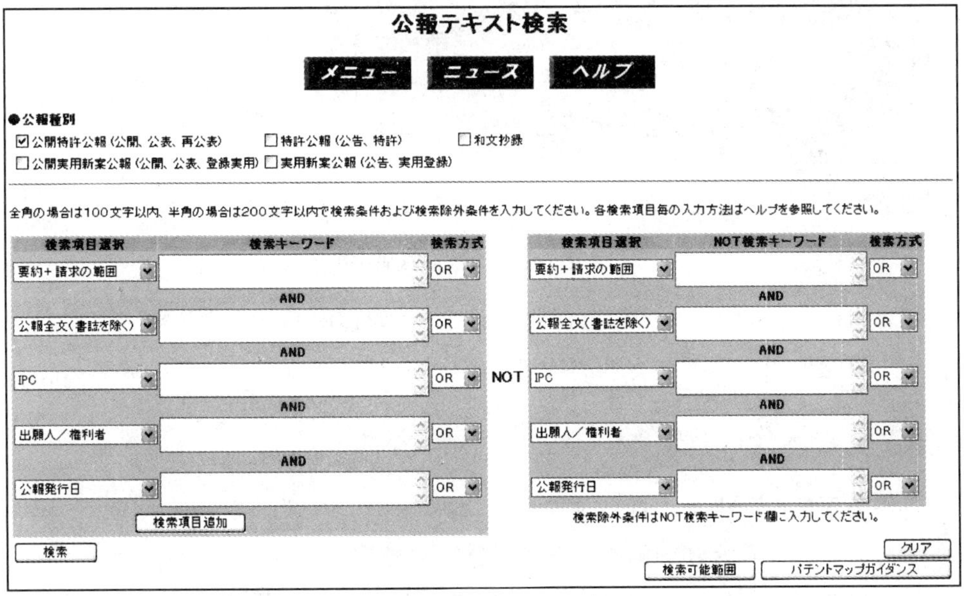

图 3 - 53 公报检索页面

公司/人名类字段包括发明人、代理人、审查员；

号码类字段包括申请号、申请日、公开号、公开日、公告号、授权号；

日期类字段包括公告日和授权日期等。

可以在同一个输入框中输入多个检索词，通过输入框后方的下拉列表选择检索词之间的逻辑关系。

在该数据库中，还可以使用"："连接分类号或日期，表示某一分类号范围或日期范围，如"A01C11/00：A01C11/022"。该数据库中可使用"？"表示截断符。

2. 检索结果显示

输入检索式后，当检索结果少于 1 000 条时，检索页面下方将显示检索结果的数量，通过其后的"一览表示"可以链接至检索结果列表显示页面。该检索结果按照公开号的顺序递降排列，选择号码下的链接进入该专利详细信息显示页面（图 3 - 54），该页面中可以选择性地浏览著录项目以及说明书的各个组成部分。

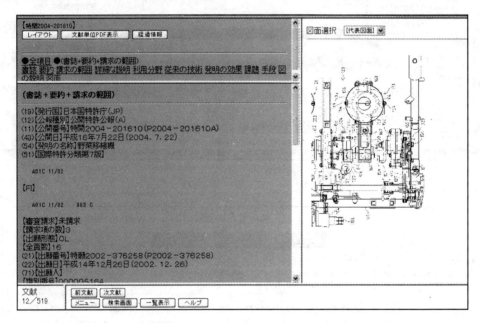

图 3 - 54　专利详细信息显示页面

选择页面上方的"文献单位 PDF 表示"可浏览 PDF 格式专利说明书；通过"经过情报"链接则可以查看该专利的法律状态。

（二）外国公报数据库

外国公报数据库中可以通过文献号码获取美国、欧洲、英国、德国、法国、瑞士、国际组织、加拿大和韩国等国家的部分专利文献。

在日文版 IPDL 的主页面选择"特许·实用新案检索"项目下的子项"外国公报DB"的链接直接进入检索界面（图 3 - 55）。

该数据库中，应按照"国别代码 + 文献种类标识代码 + 文献号码"的方式输入待查询的专利文献号码。通过系统提供的输入框，可一次性检索 12 件专利文献。

通过检索页面下方的"表示形式"、"表示种类"选项，可选择以文本格式或PDF 格式显示全部页面、扉页、权利要求或附图等。

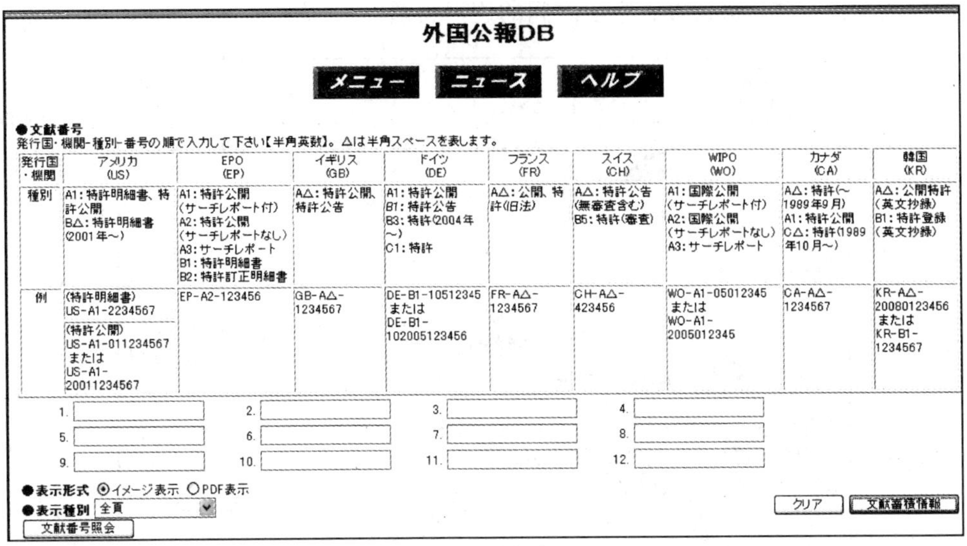
外国公報DB

メニュー　ニュース　ヘルプ

●文献番号
発行国・機関-種別-番号の順で入力して下さい【半角英数】。△は半角スペースを表します。

発行国・機関	アメリカ (US)	EPO (EP)	イギリス (GB)	ドイツ (DE)	フランス (FR)	スイス (CH)	WIPO (WO)	カナダ (CA)	韓国 (KR)
種別	A1：特許明細書、特許公開 B△：特許明細書(2001年～)	A1：特許公開(サーチレポート付) A2：特許公開(サーチレポートなし) A3：サーチレポート B1：特許明細書 B2：特許訂正明細書	A△：特許公開、特許公告	A1：特許公開 B1：特許公告 B3：特許(2004年～) C1：特許	A△：公開、特許(旧法)	A△：特許公告(無審査含む) B5：特許(審査)	A1：国際公開(サーチレポート付) A2：国際公開(サーチレポートなし) A3：サーチレポート	A△：特許(～1989年9月) A1：特許公開 C△：特許(1989年10月～)	A△：公開特許(英文抄録) B1：特許登録(英文抄録)
例	(特許明細書) US-A1-2234567 (特許公開) US-A1-011234567 または US-A1-20011234567	EP-A2-123456	GB-A△-1234567	DE-B1-10512345 または DE-B1-102005123456	FR-A△-1234567	CH-A△-423456	WO-A1-05012345 または WO-A1-2005012345	CA-A△-1234567	KR-A△-20080123456 または KR-B1-1234567

1.　2.　3.　4.
5.　6.　7.　8.
9.　10.　11.　12.

●表示形式 ⊙イメージ表示 ○PDF表示
●表示種別 全頁
文献番号照会
クリア　文献蓄積情報

图 3－55　外国公报检索页面

第四节　WIPO 因特网专利信息资源的检索

世界知识产权组织（WIPO）官方网站上的“PATENTSCOPE® Search Service（Patentscope®检索服务）”可免费检索 PCT 国际申请以及非洲知识产权组织、古巴、以色列、韩国、墨西哥、新加坡、南非和越南等国家/地区的专利文献。

一、PCT 国际申请信息资源的检索

通过 WIPO patentscope®检索服务中的 PCT 专利申请检索系统，用户可以检索 PCT 国际申请公开文献。

在 WIPO 网站的主页面，选择左侧列表中的“Patent-Data Search-PCT Application”可直接进入 PCT 专利申请的检索界面。

（一）检索方式

PCT 专利申请的检索界面提供 4 种检索方式：简单检索（Simple Search）、高级检索（Advanced Search）、字段检索（Structured Search）和专利文献浏览（Browsed by Week）。这些检索方式均支持多语言检索（英语、法语、西班牙语、日语）。4 种检索方式可通过页面上的“options”项进行切换。

1. 字段检索

字段检索（图 3－56）提供了 12 个检索输入框以及 28 个检索字段。通过输入框

最左侧的下拉菜单，可选择各字段之间的逻辑关系。

图 3 - 56　"字段检索"页面

通过页面上方"Keywords"下拉菜单，可以选择将检索式在专利文献扉页（Front Page）或者扉页与全文文本（Any Field，包括扉页、说明书和权利要求）中进行检索。

2. 简单检索

简单检索界面（图 3 - 57）提供的唯一检索输入框输入的检索式将在扉页的所有字段中进行检索。

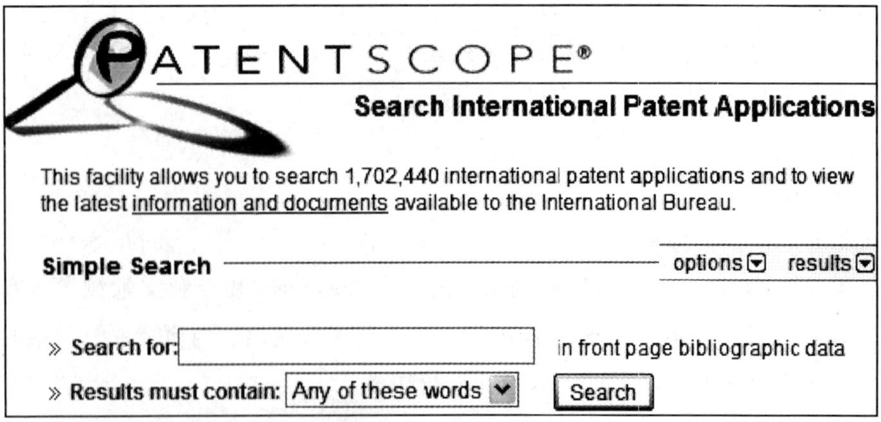

图 3 - 57　"简单检索"页面

该输入框中可以一次输入多个词，词与词之间以空格间隔，表示"或"的逻辑关系，通过简单检索界面下方的下拉列表，可选择各检索词之间的逻辑关系：

All of these words：检索结果中包含输入的所有检索条件；

Any of these words：检索结果中包含输入的任意一个检索条件；

This exact phrase：输入的检索条件作为短语进行检索。

3. 高级检索

在高级检索页面（图3－58），用户可在输入框中输入复杂的检索提问式，检索提问式的基本格式为：字段代码/检索字符串。

图3－58　"高级检索"页面

4. 专利文献浏览

专利文献浏览页面（图3－59）可以以周为单位浏览2006年1月5日起每周公布的PCT专利申请文献。从页面上方的周列表中选择某一周，即可浏览该时间段公布的PCT专利申请公布文献。

检索页面右上方的"Official Notices（Section Ⅳ）"项可供用户浏览自1998年起PCT公报中的官方公告，而"PCT Gazette Archives"项可供用户进入1998～2006年6月出版的PCT公报的PDF档案库。

（二）检索字段

字段检索及高级检索方式中均提供了下列多个检索字段（表3－9）。

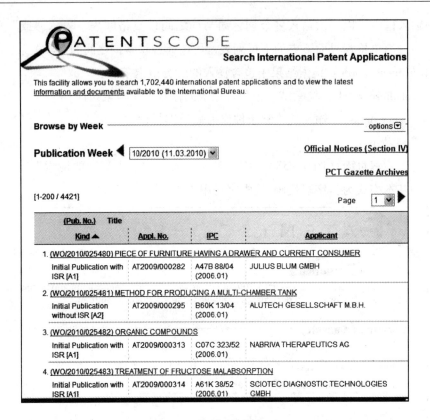

图 3 - 59　专利文献浏览页面

表 3 - 9　高级检索中的字段代码及名称

字段代码	字 段 名 称
WO	Publication Number（公布号）
AN	Application Number（申请号）
ET	English Title（英文标题）
FT	French Title（法文标题）
JT	Japanes Title（日文标题）
IC	International Class（IPC）国际专利分类号
ABE	English Abstract（英文摘要）
ABF	French Abstract（法文摘要）
ABJ	Japanese Abstract（日文摘要）
DE	Description（说明书）
CL	Claims（权利要求）
FP	Front Page Bibliographic Data（扉页上的著录数据）
DP	Publication Date（公布日）

续表

字段代码	字 段 名 称
AD	Application Date（申请日）
NP	Priority Number（优先权号）
PD	Priority Date（优先权日）
PCN	Priority Country（优先权国家）
DS	Designated States（指定国）
IN	Inventor Name（发明人名字）
IAD	Inventor Address（发明人地址）
PA	Applicant Name（申请人名字）
AAD	Applicant Address（申请人地址）
ARE	Applicant Residence（申请人居住地）
ANA	Applicant Nationality（申请人国籍）
RP	Legal Rep. . Name（法定代理人名字）
RAD	Legal Rep. . Address（法定代理人地址）
RCN	Legal Rep. . Country（法定代理人国籍）
LGP	Language of Pub. .（公布语言）
LGF	Language of Filing（申请语言）
ICI	International Class（inventive）（IPC 分类号，发明）
ICN	International Class（non-inventive）（IPC 分类号，非发明）
NPCC	National Phase Country Code（国家阶段国家代码）
NPED	National Phase Entry Date（进入国家阶段日期）
NPAN	National Phase Application Number（国家阶段申请号）
NPET	National Phase Entry Type（国家阶段进入类型）

　　在进行实际检索时应当注意，字段名不能联合使用，如："et/（nasal or nose）"的输入形式并不表示检索"在英文标题中含有 nose 或 nasal 的文献"，要表示该含义，正确的输入形式是"et/nasal or et/nose"。

（三）系统使用的算符

1. 运算符

XOR：该系统可以使用 XOR 算符，如，cat XOR dog 表示在文献中或者要么含有 cat，要么含有 dog，但这两个词不能同时被包含。

NEAR：邻近算符，用于两词之间，表示中间最多间隔 5 个词。

2. 通配符

字段检索和高级检索方式下，可以使用右截断（截断符"＊"）检索，如：elec＊。

3. 其他算符

可以使用"->"进行日期范围的检索，如：DP/1.11.97->12.5.01。

可以使用双引号（" "）进行短语检索。

（四）检索结果的显示

1. 预先设置检索结果的显示方式

在显示检索结果之前，用户需要预先设置检索结果的显示方式及检索结果的排序方式。

（1）显示方式

用户预先对列表状态下的检索结果进行的设置包括：

● 每页显示的结果数：25，50，100，250 和 500。

"Separate window"选项允许用户在独立的新窗口中浏览某件文献的详细信息，而保留检索结果列表显示页面（如不选择该项，则文献详细信息显示页面将会覆盖检索结果列表显示页面）；

●选择在结果列表中体现哪些字段或显示哪些内容；其中，Pub. No. 和 Title 项是默认显示的，其他字段可根据需要选择。

（2）排序方式

系统提供两种不同的排序方式：

● 按照年代顺序（Chronologically）排序（系统默认），即最新出版/公布的文献优先显示。

● 按照相关度（By Relevance）排序。

2. 检索结果显示

执行检索后，首先可以进入检索结果列表显示页面（图 3-60），选择列表中某一文献号，将进入检索结果详细信息显示页面（图 3-61）。

（1）检索结果列表显示

检索结果列表页面上方显示检索条件、检索结果数量及提示本页面显示的记录数；按钮"Start At"右侧输入框可以输入数字，检索结果列表从输入的序号开始显示。

通过"Refine Search"，系统可以在现有检索结果的基础上进行二次检索。

通过系统提供的"Search Summary"链接，还可以显示检索式在所选择的检索字段中出现的频率。

（2）检索结果详细信息显示

通过页面上部的按钮，可以分别浏览该专利申请的著录项目数据（Biblio Data）、

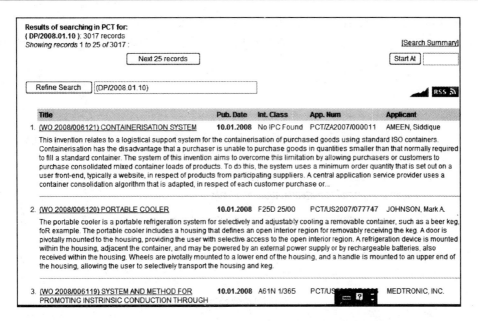

图 3 - 60　检索结果列表显示页面

图 3 - 61　详细信息显示页面

文本格式说明书（Description）、文本格式权利要求（Claims）、进入国家阶段的情况（National Phase）、相关通知（Notices）以及国际初审报告、国际检索报告等相关文献（Documents）。此处仅对"进入国家阶段的情况"以及"相关文献"进一步说明。

- 进入国家阶段的情况

"进入国家阶段的情况"中的信息由 PCT 组织各成员国/组织提供，可供用户了解该申请指定进入哪些国家/组织，何时进入；若"National Reference Number"下的号码含有超链接，则提示该申请在相应的国家/组织进行了再次出版；此处还提供了该申请在各国家阶段的法律状态信息。使用该信息时应当注意，这些信息由不同国家提供，有可能存在滞后期。

• 相关文献

对于大多数检索结果来说，单击"Documents"项目进入相关文献页面（图 3 – 62），其中包括国际申请的状态、国际申请公布文本以及国际检索报告、国际初审报告等的相关文件。

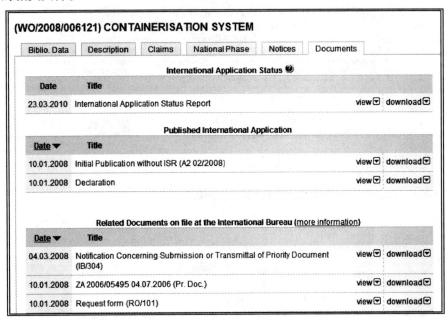

图 3 – 62　相关文献页面

"国际申请的状态"显示国际局记录的最新的状态信息和著录数据，一般包括：最新著录数据、国际申请的撤回信息、全部可获得语种的标题和摘要等。

"公布的国际申请"项目下选择"view"或"download"按钮可浏览和下载 PCT 申请公布的图像文本。

"国际局公布的相关文件"项包括国际局存档的国际检索报告、国际初审报告、各国提供的优先权证明等相关文件。

二、其他国家/地区专利信息的检索

该数据库中，用户可以通过主题词、号码等检索要素检索非洲知识产权组织、古巴、以色列、韩国、墨西哥、新加坡、南非和越南等国家/组织的专利文献以及 PCT 申请。

在"PATENTSCOPE ® Search Service"的界面上选择左侧的"Database Search"，再选择其中"National Collections & PCT"即可进入该数据库。

（一）检索方式

本数据库提供 4 种检索方式：简单检索（Simple Search）、字段检索（Structured Search）高级检索以及跨语言检索（Cross Lingual Expansion）。

1. 简单检索

在简单检索页面（图 3 – 63），用户可以通过页面上方的按钮使用主题词、专利相关编号、国际专利分类号、公司/人名或日期等检索要素在页面列出的国家/组织范围内进行检索。使用主题词类检索要素时，系统将在全文中进行检索。

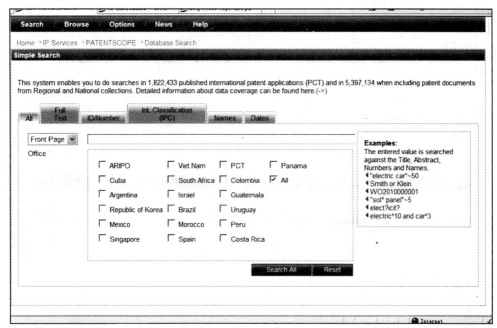

图 3 – 63　"简单检索"页面

2. 字段检索

在字段检索界面（图 3 – 64），用户可以通过系统提供的 12 个检索输入框，在近 50 个检索字段中进行检索，左侧下拉列表中可以选择各个检索字段之间的逻辑关系。

利用检索输入框下方的语言选择列表可以使用多种语言检索。

3. 高级检索

高级检索方式（图 3 – 65）下检索式的基本格式为：

"字段代码：检索要素"或者"字段代码/检索要素"，可以使用逻辑算符连接多个字段组成复杂检索式。

4. 跨语言检索

该数据库还提供了跨语言检索方式（图 3 – 66）。该方式下，可以输入德文、英文、日文、法文、西班牙文的任意主题词类检索要素，并从输入框下方的语言选择栏中选择该检索要素的语种。系统除使用输入检索要素本身的语种检索外，还自动将其

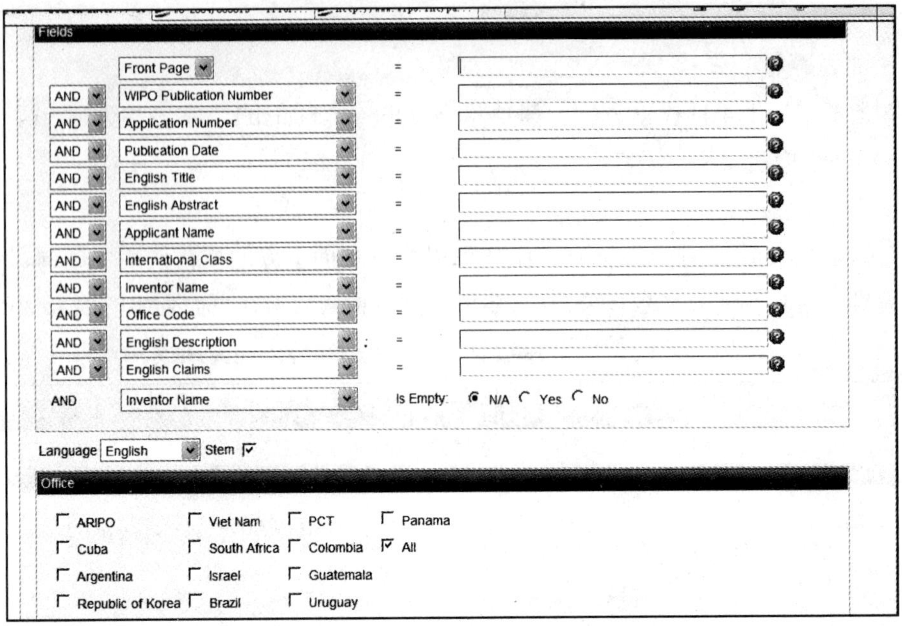

图 3 - 64　　"字段检索"页面

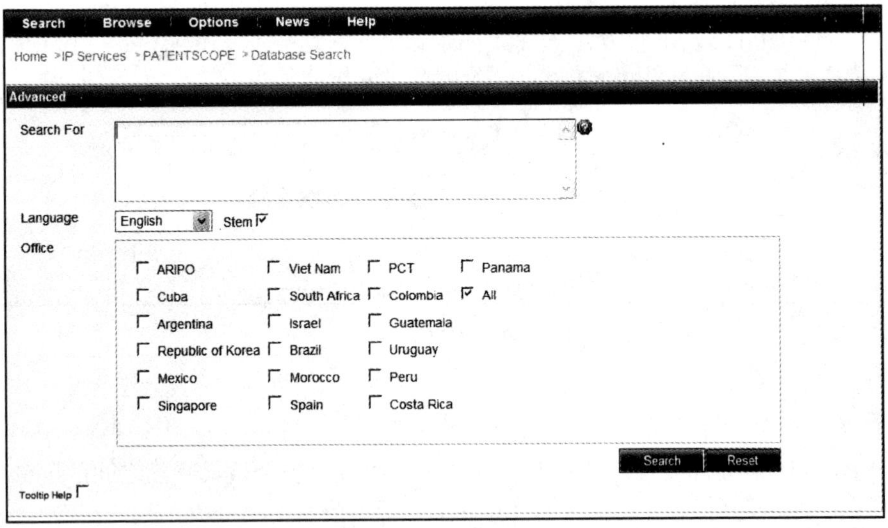

图 3 - 65　　"高级检索"页面

翻译成其他 4 种语言进行检索。

　　通过输入框下方"Expansion Mode"的选择框，可以选择"自动（Automatic）"或"指导（Supervised）"方式进行检索要素的翻译。选择"自动（Automatic）"翻译方式，则系统在所有技术领域中翻译该检索要素；选择"指导（Supervised）"翻译方式，系统会提供多个技术领域供用户选择，然后在所选技术领域内翻译该检索要素。

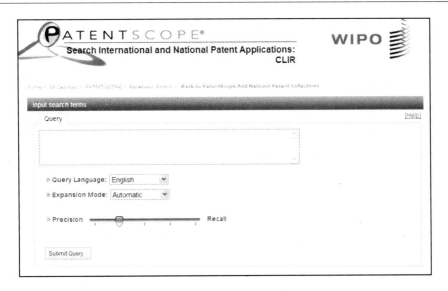

图 3 – 66　"跨语言检索"页面

（二）系统使用的算符

1. 通配符

"?"表示单个字符，如：te? t。

"*"表示任意数量的字符，如：electric *，elec * ty。

2. 邻近算符

"~"表示相隔 n 个词，如："electric car" ~10。

"NEAR"表示最多间隔 5 个词，如：electric NEAR car。

（三）输入方式

系统提供了大量的检索字段，涉及主题词、申请人信息、发明人信息、各种号码信息、日期信息等。

1. 与主题词相关的字段（表 3 – 10）

表 3 – 10　与主题词相关的字段代码及名称

字段代码	字段名称
EN_ALLTXT	English Text（英文文本）
EN_TI	English Title（英文名称）
EN_AB	English Abstract（英文摘要）
EN_DE	English Description（英文说明书）
EN_CL	English Claims（英文权利要求）

2. 与申请人/发明人/代理人相关的字段(表3-11)

表3-11　与申请人等相关的字段代码及名称

字段代码	字段名称
ALLNAMES	All Names（全部名字）
PA	Applicant Name（申请人名字）
AAD	Applicant Address（申请人地址）
AADC	Applicant Address Country（申请人地址国家）
PAF	Main Applicant Name（主要申请人名字）
ANA	Applicant Nationality（申请人国籍）
ARE	Applicant Residence（申请人住所）
PAA	Applicant All Data（申请人全部数据）
IN	Inventor Name（发明人名字）
INF	Main Inventor Name（主要发明人名字）
INA	Inventor All Data（发明人全部数据）
RP	Legal Representative Name（法定代理人名字）
RPF	Main Legal Rep Name（主要法定代理人名字）
RAD	Legal Representative Address（法定代理人地址）
RCN	Legal Representative Country（法定代理人国家）
RPA	Legal Representative All Data（法定代理人全部数据）

3. 号码类字段(表3-12)

表3-12　号码类字段代码及名称

字段代码	字段名称
ALLNUM	All Numbers and Ids（全部号码和标识）
AN	Application Number（申请号）
WO	WIPO Publication Number（WIPO公布号）
PN	National Publication Number（国家公布号）
PRIORPCTAN	Prior PCT Application Number（优先权的PCT申请号）
PRIORPCTWO	Prior PCT WO Number（优先权的WO号）
NP	Priority Number（优先权号）
OFNUM	National Phase Application Number（国家阶段的申请号）

4. 日期类字段(表 3 – 13)

表 3 – 13　日期类字段代码及名称

字段代码	字 段 名 称
DP	Publication Date（公布日期）
AD	Application Date（申请日期）
OFDATE	National Phase Entry Date（进入国家阶段日期）
PD	Priority Date（优先权日）

使用日期类字段时，以 DD. MM. YYYY 方式输入；可以使用"to"或"- >"连接两个时间点来检索某日期范围。

5. 国际专利分类号(表 3 – 14)

表 3 – 14　国际专利分类号字段代码及名称

字段代码	字 段 名 称
ICF	Main International Class（主要 IPC 分类）
ICI	International Class Inventive（IPC 分类的发明信息）
ICN	International Class N – -Inventive（IPC 分类的附加信息）
IC	Main International Class（主分类号）

6. 其他字段(表 3 – 15)

表 3 – 15　其他字段代码及名称

字段代码	字段名称	输入方式及举例
CTR	Country（国籍）	CU or KR
OF	Office Code（局代码）	WO or US or JP
		WO AND US WIPO 的申请：CTR = WO and OF = WO PCT 进入的国家申请：CTR = CU and OF = CU and PRIORPCTAN = CU2004 国家申请：CTR = CU and OF = CU
OFET	National Phase Entry Type（进入国家阶段类型）	US E
OFA	National Phase All Data（国家阶段全部数据）	US 2002
LGF	Filing Language（申请语言）	JA OR EN

续表

字段代码	字段名称	输入方式及举例
LGP	Publication Language（公布语言）	JA OR EN
PCN	Priority Country（优先权国家）	US
PI	Priority All Data（优先权的全部数据）	2003 US
EN_ ALL	English All（全部英文）	EN_ ALL：“electric car” ~50 EN_ ALLTXT：“electric car” ~50 ALLNAMES：(Mao Yumin) ALLNUM：(DK 2008 123) DP：[[01..01..2000 TO 01..01..2001]] elec * ty (EN_ TI：electric^10 EN_ AB：“electric car”) OR DE：solar^2

（四）检索结果的显示

输入检索式进行检索后，首先进入检索结果列表显示页面，在该页面上选择某一检索结果链接，可进入该检索结果详细信息显示页面。

1. 检索结果列表显示

检索结果列表显示页面（图 3－67）提供了检索式、检索结果数量、检索结果统计信息以及检索结果列表。

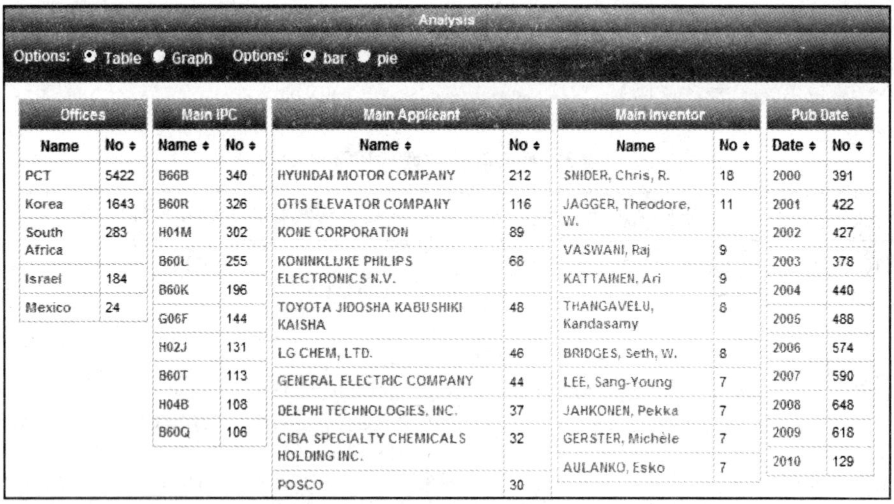

Analysis

Options: Table Graph Options: bar pie

Offices Name	No
PCT	5422
Korea	1643
South Africa	283
Israel	184
Mexico	24

Main IPC Name	No
B66B	340
B60R	326
H01M	302
B60L	255
B60K	196
G06F	144
H02J	131
B60T	113
H04B	108
B60Q	106

Main Applicant Name	No
HYUNDAI MOTOR COMPANY	212
OTIS ELEVATOR COMPANY	116
KONE CORPORATION	89
KONINKLIJKE PHILIPS ELECTRONICS N.V.	68
TOYOTA JIDOSHA KABUSHIKI KAISHA	48
LG CHEM, LTD.	46
GENERAL ELECTRIC COMPANY	44
DELPHI TECHNOLOGIES, INC.	37
CIBA SPECIALTY CHEMICALS HOLDING INC.	32
POSCO	30

Main Inventor Name	No
SNIDER, Chris, R.	18
JAGGER, Theodore, W.	11
VASWANI, Raj	9
KATTAINEN, Ari	9
THANGAVELU, Kandasamy	8
BRIDGES, Seth, W.	8
LEE, Sang-Young	7
JAHKONEN, Pekka	7
GERSTER, Michèle	7
AULANKO, Esko	7

Pub Date Date	No
2000	391
2001	422
2002	427
2003	378
2004	440
2005	488
2006	574
2007	590
2008	648
2009	618
2010	129

图 3－67　检索结果列表显示页面

检索结果的统计信息位于页面中部，对检索结果中各专利申请所属国家、第一分类号、主要申请人、主要发明人以及公布年份进行了统计，如图 3－67 所示。通过表格上方的选项可以选择以表格方式或饼图显示该统计数据。

"Refine Search" 可供用户在本检索结果的基础上进行二次检索。

2. 检索结果详细信息显示页面

检索结果列表页面中点击某一文献号，可进入详细信息显示页面（图3－68）。

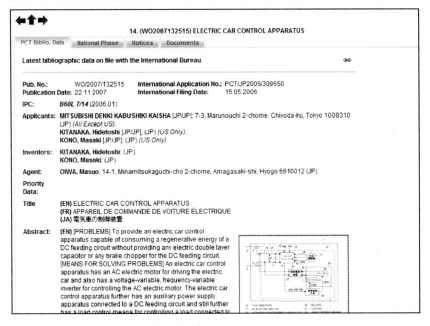

图3－68　详细信息显示页面

当所浏览的专利申请为 PCT 申请时，检索结果详细信息显示页面提供著录项目、国家阶段情况、通知及相关文献等项目。

如果所浏览的专利申请不是 PCT 申请时，通过详细信息显示页面可获得其著录项目信息以及相关文献。如果该申请为某 PCT 申请的国家阶段时，该详细信息显示界面除了显示本申请的相关信息外，还设有 "PCT 相关文献" 链接至与本申请相关的 PCT 信息页面（图3－69）。

第五节　韩国专利信息资源检索

韩国知识产权局（KIPO）下属的韩国工业产权信息服务中心（简称 KIPRIS），为本国和外国提供因特网在线免费专利信息检索服务。1999 年 KIPRIS 开始通过因特网提供韩国英文专利文摘（简称 KPA）对外检索服务，2005 年 KIPRIS 增加了新的专利、实用新型、外观和商标检索的英文界面。

一、进入方式

输入网址 eng. kipris. or. kr，或通过韩国知识产权局 www. kipo. go. kr 主页，单击

图 3 - 69　PCT 信息页面

右上角"English"进入英文界面（图 3 - 70）。英文界面有一个专利检索入口，输入检索词，系统会进入 KIPRIS 检索系统，显示检索结果；也可以单击下面链接后直接进入"KIPRIS"。

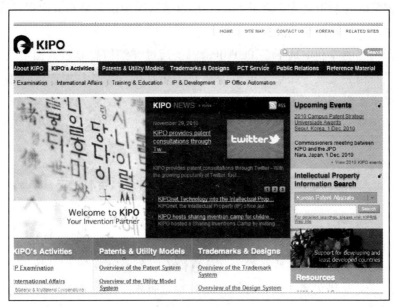

图 3 - 70　韩国知识产权局网站英文界面

在 KIPRIS 主页（图 3 - 71）有专利/实用新型（Patent/Utility）、外观设计（Design）、商标（Trademark）和英文文摘（KPA）4 个数据库。在前 3 个数据库中有一般检索（General Search）和高级检索（Advanced Search），在 KPA 数据库有快速检索（Quick Search）和高级检索（Advanced Search）。在栏目右上角有主页（Home）、登记进入（Log In）、注册（Registration）、提问/回答（Q&A）4 个链接。

图 3 - 71　KIPRIS 主页

二、专利/实用新型检索系统

专利/实用新型检索系统包括 1983 年 3 月 25 日至今的未经审查的发明、实用新型专利公开，以及 1948 年 6 月 20 日至今的经审查的发明、实用新型公告。

本系统主要提供两种检索方式：一般检索（General Search）和高级检索（Advanced Search）。

1. 一般检索（General Search）

一般检索页面（图 3 - 72）有两个检索入口：主题词和文献号。主题词检索可以使用布尔逻辑运算和同义词检索。布尔逻辑运算符包括"或（＋）"、"与（＊）"，也可以使用"，"将两个词进行"或"运算；可以进行同义词检索的范围包括发明名称、文摘和权利要求。对文献号检索时可以选择文献种类，若已知年代，还可以使用年代，如（20）＋2003＋00012451 表示实用新型 2003 年 12451 号专利，其中，文献号至少要 8 位数字，不足 8 位可用 0 补齐。

2. 高级检索（Advanced Search）

高级检索页面（图 3 - 73）共有 22 个检索入口，是一种表格检索方式。每个入口中都可以使用布尔运算符。

22 个检索入口如下：Compound Search 组配检索、Title of Invention（TI）发明题目、Abstract（AB）文摘、Claims CL（CL）权利要求、International Patent Classifica-

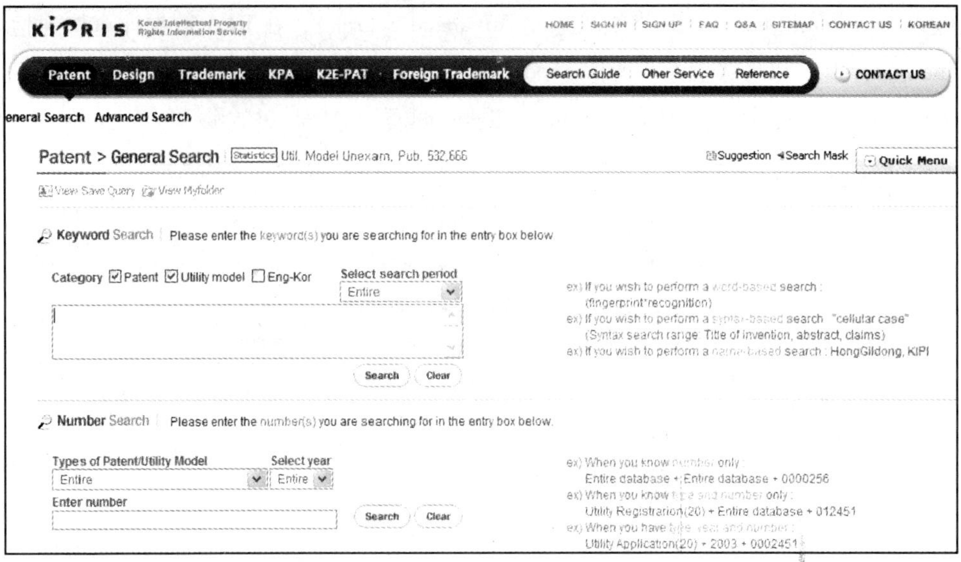

图 3 - 72　"一般检索"页面

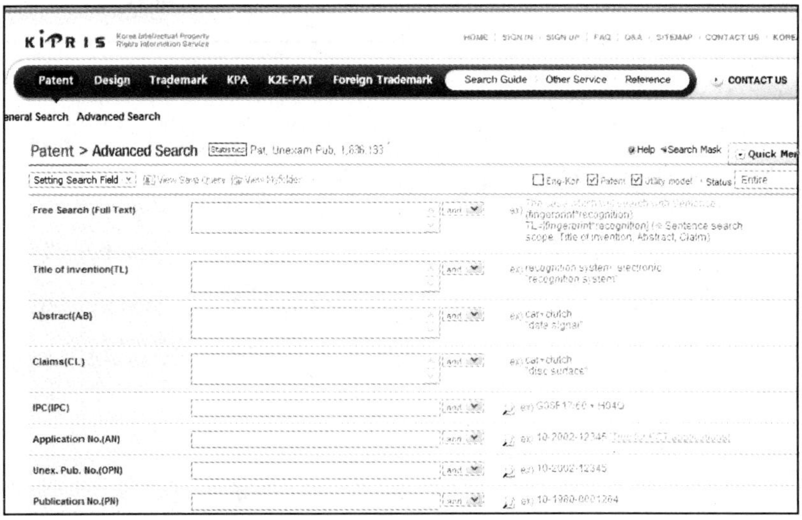

图 3 - 73　"高级检索"页面

tion（IPC）国际专利分类、Application Number（AN）申请号、Unexamined Publication Number（OPN）未经审查的公开专利号、Publication Number（PN）专利号、Registration Number（GN）注册号、Priority Number（RN）优先权号、International Application Number（FN）国际 PCT 申请号、International Unexamined Publication Number（FON）未经审查国际 PCT 公开号、Application Date（AD）申请日期、Unexamined Publication Date（OPD）未经审查公开日期、Publication Date（PD）专利公布日期、Registration Date（GD）授权日期、Priority Date（RD）优先日期、International Application Date（FD）国际申请日期、International Unexamined Publication Date

（FOD）未经审查的国际 PCT 公开日期、Applicant name/Code address（AP）申请人名称/代码和地址、Inventor name/Code address（IN）发明人名称/代码和地址、Agent name（AG）/Code address 代理人名称/代码和地址。

在表格的上方，分别有发明专利（patent）、实用新型（utility）和法律状态（Administrative Statust）选项，缺省的情况下是 3 种选项都选。

在检索表格的左上角有一个检索字段设置（search filed settings）按钮，可以通过按钮下的检索字段面板选择所需的检索字段。其中有 3 个可选项，分别是"选择所有字段（Select all）"、"重新建立检索字段面板（Refresh）"、"清除所有字段（Clear）"。缺省的情况下是上述选项都选。

专利/实用新型检索可以使用英文，但最好使用韩语检索。专利/实用新型仅发明名称字段里附有英文发明名称，检索文献可以使用英文主题词检索；而使用韩语可在发明名称、文摘、权利要求等字段中检索，会得到更多、更有效的结果。

其中组配检索、发明名称（Title of Invention（TL））、文摘（Abstract（AB））、权利要求（Claims（CL））、申请人名称/代码和地址（Applicant name/Code address（AP））、发明人名称/代码和地址（Inventor name/Code address（IN））、代理人名称/代码和地址（Agent name（AG）/Code address）多数情况下要输入韩语才能使用，还可以使用英文缩略词如 LCD、DVD 等和申请人代码进行检索。

如果输入韩语有困难，可使用国际专利分类 IPC 分类号或日期检索。此外，也可以使用 KPA 检索。

三、韩国英文专利文摘（KPA）检索

韩国英文专利文摘（KPA）检索系统收录了 1999 年 2 月 5 日以来公开的 A 类文献，以及 1973 年 1 月 31 日以来经审查后的 B1 类文献。

1. KPA 快速检索（Quick Search）

KPA 快速检索（图 3 - 74）包括自由词检索、文献号检索、发明名称检索和主题词检索，其中主题词检索是在英文文摘中检索。

检索结果可使用包括 Default、Kind 等在内的共 12 个字段选项进行再次检索。

2. KPA 高级检索（Advanced Search）

在 KPA 高级检索页面（图 3 - 75）上，对文献种类 KIND 有 3 种选择：全部（ALL）：包括 A、B1；A：未经审查的公开专利文献；B1：经审查的授权注册专利文献。

在检索页面上，包括 10 个入口，是一种字段检索方式。

具体说明如表 3 - 16。

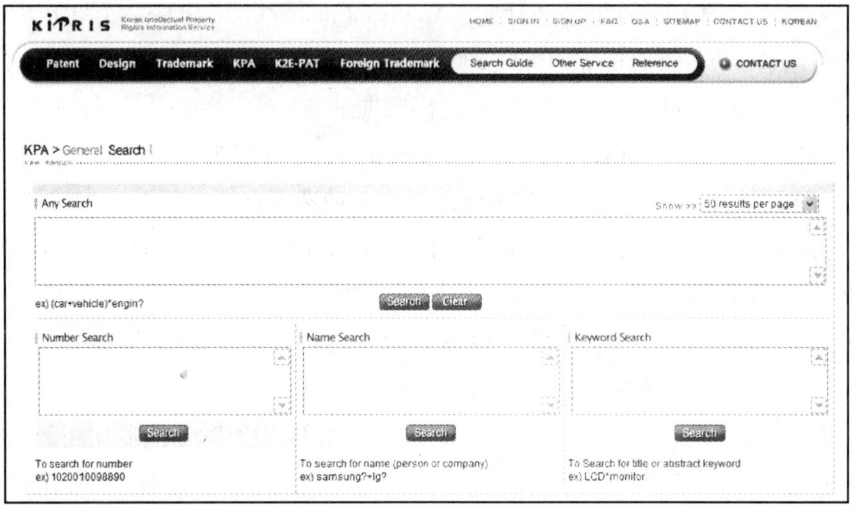

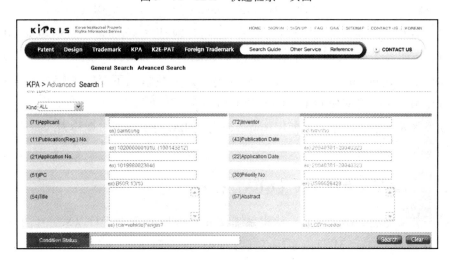

图 3 - 74　KPA "快速检索" 页面

图 3 - 75　KPA "高级检索" 页面

表 3 - 16　检索入口及说明

检索入口	检索说明	举　　例
文摘（AB）	可以检索申请公开专利摘要。该摘要由专家撰写，大约 250 字左右。显示结果中包含附图	输入 "car"，输出文摘中将包括 "car"；输入 "car * break"，输出文摘中将同时包括 "car" 和 "break"；输入 "car + vehicle" 输出文摘中将包括 "car" 或 "vehicle"
申请日期（AD）	可以检索所收录到的所有归档材料文献。可检索并使用 "日期窗口" 的各个日期，以及选择相关的日期	如果单击申请日期字段 " "，日期窗口（Date Generating Window）将突现出来

检索入口	检索说明	举　　例
申请号（AN）	可在专利申请号中检索。申请号由专利类型代码（2 位数字）、申请年（4 位数字）和系列号（7 位数字）共 13 位数字组成。申请号前两位数字是专利类型代码：如 10 表示发明专利、20 表示实用新型、30 表示外观设计、40 表示商标	一个完整申请号输入表示：如 1019940703723 表示是一件 1994 年申请的系列号是 0703723 韩国发明专利 如果想确定某年的公开的某种类型的申请量，可使用截词符"?"。如（102001?）表示 2001 年的全部公开的发明专利申请
公开号（授权注册号）（PN）	此字段包括公开号和授权注册号。如果 KPA 专利文献第一次公布是未经实质审查公开的文献，则该文献号是公开号；如果专利文献第一次公布是经实质审查公开的，则该文献号是授权注册号（在老专利法里，称为授权公告号）	公开号是由专利类型代码（2 位数字例如 10）、公开年（4 位数字）和系列号（7 位数字）共 13 位数字组成，例如 1020040004792 表示 2004 年系列号为 0004792 的发明专利 授权注册号是由专利类型代码（2 位数字，例如 10）和系列号（7 位数字）共 9 位数字组成，例如 100270904
优先权号（PN）	优先权号与所要求的优先权文献的申请号相同。优先权号由国家代码（2 位字母）、申请年（4 位或 2 位数字）和序列号（可变的任意位数字）组成	JP1999 266049、EP99 99402115、US1999 118740
申请人（AP）	该字段可检索包括在公开阶段内的专利申请人、权利所有人的个人或单位的名称	输入申请人的全名，如 Kiminho。如果不确定名称，可在输入申请人名称后面，使用截词符"?"，如 Kimin?
IPC 分类号（IPC）	检索专利时，可以使用截词符和其他操作符	输入国际专利分类号（IPC）完整格式，如 B60R 13/10；输入国际专利分类号（IPC）时，如果分类号不确定，可使用截词符"?"，如 H04N? or H04N5/?，H04N? * H01R?
发明人（IV）	该字段可检索专利发明人的名称	输入发明人的全名，如 Kiminho + Inhokim。如果名称不确定，可在输入申请人名称后面，使用截词符"?"，如 Kimin?
公开（授权注册）日期（PD）	该字段指由韩国知识产权局官方公布的公开（授权注册）日期。可使用日期窗口选择相关的日期检索	单击公开（授权注册）日期字段（PD），窗口弹出日期序列表
发明名称（TL）	可以对发明名称进行检索	输入"Car"，其输出数据的发明名称包括"Car"； 输入"Car * Break"，其输出数据的发明名称包括"Car"和"Break"； 输入"Car + Vehicle"，其输出数据的发明名称包括"Car"或"Break"
文献种类代码（KD）	代码"A"表示第一次公开的申请（自 1983 年 3 月以后），代码"B1"表示实质审查后的公告申请	检索时，该字段可选择代码 A、B1、ALL

四、检索结果显示

通过专利/实用新型检索系统和韩国英文专利文摘检索系统所检出的专利文献，都是以列表形式显示（图 3 - 76），可单击文献号或序列号等浏览全文和详细信息，如基本信息、申请人、发明人、代理人、优先权、文摘、权利要求、附图、全文、授权注册和法律状态等，并可以获得 PDF 格式的韩文专利文献全文，但是要获得英文专利文献全文是要付费的。

图 3 - 76　检索结果列表显示页面

第六节　英国专利信息资源检索

英国专利局主页上有许多信息，内容主要包括为什么使用知识产权、知识产权类型、知识产权犯罪、新闻、关于英国专利局和在线服务。

一、进入方式

直接在地址栏输入网址 www. ipo. gov. uk，或者通过国家知识产权局网站链接进入国外及港澳台专利检索——英国专利局网上专利检索，进入到英国知识产权局网站（图 3 - 77）。

单击页面右上部标签"Online Service"进入服务页面，再单击"Online Patents Service"进入专利服务页面（图 3 - 78），其中"Search patents"为专利检索的入口。

图 3 - 77　英国知识产权局网站页面

图 3 - 78　专利服务页面

二、检索方式

英国知识产权局专利检索系统主要提供 4 种专利检索方式：专利号检索（By patent number）、公布专利检索（By publication）、espacenet 系统检索（Using espacenet）、补充保护证书检索（By Supplementary Protection Certificate（SPC）number）和审查报告日检索（Examination Report Date）。

（一）专利号检索（By patent number）系统

专利号检索系统（图 3 - 79）提供了两个检索入口："Publication Number"，即公开号或公告号；"Application Number"，即申请号。

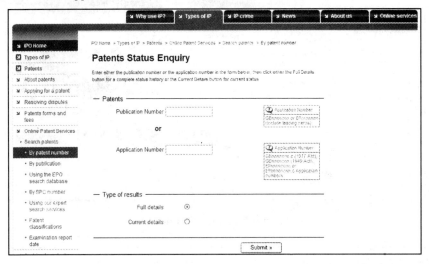

图 3 - 79　专利号检索系统页面

公开（或公告）号："GB（或 EP）+7 位数字"，字母不区分大小写。申请号："GB +7 位数字"或"GB +7 位数字 + 小数点 +1 位数字校验码"；"EP +8 位数字"或"EP +8 位数字 + 小数点 +1 位数字校验码"。

还需要选择检索结果显示类型，Full Details 将显示全部状态历史，Current Detail 只显示当前状态。

（二）公布专利检索（By publication）系统

此检索系统提供的数据包括：所有的公布的英国申请、2007 年 1 月 3 日后授权的专利和 2010 年 4 月 1 日后出版的更正专利。

此检索方式提供公布号和公布日期两个检索入口。其中公布号的格式为：GB2 + 6 位数字。

（三）espacenet 系统检索（Using espacenet）

单击"Using espacenet"即可进入到欧洲专利局的 espacenet（UK-espacenet）库。

检索方法与欧洲专利局的 espacenet 检索系统相似，但需注意：UK-espacenet 系统中的数据库除了包括 espacenet 系统中的 Worldwide、EP 和 WIPO 外，还包括 AT、BE、GB 等 EPO 成员国的数据库。在检索英国专利时，可以选择 Worldwide 数据库，也可以选择 GB 数据库。两者所包含的英国专利文献的数据范围不同：Worldwide 数据库包含的英国专利文献数据较全，包括早期文献；GB 数据库仅包括 1979 年 1 月 4 日以后公开的英国专利文献，但数据更新比 Worldwide 数据库快。

其检索方式可参考欧洲专利局的"espacenet"数据库系统。

（四）补充保护证书检索（By SPC number）系统

单击"By SPC number"，可以检索补充保护证书的信息。可以通过补充保护证书号或专利号进行检索。

如果要通过补充保护证书号检索，可以在页面中的"Search Criteria"中，选择"SPC Number"；如果要通过专利号检索，可以选择"Patent Number"。

号码输入格式：补充保护证书号："SPC/GB + 两位年代码/3 位数字"；专利号："GB（或 EP）+7 位数字"。

（五）审查报告检索（Examination Report Date）系统

本系统提供审查报告的查询，输入正确的申请号，就可以查到相应的审查报告。

三、检索结果显示

（一）号码检索结果显示

号码检索页面中输入号码后，显示文献列表，单击公布号，可以查看该篇文献著录数据及所有的法律状态信息。

单击"Current Details"，查看该篇文献的著录数据和最近的法律状态信息。

在任何一个检索结果页面上都可以单击右上方的"View on espacenet"，查看该篇文献在 espacenet 上的信息，包括说明书全文的扫描文件等。

（二）检索补充保护证书信息

在检索补充保护证书信息的结果页面可以查看基本的著录数据。

第七节　德国专利信息资源检索

德国专利商标局的官方网站使用德语和英语，可以免费检索专利、商标和外观设计文献信息。

一、进入方式

直接输入网址 www.dpma.de 或者通过国家知识产权局网站链接进入国外及港澳

台专利检索——德国专利商标局网上专利检索，进入到德国专利商标局网站。网站首页是德文的，对于不熟悉德文要使用英文的用户，首先应该单击首页最上面的"English"，进入英文界面。

二、检索方式

进入英文界面，单击标签栏的"Patents"，进入有关专利事务的页面，在此页面左侧有列表，单击其中的"search"进入检索页面。专利检索包括：IPC 分类检索（IPC search）、法律状态信息检索（Legal status information）、新颖性创造性检索（Novelty and prior art searches）和专利公报检索（Monitoring and infringement searches）。进入检索页面会看到，检索页面采用的是德文，不熟悉德文的用户可以根据页面上的实例，输入检索式，进行检索。这里以新颖性创造性检索为例。

新颖性创造性检索是通过 DEPATISnet 系统（图 3 - 80）实现的，此系统包括德国专利商标局的 6 000 多万件文献。DEPATISnet 提供了 5 种检索方式，具体包括：初级检索、专家检索、IKOFA 检索、专利族检索和辅助检索。

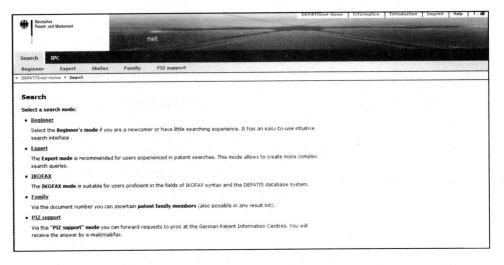

图 3 - 80　DEPATISnet 系统页面

（一）初级检索

初级检索（图 3 - 81）是在提供的检索入口中以简单查询方式进行检索的模式。页面上的"Hilfe"（帮助）指导用户将检索依据以正确的形式输入到正确位置。

用户可以选择检索结果显示项目（如发明名称、发明人）和每页显示的数量，默认每页显示 50 条结果、每个结果显示公开号和发明名称。另外，可显示结果总数为 500 条，DE，EP，WO 以外的结果无全文链接。

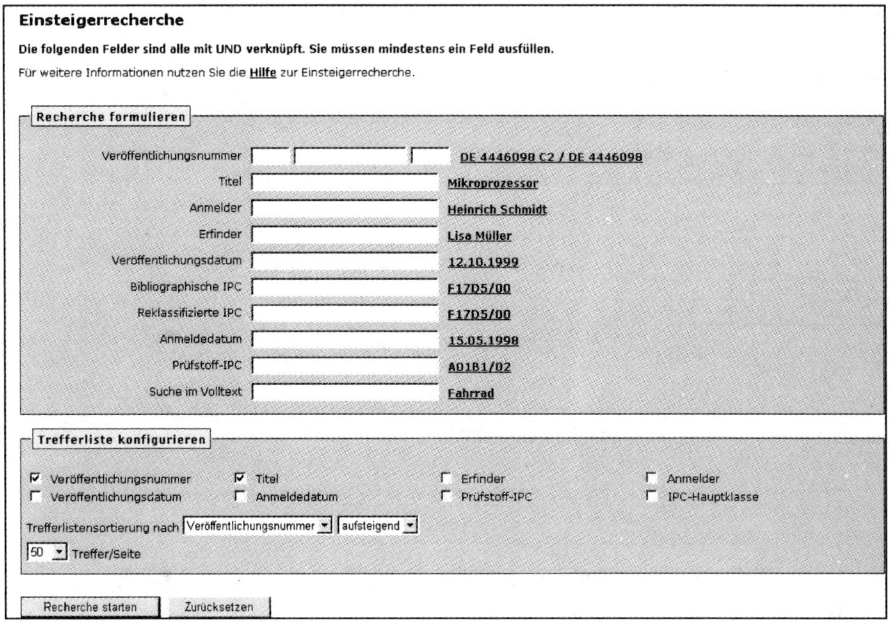

图 3 - 81　"初级检索"页面

（二）专家检索

专家检索（图 3 - 82）可以用构造复杂的检索式进行检索。在提问窗口中，用布尔逻辑算符将多个检索条件连接起来，形成长而复杂的检索式进行检索。

（三）IKOFAX 检索

IKOFAX 检索（图 3 - 83）是一种使用 DPMA 内部检索语言 IKOFAX 进行检索的方式，支持用 search 命令访问数据。

（四）专利族检索

可以检索以特定文献为专利族关系的一组文献。有两种输入特定文献的方式：一种从其他检索方式获得的检索结果列表中单击特定文献行末的专利族查看选项；另一种是从以下的专利族检索页面输入特定文献号进行检索。

（五）辅助检索

用户用自然语言提问或提出检索要求，向专利信息中心（PICs）发送，中心的专家将为用户提供帮助，可能最后会有涉及付费的服务项目。在初级或者高级检索方式时，如果用户不能确定编写的检索式或者不能确定检索策略，也可以请求协助。协助有两种方式：各地的 PIC 或者 DPMA 的远程交互支持服务 "Info-Lotse"。

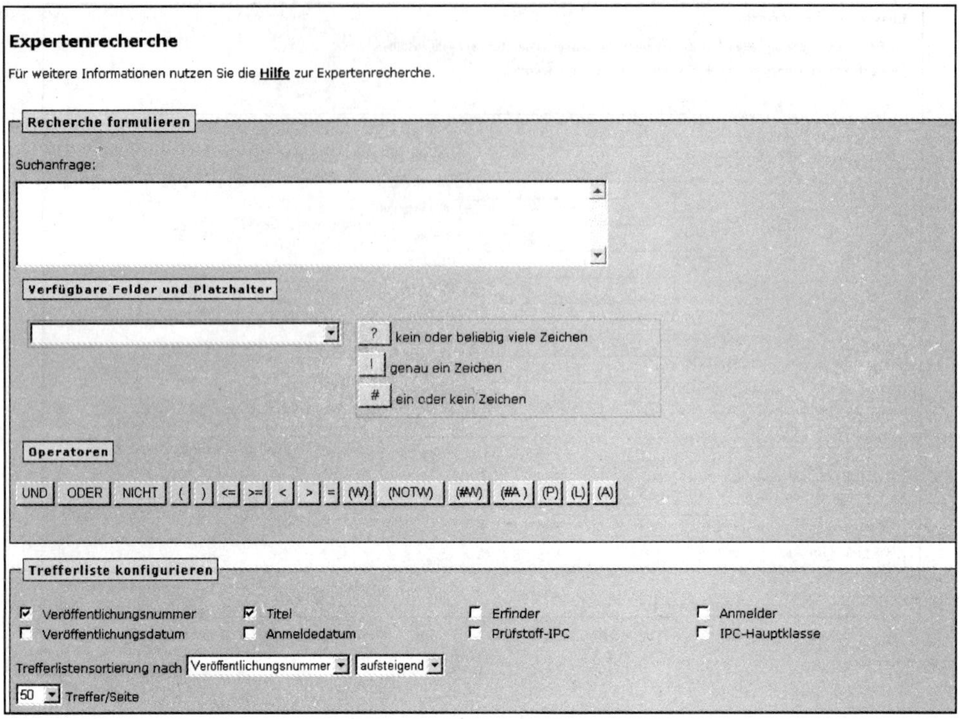

Expertenrecherche

Für weitere Informationen nutzen Sie die **Hilfe** zur Expertenrecherche.

Recherche formulieren

Suchanfrage:

Verfügbare Felder und Platzhalter

?	kein oder beliebig viele Zeichen
!	genau ein Zeichen
#	ein oder kein Zeichen

Operatoren

UND　ODER　NICHT　(　)　<=　>=　<　>　=　(W)　(NOTW)　(#W)　(#A)　(P)　(L)　(A)

Trefferliste konfigurieren

☑ Veröffentlichungsnummer　☑ Titel　☐ Erfinder　☐ Anmelder
☐ Veröffentlichungsdatum　☐ Anmeldedatum　☐ Prüfstoff-IPC　☐ IPC-Hauptklasse

Trefferlistensortierung nach Veröffentlichungsnummer ▾ aufsteigend ▾

50 ▾ Treffer/Seite

图 3 – 82　"专家检索"页面

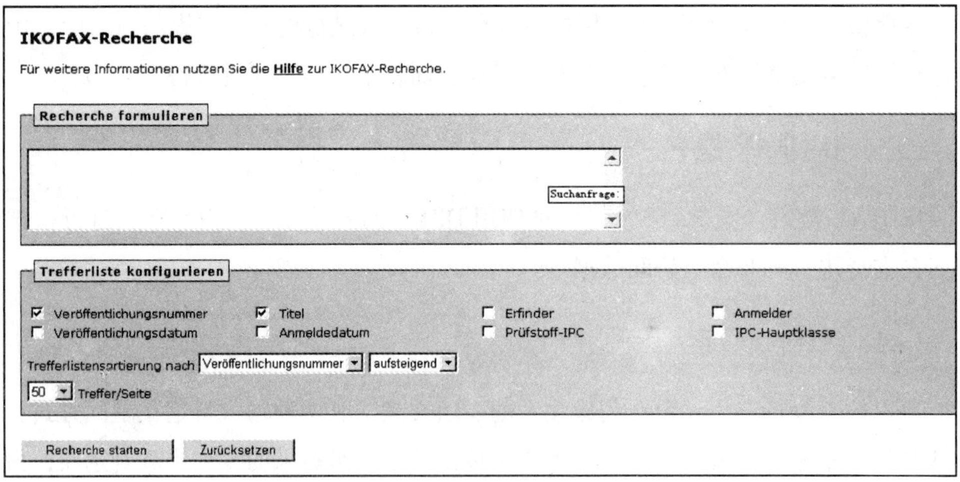

IKOFAX-Recherche

Für weitere Informationen nutzen Sie die **Hilfe** zur IKOFAX-Recherche.

Recherche formulieren

Suchanfrage

Trefferliste konfigurieren

☑ Veröffentlichungsnummer　☑ Titel　☐ Erfinder　☐ Anmelder
☐ Veröffentlichungsdatum　☐ Anmeldedatum　☐ Prüfstoff-IPC　☐ IPC-Hauptklasse

Trefferlistensortierung nach Veröffentlichungsnummer ▾ aufsteigend ▾

50 ▾ Treffer/Seite

Recherche starten　　Zurücksetzen

图 3 – 83　IKOFAX 检索页面

第八节 瑞士专利信息资源检索

一、进入方式

瑞士联邦知识产权局网站是 www. ige. ch，有德、法、意和英文 4 个版本，对于英语用户可单击右上角的"En"进入英文界面。然后单击标签栏的"patents"进入专利事务页面，在左侧列表中单击"patent documents"，进入专利信息页面（图 3 - 84），在此页面右侧有两个链接，提供了瑞士专利信息资源的检索系统链接。一个是 www. swissreg. ch，另一个是 www. espacenet. ch。关于 www. espacenet. ch 的使用可参见欧洲专利信息资源获取中 espacenet 检索系统。Swissreg 是瑞士知识产权局提供的在线专利数据检索系统，是免费的，数据定期更新。它包含商标、专利及外观设计的注册数据，以及受保护的地理地形图。

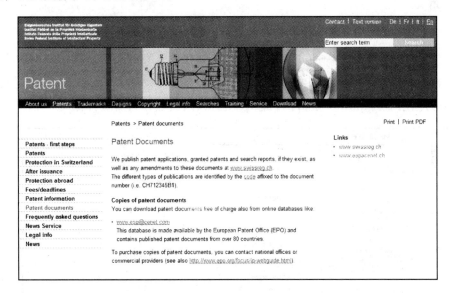

图 3 - 84 专利信息页面

二、检索方式

Swissreg 也是有德、法、意和英文 4 个版本，对于英语用户可单击右上角的"En"进入英文界面。进入 Swissreg 英文首页后，单击左侧列表中的"Patents"，会显示提供的 4 种专利信息检索方式页面（图 3 - 85）：注册信息检索（Search Rigister）、公开信息检索（Search Publication）、高级检索（Advanced Search）和标准检索（Search Standard）。

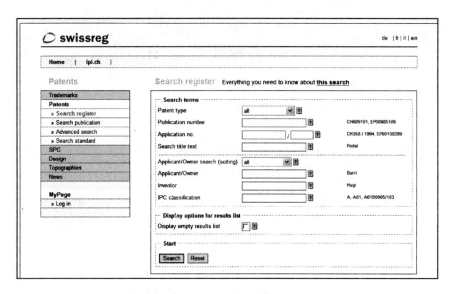

图 3 - 85　英文版 Swissreg 检索系统页面

(一) 注册信息检索 (Search Rigister)

注册信息检索 (图 3 - 86) 提供的检索入口包括: 专利类型选择、公开号、申请号、名称、申请人/所有权人类型选择、申请人/所有权人、IPC 分类检索。其中专利类型分为国家专利和 EPO 专利; 申请人/所有权人类型分为以前所有人/当前所有人。

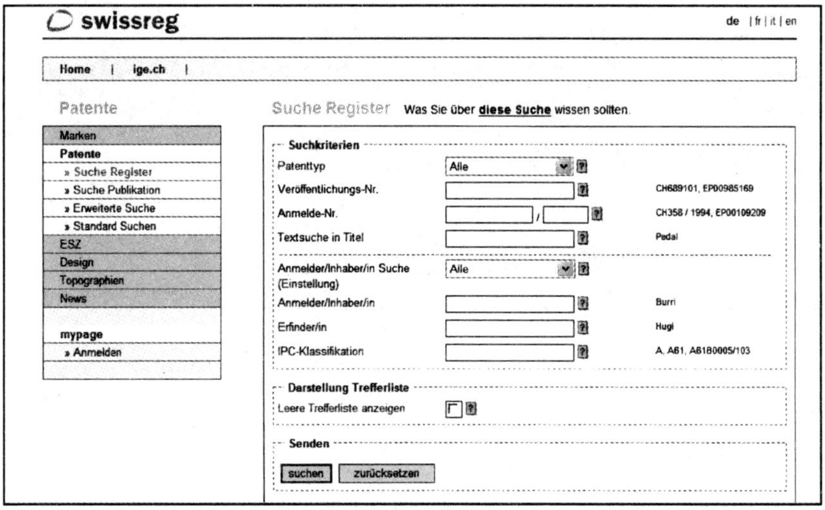

图 3 - 86　"注册信息检索" 页面

还可以选择结果列表显示情况, 是全部显示还是部分显示。每个检索入口后面都有 "?" 标志, 单击后就可以查看相应的帮助说明。

（二）公开信息检索（Search Publication）

公开信息检索（图3－87）提供的检索入口包括：公开日期、公开号、申请人/所有权人和IPC分类号。

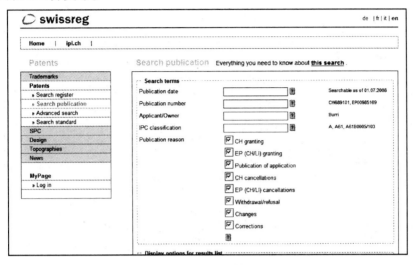

图3－87 "公开信息检索"页面

（三）高级检索（Advanced Search）

高级检索（图3－88）提供更多的检索入口，高级检索分为检索申请人信息部分和公开信息部分，检索结果列表是由检索项决定的。

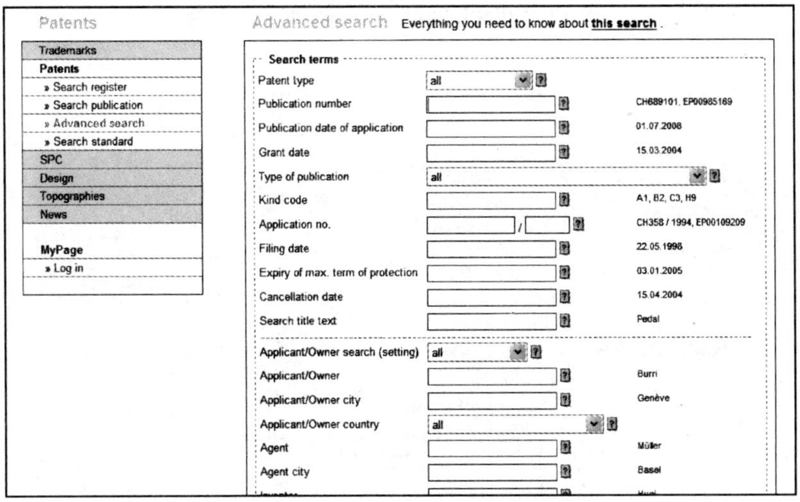

图3－88 "高级检索"页面

在公布模式，检索结果列表是固定的。每页最少显示5条，最多显示250条，默认的是25条。

（四）标准检索（Search Standard）

标准检索（图3-89）是专利公报的检索入口，能够执行预设的检索，检索结果以列表显示展示给用户。

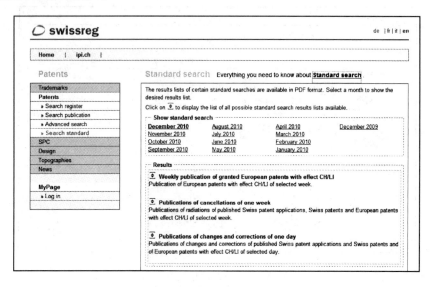

图3-89　"标准检索"页面

三、结果显示

结果显示（图3-90）包括专利类型、公布号、申请人/权利人、发明人和出版文献。通过页面中的"Published documents"按钮，可获得专利全文。

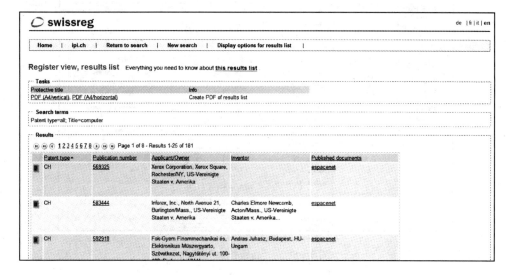

图3-90　结果显示页面

第九节　加拿大专利信息资源检索

直接在地址栏输入网址 www．ic. gc. ca，或者通过国家知识产权局国外知识产权局网站，单击"加拿大"，进入加拿大知识产权局网上专利检索。

一、数据范围

加拿大知识产权局提供的专利数据包括 1869 年以来的出版数据，可以通过著录项目进行检索；1920 年以来的图像全文数据；1978 年 8 月 15 日以来的摘要和权利要求文本型数据；1989 年 10 月 1 日以来的优先权数据。数据每周周三更新。

申请加拿大专利可以使用英文或法文，该网站中的专利文献既有英文题目，也有法文题目，所以检索过程中可以选择双语检索，也可以只选择一种语言进行检索。选择双语检索会提示选择是在英法文间转换还是法英文之间转换。

二、检索方式

加拿大专利数据库提供了 4 种检索方式：基本检索、号码检索、布尔逻辑检索和高级检索。

（一）基本检索

基本检索提供了发明名称、文摘、权利要求、发明人、专利权人、申请人、国际专利分类号、加拿大专利分类号、PCT 申请号和国际公开号作为检索入口。

用户根据检索需要输入检索式，检索词之间关系采用系统规定的运算符和通配符。

（二）号码检索

号码检索允许用户输入各类文献号码，可以选择检索结果是显示专利文献本身或者是专利的法律状态。单击"View Document Details"可查看专利文献的文献信息，单击"View Administrative Status"可查看该专利的法律状态。

（三）布尔逻辑检索

布尔逻辑检索可以同时在一个、两个或三个检索字段实现使用逻辑运算符进行扩大或缩小检索范围检索。可进行检索的字段包括所有文本字段、发明名称、文摘、权利要求、发明人、所有权人、申请人、IPC 分类号、CPC 分类号、PCT 申请号和国际公布号。

选择检索字段后，可以选择检索字段之间的逻辑关系"and"或"or"。还要选择是否只检索允许许可使用的、申请文献的类型和检索数据的时间范围。申请文献的类型分为：所有文献、PCT 文献和非 PCT 文献；时间范围可以限定为不限定日期、公开日期、申请日、国际公开日、优先权日和进入国家阶段日。

（四）高级检索

高级检索可以在任何检索字段或多个不同的检索字段进行检索。可检索的字段包括：名称、文摘、权利要求、发明人、发明人国家、专利权人、申请人、国际专利分类号、加拿大专利分类号、PCT 申请号和国际公开号作为检索入口。

还要选择是否只检索允许许可使用的、申请文献的类型、申请文件的语种和检索数据的时间范围。同样，申请文献的类型分为：所有文献、PCT 文献和非 PCT 文献；时间范围可以限定为不限定日期、公开日期、申请日、国际公开日、优先权日和进入国家阶段日；申请文件的语种分为：全部、英语和法语。

三、检索结果的处理

在检索结果页面上，选择单击专利文献号，可以浏览该文献的摘要和权利要求。单击页面中的"Image"图标可以浏览摘要中附图或者公式。该系统还提供 PDF 格式的专利图形文件的下载。

第十节　澳大利亚专利信息资源检索

直接在地址栏输入网址 www. ipaustralia. gov. au，或者通过国家知识产权局国外知识产权局网站，单击"澳大利亚"，进入澳大利亚知识产权局网上专利检索。

澳大利亚网站共提供 3 个专利数据检索系统：澳大利亚专利数据检索系统（AusPat）、澳大利亚公开专利数据检索系统（AU Published Patent Data Searching（APPS））和澳大利亚专利说明书数据库（Patent specifications）。

一、澳大利亚专利数据检索系统（AusPat）

AusPat 检索系统是澳大利亚专利局整合澳大利亚的专利信息资源，提供的一个全新的检索系统。数据包括 1998 年 12 月 17 日至今的全部专利（包括 AU—A，B，C）说明书，1998 年 12 月 17 日以前的专利说明书数据也将不断补充，使系统提供 1904 年至今的全部专利说明书。提供 1920 年至今的专利著录项目数据，1970 年至今的专利数据已使用第 8 版 IPC 进行分类，1920 ~ 1970 年的申请数据是部分采用了 IPC 分类。1935 年至今的数据有申请号和系列号的对照数据，还包括从 1979 年开始递交的标准专利申请和小专利申请，以及 2001 年 5 月 24 日开始的创新专利（Innovation patents）的数据。

AusPat 检索系统提供快速检索、结构化检索和高级检索，其中结构化检索目前不可使用。

1. 快速检索

快速检索（图 3-91）提供号码、发明名称、申请人、发明人和代理人检索字段。无论用户输入的是什么类型的数据，都会同时在：澳大利亚申请/专利号、临时号、系列号（专利号）、PCT 号、发明名称、发明人、申请人和代理人字段进行检索。输入的多个检索词默认逻辑关系是"与"，也可以使用"or"来表示多个检索词之间的逻辑"或"关系；为了使检索更准确，可以使用双引号将多个检索词作为一个词组进行检索。具体的检索输入方式可以参考检索框下的实例，更为详细的使用说明可以参见页面下方的"help"链接。

2. 高级检索

高级检索（图 3-92）提供了多个检索字段，并支持各个检索字段之间使用"AND，OR，NOT"组织复杂的逻辑运算；除了部分字段支持截断检索，所有的字段支持通配符。具体的可使用的检索字段可以参考检索框下的字段列表和字段代码，更为详细的使用说明可以参见页面下方的"help"链接。

图 3-91　"快速检索"页面

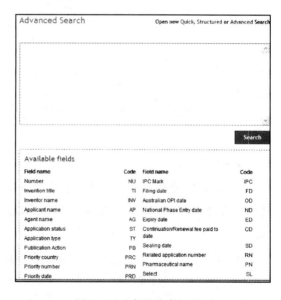

图 3-92 "高级检索"页面

二、公开专利数据检索系统（APPS）

该系统提供 1920 年至今的所有澳大利亚专利著录信息（但不包括 2002 年 7 月 5 日~2003 年 7 月 31 日采用新的专利号格式的专利文献）。其中，1975 年至今的专利著录信息中包含文摘，而 1920~1974 年的专利文献仅包含专利号和 IPC 分类号，查询这段时间的专利只能使用专利号和 IPC 分类号检索。该系统提供快速检索和高级检索。

1. 快速检索

快速检索（图 3 – 93）提供专利申请号、专利号和发明名称 3 个检索入口。在各个专利申请号和专利号检索入口可以输入多个检索词，各个检索词之间的逻辑关系是逻辑"或"。在发明名称检索框中，不必使用通配符，因为系统默认是包含输入的字段进行通配检索。

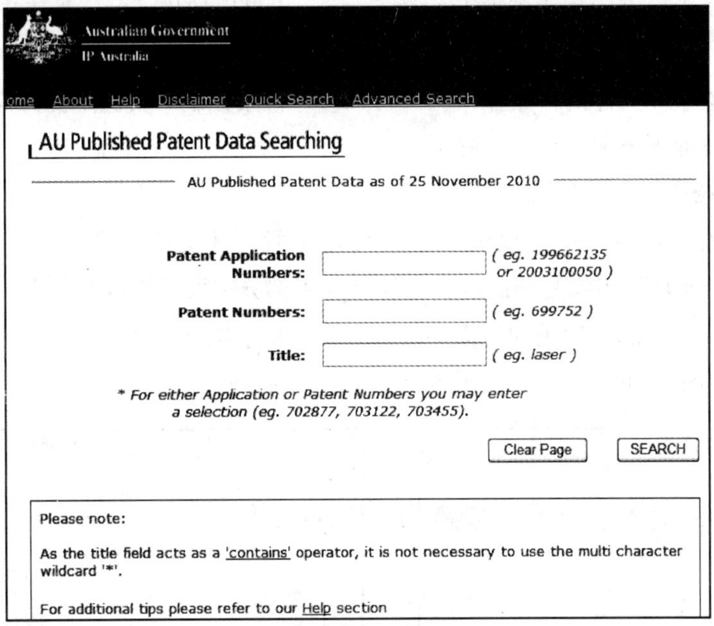

图 3 – 93　　"快速检索"页面

2. 高级检索

高级检索（图 3 – 94）允许在多个字段中进行检索，多个字段的逻辑关系为"与"或者"或"。勾选"Match ANY of the following"，各检索字段之间的逻辑关系为"或"；勾选"Match ALL of the following"，各检索字段之间的逻辑关系为"与"。

可以使用的检索字段包括：公报日期、修正公报日期、申请人、申请日、申请号、代理人、鉴定公报日期、勘误日期、文献种类、授权公告日、发明人、IPC 分类号、专利号、公开日、公开出版日、发明名称和 WIPO 号。各字段可以使用通配符，"?"代表一个字符，"＊"代表多个字符。单击"Add criteria"，可以进行检索字段的添加。

三、专利说明书数据库（Patent specifications）

澳大利亚专利全文说明书数据库提供的是图像信息，所以只能通过专利申请号或专利号进行检索。提供两个检索入口：专利申请号和专利号。

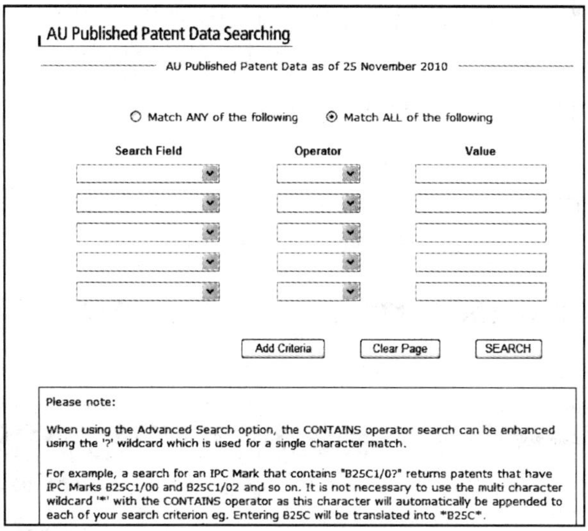

图 3 - 94　"高级检索"页面

在申请号和专利号检索入口，可以查找一个或最多达 14 个号码。在检索多个号码时，要用逗号","将每个号码分开，输入完这些号码后，再单击 Search 按钮，系统即可转入显示检索结果的提示页面。

在结果显示页面中，仅显示专利号和发明名称，用户可以根据显示的专利名称情况，选择自己所需要的专利，单击该专利文献的专利号或申请号按钮，系统将显示该篇专利的全文说明书或用户所需要的其他信息。

第十一节　因特网商业专利数据库检索

因特网商业专利数据库主要包括德温特创新索引以及 Delphion 专利信息系统。

一、德温特创新索引（Derwent Innovation Index）

（一）检索方式

数据库提供 4 种检索方式：

Search——一般检索；

Cited Patent Search——被引专利检索；

Compound Search——化合物检索；

Advanced Search——高级检索。

1. 一般检索（Search）

在一般检索页面（图 3 - 95），用户可以选择如下检索字段：主题、标题、发明

人、专利号、国际专利分类、德温特分类代码、德温特手工代码、德温特入藏号、专
利权人（仅限名称）、专利权人、环系索引号、德温特化合物号、德温特注册号、
DCR 编号；然后在检索字段输入框输入需要检索的内容；各个检索字段之间可以选
择"与"、"或"、"非"（AND、OR、NOT）逻辑运算关系。如果页面上默认的 3 个
检索字段不足以完成检索式，还可以单击"Add Another Field"增加检索字段进行检
索。用户还可以选择感兴趣的学科领域和希望检索的时间段。

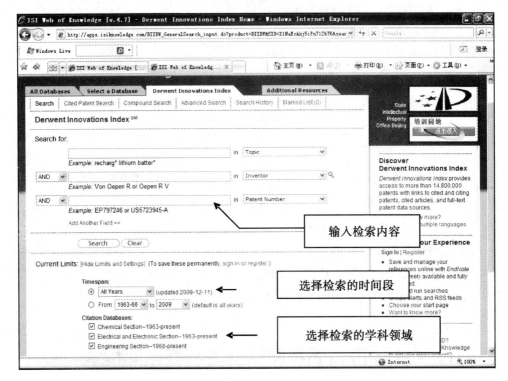

图 3 - 95   "一般检索"页面

下面逐一介绍每一个检索字段。

（1）主题

输入检索词可检索专利记录中的"标题"和"摘要"字段。

按任意顺序输入检索词，会得到包含所有检索词的记录。要查找精确匹配的短
语，应使用引号。例如："global warming"。

（2）标题

输入检索词可检索专利记录中的"标题"。

（3）发明人

在使用发明人姓名字段进行检索时，建议使用发明人索引，可以选择姓名正确的拼
写或不同的拼写形式。单击发明人索引图标可访问添加到检索式的一系列作者姓名。

可输入完整的姓名或使用通配符输入发明人姓名。

（4）专利号

输入一个或多个用"OR"布尔逻辑运算符连接的专利号。可以输入完整的专利号，或者使用通配符输入部分专利号。

（5）国际专利分类

Derwent 专利族为基本专利分配最适当的德温特分类，专利族中的其他成员则自动采用该分类。可以输入完整的 IPC 分类号，或者使用通配符输入部分 IPC 分类号，或者单击检索辅助工具的图标可查找要添加到检索式的特定 IPC 分类号。可以使用布尔逻辑运算符连接输入的多个分类号。

（6）德温特分类号

德温特将专利划分为 20 个学科领域或专业，包括化学（A～M），工程（P～Q），电气和电子（S～X）。将这 20 个专业再进一步分类，每个类别包含代表专业的字母和两位数字。例如，X22 是"汽车电气"的分类号，C04 是"化肥"的分类号。

可以输入完整的分类号，或者使用通配符输入部分分类号，或者单击检索辅助工具的图标可查找要添加到检索式的特定分类号。可以使用布尔逻辑运算符连接输入的多个分类号。

（7）德温特手工代码

德温特手工代码由 Derwent 的标引人员赋予给专门用于表示某项发明的技术创新点及其应用。使用手工代码检索可以显著提高检索的速度和准确性。

可以输入完整的手工代码，或者使用通配符输入部分手工代码，或者单击检索辅助工具的图标可查找要添加到检索式的特定代码。可以使用布尔逻辑运算符连接输入的多个手工代码。

（8）Derwent 入藏号

入藏号（PAN）是 Derwent 分配给收录文献的唯一识别码，由以下部分组成：出版年代、6 位数的序列号、表明 Derwent 何时发表专利摘要的两位数更新号。

检索时可以输入完整的入藏号，或者使用通配符输入部分入藏号。可以使用布尔逻辑运算符"OR"连接多个入藏号。

（9）专利权人

为规范公司名称，Derwent 为全世界大约 21 000 家公司分别指定了一个 4 字符的代码。这些公司被视为标准公司，使用这些公司的公司代码可检索这些公司的子公司和相关控股公司的专利申请。对于其他公司和个人专利权人，系统会指定一个非标准的 4 字符代码，该代码不具有唯一性。专利权人代码显示为：ABCD-C（标准公司）、ABCD-N（非标准公司）、ABCD-R（前苏联机构）、ABCD-I（个人）。

"专利权人　仅限名称"字段仅检索专利权姓名，"专利权人"字段检索专利权人名称和代码。可以输入完整的专利权人代码和姓名，或者使用通配符输入部分专利权人代码和姓名。可以输入一个或多个用布尔逻辑运算符连接的专利权人代码和名称。

（10）环系索引号

环系索引号（RIN）是分配给化学环系的 5 位数字代码。从 1972 年起，对德温特分类 B 部（医药）、C 部分（农业化学品）和 E 部分（常规化学）的专利文献可以使用环系索引号检索。可以使用布尔逻辑运算符连接多个环系索引号。

（11）Derwent Chemistry Resource 标识号（DCR 编号）

Derwent Chemistry Resource 标识号是分配给 Derwent Chemistry Resource 数据库中特定化合物的唯一标识符。该标识符是化合物数据库和 Derwent World Patents Index 中索引的对应题录记录之间的链接。

DCR 编号表示在什么情况下两种或多种化合物彼此相关，它们由一组标识符体系组成。对于所有相关的化合物，其词干相同，而后缀指示某些特征，如立体化学、盐类、同位素和物理形态。

可以输入完整的 DCR 编号，或者使用通配符输入部分 DCR 编号。可以使用布尔逻辑运算符连接的多个 DCR 编号。

注意，在从"专利数据"框中检索 DCR 编号时，软件将检索 Derwent Innovations Index SM 数据库；但在从"化学数据"框中进行检索时，软件将检索 Derwent Chemistry Resource 数据库。

（12）Derwent 化合物号

Derwent 化合物号（DCN）是 Questel. Orbit 上 MMS 数据库中特定化合物的 Merged Markush Service（MMS）化合物号。1987 年以后，德温特分类 B 部（医药）、C 部分（农业化学品）和 E 部分（常规化学）的专利文献可以使用 MMS 化合物号检索。可以使用布尔逻辑运算符连接的多个 Derwent 化合物号。

（13）Derwent 注册号

Derwent 对最常见的 2 100 种化合物给出了注册号（DRN）。1981 年以后，德温特分类 B（医药）至 M（冶金学）的专利文献可以进行 DRN 检索。可以使用布尔逻辑运算符连接的多个 Derwent 注册号。

2. 化合物检索（Compound Search）

化合物检索（图 3 - 96）是在 Derwent Chemistry Resource 数据库中检索化合物结构。通过在化学数据字段中输入检索词来构建一个检索式，然后单击"检索"按钮进行检索。在该界面可以进行 3 种检索：文本检索、结构检索、文本和结构检索。

需要说明的是，检索和浏览化合物结构必须下载和安装 MDL Chime 插件。可以从 MDL 的主页上免费下载此插件。

（1）文本字段检索

使用文本检索可检索字段包括：化合物名称、物质叙词、结构说明、标准分子式、分子式、分子量、Derwent Chemistry Resource 标识号。下面分别介绍各个字段的使用。

图 3-96 "化合物检索"页面

● 化合物名称

可以输入一个或多个化合物名称。既可以输入完整的名称，也可以使用星号（＊）通配符输入部分名称。检索字段下有 3 个复选框，其中：

复选框"同义字（Synonyms）"是默认值，表示检索"俗名"和"首选名称"。

复选框"系统（Systematic）"表示检索"系统名"。

复选框"两者（Both）"表示检索"俗名"、"首选名称"和"系统名"。

● 物质叙词

物质叙词是与化合物分类相关的关键词，主要用于检索那些很难使用化学结构式进行检索的物质，例如：生物碱、合金、蒽环类。

可以输入完整的单词和短语，也可以使用通配符输入部分单词和短语，或者单击检索辅助工具的图标查找特定代码。

● 结构说明

有些化合物不包含化学结构，而是提供文字说明。也有的化合物既有化学结构也有文字说明，此时可以使用该字段进行检索，也可以使用布尔逻辑运算符连接多个单词和短语。可以输入完整的单词和短语，或者使用通配符输入部分单词和短语。

● 标准分子式

标准分子式是基于化合物的分子式，在大多数情况下仅用于指示不同片段的比率。它由多个分子式片段组成。其中会显示每个片段的出现次数并用字符"＊"

分隔。

可以使用布尔逻辑运算符连接多个分子式。可以输入完整的分子式，或者使用通配符输入部分分子式。

- 分子式

Derwent 采用的分子式在化学计量方面可能与根据化合物结构计算的分子式不同。它包含化学结构中每个片段的分子式，之间用句点分隔。当化学结构未知时，它还可能包含单词。

可以使用布尔逻辑运算符连接多个分子式。可以输入完整的分子式，或者使用通配符输入部分分子式。

- 分子量

可以使用布尔逻辑运算符连接多个分子量。该字段是数字字段，不能使用通配符检索。但可以使用下述符号检索："＞"大于、"＜"小于、"＞＝"大于等于、"＜＝"小于等于。

- Derwent Chemistry Resource 标识号

前面已有介绍，不赘述。

（2）化学结构详细信息检索

首先，选择以下化学结构检索模式之一，包括：子结构、当前分子类型、相似度，默认值为子结构。

子结构选项检索包含作为较大化学结构中的子结构绘制的化学结构的分子记录。

当前分子类型包括：

精确：检索与化学结构精确匹配的化合物。

异构体：检索作为所绘化学结构的几何异构体和立体异构体的化合物。

互变体：检索作为所绘化学结构互变体的化合物。

非严格匹配：是使用无参数检索式的灵活匹配检索。异构体检索是忽略立体化学的精确匹配，非严格检索是忽略立体化学、氢原子数、互变异构性、额外的盐片段、同位素等的精确匹配（即当前最模糊的分子检索）。

相似度选项表示检索到的分子与绘制的化学结构的相似程度。通过选择 0 与 100 之间的值可以定义相似度，值越高相似程度越大。默认情况下最小值为 80，最大值为 100。

此外，也可以指定检索到的记录包含的结构复杂度与绘制的化学结构相同（标准）、高于绘制的化学结构的结构复杂度（子类型 sub），或低于绘制的化学结构的结构复杂度（高级类型 super）。

然后，单击页面中心的"化学结构详细信息"绘图区域，打开 ISIS/Draw 创建化学结构图像。

可以使用检索页面中部的复选框使用布尔逻辑将结构检索与文本检索结合使用。

3. 高级检索（Advanced Search）

高级检索（图3−97）是使用字段标识和检索式组配来检索专利记录。"高级检索"检索式由一个或多个字段标识以及一个检索字符串组成，可以使用布尔逻辑运算符和通配符。

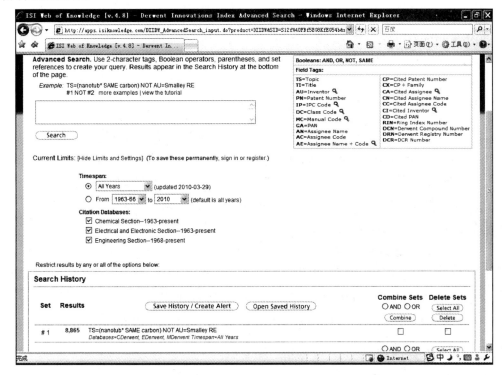

图3−97　"高级检索"页面

检索历史表格显示当前已完成的检索，并按时间顺序倒序排列，即最近的检索式显示在表格顶部。在检索输入框中可以对"检索历史"表中的两个或两个以上检索式编号进行布尔逻辑运算。

还可以选择不同的入库时间和/或数据库进行检索。

（1）字段标识

AN = 专利权人名称，检索专利记录内"专利权人"字段中的专利权人名称。

AC = 专利权人代码，检索专利记录中的"代码"字段。

AE = 专利权人名称 + 代码，检索专利记录中的"专利权人名称和代码"字段。

AU = 发明人，检索专利记录内"发明人姓名"字段中的姓名。

CA = 被引专利权人，检索被引专利记录中的"专利权人名称和代码"字段。

CC = 被引专利权人代码，检索被引专利记录中的"代码"字段。

CD = 被引 PAN，检索被引专利记录中的"Derwent 入藏号"字段。

CI = 被引发明人，检索被引专利记录内"发明人姓名"字段中的姓名。

CN = 被引专利权人名称，检索被引专利记录中的"专利权人名称"字段。

CP = 被引专利号，检索被引专利记录中的"专利号"字段。

CX = 被引专利号 + 专利家族，检索被引专利记录中的"专利号"字段。

DC = 分类代码，检索专利记录中的"德温特分类"字段。

DCN = Derwent 化合物号，检索专利记录中的"Derwent 化合物号"字段。

DCR = DCR 号，检索专利记录中的"Derwent Chemistry Resource 标识号"字段。

DRN = Derwent 注册号，检索专利记录中的"Derwent 注册号"字段。

GA = PAN，检索专利记录中的"Derwent 入藏号"字段。

IP = IPC，检索专利记录中的"国际专利分类"（IPC）字段。

MC = 手工代码，检索专利记录中的"德温特手工代码"字段。

PN = 专利号，检索专利记录中的"专利号"字段。

RIN = 环系索引号，检索专利记录中的"环系索引"字段。

TI = 标题，检索专利记录中的"标题"字段。

TS = 主题，检索专利记录内"标题"和"摘要"字段中的主题词。

（2）检索式组配检索规则

1）在每个检索式编号前输入数字符号"#"。

2）在检索式组配中可以使用的布尔逻辑运算符"AND、OR、NOT"。

3）不要在检索式组配中使用 SAME 运算符或者通配符。

4）使用括号可以改写运算符优先级。

（二）检索结果的显示与分析

1. 检索结果的显示

单击检索结果的记录数，就可以进入检索结果页面（图 3-98）。

在检索结果页面，可以对检索结果按照发明人、公开日、专利权人、公司代码、德温特分类代码、被引用的时间等字段进行排序，并最多可对 100 000 条检索结果进行排序。可以选择每页浏览 10 条、25 条、50 条记录。

可以对检索结果的专利记录进行选择，然后导出将所选专利记录的完整著录项目或者选择专利号、发明名称、专利权人、发明人和摘要导出。对导出的记录可以进行打印、发送邮件、保存或加入标记列表等。

可以通过主题在检索结果中进行二次检索，从而可以提高检准率。也可以通过页面左侧的过滤检索选项栏选择不同的字段进行过滤检索。例如：选择专利权人是"NEC CORP"。

2. 检索结果的分析

单击检索结果的页面的"Analyze Results"按钮即可进入检索结果分析页面（图 3-99）。在该页面，可以对多对 100 000 条记录按照不同字段进行分析，包括专利权人名称、专利权人代码、发明人、国际专利分类号、德温特分类代码、德温特手工代

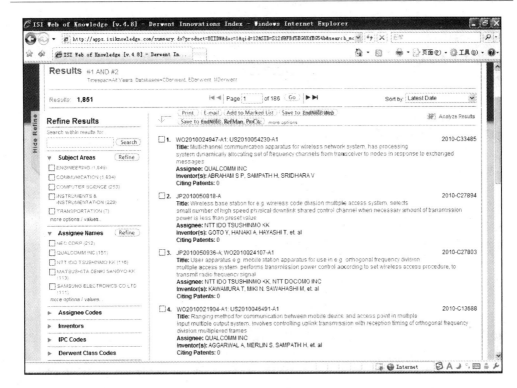

图 3 – 98　检索结果页面

码等。也可以先对检索结果按照被引用次数排序后再进行分析。分析结果能够以 Tab-Delimited 格式存储，并可用于其他软件（例如 Excel）。

单击已排序的记录前的复选框，可以浏览该项记录包含的检索结果。然后还可以对该检索进行再次分析。

二、Delphion 专利信息系统的检索

（一）Delphion 检索界面

登录 Delphion 的网址，用户可以看到 Delphion 主页（图 3 – 100）。

页面左侧的区域是登录入口，在这里需要输入授权的用户名和密码，登录窗口右侧区域的内容，有助于用户了解与 Delphion 相关的新闻。

输入用户名和口令后的页面如图 3 – 101 所示。

在页面的左上侧，包含了 Delphion 系统几乎全部的功能（图 3 – 102），列表中提供了两种不同数据库的检索功能以及一些其他功能，具体是：快速/号码检索（Quick/Number）、布尔逻辑运算检索（Boolean）、高级检索（Advanced）、德温特布尔逻辑运算检索（Derwent Boolean）、德温特号码检索（Derwent Number）、德温特高级检索（Derwent Advanced）、工业标准检索（Industry Standards）、非专利文献现有技术检索（Non-patent Prior Art）、专利展示平台（IP Listings）、代码查询（Browse

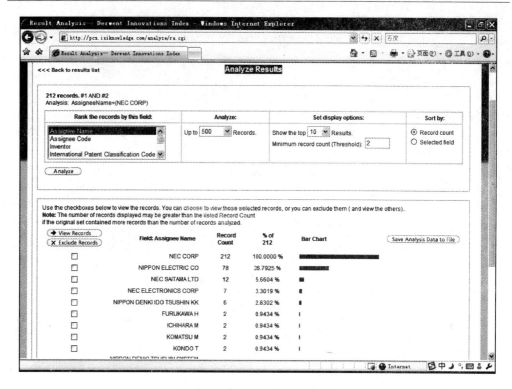

图 3 - 99　检索结果分析页面

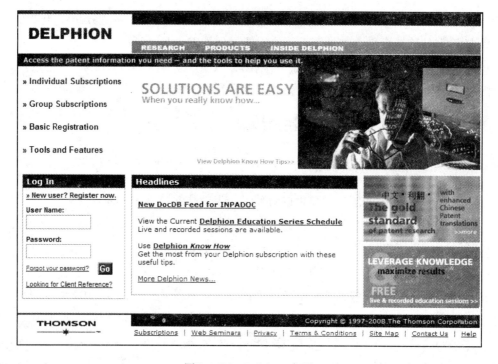

图 3 - 100　Delphion 主页

Codes）。分别介绍如下。

图 3 – 101　输入用户名和口令后的页面

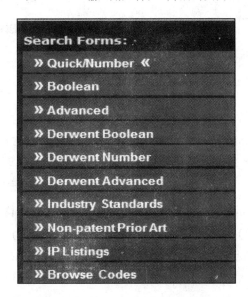

图 3 – 102　Delphion 系统的功能

　　其中前 3 项可以检索 Delphion 收录的数据，包括：美国专利商标局的申请和授权专利、欧洲专利局的申请与授权专利、PCT 的专利申请公开、日本特许厅的专利摘要、德国专利局的申请和授权专利以及 INPADOC 的文献。其中 INPADOC 收集了全球 71 个国家的专利文献、42 个国家的专利法律状态数据以及 INPADOC 的专利族数据。3 种检索方式分别是：快速／号码检索（QUICK／NUMBER）、布尔逻辑运算检索（BOOLEAN）和高级检索（ADVANCED）。

1. 快速/号码检索

单击"快速/号码检索（Quick/Number）"进入快速/号码检索页面（图3 – 103）。界面右侧的上半部分是文本检索框，可以输入检索词或短语。检索页面上也给出了示例，例如：elevator ｜ robot ｜ twin-engine ｜ Smith John ｜ bee culture 等。

图3 – 103　　"快速/号码检索"页面

输入检索词后，在单击"检索（search）"之前，应注意检索数据范围的选择。系统默认的检索数据是美国授权专利文献（US Granted），也可以选择其他的检索数据，包括：美国专利申请公开文献（US Applications）、欧洲授权专利文献（European Granted）、专利申请欧洲公开文献（European Applications）、PCT 专利申请公开文献（WIPO PCT Publication）、日本专利文摘（Abstract of Japan）、德国授权专利文献（German Granted）、德国专利申请公开文献（German Applications）、INPADOC 专利数据。Delphion 对以上各部分数据的收录范围如图3 – 104 所示。

界面右侧的下半部分是专利文献公开号检索框（Publication Number Search）。专利文献公开号检索即包括专利申请公开号也包括授权专利文献的公开号。例如，检索美国专利 5551212，选择国家"US United States of America"，输入文献号"5551212"；检索日本专利文献 21000859A2，选择国家"JP Japan"，输入文献号"21000859A2"。检索结果的页面如图3 – 105 所示。

2. 布尔逻辑运算检索

在布尔逻辑检索（图3 – 106）中，检索字段间可以用 3 种逻辑关系来连接：and、or、and not，可供选择的检索字段通过单击下拉菜单（图3 – 107）可以看到。可供选择的检索字段包括：发明人（Inventor）、专利权人（Assignee）、发明名称

Collection	Earliest records	Most current records	Date collection last updated	Scheduled update day*	IPC R Backfile†
US Granted Full Text	1971-01-05	2010-02-02	2010-02-02	Tuesday	Completed 03/2/2006
US Granted Images	1974-01-01	2010-01-19	2010-01-19	Tuesday	
US Granted Backfile Images	1790	1974			
US Applications Full Text	2001-03-15	2010-01-28	2010-01-28	Thursday	Completed 03/2/2006
US Applications Images	2001-03-15	2010-01-21	2010-01-21	Thursday	
EP Granted (EPB) Full Text	1991-01-02	2010-02-03	2010-02-03	Wednesday, Thursday	Completed 03/30/2006
EP Granted (EPB) Front Pages & Images	1980-01-09	2010-02-03	2010-02-03	Wednesday, Thursday	Completed 03/30/2006
EP Applications (EPA) Full Text	1986-01-29	2010-02-03	2010-02-03	Wednesday, Thursday	Completed 03/30/2006
EP Applications (EPA) Front Pages & Images	1979-01-10	2010-02-03	2010-02-03	Wednesday, Thursday	Completed 03/30/2006
German Applications Full text	1987-01-02	2010-01-29	2010-01-29	Friday	Completed 04/13/2006
German Applications Biblio & First Claim	1968-01-02	2010-01-29	2010-01-29	Friday	Completed 04/13/2006
German Granted Full text	1987-01-02	2010-01-29	2010-01-29	Friday	Completed 04/13/2006
German Granted Biblio & First Claim	1968-01-04	2010-01-29	2010-01-29	Friday	Completed 04/13/2006
PCT Full Text	1978-10-19	2010-01-29	2010-01-29	Friday	Completed 03/16/2006
PCT Front Pages	1978-10-19	2010-01-29	2010-01-29	Friday	Completed 03/16/2006
PCT Images	1978-10-19	2010-01-15	2010-01-15	Monday	
PAJ Front Pages & Images**	1973-04-02	2010-02-02	2010-02-02	Tuesday	Completed 06/01/2006
INPADOC	1968	2010-02-02	2010-02-02	Tuesday	Completed 06/29/2006
Derwent World Patents Index	1963-01-01, Update 196800	Update 201005	2010-02-03 (Wednesday)	Once or Twice a Week	
US Classifications	1971-01-05	2007-12-31	2008-03-07	Bi-Monthly	

图 3-104　数据收录范围

（Title）、摘要（Abstract）、权利要求（Claims）、发明名称/摘要或权利要求（Title、Abstract or Claims）、说明书（Description）、公开号（Publication Number）、申请号（Application Number）、优先权号（Priority Number）、文献种类代码（Kind）、优先权国家（Priority Country）、指定国（Designated Country）、IPC 分类（IPC Code）、律师代理人或公司（Attorney、Agent、Firm）、相关申请（Related Applications）等。用于检索美国专利文献的字段有：美国专利分类（US Class）、美国参考文献（US References）、其他参考文献（Other References）、政府权益（Grovernment Interest）、审查员（Examiner）、继续申请数据（Continuity Data）。用于 INPADOC 数据的字段有：其他摘要（Other Abstracts）和 ECLA 分类（ECLA Code）。

以专利权人检索为例来说明在该页面的检索。在下拉菜单选择专利权人，就可以

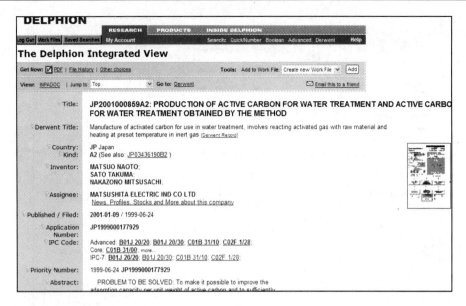

图 3 – 105　检索结果页面

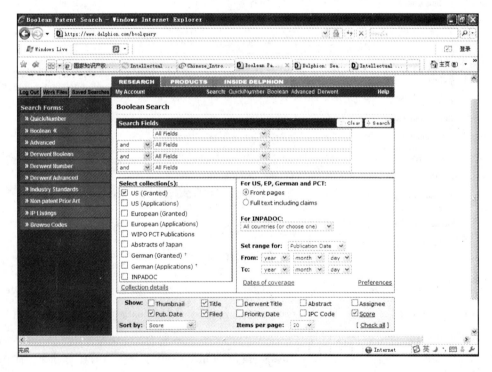

图 3 – 106　"布尔逻辑检索"页面

对某个商业机构的专利进行检索，此时在检索框的右侧位置会出现公司树 "Corporate Tree"（图 3 – 108）。

以 JFE 钢铁株式会社为例，在查询框中输入 JFE，单击原始专利权人（Original Assignee）按钮，系统会返回 JFE 钢铁株式会社在美国专利局申请的专利原始文件中

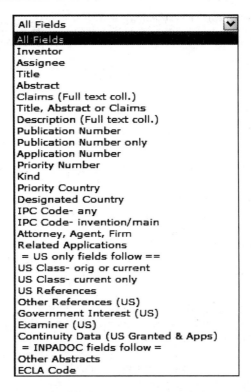

图 3 - 107　检索字段下拉菜单

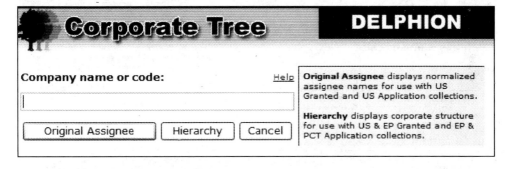

图 3 - 108　公司树（Corporate Tree）页面

所出现的所有名称的归类。检索结果（图 3 - 109）中的第 8 个名称 JFE STEEL COR-
PORATION 是该公司在美国申请的专利原始文件中最常用的名称，大约有 163 件
申请。

　　单击层级结构（Hierarchy），可以使用树状结构去查看该公司的上下层级结构，
图 3 - 110 是 JFE 公司的层级结构。Hierarchy 收集的数据来源于美国专利商标局、欧
洲专利局和 PCT 的专利文献。

　　3. 高级检索

　　高级检索（图 3 - 111）相对于布尔逻辑检索来说，可以进行更加复杂的检索
运算。

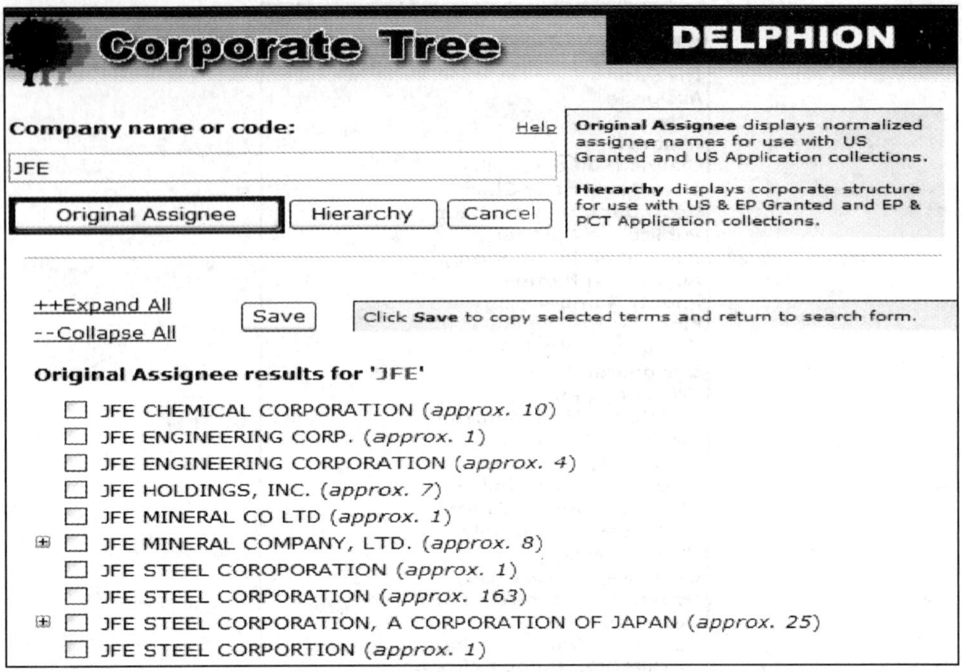

图 3 – 109　检索结果页面

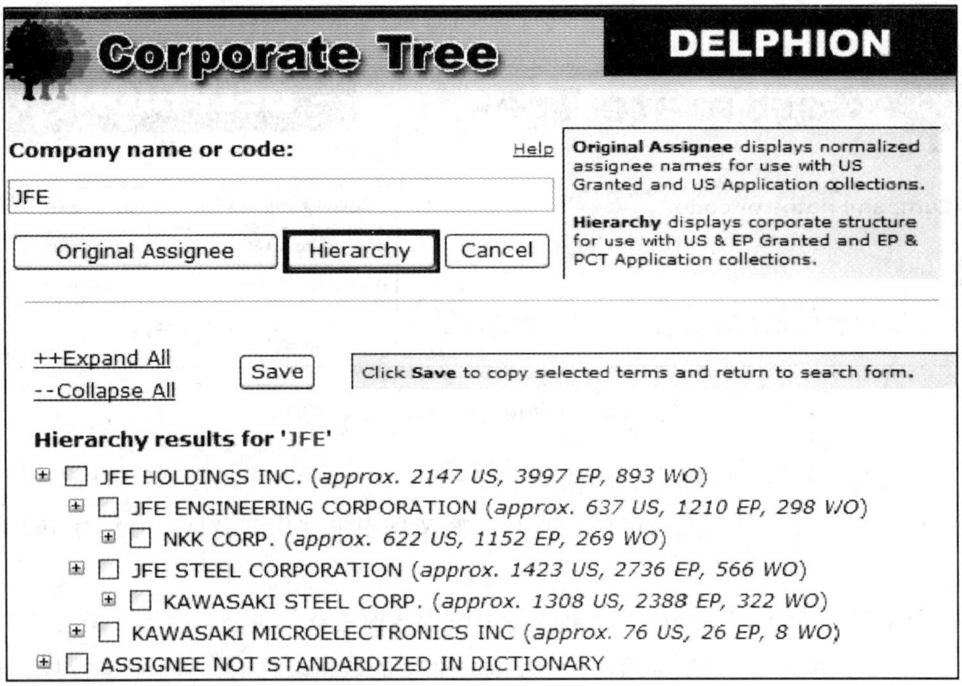

图 3 – 110　JFE 公司的层级结构

　　举例：检索"用在真空磁控溅射系统中的增强的溅射靶"。由于在检索时通常面
对的不是单个的词或词组，而可能是一句话或者是一段话，因此要将检索目的分解成

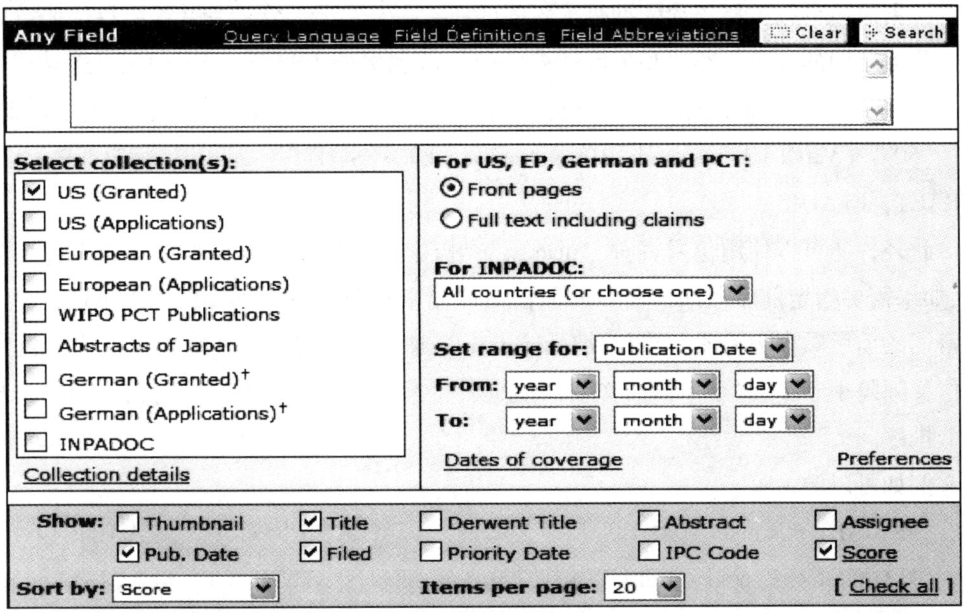

图 3 - 111　　"高级检索"页面

若干个词或词组，再将这些词和词组按照它们之间的逻辑关系利用逻辑算符连接起来，最后将编好的检索式输入计算机：

（VACUUM * and MAGNET * SPUTT * ）＜in＞（TITLE，ABSTRACT，CLAIMS）

图 3 - 112 是检索的结果。

在高级检索时输入的是一个逻辑算符分解式。在输入检索词的时候，为了检索全面而尽量不遗漏信息，应使用通配符，Delphion 中支持的通配符是 " * " 和 "?"，其中 " * " 代表多个任意字符，"?" 代表一个任意字符。Delphion 检索中可以用右截断也可以用中间截断，在使用右截断和中间截断的时候，左端至少要有一个字母以上。这种右截断和中间截断是适用于所有的文献数据的。另外还可以使用左截断符 "?"，但是左截断符仅仅适用于德国文献。

如果想限定检索日期的话，可以使用的符号包括 " ＜ "（less than 小于）、" ＝ "（equal to 等于）、" ＞ "（greater than 大于）、" ＜ ＝ "（less than or equal to 小于或等于）、" ＞ ＝ "（great than or equal to 大于或等于）、" ＞ ＝ and ＜ ＝ "（great than or equal to and less than or equal to 大于或等于和小于或等于）。

例如，在高级检索时，可以进一步限定检索的时间段，在检索框输入：

（VACUUM * and MAGNET * SPUTT * ）＜in＞（TITLE，ABS TRACT，CLAIMS）AND（PD ＞ ＝2000-1-1 AND PD ＜ ＝2006-12-31）

在布尔逻辑检索和高级检索中，默认的检索结果是按照技术方案的相关度进行排序，检索结果的最右侧一栏是相关度评分。用户也可以通过点击右侧的按钮公开日（Pub. Date）、申请日（Filed）等分别按照公开日和申请日排序显示检索结果。

　　检索时还可以选择给检索词分配不同的权重进行检索，在检索式中根据词的重要程度分配不同的权重，给出相关度评分的值。例如本例中给第一个词100分的权重、第二个词50分的权重，那么系统就会根据相关度评分进行检索。在检索框入手输入：

　　［50］（VACUUM∗）and［100］（MAGNET∗ SPUTT∗）＜in＞（TITLE，ABSTRACT，CLAIMS）

　　此外，还可以使用位置算符"near/n"，指定前后两个词或词组间隔的字符个数n，如果需要指定前后顺序，在near/n前可以使用算符order，那么就可以指定按输入检索词的前后顺序去检索。当仅使用near算符时，系统将检索在待检字段中两词之间位置间隔小于1 024个单词的文献，在显示检索结果时，按照两词的临近程度由高到低排序。

　　例如可以输入：

　　（MAGNET∗ ＜near/10＞ SPUTT∗）＜in＞（TITLE，ABSTRACT，CLAIMS）

　　（MAGNET∗ ＜near＞ SPUTT∗）＜in＞（TITLE，ABSTRACT，CLAIMS）

　　（MAGNET∗ ＜order＞ ＜near＞ SPUTT∗）＜in＞（TITLE，ABSTRACT，CLAIMS）

　　在Delphion中还有一个算符THESAURUS，可以帮助用户找到含有同义词的文献，这种同义词均是通常意义的同义词，因此，使用该功能检索专业技术名词的同义词文献的效果不理想。

　　例如，在检索框输入：

　　＜THESAURUS＞bow ＜in＞ TI

　　系统将检索发明名称中含有"bow"的文献，同时也能检索到发明名称中含有"bow"的同义词，如"bend，bending，turn，turnable，yield，yielding，curved，curving，round，crook"的文献，检索结果超过10 000篇。

4. 德温特数据检索

　　在Delphion检索系统除了可以检索该系统收录的数据，还可以检索德温特数据。DERWENT世界专利索引检索入口（图3－113）可以进行德温特数据的检索，其含有"DERWENT"字段。这三种检索方式内容来源于DERWENT世界专利索引。DERWENT世界专利索引的数据可回溯到1963年，来源于42个专利授权机构的专利文献和两个防御性公告的出版物，并且所有数据是经过深加工的数据。这些来自不同国家的专利，全部用英语重新撰写了专利名称和摘要。系统对12 000多个专利权人的名称进行了规范，利用DERWENT分类和手工代码，从应用角度对专利文献分类并按专利族整理记录，易于检索同一个发明在不同国家申请的同族专利文献。这些经过深加工的专利数据，对进一步的研究分析可以起到重要的作用。

　　Delphion数据和德温特数据不同之处在于：DERWENT世界专利摘要索引中的内容是经过DERWENT数据专家加工后的结构化数据，而Delphion中的数据则可以认

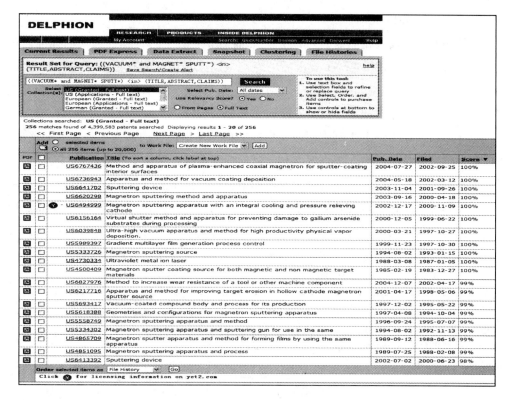

图 3 - 112　检索结果页面

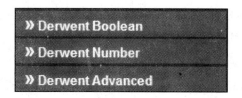

图 3 - 113　Derwent 世界专利索引检索入口

为是原始的数据源。DERWENT 世界专利索引中的文献全部使用英语，用描述性的语言对专利文献重新改写名称和摘要，使用 DERWENT 分类和 DERWENT 手工代码进行归类，并对专利权属人进行规范化。Delphion 中的其他数据源语言种类包括英语、德语、法语和西班牙语，使用原始的名称和原始的摘要，用 IPC、ECLA、US CLASS 进行分类，使用 CORPORATE TREE、ORIGINAL ASSIGNEE 和 HIERARCHY 进行分类统计。

　　下面介绍 Delphion 中 DERWENT 世界专利索引的检索。由于它的检索方式与前面的内容有很多相似之处，这里只将不同之处进一步说明，相同部分不再赘述。

　　使用 DERWENT 世界专利索引的内容检索专利发明人的时候，由于 DERWENT 世界专利索引里面发明人的名称是经过规范化整理的，所以发明人的名称通常情况下是使用姓的全拼，名字则使用名字的首字母的缩写，即姓在前、名在后，如：

ZHANG SAN——ZHANG S.。

在使用专利权属人检索时，可以先去查询 DERWETN 的专利权属人的标准名称代码，以避免漏检。DERWENT 规范后的专利权属人规范代码查询站点是：http：// scientific. thomson. com/support/patents/dwpiref/reftools/companycodes/lookup/，使用规范化的统一代码有利于全面地检索专利权属人相关的信息。

由于 DERWENT 世界专利索引改写后的文献使用描述性的语言撰写专利的摘要，可以帮助检索人员或技术人员克服专利文献的晦涩难懂，迅速了解检索到的专利是不是自己需要的，并在检索时支持使用普通的语言进行检索。改写后的摘要是按照新颖性、详细描述、用途、有益效果、实施方式、作用机制、权利要求这样的结构重新撰写的，在检索中可以将这些点拆分开进行检索。DERWENT 摘要的可检索字段列表（图 3 - 114）是 DERWENT 的摘要可检索字段。比如用户仅对新颖性进行检索，那么用户在这个 DERWENT 的 ABSTRACT 下拉菜单中进行选择。

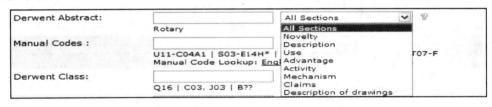

图 3 - 114　Derwent 摘要可检索字段列表

使用 DERWENT 对检索结果进行分析，在高级检索中输入：

（VACUUM ＊ and MAGNET ＊ SPUTT ＊）＜ in ＞（TITLE，ABSTRACT，CLAIMS）

图 3 - 115 是检索结果。

检索结果一共是 487 条记录，由于 DERWENT 世界专利索引中的每条记录，是以基本专利为代表的专利族数据，所以，这 487 条记录指的是 487 个专利族。

在检索结果的界面，可以看到两个选项："Snapshot"、"Clustering"，这两个是 DERWENT 的分析工具。SNAP SHOT 可以迅速从若干的侧面分析这些专利文献，一次最多可以分析两万条。

在 SNAP SHOT 中，可以对专利权属人、发明人，DERWENT 分类，DERWENT 手工代码等进行分析（图 3 - 116）。

用户选择对专利权属人进行分析，图 3 - 117 是分析的结果。

从分析结果中可以得出结论，专利文献量在磁控溅射领域位居前 5 位的公司，分别是 FRAU、ULVA、BALV、CANO、HITA，结论是这 5 个公司在磁控溅射领域比较活跃。

用户再用 DERWENT 手工代码进行分析，图 3 - 118 是分析结果。

从分析结果中可以看出，V05-F08D1A 和 V05-F05C3A 两个领域近些年相当活跃，是各公司技术研究的重点。

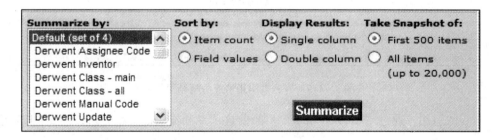

DELPHION

RESEARCH　　PRODUCTS　　INSIDE DELPHION

Log Out | Work Files | Saved Searches | My Account　　Search: Quick/Number Boolean Advanced Derwent　　Help

Derwent Results | PDF Express | Data Extract | Snapshot | Clustering | File Histories

Derwent Results for Query: ((VACUUM* and MAGNET* SPUTT*) <in>　　current charges　pricing　help
(TITLE,ABSTRACT,CLAIMS))　　Save Search/Create Alert

((VACUUM* and MAGNET* SPUTT*) <in> (TITLE, ABSTRACT, CLAIMS))　　[Search]

487 matches found of 16,315,405 items searched　　Displaying results 1 - 20 of 487

<< First Page < Previous Page　　　Next Page > Last Page >>

Add ○ selected items　to Work File: Create new Work File ▼ [Add]
　　● all 487 items

PDF	☐	Accession No.	Derwent Title (To sort a column, click label at top)	Pub. Date	Score ▼
🗎	☐	2000-246573	Vacuum device having a small and easy-to-seal lift mechanism, useful in sputtering, film-forming and etching apparatus e.g. in production of compact discs and digital versatile discs with leaf-type magnetron sputtering apparatus	2000-03-02	96%
🗎	☐	2005-444733	Magnetically enhanced sputtering and plasma deposition of, e.g. metal oxide films to workpieces, by providing stationary magnetic mirror trap that guides charged particles from plasma outlet and past or beyond the work piece	2005-06-02	95%
🗎	☐	2005-038260	Ionized physical vapor deposition apparatus for depositing metals to semiconductor substrates, includes vacuum chamber, magnetron sputtering cathode, dielectric window, radio frequency power source, and radio frequency coil	2004-12-09	95%
🗎	☐	2000-270108	Ultra-high vacuum magnetron sputtering system has target assembly with ceramic insulator and vacuum seal allowing ultra-high vacuum operation	2000-03-21	95%
🗎	☐	2007-827699	Magnetron-sputtering film-forming device for semiconductor comprises vacuum film-forming chamber, electrostatic chuck unit for adjusting temperature of substrate, target for high-frequency magnetron sputtering, power supply and control unit	2007-10-04	94%
🗎	☐	2008-C07462	Antipollution ultrahigh vacuum magnetron sputtering filming device	2007-07-11	94%
🗎	☐	2004-767075	Device for pulse magnetron sputtering used in thin layer technology for depositing multiple layers comprises a recipient with a vacuum generating system, two magnetron sputtering sources, a substrate holder, and a power supply unit	2004-11-04	94%
🗎	☐	2004-426864	Film deposition apparatus having dual magnetron sputtering system and ion beam source which is synchronized	2004-01-16	94%
🗎	☐	2008-C10360	Anti-pollution ultra high vacuum magnetron sputter coating device has target position baffles which are equally set on target position, and linked to target position baffle driving motor	2007-12-19	93%
🗎	☐	2007-572238	Burnishing of metal strip by magnetron sputtering in a vacuum in preparation for a subsequent coating operation to improve adherence	2007-05-10	93%
🗎	☐	2004-006192	Door type planar magnetron sputtering source of vacuum deposition coating apparatus	2003-07-28	93%
🗎	☐	2001-081116	Magnetron sputtering gun for coating a substrate includes a vacuum seal to effect sputtering from a target to the substrate to be coated	2000-11-27	93%
🗎	☐	2006-333337	Generation of plasma for low pressure magnetron sputtering of target, involves generating specific magnetic field in plasma generating position in vacuum chamber, and generating plasma using xenon or krypton gas under preset pressure	2006-05-11	92%
🗎	☐	2004-487055	Magnetron sputtering apparatus for depositing thin films on substrate, comprises vacuum chamber, cathode assemblies, gas distribution system, and power supply	2004-06-24	92%
🗎	☐	2003-614884	Silicon incorporated tetrahedral amorphous carbon thin film and preparation method thereof	2003-05-09	92%
🗎	☐	2003-010698	Method for forming al-sn coating film on metal bearing for diesel engines by magnetron sputtering process	2002-05-23	92%
🗎	☐	2007-797247	Light selectively absorbing layer for solar energy collector element, consists of composite film formed by reacting iron-chromium alloy containing iron and chromium with non-metal gas using vacuum plating technology	2007-09-07	91%
🗎	☐	2007-678219	Target arrangement, i.e. magnetron sputtering target arrangement, for (dis)mounting on or from material source to free material to vacuum coating process, comprises plate along specified plane, comprising wedge-shaped border	2007-06-27	91%
🗎	☐	2006-037744	Magnetron sputtering apparatus for forming thin films comprises target, substrate, magnetic field generating section composed of yoke and three permanent magnets, and driving mechanism for swinging the magnetic field generating section	2005-12-15	91%
🗎	☐	2008-B72638	Film plated device for use in magnetic-controlled sputtering film plating production line, has horizontal shifting mechanism and rotating mechanism that are arranged in main rotation vacuum room to convey substrate holder to required studio	2007-11-28	90%

Order selected items as　File History　▼　[Go]

<< First Page < Previous Page　　　Next Page > Last Page >>

图 3 - 115　检索结果页面

Summarize by:	Sort by:	Display Results:	Take Snapshot of:
Default (set of 4)	⊙ Item count	⊙ Single column	⊙ First 500 items
Derwent Assignee Code	○ Field values	○ Double column	○ All items
Derwent Inventor			(up to 20,000)
Derwent Class - main			
Derwent Class - all			
Derwent Manual Code			
Derwent Update		**Summarize**	

图 3 - 116　分析选项选择页面

再从专利被引用次数进行分析，图 3 - 119 是分析结果。

理论上说，某个专利被引用的次数越多，则该专利的技术内容越重要，但分析的结果主要是针对美国专利的。从分析结果可以看出，US3878085（图 3 - 120）的被引次数比较高。

还可以通过专利和专利间的相互引用跟踪技术演化的方向，同时还可以跟踪公司

Select	Derwent Assignee Code	Items	%	Bar Chart
☐	FRAU	12	3.7 %	■
☐	ULVA	10	3.1 %	■
☐	BALV	9	2.7 %	■
☐	CANO	9	2.7 %	■
☐	HITA	8	2.4 %	■
☐	MATE	7	2.1 %	■
☐	MATU	7	2.1 %	■
☐	UYZH	6	1.8 %	▪
☐	NICV	5	1.5 %	▪
☐	SUMM	5	1.5 %	▪
10 rows shown				
	(Below cutoff)	245	75.9	...

图 3 – 117　专利权属人分析结果页面

Select	Derwent Manual Code	Items	%	Bar Chart
☐	V05-F08D1A Sputtering	155	9.0 %	■■■
☐	V05-F05C3A With magnetron effect	107	6.2 %	■■
☐	U11-C09A Sputtering and other physical deposition appts.	78	4.5 %	■
☐	M13-G02 Non-electrolytic coating: Cathodic sputtering apparatus	68	3.9 %	■
☐	V05-F05E3 Device details	60	3.5 %	■
☐	X25-A04 Cathodic sputtering	57	3.3 %	■
☐	L03-H04D Electro-(in)organic: Plasma techniques, particle accelerators	56	3.2 %	■
☐	V05-F05E5 Circuitry and operation of device	53	3.1 %	■
☐	L04-D02 Semiconductors [general]: Cathode sputtering apparatus for semiconductor processing	44	2.5 %	■
☐	V05-F05C Using plasma, gas filled tubes	36	2.1 %	■
10 rows shown				
	(Below cutoff)	993	58.2	...

图 3 – 118　DERWENT 手工代码分析结果页面

Select	U.S. References- patents cited by items in the set	Items	%	Bar Chart
☐	--No U.S. References--	283	45.6 %	■■■■■■■
☐	US3878085 Cathode sputtering apparatus	3	0.4 %	∣
☐	US4356073 Magnetron cathode sputtering apparatus	3	0.4 %	∣
☐	US4422916 Magnetron cathode sputtering apparatus	3	0.4 %	∣
☐	US5433835 Sputtering device and target with cover to hold cooling fluid	3	0.4 %	∣
☐	US5487822 Integrated sputtering target assembly	3	0.4 %	∣
☐	US2146025 (no title)	2	0.3 %	∣
☐	US3616450 SPUTTERING APPARATUS	2	0.3 %	∣
☐	US3711398 SPUTTERING APPARATUS	2	0.3 %	∣
☐	US3884793 Electrode type glow discharge apparatus	2	0.3 %	∣
10 rows shown				
	(Below cutoff)	315	50.7	...

图 3 – 119　专利被引用情况分析结果页面

间相互的引用，通过"Citation Link"对当前这项专利作引证文献分析，图 3 – 121 是引文分析的结果。

　　还可以通过选择对二次引用、三次引用和多次引用进行分析。通过这种方式可以跟踪技术的演化，同时也可以跟踪公司间的相互引用关系。

　　DERWENT 中还有聚类分析"CLUSTERING"功能，进入聚类分析页面（图 3 – 122），最多可以分析两万条记录。

　　图 3 – 123 是进行聚类分析的分析结果。

　　聚类分析可以统计各个聚类由哪些词组成，分析各个聚类背后的专利文献量有多

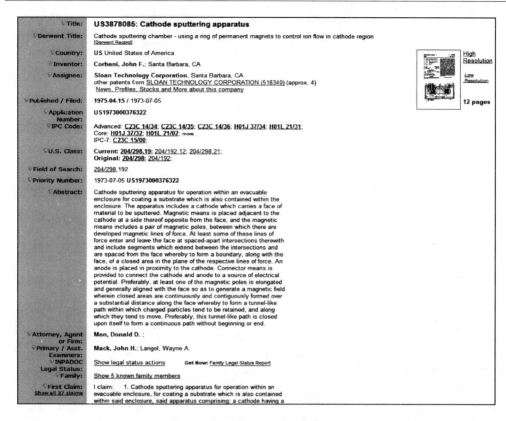

图 3 – 120　US 3878085 专利

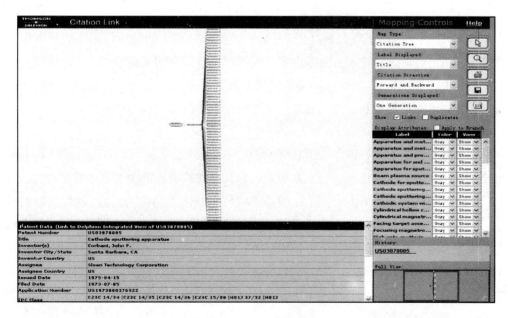

图 3 – 121　引文分析结果页面

少、聚类间的相关程度，以帮助用户全面了解技术间的相关关系和相关程度。

在 DERWENT 分析中，SNAP SHOT 和 CLUSTERING 是它的入口。用户单击 DA-

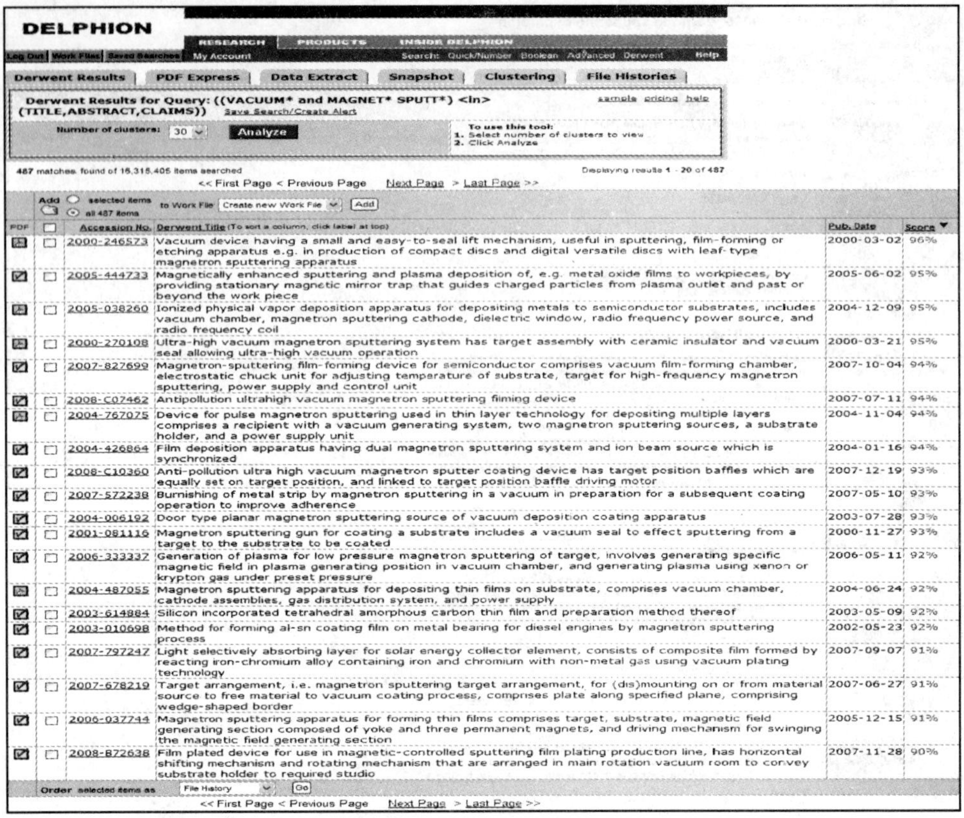

图 3 – 122　聚类分析页面

TAEXTRACT 进入数据下载页面（图 3 – 124），可以把刚才的检索结果下载到本地计算机中，用户可以选择导出的字段内容，也可以选择导出的文件格式。

页面中的 PDF EXPRESS 可以提供批量下载专利文献的功能。FILE HISTORIES 可以订购专利审查员与专利申请人就某一个专利在申请沟通过程中的文件。

5. 辅助检索功能

在检索方式的下方，INDUSTRY STANDARDS 提供了来源于 TECHSTREET 的各种行业检索和规范，行业标准的检索是免费的，只有在获取标准全文时才需要付费。

INDUSTRY STANDARDS 下方的 NON-PATENT PRIOR ART 提供防御性公告的检索，它的数据来源于 IP. COM 和 IBM TECHNICAL DISCLOSURE BULLETINS（TDBS）的防御性公告。除此之外，在下方的 DERWENT 站点中，还有来源于 INTERNATIONAL TECHNOLOGY DISCLOSURES 和 RESEARCH DISCLOSURE 的防御性公告，在检索中，如果遇到文献出现专利号是 RD 或者是以 PD 打头的号码，说明这篇文献是防御性公告，而不是专利。

NON-PATENT PRIOR ART 的下面是一个专利授权交易的平台 IP LISTINGS，提供查询可以授权交易的专利，以及相关的联系方式。比如说，用户检索钢铁行业中有哪些专利是可以进行交易的，单击 IP LISTINGS 后，在检索页面中输入 STEEL，如图

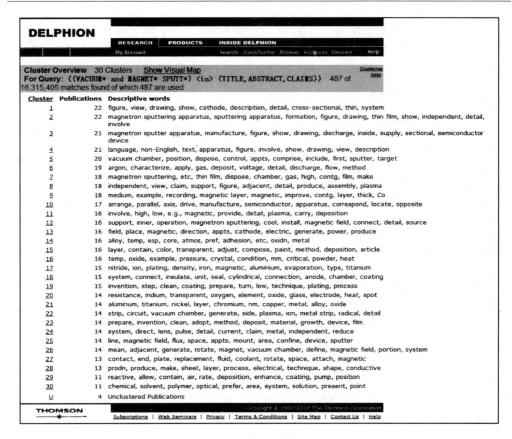

图 3 – 123 聚类分析结果页面

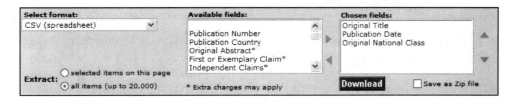

图 3 – 124 数据下载功能选择页面

3 – 125 所示。

图 3 – 125 IP Listing 检索页面

单击"search"可以得到 IP LISTINGS 的检索结果页面（图 3 – 126）。如果在检索过程中，发现某一个专利的左侧有"L"形状的符号，则表明：这个专利是可以进行授权交易的。单击"L"，可以看到授权交易人的联系方式，如用户单击 US5435468 前面的"L"，可以看到联系信息（图3－127）。

PDF			Publication	Title (To sort a column, click label at top)	Pub. Date	Score ▼
	☐	Ⓛ -	US5435468	Reusable viscous material dispensing apparatus	1995-07-25	82%
	☐	Ⓛ -	US6008928	Multi-gas sensor	1999-12-28	80%
	☐	Ⓛ -	US6164970	Selectively transparent map	2000-12-26	77%
	☐	Ⓛ -	US6063506	Copper alloys for chip and package interconnections	2000-05-16	77%
	☐	Ⓛ -	US6000844	Method and apparatus for the portable identification of material thickness and defects using spatially controlled heat application	1999-12-14	77%
	☐	Ⓛ -	US5927070	Lightweight exhaust manifold and exhaust pipe ducting for internal combustion engines	1999-07-27	77%
	☐	Ⓛ -	US5900089	Process for making carbon-carbon turbocharger housing unit for intermittent combustion engines	1999-05-04	77%
	☐	Ⓛ -	US5810556	Carbon-carbon turbocharger housing unit for intermittent combustion engines	1998-09-22	77%
	☐		US5519871	Data save apparatus for a battery-powered data processing unit	1996-05-21	77%
	☐	Ⓛ -	US5474364	Shotgun cartridge rock breaker	1995-12-12	77%
	☐	Ⓛ -	US5393980	Quality monitor and monitoring technique employing optically stimulated electron emmission	1995-02-28	77%
	☐		US5171936	Housing structure for accommodating electronics apparatus	1992-12-15	77%

Collections searched: Patents with IP Listings
12 matches found of 1,122 patents searched   Displaying results 1-12 of 12
Add ○ selected items   to Work File [Create New Work File ▼] [Add]
☐ ⊙ all 12 items (up to 20,000)

Order selected items as [File History ▼] [Go]
Click Ⓛ for Delphion IP listing information

图3－126　IP Listing 检索结果页面

```
David Lapinski
5127 Sanicle Way
Fair Oaks , CA   95628 ,   US
Tel. 916-768-4672
dlapinski@oilbank.com
```

图3－127　联系信息

在 IP LISTING 的下面是 BROWSE CODES，用户在 Delphion 中检索专利、分析专利，需要查询某些代码以及代码的含义时，可以单击这里进行查询。Delphion 可以查询 IPC 号码、US CLASS 分类、DERWENT 分类以及 INPADOC 等组织提供的专利的法律状态代码。

（二）辅助功能

除了可以利用 DERWENT 对专利的检索、分析外，还可以对检索结果文件进行管理。在检索结果的界面上单击 ADD，会弹出一个对话框，输入文件名称然后保存（图3－128），这样就在 DERWENT 中为这个课题建立了一个专门的文件夹。

图3－128　保存检索结果页面

在工作文件管理页面（图3－129）可以对这个文件夹和文件夹内的内容随时进行修改，并可以将这个文件夹共享给他人，也可以查看他人共享的文件夹。同时可以对文件夹进行注释，也可以查看他人注释过的文件夹。

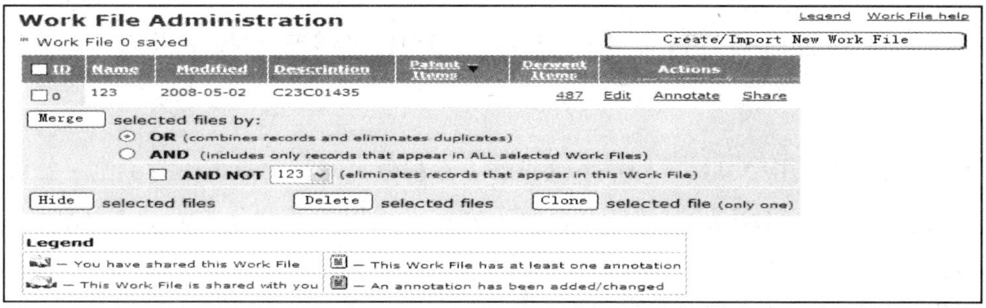

图 3 – 129　工作文件管理页面

　　另外，还可以对检索策略进行保存（图 3 – 130），并自动地定期运行检索策略并且将结果发到自己的邮箱里。在检索结果的界面单击 SAVE SEARCH/CREATE A-LERT，会弹出对话框，输入检索策略的名称并进行保存。在保存的检索策略中，可以随时重新运行、修改、复制检索策略。单击 ALERT 进入到提醒设置的界面，可以选择 ON/OFF 打开或关闭提醒。还可以从下拉菜单中选择提醒的时间间隔，一旦选择好提醒时间间隔后，会给出时间列表，告诉用户哪天系统会自动运行检索策略，并且会将检索结果发送到用户的电子邮箱中。

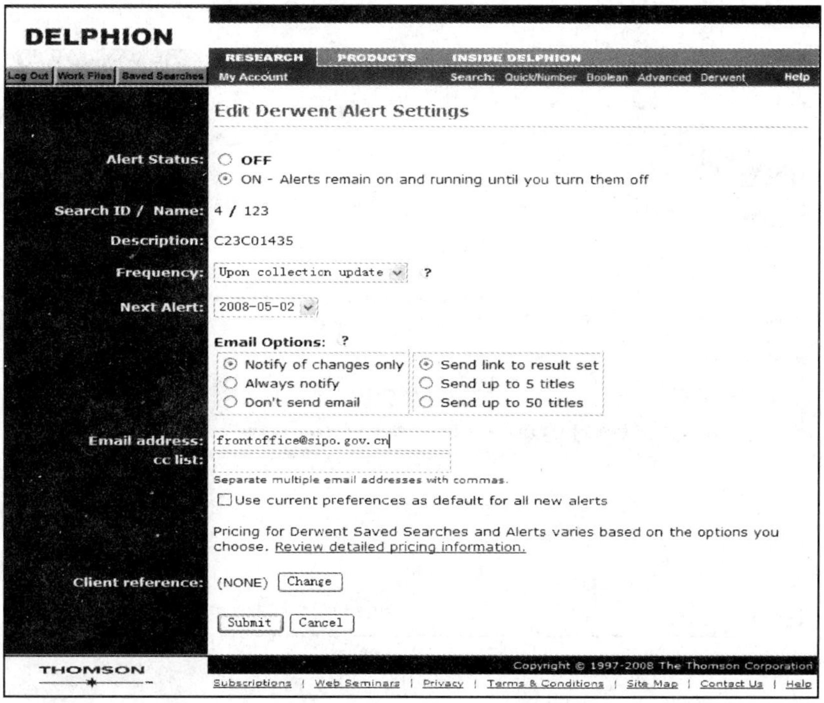

图 3 – 130　检索策略保存页面

　　如果希望调阅用户保存过的文件夹或者是检索策略，那么单击首页的 "Work Files/Saved Searches"。

第十二节　专利分类表的查询和使用

《专利信息利用导引》第四章系统讲解了专利分类的相关知识。为了便于公众使用这些分类体系，许多国家/地区在其官方网站上提供了专利分类表的查询和使用。本节介绍国家知识产权组织、欧洲专利局、美国专利商标局以及日本特许厅通过因特网提供的分类资源的查询和使用方法。

一、国际专利分类表英文版的查询及使用

通过世界知识产权组织（WIPO）官方网站可以浏览国际专利分类表英文版，还可以利用关键词等技术词汇获取相应的国际专利分类号。

（一）国际专利分类表英文版的浏览和查询

世界知识产权组织（WIPO）官方网站定期公布最新修订的国际专利分类表及其相关内容。输入网址 http：//www. wipo. int/classifications/ipc/ipc8，即可进入网络版IPC（图 3 – 131）。

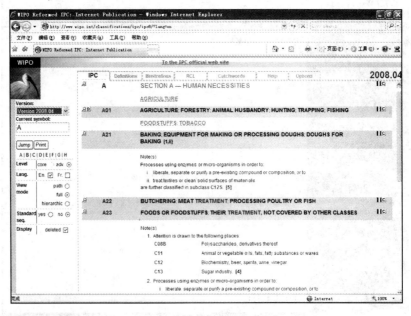

图 3 – 131　IPC 查询页面

网络版 IPC 包括第 8 版 IPC（2006.01）及其各修订版（截至 2010 年 3 月，各修订版包括 2007.01 版、2007.10 版、2008.01 版、2008.04 版、2009.01 版、2009.10 版、2010.01 版）的英、法两种语言的基本版、高级版分类表数据。

在页面左侧的输入框中输入待查询的分类号后，可以在页面右侧的分类表显示窗口中浏览对应的类目。

网络版 IPC 共有 3 种显示功能可供选择：

大纲模式：可以查看分类号下一级包含的具体内容，了解细分情况。

全文模式：可以纵览小类中的所有内容。

等级模式：可以查看同级分类号的内容，了解这些分类号之间的联系与区别。

在该系统中，还可以利用同样的方式，通过单击分类表类目上方的按钮，查询所输入分类号的分类定义、化学结构式和图解说明等。

（二）通过关键词等词汇获取国际专利分类号

WIPO 官方网站提供了关键词索引和 IPC 全文检索系统（TACSY）两种工具，利用关键词来获取国际专利分类号。

1. 关键词索引（Catchword）

可以通过两种方式使用关键词索引工具。

在 WIPO 网站的 IPC 分类表主页，单击"Catchwords"标签，页面上会显示关键词索引表（图 3 – 132），单击任何一个术语，就可查看一段范围内的关键词索引的详细内容。

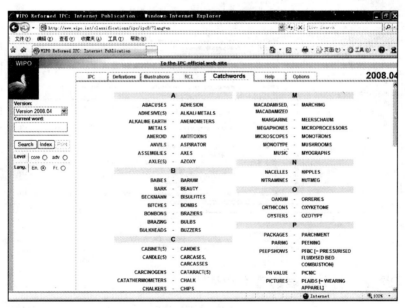

图 3 – 132　关键词索引表页面

还可以通过页面左侧检索输入框对关键词索引进行检索。在页面左侧选择版本号（Version），在"Current Word"输入框中可以输入词进行检索，如果检索词不包括在关键词索引中，则会显示与之"字母最接近"的结果。

"高级版"或"基本版"的关键词索引所包含的内容有所不同，在页面左侧可以选择，也可以选择语言"英文"或"法文"。

2. IPC 全文检索系统（TACSY）

可通过网址 http：//www. wipo. int/tacsy 进入 IPC 全文检索系统。

TACSY 系统中，可以通过输入自然语言对 IPC 英文、法文版的 IPC 高级版（目前针对 2008. 01 版）、基本版进行检索。检索语言可选择英文或法文，显示语言可选择英文或法文，默认的显示语言与检索语言一致。可以同时输入短语和 IPC 进行联合检索。

TACSY 对输入的自然语言短语进行分析，然后在分类表中检索相关的内容，在屏幕左下方显示相关的分类号、版本标记以及相关度。可以选择将分类号显示到小组、大组或小类，默认的自动（Automatic）选项是在小组一级。可通过单击检索结果中的分类号进一步查看分类表内容（图 3 - 133），分类表内容显示在右下侧窗口中。

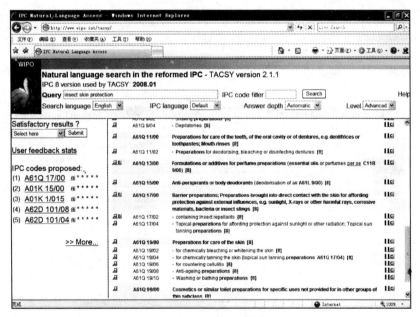

图 3 - 133　分类表内容页面

二、欧洲专利分类表的查询和使用

通过欧洲专利局官方网站提供的专利分类查询系统，可以对欧洲专利分类表进行查询浏览，还可以通过主题词获取相应的欧洲专利分类号，以及通过欧洲专利分类号获取相应的专利文献。

通过欧洲专利局 espacenet 网站（网址为 http：//ep. espacenet. com/ ），单击 "Classification search" 链接进入 ECLA 查询系统或直接输入网址 "http：//

v3. espacenet. com/eclasrch" 进入 ECLA 查询系统（图 3 - 134）。

图 3 - 134　ECLA 查询页面

（一）欧洲专利分类表的查询

在查询系统中，可以逐级单击浏览分类表，也可以在页面上方的分类号输入框中输入 ECLA 分类号，单击输入框旁边的"Go"或回车即可查询到分类号。

在页面中部的"Show notes"选择框中打钩，可以显示出分类表中的附注（图 3 - 135）。

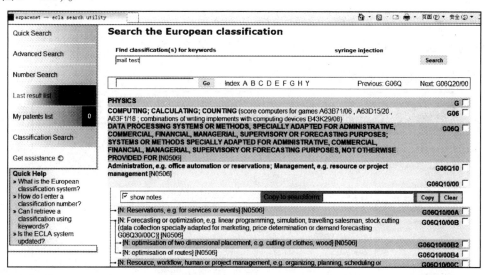

图 3 - 135　分类表中的附注页面

（二）通过关键词获取欧洲专利分类号

在查询系统页面上方的关键词输入框中输入主题词，单击输入框旁边的

"Search"或回车即可查询到该技术主题对应的欧洲专利分类号。欧洲专利分类查询系统中的关键词查询，并不是在 ECLA 类名中检索，而是在 espacenet 中的专利文献的名称和摘要中进行检索，然后将所得到的相关分类号以出现频率多少进行排序。例如用"mail test"进行检索，所得到的第一个分类号是 G06Q10（图 3 – 136）。

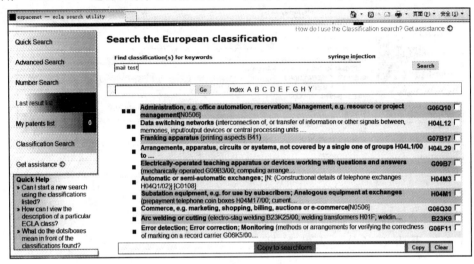

图 3 – 136　通过关键词获取欧洲专利分类号

类名前的小方块表示出现频率的多少，结果显示到大组一级。继续单击类名或类号，可以得到该大组其下小组的具体内容。

（三）通过欧洲专利分类号获取专利文献

选中 ECLA 分类号右边的选框，系统会自动将该分类号显示在"Copy to searchform"框内，最多可以选择 4 个分类号（图 3 – 137）。

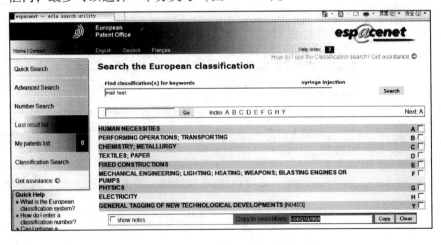

图 3 – 137　选择分类号

选好后，单击旁边的"copy"，系统将 ECLA 分类号检索页面转换到 espacenet 高

级检索方式，并将所选分类号直接传送到高级检索的 ECLA 分类号检索字段中，检索
与该分类号相关的文献。

三、美国专利分类表的查询和使用

进入美国专利商标局网站主页（http：//www. uspto. gov），选择"patent"栏目
下的"Resources and Guidance"项，单击"tools & manuals"中的"Manual of Patent
Classification"进入美国专利分类查询系统（图 3 - 138）。

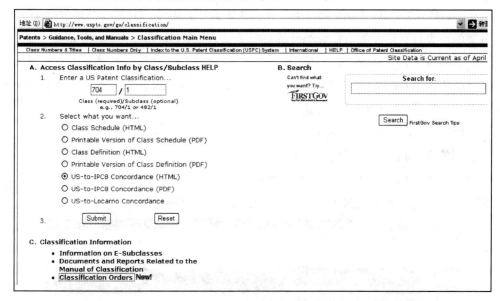

图 3 - 138　美国专利分类查询系统页面

通过美国专利分类查询系统，可浏览或通过分类号查询相对应的美国专利分类
表、分类定义、美国专利分类号与国际专利分类号对照表，还可通过关键词索引浏览
专利分类表。

（一）美国专利分类表的查询

在检索系统中，在输入框内输入要检索的类号（必要条件）和/或小类号（可选
择条件），然后再从"Select what you want..."标题下的选项中选择检索的对象，单
击"Submit"按钮，即可浏览该分类号对应的美国专利分类、分类定义或美国专利分
类与国际专利分类对照表等内容。

1. Class Schedule（HTML）

HTML 格式显示的分类表。结果显示类号所在的分类表，包括所有的小类号及其
类名。

2. Printable Version of Class Schedule（PDF）

PDF 格式显示的分类表。结果显示类号所在的分类表，包括 PDF 显示的小类号

及类名。该版本未设置超级链接，可打印。

3. Class Definition（HTML）

HTML 格式显示的分类定义。类号所对应的分类定义，包括所有的小类号的分类定义。

4. Printable Version of Class Definition（PDF）

PDF 格式显示的分类定义。

5. US-to-IPC8 Concordance（HTML）

HTML 格式显示的美国专利分类号与第 8 版 IPC 分类号的对照。结果显示美国专利分类的小类号与第 8 版 IPC 分类号的对照关系。

6. US-to-IPC8 Concordance（PDF）

PDF 格式显示的美国专利分类号与第 8 版 IPC 分类号的对照，美国专利文献中显示的 IPC 分类号即通过该对照表获得。

7. US-to-Locarno Concordance

美国外观专利分类号与洛迦诺分类号的对照。

检索结果（图 3 - 139）中，通过单击分类号前的"A"，还可以链接到与该分类号相关的授权前公开文献列表，"P"可以链接到相关的专利列表。

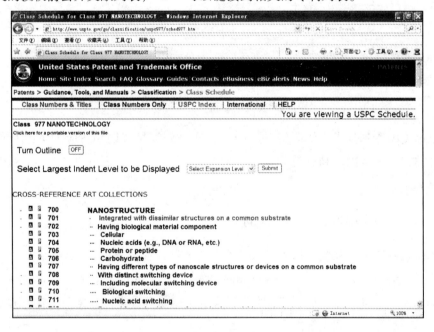

图 3 - 139　检索结果页面

（二）浏览分类信息（Classification Information）

通过美国专利分类查询系统中的"Classification Information"，可以根据关键词索引浏览美国专利分类的相关信息，如：按照字母顺序显示的美国专利分类系统的关键词索引表、美国专利分类顺序、分类顺序索引、美国专利再分类等。

四、日本专利分类表的查询和使用

日本特许厅为了弥补 IPC 分类不够详细的缺陷，方便文献的归类和检索，建立了日本专利分类体系——FI 和 F-term 两种分类体系，用于对专利进行分类。

日本特许厅的英文界面和日文界面中分别提供了日本专利分类表英文版和日文版的查询和检索。

（一）日文版的日本专利分类表

通过日本特许厅主页（http：//www. jpo. go. jp/）的 IPDL 数字图书馆界面链接到日本专利分类查询系统（图 3 - 140），日文版的网址为 http：//www5. ipdl. in-pit. go. jp/pmgs1/pmgs1/pmgs。在此界面上单击"FI 照会"或者"F ターム照会"分别浏览 FI、F - term 分类表，也可以输入 FI、F - term 分类号检索相应类名、说明。

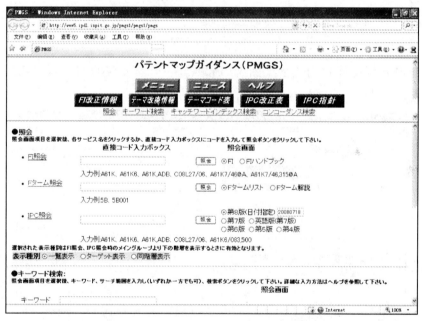

图 3 - 140　日本专利分类查询系统页面

此处同样可以查看 F-term 的解释以及 IPC 与 F-term 之间的对应转换关系。

可以使用 FI、F-term 检索日本专利文献及实用新型专利文献。

（二）英文版的日本专利分类表

1. 英文版日本专利分类表的查询浏览

可通过日本特许厅 IPDL 英文界面中的"patent map guidance"查询日本专利分类表英文版（图 3 - 141）。日本版分类表的内容有些并没有翻译成英文，因此英文版的分类表内容不完整。

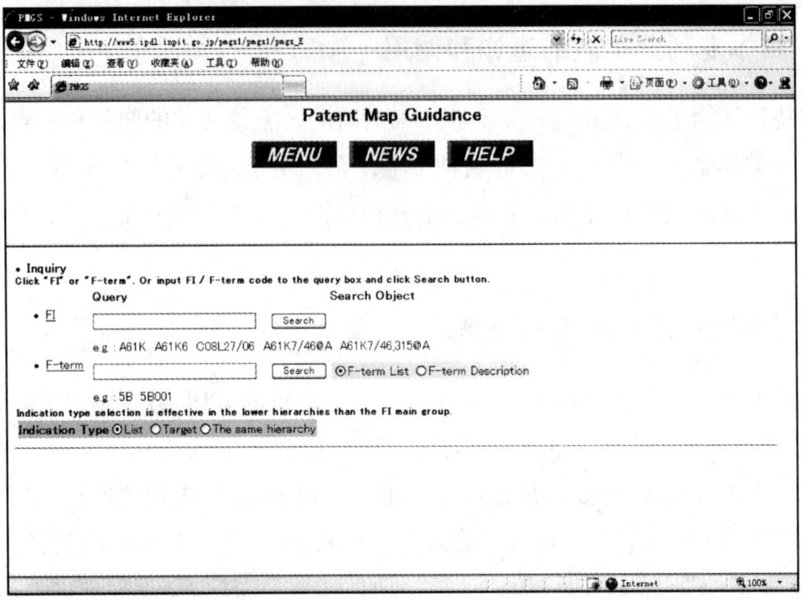

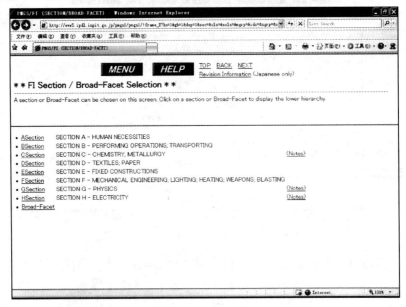

图 3 – 141　日本专利分类表英文版页面

单击 FI 可以浏览 FI 分类表（图 3 – 142），A ~ H 部相应的 FI 分类号需进一步单击进去查看。最后一个链接给出的是广义方面的分类号 Facet。

图 3 – 142　FI 分类表页面

单击"Patent Map Quidance（FI/F-term 分类表）"，进入英文版 FI/F-term 分类表查询页面（图 3 – 143）。

在 FI 检索入口中输入"C09K11/00"，单击"search"进入 FI 查询结果页面（图

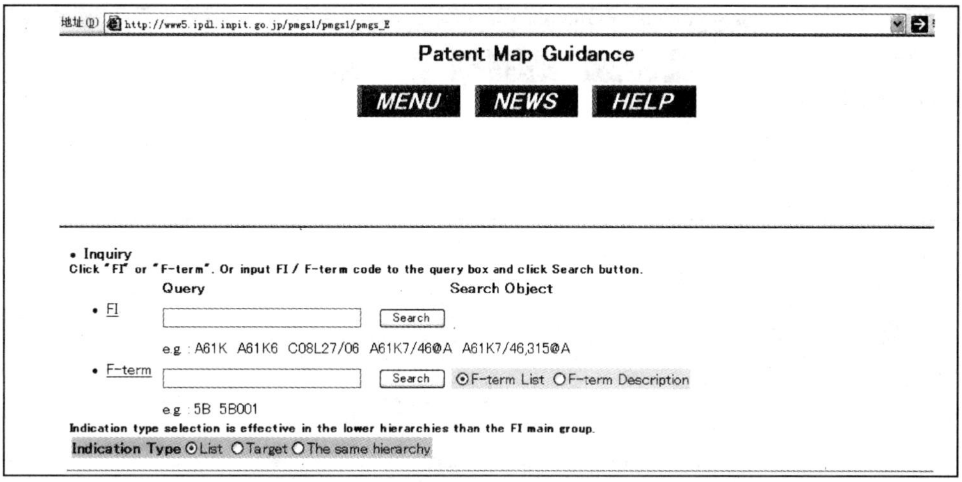

图 3 - 143　FI/F-term 分类表查询页面

3 - 144）。

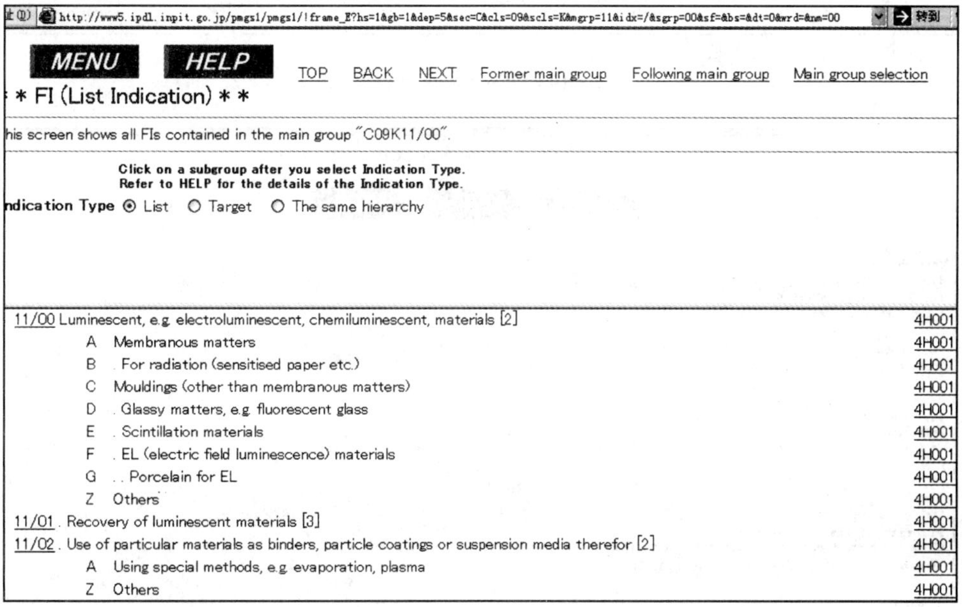

图 3 - 144　FI 查询结果页面

单击右侧一栏"4H001"进入相应的 F-term 分类表（图 3 - 145）。

2. 英文版日本专利分类的检索

在英文版 IPDL 的主页面选择"FI/F-term Search"的链接可通过日本专利分类号检索自 1885 年起的日本发明和实用新型专利文献（图 3 - 146）。

在 FI/F-term 检索界面，包括如下 4 个检索部分。

1. Data Type（数据类型）

包含 4 种专利文献种类："Patent"（专利）、"Utility Model"（实用新型）、"Pa-

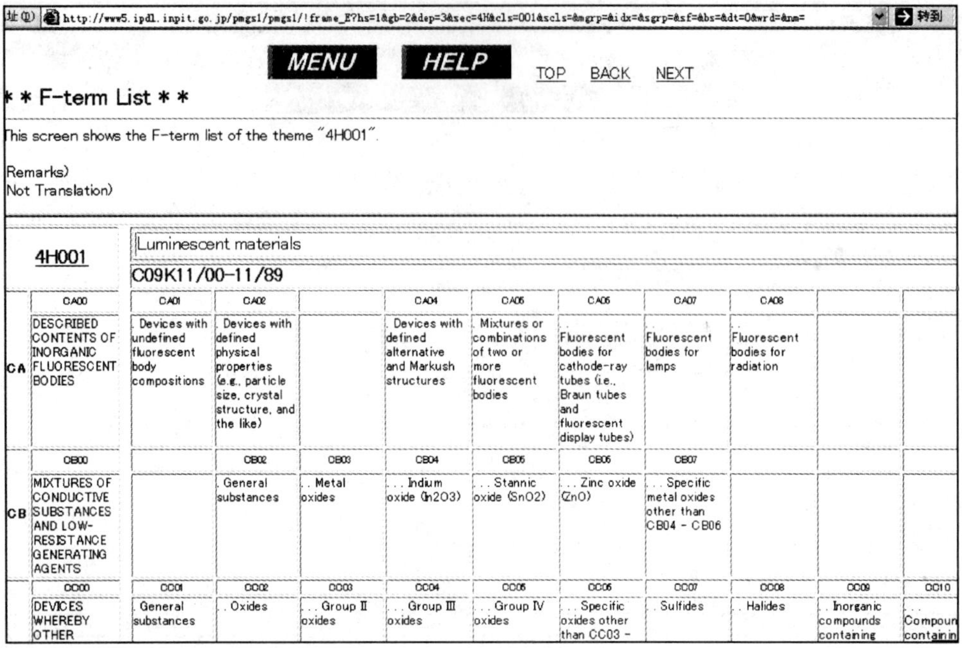

址(①) http://www5.ipdl.inpit.go.jp/pmgs1/pmgs1/!frame_E?hs=1&gb=2&dep=3&xec=4H&cls=001&xcls=&mgrp=&idx=&sgrp=&sf=&bs=&dt=0&wrd=&nm=   ▼ ➜转到

MENU   HELP   TOP   BACK   NEXT

* * F-term List * *

This screen shows the F-term list of the theme "4H001".

Remarks)
Not Translation)

4H001	Luminescent materials									
	C09K11/00--11/89									
	CA00	CA01	CA02		CA04	CA05	CA06	CA07	CA08	
CA	DESCRIBED CONTENTS OF INORGANIC FLUORESCENT BODIES	. Devices with undefined fluorescent body compositions	. Devices with defined physical properties (e.g. particle size, crystal structure, and the like)		. Devices with defined alternative and Markush structures	Mixtures or combinations of two or more fluorescent bodies	Fluorescent bodies for cathode-ray tubes (i.e., Braun tubes and fluorescent display tubes)	Fluorescent bodies for lamps	Fluorescent bodies for radiation	
	CB00		CB02	CB03	CB04	CB05	CB06	CB07		
CB	MIXTURES OF CONDUCTIVE SUBSTANCES AND LOW-RESISTANCE GENERATING AGENTS		. General substances	. Metal oxides	. . Indium oxide (In2O3)	. . Stannic oxide (SnO2)	. . Zinc oxide (ZnO)	. Specific metal oxides other than CB04 – CB06		
	CC00	CC01	CC02	CC03	CC04	CC05	CC06	CC07	CC08	CC09	CC10
	DEVICES WHEREBY OTHER	. General substances	. . Oxides	. . . Group II oxides	. . . Group III oxides	. . . Group IV oxides	. . Specific oxides other than CC03 –	. Sulfides	. Halides	. Inorganic compounds containing	Compound contain in

图 3 – 145   F-term 分类表页面

FI/F-term Search

MENU   NEWS   HELP

Data Type
This choice can be omitted. (When you have no check, all Data Types are chosen.)
☐Patent ☐Examined utility model registration ☐Patent specification ☐Examined utility model specification
Theme --- e.g. 2C001
Enter a F-term Theme in the box below.
[   ]
Publication Date --- e.g. 20010101-20031231
You can specify a range of Publication Date to narrow your search.
This choice can be omitted.
From:[   ] - To:[   ]
FI/F-term/facet --- e.g. AA01+[A63F9/22-ZAA]
Enter the query into the box below, up to 500 letters (essential requirement for searching)
Boolean operators : "+" means 'OR', "*" means 'AND', "-" means 'NOT'.
[   ]
Display Type
[All Pages ▼]
Priority of search result display
Check the kind of document, which you want to indicate the Search Result (Document Number).
⦿unexamined applications ○examined applications

[Search]   [Clear]
                        [Stored Data] [PatentMap Guidance]

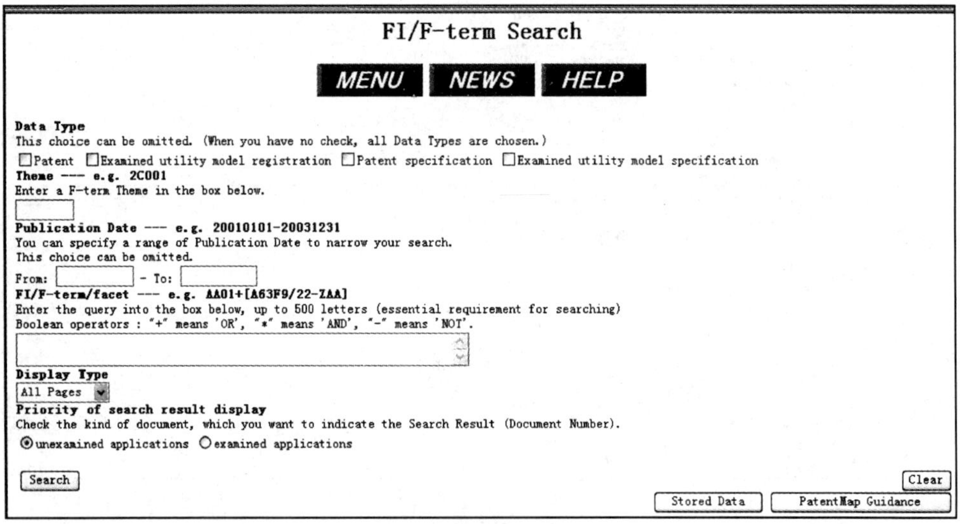

图 3 – 146   FI/F-term 检索页面

tent Specification"（专利说明书）和 "Utility Model Specification"（实用新型说明书）。在进行专利检索时，用户需要先选择专利文献种类（一个或多个）；如果未选择，数据库将默认显示全部的专利文献种类。

2. **Theme**（主题）

F-term 分解的技术领域代码输入框。

输入多个分类主题时，可以使用 "AND" 算符。

3. Publication Date（公布日期）

申请第一次被公布的时间，主要用于限制检索的时间范围。检索时如果未对时间进行限制，数据库将在所有的文献中进行检索。

4. FI/F-term/facet

FI、F - term 及 facet 的检索表达式输入框。

输入时必须控制在 500 个字符以内；可使用的算符有："＊"表示逻辑"AND"，"＋"表示逻辑"OR"，"－"表示逻辑"NOT"。

第四章　专利性检索

一件发明专利申请被授予专利权的必要条件之一就是具备《专利法》第22条第2款和第3款规定的新颖性和创造性。专利性检索是专利申请人、专利审查员、专利代理人及有关人员为判断一项技术方案是否具备专利法意义上的新颖性和创造性而进行的检索，其目的是确定现有信息资源中是否存在影响技术方案新颖性和创造性的对比文件。因此，能熟练运用专利性的法律概念和审查原则，针对一项技术进行专利性检索和判断就显得非常重要。

本章将从介绍专利性检索的应用范围入手，提出专利性检索的重要作用，然后以专利法中的新颖性概念为基点，讨论专利性检索的具体步骤和判断方法。

第一节　专利性检索的应用

一般来说，在申请专利、审批专利、宣告专利权无效、产品技术创新等活动之前，在产品的技术创新、回避设计、专利权无效宣告等企业生产经营的环节中，均需进行专利性检索和判断。

一、专利申请前检索

在专利申请之前，申请人已经作出发明创造并撰写完成用于提交专利申请的说明书和权利要求书等文件，准备提出发明和实用新型专利申请，这时，应针对要申请发明或实用新型的权利要求进行检索，从而判断该专利申请是否具备授权前景。

在我国，专利法保护发明、实用新型和外观设计3种客体。其中，对实用新型或外观设计专利申请采用初步审查制，即审查专利申请文件是否符合《专利法》及其实施细则的有关规定。因此，对于不存在明显实质性缺陷的实用新型或外观设计专利申请，包括经过补正符合初步审查要求的专利申请，则认为初步审查合格，授予实用新型或外观设计专利权。

发明专利申请要进行实质审查，即提交的发明专利申请进入实审程序后，审查员会对其进行专利性检索并作出是否具有新颖性和创造性的判断。在发明专利申请前进行专利性检索，可以避免提交不具有专利性的发明专利申请，从而节约程序和费用。实用新型专利申请虽然不进行实质审查，但是未经过专利性检索的专利权利状态不稳定，随时有可能被宣告无效。

二、审批专利的检索

由于我国的专利制度对发明专利申请采用实质审查制，发明专利申请的申请人应当自申请日（有优先权的，指优先权日）起 3 年内提出实质审查请求，并在此期限内缴纳实质审查费。对于进入实质审查程序的发明专利申请，审查员会对其进行实质审查，其中一项关键的工作就是进行专利性检索，其目的是找出与申请的主题密切相关或者相关的对比文件，或者找出抵触申请文件或者防止重复授权的文件，从而确定申请的主题是否具备《专利法》第 22 条第 2 款和第 3 款规定的新颖性和创造性。

三、宣告专利权无效检索

新颖性和创造性是授予发明或者实用新型专利权的实质条件之一，不具备这一条件的发明和实用新型，不能授予专利权。如果专利局授予了申请人专利权，任何单位或个人都可以以该专利不具备新颖性或创造性请求专利复审委员会宣告该专利无效。专利复审委员会认为宣告无效理由成立，则应依法宣告该专利无效。被宣告无效的专利视为自始即不存在。因此，请求宣告发明或实用新型专利权无效的理由之一是授予专利权的发明或实用新型不具备新颖性和创造性。

在工业生产活动中，侵权情况时有发生。当侵权人不知道其生产的某项新产品或采用的某项新工艺、新方法是专利而被别人指控侵权时，为了避免侵权事实成立，侵权人可以针对该项专利的权利要求进行检索，找到提出无效宣告请求的理由和证据并提出无效宣告请求。

针对被告侵权的专利的权利要求进行专利性检索，是找到提无效宣告请求的理由和证据的有效手段。

四、技术创新检索

企业的技术创新主要体现在开发独创的新产品方面，也就是对现有技术或产品进行某种方式的改变。查找科技文献、专利文献是技术创新中的重要内容之一，尤其在信息时代，脱离对现有人类知识成果的继承，闭门造车的结果将是一事无成。为了避免低起点、低水平的重复研究开发，同时避免侵权诉讼，企业的技术创新应该树立回避设计理念。因此在确立研发方案之前，要针对研发方案进行专利性检索，找出与之相关的专利，判断侵权的可能性，必要时进行回避设计。

第二节　专利性检索概述

根据《专利法》第 22 条第 1 款的规定，授予专利权的发明和实用新型应当具备新颖性、创造性和实用性。因此，一项发明创造如果想获得专利权，就必须具备新颖性和创造性。专利性检索是为判断一项技术方案是否具备专利法意义上的新颖性和创造性而进行的检索，因此，专利性检索涉及专利法所规定的新颖性和创造性的概念，以及检索的范围。

一、新颖性的概念

《专利法》第22条第2款规定："新颖性，是指该发明或者实用新型不属于现有技术；也没有任何单位或者个人就同样的发明或者实用新型在申请日以前向国务院专利行政部门提出过申请，并记载在申请日以后公布的专利申请文件或者公告的专利文件中。"

因此，具备新颖性的发明和实用新型应当既不同于现有技术、也不同于在申请日以前由任何单位或者个人向专利局提出过申请并且记载在申请日以后（含申请日）公布的专利申请文件或者公告的专利文件中的发明或者实用新型。

（一）现有技术

根据《专利法》第22条第5款的规定，现有技术是指申请日以前在国内外为公众所知的技术。也就是说，现有技术应当在申请日以前处于能够为公众获得的状态。现有技术也称为已有技术。

应当注意的是，对于享有优先权的专利申请则以优先权日为准，优先权日之前公众能够获得的技术是现有技术。下文中所称的申请日，有优先权日的均指优先权日。申请日当天公开的技术内容不属于现有技术。

现有技术可以以多种方式为公众所知，包括在国内外的出版物上公开发表、在国内外公开使用和以其他方式为公众所知。

1. 出版物公开

专利法意义上的出版物是指记载有技术或设计内容的独立存在的传播载体，并且应当表明或者有其他证据证明其公开发表或出版的时间。出版物的载体可以是各种印刷的、打字的纸件，也可以是用电、光、磁、照相等方法制成的视听资料，还可以是以互联网或其他在线数据库形式存在的文件等。出版物不受出版国别、语言、获得方式和发行量的限制。

如果出版物上印有"内部资料"、"内部发行"等字样，并且是在特定范围内发行并要求保密的，不属于公开出版物。

出版物的印刷日视为公开日，有其他证据证明其公开日的除外。印刷日只写明年月或者年份的，以该月份或年份的最后一日为公开日。

2. 使用公开

使用公开是指由于使用而导致技术方案处于公众可以得知的状态。

使用公开的方式包括能够使公众得知其技术内容的制造、使用、销售、进口、交换、馈赠、演示、展出等方式。如果产品仅公开展示，但未给出任何有关技术内容的说明，以致所属技术领域的技术人员无法得知其结构和功能或材料成分，则不属于使用公开。如果公开使用的是一种产品，即使所使用的产品或装置需要经过破坏才能得知其结构和功能，也仍然属于使用公开。

使用公开是以公众能够得知该产品或者方法之日为公开日。

3. 以其他方式公开

以其他方式公开是指以为公众所知的其他方式的公开，主要是指口头公开等。

口头交谈、报告、讨论会发言以其发生之日为公开日。公众可接收的广播、电视或电影的报道，以其播放日为公开日。

总之，以上述任何方式公开的现有技术都会破坏相同发明或实用新型专利申请的新颖性，因此，专利性检索就包括在现有技术中检索以上述任何方式公开的相同的发明或实用新型。但是，由于以使用方式公开或以其他方式公开的现有技术难以在办公室完成检索和取证，因此，一般来说，发明或者实用新型的专利性检索在检索现有技术时只检索出版物方式的公开，而不检索和考虑使用公开和其他方式的公开。

（二）抵触申请

根据《专利法》第22条第2款的规定，满足新颖性的发明或实用新型还必须不能有抵触申请存在，即，没有任何单位或者个人就同样的发明或实用新型在申请日以前向专利局提出过申请，并且记载在申请日以后（含申请日）公布的专利申请文件或公告的专利文件中。首先，抵触申请应当是中国专利申请，其中包括进入了中国国家阶段的国际专利申请，即申请日以前由任何单位或个人提出、并在申请日之后（含申请日）由专利局公布或公告的且为同样的发明或者实用新型的国际专利申请。其次，抵触申请的申请日应当在本申请的申请日之前（不包含申请日），公开日在本申请的申请日以后（含申请日）。

此外，抵触申请的技术内容应当和本申请的技术内容相同。在比较技术内容时，应当以抵触申请的全文内容为准，而不仅限于其权利要求书。能够破坏本申请新颖性的抵触申请满足上述条件即可，而不必考虑该抵触申请是否被授权、驳回、视为撤回或撤回。

可见，专利性检索除了应当检索出版物公开的现有技术，还应当检索是否有抵触申请存在。由于抵触申请是中国专利申请，因此，仅在中国专利数据库进行检索时注意是否有抵触申请存在就可以了。

二、创造性的概念

《专利法》第22条第3款规定："创造性，是指与现有技术相比，该发明具有突出的实质性特点和显著的进步，该实用新型有实质性特点和进步。"

（一）突出的实质性特点

发明有突出的实质性特点，是指对所属技术领域的技术人员来说，发明相对于现有技术是非显而易见的。如果发明是所属技术领域的技术人员在现有技术的基础上仅仅通过合乎逻辑的分析、推理或者有限的试验可以得到的，则该发明是显而易见的，也就不具备突出的实质性特点。

（二）显著的进步

发明具有显著的进步，是指发明与现有技术相比能够产生有益的技术效果。它可以是，发明克服了现有技术中存在的缺点和不足，或者为解决某一技术问题提供了一种不同构思的技术方案，或者代表某种新的技术发展趋势。

总之，创造性的判断都是基于现有技术进行的，即与申请日以前公开出版的文献相比对技术方案作出是否有创造性的判断。

三、专利性检索的范围

尽管有不同的应用目的，但是专利性检索不外乎检索和判断在现有技术中是否公开出版了相同的发明和实用新型，与现有技术相比，是否有突出的实质性特点和显著的进步，以及是否有抵触申请存在。因此，专利性检索包括在公开的出版物中检索现有技术，和检索是否存在抵触申请。检索现有技术是指在申请日之前公开出版的所有文献中检索与专利申请相同或最接近的文献。检索抵触申请，是指在中国专利文献中检索申请日在先、公布日在后的由任何单位或个人提出的同样的发明或实用新型。在实际进行专利性检索时，检索过程既涉及应检索的文献范围，也包括应检索文献公开出版的时间范围。

具体而言，根据专利性检索的应用目的不同，又分为如下不同的情况：在提交专利申请前进行专利性检索时，主要是检索现有技术，然后在提交申请后满 18 个月时进行抵触申请的补充检索。以审批专利和宣告专利权无效为目的的专利性检索要同时检索现有技术和抵触申请。值得一提的是，检索抵触申请不是单独进行的一次检索，而是在中国专利文献数据库中进行检索时注意是否存在抵触申请就可以了。以技术创新为目的的专利性检索，由于不涉及专利申请重复授权的问题，则不必检索是否有抵触申请存在，只检索现有技术就可以了。

（一）检索的文献范围

从理论上说检索现有技术，涉及申请日以前公开出版的所有文献，既包括专利文献也包括非专利文献，既包括中文出版的文献也包括以任何其他文字出版的文献。

《专利合作条约实施细则》第 34 条对进行专利性检索应检索的最低限度文献进行了规定，该条定义的最低限度文献分为专利文献和非专利文献。概括起来，专利文献是指 1920 年以来美国、英国、法国、德国、瑞士、欧洲专利局和专利合作组织出版的专利文献，含英文摘要的日本和俄罗斯的专利文献，以及使用英语、法语、德语、西班牙语的国家不要求优先权的专利文献（即，澳大利亚、奥地利和加拿大出版的不要求优先权的专利文献）；非专利文献是指近 5 年的 100 多种科技期刊，这些科技期刊的清单由国际局公布，一般通过购置科技期刊或科技文献数据库的方式解决。在我国，除应检索 PCT 规定的最低限度文献之外，还应检索中国专利文献，以及中国的科技期刊。

检索抵触申请时，检索的文献范围是中国专利文献。

（二）检索的时间范围

由于现有技术是指申请日以前为公众所知的技术，因此检索出版物中公开的现有技术只需检索申请日以前公布的文献就可以了。对于在提交专利申请前进行的专利性检索和以技术创新为目的的专利性检索，应当检索活动日期之前的所有文献。以审批专利和宣告专利权无效为目的的专利性检索应检索该专利申请的申请日以前公开的所有文献。

由于中国发明专利申请自申请日起满 18 个月公开，因此，检索抵触申请应当检索自本发明或实用新型专利申请的申请日起，18 个月内公布的中国专利申请。

在实际检索过程中，不必先用本发明或实用新型的申请日限定检索的时间范围。因为，一方面有可能漏掉抵触申请，另一方面，检索结果中在本申请的申请日之后公开的文献虽然不能作为现有技术评价本发明或实用新型的创造性，但是可以为进一步检索提供信息。

第三节　专利性检索方法

如第一节所述，专利性检索可以有不同的具体应用，但是在不同应用下，专利性检索的基本过程和方法相同，只是在是否需要检索抵触申请方面有所不同。本节介绍的专利性检索方法是在不同应用情况下均采用的基本的检索过程和检索思路。

一、正确分析技术方案

在检索开始之前，对技术方案的正确分析是进行有效检索和判断技术方案是否具备新颖性和创造性的基础。对于欲提交专利申请或已经提交了专利申请的发明或实用新型而言，权利要求书中的每一个权利要求就是一个完整的技术方案。因此，在进行专利性检索时，要正确分析每一个权利要求请求保护的技术方案。

技术方案限定的范围是由技术方案中记载的全部内容作为一个整体限定的，通常技术特征越多，所限定的范围越小。

例：

1. 一种杯具，包括杯体和杯盖，其特征在于，所述杯体为柱状，两端均有杯盖。

2. 一种杯具，包括杯体，其特征在于，所述杯体为柱状，两端均有杯盖，杯体内有隔层，隔层将杯体隔成上下两个腔体。

3. 一种杯具，包括杯体，其特征在于，所述杯体为柱状，两端均有杯盖，杯体内有隔层，隔层将杯体隔成上下两个腔体，其中一个腔体高度是另一个腔体高度的 2~4 倍。

在上例中，第一个技术方案限定的范围最大，其覆盖了第二个和第三个技术方案。第三个技术方案的技术特征最多，其限定的范围最小。

对于技术方案中所包含的上位概括式限定，应理解为覆盖了所有具有该上位概括的共性特征的下位具体方式。例如，金属涵盖了铜、铁、铝、合金等。

技术方案涉及数值范围时，如果采用文字方式表达，例如"大于……"、"小于……"、"超过……"，"……以上"、"……以下"、"……以内"等，根据《专利审查指南2010》的规定，"大于"、"小于"、"超过"等理解为不包含本数；"以上"、"以下"、"以内"等理解为包括本数。

二、确定检索的技术领域

影响一个技术方案的新颖性的文献所记载的内容应当与该技术方案实质上相同，并且两者适用于相同的技术领域、解决相同的技术问题、具有相同的预期技术效果。因此，在该技术方案所属的技术领域（所属的 IPC 分类）检索最可能检索到影响新颖性或创造性的对比文件。为了确定检索的技术领域，应当首先明确该技术方案所属的 IPC 分类位置。

如果要检索的技术方案已经向专利局提交了专利申请，则审查员确定的表明发明信息的该申请的 IPC 分类号就是该技术方案的主题所属的技术领域。此外，还可以利用检索数据库，使用关键词、发明名称、发明人等检索入口进行检索，然后对检索结果进行 IPC 统计分析，从而确定该技术方案的主题所属的技术领域。

除了应检索该技术方案所属的 IPC 分类之外，还应当检索其优先小组及其下的不明显排除检索主题的全部小组、其上面的高一级小组直至大组的 IPC 分类位置，因为这些 IPC 分类位置也包含了与检索主题相关的专利文献。此时，需要注意分类表中的各种附注和参见、优先注释以及各小组之间的关系。

如果在上述技术领域没有检索到影响新颖性和创造性的对比文献，一般情况下，还应当检索功能类似的技术领域。具体地说，如果确定该技术方案位于 IPC 的"应用分类"位置,则应考虑检索相应"功能分类"位置的技术领域,或功能相同或相近的其他"应用分类"位置的技术领域;如果确定该技术方案位于 IPC 的"功能分类"位置,还应将检索范围扩展到与之功能相同或相近的位于各种"应用分类"位置的技术领域。例如,一个技术方案涉及的是"心脏瓣膜",该技术方案所属的技术领域是 A61F2/24,该分类位置为"应用分类位置",属于一种应用于心脏的"阀"。与之相应的通用的阀的"功能分类位置"为 F16K,因此在对该技术方案进行检索时,还应考虑是否需要将检索范围扩展到功能分类位置 F16K 以及其他阀的特殊应用位置,例如 F16N23/00"控制阀的特殊应用"。值得一提的是,是否需将检索范围扩展到功能相似领域,主要取决于技术领域的转换是否具有显而易见性。如果一个技术方案特别强调其技术改进是针对特殊用途进行的,该方案是将通用的装置或方法针对特殊用途进行了相应的改进,此时就没有必要一味地扩展检索的技术领域了。

IPC 分类的主要目的是为了便于技术主题的检索,其分类方式是尽量将同样的技术主题归放在同一分类位置,同时还以各种指示、指引、附注、参见等方式给出与该技术主题相关联的其他相似技术主题的分类位置。因此,确定检索领域的过程就是准确、全面地找出与该技术方案相同或相似的专利文献的 IPC 分类位置的过程。准确地确定检索的技术领域,即 IPC 分类号,在进行检索时有利于对不同分类号进行择优选取或组合使用。

三、确定基本检索要素

在进行技术方案的专利性检索时,从技术方案中提取基本检索要素是检索的关键一步。在第一章,我们已了解了有关"检索要素"的概念、表达等知识。由于专利性检索的特点是在检索之前,可以获得技术方案的详尽说明文件,因此,可确定的检索要素很多,这就需要缩小检索要素的范围,选取其中若干最有代表性的检索要素。这里就要引出"基本检索要素"的概念。所谓基本检索要素,是指从技术方案中提炼出来的,最能够体现技术方案的基本构思的可检索的要素。如果检索结果的技术方案包含了这些基本检索要素,就可以使用该文献评价本申请的新颖性;如果检索结果的技术方案缺少基本检索要素中的任何一个,则该技术方案不能评价本申请的新颖性,但有可能评价本申请的创造性。因此,提出基本检索要素的目的在于利用可检索的要素来表达技术方案,以便在数据库中查找影响新颖性或创造性的文献。

如果是对一件申请的权利要求进行检索,当只有一项独立权利要求时,应分析该独立权利要求请求保护的技术方案并从中提炼基本检索要素;当有多项独立权利要求时,应当确定保护范围最宽的独立权利要求并分析其技术方案,从中提炼基本检索要素。对权利要求提取基本检索要素,可以分别从权利要求的前序部分和特征部分提取。从前序部分主要提取发明的主题名称,以及那些与特征部分的技术特征密切相关的、又没有隐含在主题名称之内的特征。从特征部分主要提取体现发明点的与现有技术相区别的技术特征。应注意的是，在前序部分和特征部分分别提取的基本检索要素应当在技术内容上不重复。

从技术方案提取基本检索要素的过程就是对技术方案进行分析和分解的过程。一般来说，一项技术方案都有主题名称，例如，一个水杯、一个鼠标等，该主题名称可以作为一个基本检索要素。除了主题名称，技术方案还会说明其创新点所在，即发明的基本构思。从发明的基本构思部分选择一个或多个技术特征和/或技术特征的组合作为基本检索要素。将哪些技术特征和/或技术特征的组合作为基本检索要素，是由它们在达到发明所解决的技术问题或达到的技术效果中是否起了关键作用所决定的。

如果是针对申请的独立权利要求进行检索，一般独立权利要求由前序部分和特征部分组成，因此可以分别从其前序部分和特征部分确定一个或多个基本检索要素。从特征部分确定基本检索要素，应当注意根据申请人提供的背景技术和所属领域技术人员的普通技术知识确定区别技术特征，从区别技术特征确定一个或多个基本检索要素。

理论上，将所有基本检索要素用逻辑"与"组成检索式进行检索时，如果客观存在单独影响该技术方案新颖性或创造性的文献，则该文献应当包含于检索结果中。但是，在实际检索过程中，即使对技术方案准确地提取了基本检索要素，也会由于对基本检索要素的表达与数据库不一致等问题而漏检。

四、基本检索要素的表达

在确定了基本检索要素以后，还应将这些基本检索要素表达成数据库能够识别的形式，从而用于在数据库中进行检索，找到相关技术内容的文献。对基本检索要素进行表达就像在基本检索要素和数据库之间搭建一座桥梁，使得检索系统能够识别想要检索的技术内容，同时能够将数据库中具备上述基本检索要素的文献检索出来。一般情况下，基本检索要素可以用分类号和/或关键词表达，有的技术领域还可以用化学结构式、生物序列等形式表达。

（一）用分类号表达

国际专利分类 IPC 和欧洲专利分类 EC 都是检索中常用的分类体系，熟悉上述两个分类体系将有利于快速准确的检索，因为创建分类体系的目的之一就是可以从分类表的同一个分类位置检索到该技术主题的专利文献。如果本申请的技术主题被准确地分入某一分类位置，则在该分类位置最有可能检索到影响新颖性或创造性的对比文件，在组内扩展得到的分类位置和功能类似的分类位置检索也有可能检索到影响新颖性或创造性的对比文件。

在大多数技术领域，从技术方案的主题名称中提取的基本检索要素是发明的主题所属的技术领域，因此可以用该技术领域对应的分类号来表达。另外，还可以用与其相关的分类位置表达，包括该分类号的上一级分类直至大组、不能明显排除的下级分类和类似的功能或者应用分类。

（二）用关键词表达

绝大多数基本检索要素都可以用关键词表达。为了避免漏检，在用关键词表达基本检索要素时，应当对于表达同一概念的同义词、近义词、上位概念、下位概念等尽可能考虑全面，同时注意英文表达式、英美拼写方式的不同，英文单词时态、语态、单复数的变化等。有些时候，还可以用要解决的技术问题、达到的技术效果等方面的词汇表达基本检索要素。基本检索要素的表达通常需要随着检索的深入而不断调整。

需要注意的是，用关键词表达基本检索要素时，应当选择能够反映发明实质技术内容的词，而不应选择那些对检索来说没有任何实质意义的高度概括的词，例如"装置"、"方法"、"设备"等。

为了使检索思路清晰，可以采用"基本检索要素表"来记录检索过程中使用的基本检索要素及其不同的表达方式。在该表中不同基本检索要素之间一般用逻辑"与"的关系组合，而每个基本检索要素的不同表达方式，例如，关键词和各种分类号之间，一般用逻辑"或"的关系组合。

表 4 – 1　基本检索要素表

确定基本检索要素			发明主题名称	发明基本构思
表达	分类号	IPC		
		EC		
	关键词	中文		
		英文		

五、构造检索式

构造检索式是将检索要素的表达按照一定的逻辑运算关系组合起来。由于只有具备全部基本检索要素才能影响技术方案的新颖性，因此各基本检索要素之间是逻辑"与"的关系。同一基本检索要素有分类号、关键词等多种表达，这些表达都表示了一个基本检索要素，因此同一基本检索要素的不同表达之间是逻辑"或"的运算关系。在构造检索式时，首先将每一基本检索要素的不同表达用逻辑"或"连接起来，构成一个基本检索要素的检索式，即检索要素表达式。然后将几个基本检索要素的表达式用逻辑"与"连接起来，构成由多个基本检索要素组成的检索式，即检索要素组合式进行检索。

由于专利性检索的目的是在数据库中检索到相同的或最接近的技术方案，因此检索的过程是从较窄的检索范围向较宽的检索范围不断扩大的过程。在实际检索过程中，可以根据基本检索要素的特点，首先选择最适合于表达该要素的基本表达方式进行检索。也就是说，在构建检索要素表达式时，首先选取最准确的分类号或体现基本检索要素核心技术内容的关键词来组成检索要素表达式，然后再组成检索要素组合式进行检索。

六、检索结果的筛选与分析

专利性检索结果筛选的过程，实际上是将被检索的技术方案与检索结果中的技术方案进行对比的过程，需要以新颖性和创造性的概念为依据进行检索结果的文献筛选。检索结果的筛选不仅包含了技术方案的对比，也包括了对时间界限的判断。

（一）新颖性和创造性的概念与结果筛选的联系

在进行新颖性判断时，首先应当结合第二节中阐述的新颖性的概念，判断被检索的技术方案与检索结果中的技术方案是否实质上相同，如果被检索的技术方案与检索结果中公开的内容相比，其技术方案实质上相同，所属技术领域的技术人员根据两者的技术方案可以确定两者能够适用于相同的技术领域，解决相同的技术问题，并具有相同的预期效果，则认为两者为同样的技术方案。判断新颖性时，适用单独对比的原则。

在进行创造性判断时，要结合创造性的概念，即，判断技术方案相对于现有技术是否是显而易见的。通常可按照以下 3 个步骤进行：

（1）确定最接近的现有技术；

（2）确定发明的区别特征和发明实际解决的技术问题；

（3）判断要求保护的发明对本领域的技术人员来说是否显而易见。

（二）检索结果筛选中时间界限的判断

对于时间界限的判断相对比较简单，但同时也是非常重要的。在进行审批专利申请或宣告专利权无效时，假设检索到了一篇技术方案与被检索的技术方案完全相同的美国文献（无中国同族），如果其公开日期在本申请的申请日之后，那么也是不能作为对比文件使用的。所以从检索结果中筛选对比文件的时候，务必要检查一下日期，以免因疏忽而造成大错。

（三）检索结果筛选中技术内容的判断

较时间界限的判断而言，技术内容的判断即技术方案的判断则显得复杂一些，需要很好地掌握和运用新颖性和创造性的概念。例如：

权利要求 1 请求保护一种 S，其特征在于包括 A 和 B【备注：该权利要求是一开放式权利要求】。

如果检索到一篇文献，公开了：一种 S，包括 A，B 和 C。显然这篇文献应当能破坏权利要求 1 的新颖性。在筛选的时候不能因为 S 多了特征 C 就认为该篇文献不能破坏权利要求的新颖性，甚至因此遗漏该文献。

再则，如果检索到的文献公开了一种 S，包括 C 和 D。其中 C 和 D 分别是 A 和 B 的下位概念，那么显然该文献也能破坏权利要求 1 的新颖性，这里同样需要我们将该文献筛选出来。

可见，文献筛选过程中技术方案的体现是多样化的，需要运用好新颖性和创造性的概念，才能不至于在筛选的过程中遗漏掉能影响被检索的技术方案的新颖性和创造性的对比文件。

（四）检索结果的内容筛选的基本步骤

1. 结合附图以及快速浏览摘要的方式进行判断，并将疑似破坏新颖性/创造性的对比文件保存。

这个过程实际上就是以被检索的技术方案为基础，对所命中的对比文件进行初步的新颖性和创造性的判断。作为初步筛选，显然是希望能较快挑选出可能会影响新颖性/创造性的对比文件。因此，快速浏览的对象是附图和摘要。

2. 仔细阅读疑似破坏新颖性/创造性的对比文件的全文，以便进行新颖性/创造性的判断。

有时通过阅读摘要发现，摘要公开的信息暂时还不能判断是否公开了破坏新颖性/创造性的技术方案，因此要阅读说明书全文。通过阅读全文发现该对比文件确实公开了相似的技术方案，故在实际筛选中应当关注此类文献。

有时附图与被检索的技术方案相差比较远，但由于摘要描述非常相关，需要仔细判断，因此要阅读全文说明书。另外，在没有摘要和附图的情况下，但从发明名称判断觉得可能相关，因此为了体现全面筛选，也要浏览说明书全文。

由于在初步筛选的阶段获得较多的疑似影响新颖性/创造性的对比文件，因此应优先阅读在申请日之前公开的文献。当然，也要重视在申请日之后公开的文献。在未获得影响新颖性/创造性的对比文件的情况下，应当对这些相关文献进行追踪检索。

3. 确定最合适的对比文件，列出特征对比表，得出新颖性和创造性的判断。

从以下几个角度可以确定最合适的对比文件：

第一，一篇能破坏新颖性/创造性的文献；

第二，不能破坏新颖性和创造性，但是相同的技术特征的数目最多的文献；

第三，与实施例最接近的文献；

第四，容易与另一篇文献结合，即存在结合启示，且这种结合的启示较之其他文献而言说服力更强。

以表4-2为例，基于上述原则以及上述技术特征分解对比表中的信息，确定对比文件1为能够破坏新颖性的对比文件，原因是它包含了被检索技术方案的全部技术特征。

表4-2　技术特征分解对比表

内　容	对比文件1	对比文件2
技术主题	√	√
组成部分1	√	×
组成部分2	√	×
组成部分3	√	相似
组成部分4	√	相似
技术特征1	√	√
技术特征2	√	√
技术特征3	√	×

七、检索的调整与中止

通过上述检索，如果没有找到影响技术方案新颖性或创造性的文献，有可能是原来确定的技术领域不正确，或者对基本检索要素的提取不恰当，或者是对基本检索要素的表达与数据库有偏差。这时就需要重新确定技术领域，或对基本检索要素及其表达方式以及由基本检索要素构造的检索式重新进行调整。同时扩大检索范围，包括采用更多的其他表达方式，或减少某一基本检索要素，或单独检索某一基本检索要素。专利文献的"扉页"中的著录项目（51）国际专利分类号、（52）本国专利分类号、（58）审查时检索范围、（71）申请人姓名、（72）发明人姓名均可为扩大检索提供有用信息。另外，"扉页"中著录项目（56）已发表过的有关技术水平的文献以及专利文献的检索报告，均可提供一些与检索主题有关的专利文献的文献号。

从理论上说，任何完善的检索都应当是既全面又彻底的检索。但是从时间、精力、成本的合理性角度来考虑，检索要有一定限度，因此检索是否全面是相对的。何时中止检索较为合适，需要从时间、精力和成本等方面来考虑，或者从已经检索出的文献的数量和质量来判断是否应当继续检索。

一般来说，已经检索到了足以否定技术方案的新颖性或创造性的文献，则可以中止检索。如果没有检索到影响新颖性或创造性的文献，但是根据检索经验判断不可能检索到密切相关的文献，或者从时间、精力和成本上来看不值得继续检索，也可以中止检索。

八、填写检索报告

检索报告用于记载检索的结果，特别是记载构成相关现有技术的文献。一般来说，应当在检索报告中清楚地记载检索的技术领域、检索使用的数据库以及所用的基本检索要素及其表达形式、由检索获得的文献以及这些文献与待检技术方案的相关程度。

在专利性检索报告中，主要采用下列符号来表示检索结果的文献与技术方案的相关程度：

X：单独影响技术方案的新颖性或创造性的文献；

Y：与检索报告中其他 Y 类文献组合后影响技术方案的创造性的文献；

A：背景技术文献，即反映技术方案的部分技术特征或者有关的现有技术的文献。

如果检索针对的是专利申请的权利要求，检索时还应注意是否有重复授权文献或抵触申请文献，则会用到以下符号：

R：任何单位或个人在申请日当天向专利局提交的、属于同样的发明创造的专利或专利申请文献；

E：单独影响权利要求新颖性的抵触申请文件。

总结起来，符号 X、Y 和 A 表示检索结果的文献与技术方案在内容上的相关程度，符号 R 和 E 同时表示检索结果的文献与权利要求在时间上的关系和内容上的相关程度。

第四节 专利性检索实例

本节以专利申请前检索为例，说明专利性检索的方法。

申请人欲提交的发明专利申请如下：

发明名称：组合餐具。

技术领域：餐具。

要解决的技术问题：现有已用餐具的功能、用途单一，在进食时不便于取用所需调料。本发明的目的在于提供一种餐具，使用者在进餐时可以方便地得到调料，并且避免调料在不使用的时候撒出，从而可适用于出差使用等。本发明的餐具能够进一步避免调料阻塞容器的出口孔。

具体实施方式：餐具具有中空的柄以作为容纳调料的容腔。餐具可以是带空腔的叉子或者勺子。所述容纳调料的容腔具有一个带突起的盖子，使得可以关闭盖子而避免调料撒出，并且避免调料阻塞容器的出口孔。

附图：

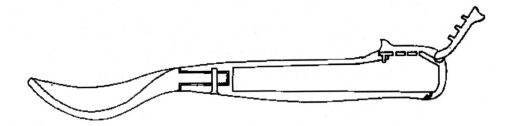

技术效果：不必使用调料瓶等附加设备即可方便地在进食过程中进行调味；在不使用时不会有调料撒出；防止调料堵塞出口孔。

权利要求：

1. 一种餐具，具有一个前部和一个后部，后部为空心结构并具有一个端帽，端帽上有多个孔，允许调料通过；端帽被一个盖封闭，当不使用调料时，该盖可以防止调料撒出。

2. 如权利要求 1 所述的餐具，其特征在于：前部为叉子或者勺子，并且前部和后部可拆卸地连接。

一、正确分析技术方案

在检索开始之前，应当对每个权利要求的所要求保护的技术方案进行分析，确定其保护范围。由于检索时是以保护范围最宽的独立权利要求所限定的技术方案作为检索的主题，因此应当着重分析独立权利要求，并将重点放在分析独立权利要求的发明构思上。如果通过检索得到了使独立权利要求丧失新颖性或创造性的文献，就要继续分析其从属权利要求进一步限定的技术特征。这时，应以从属权利要求进一步限定的技术特征作为检索的主题继续检索。

本例中，权利要求书包括一个独立权利要求和一个从属权利要求，独立权利要求 1 是保护范围最宽的权利要求。首先分析独立权利要求 1，权利要求 1 的保护范围是由其所包含的技术特征的集合来限定的。应注意的是，对各技术特征和技术方案的理解都应以技术术语本身所具有的含义为准，而不应受到说明书中具体实施方式中技术方案的限制。

（一）分析独立权利要求

权利要求 1 的主题名称"餐具"是指用餐的器具。虽然说明书中公开的具体实施例是勺子或者叉子，但对它的理解不可以局限为勺子和叉子。其他在用餐过程中使用的器具，例如餐刀、搅拌棒、筷子等也在"餐具"的含义之内。

餐具的"前部"和"后部"应按照通常意义来理解，即，盛装食物的部分是前部,手柄部是后部。另外,权利要求1并未对"前部"和"后部"的连接关系进行限定,因此,应理解为任何连接方式或一体成型的均可。

餐具后部的"空心结构"的形状在权利要求中没有说明,因此应理解为任意形状的"空心结构"。

空心结构的"端帽被一个盖封闭",盖和端帽的连接关系,以及盖以何种方式将端帽封闭并未说明,因此任何的连接和封闭方式均可。

(二)分析从属权利要求

权利要求2是独立权利要求1的从属权利要求,对权利要求1的技术方案作了进一步限定,将餐具的前部限定为叉子或勺子,将前部与后部限定为可拆卸的连接。但权利要求2并没有说明是如何拆卸,因此应理解为任意的拆卸方式,例如,可以使螺纹连接、插拔式连接、卡接等。

二、确定检索的技术领域

一般来说,发明或实用新型要求保护的技术方案的主题名称能够反映其所属的技术领域。本发明的主题名称是"餐具",以"餐具"作为关键词进行检索,然后对检索结果文献的 IPC 分类进行统计分析,便可以初步得到"餐具"所在的 IPC 分类位置 A47G。查看 IPC 分类表,其中,A47G 19/00 大组的类名是"餐具",A47G 21/00 大组的类名是"餐桌用具(放食品屑的盘子入 A47L 13/52;餐刀入 B26B)",因此,重点分析上述两个大组及其下所有小组的类名和组间关系,同时注意类名中的指引性参见。

(一)确定技术方案所属的技术领域

确定权利要求1所在的分类位置:

A47G 21/00 餐桌用具(放食品屑的盘子入 A47L 13/52;餐刀入 B26B)

A47G 19/32 带配给面包、面包卷、砂糖等装置的食品容器;有活动盖的食品容器(做商店用具的入 A47F)

A47G 19/24 盐、胡椒、砂糖等的搅拌器

确定权利要求2所在的分类位置:

A47G 21/02 叉;有推出器的叉;组合的叉和匙;色拉托盘

A47G 21/04 匙;面粉糕点的托盘

因此,本申请的技术方案所属的技术领域是:A47G 21/00、A47G 21/02、A47G 21/04、A47G 19/32、A47G 19/24。

除了在上述分类位置最有可能检索到影响本申请的新颖性或创造性的文献外,对上述 IPC 分类位置进行组内扩展得到的分类号也有可能检索到影响本申请的新颖性或

创造性的文献。通过组内扩展找出上述分类的所有优先小组及其下的不明显排除检索主题的全部小组、其上面的高一级小组直至大组的 IPC 分类位置。因此，将上述分类号进行扩展，得到如下分类位置：A47G 21/06、A47G 21/08、A47G 21/10、A47G 21/12、A47G 19/30、A47G 19/00。

（二）确定功能类似的技术领域

在上面对本申请进行分类的过程中，注意到 A47G 21/00 后面的指引性参见"餐刀入 B26B"，因此餐刀的技术领域也是本申请应该检索的技术领域。

通过查阅 B26B 这个小类的分类表，扩展检索的技术领域还应该包括：B26B 3/00 "有固定刀片的手动刀"，B26B 3/02 "餐刀（B26B 9/02 优先）"，B26B 11/00 "与其他用具结合的手动刀，例如与瓶塞钻、与剪刀、与书写用具结合（与餐具结合的入 A47G 21/06）"。在这里，尽管 B26B 3/02 的类名中有指引性参见"B26B 9/02 优先"，但是 B26B 9/02 是"以刃口的形状为特征的"，该技术领域的文献主要是对刀片的刃口的改进，因此可以排除这一 IPC 分类位置。

最后，可以确定检索的技术领域包括：A47G 21/06、A47G 21/08、A47G 21/10、A47G 21/12、A47G 19/30、A47G 19/00、B26B 3/00、B26B 3/02、B26B 11/00。也就是说，与本申请的技术方案的主题相同、相似或功能类似的文献被分类入上述的分类位置，因此，在这些领域中检索就有可能检索到影响本申请的新颖性或创造性的文献。

三、确定基本检索要素

本例中，权利要求 1 是保护范围最宽的独立权利要求，分别从其前序部分和特征部分提取基本检索要素。

从前序部分提取基本检索要素：

权利要求 1 的主题名称为"一种餐具"，基本上体现了该权利要求请求保护的客体，同时也体现了发明所属的技术领域。从前序部分提取基本检索要素"餐具"。

从特征部分提取基本检索要素：

权利要求 1 的特征部分是"具有一个前部和一个后部，后部为空心结构并具有一个端帽，端帽上有多个孔，允许调料通过；端帽被一个盖封闭，当不使用调料时，该盖可以防止调料撒出"。其发明点是将普通的进食餐具的手柄部设计成中空的带孔的容腔以盛装调料并可使调料通过，有盖可以将孔封闭。从特征部分提取基本检索要素"带端帽（开口）的空心结构"和"盖"。

最终得到的基本检索要素是："餐具"、"带端帽（开口）的空心结构"和"盖"。

四、基本检索要素的表达

第一个基本检索要素：餐具。

用分类号表达：

前述在确定技术领域时已经确定了能够表达"餐具"的 IPC 分类号如下：A47G 21/04、A47G 21/02、A47G 21/06、A47G 21/00、A47G 21/08、A47G 21/10、A47G 21/12、B26B 3/02、B26B 3/00、B26B 11/00。

查阅与餐具相关的 EC 分类表，可以看出除了 A47G 21/04、A47G 21/02、A47G 21/06、A47G 21/00、A47G 21/08、A47G 21/10、A47G 21/12、B26B 3/02、B26B 3/00、B26B 11/00 之外，A47G 21/04D 不仅表达了第一个基本检索要素"餐具"，而且能够表达第二个基本检索要素"带端帽（开口）的空腔结构"。因此选出 EC 分类号 A47G 21/04D 作为"餐具"且"带端帽（开口）的空腔结构"的表达。

用关键词表达：

表达"餐具"的中文关键词可以是：餐具、刀、叉、匙、勺等；英文关键词可以是：cutler???、fork?、kni#e?、spoon?。（其中,? 代表 0 ~ 1 个字母，#代表 1 个字母，下同。）

第二个基本检索要素：带端帽（开口）的空腔结构。

用分类号表达：

用 IPC 分类号表达为：A47G 19/32、A47G 19/24、A47G 19/30、A47G 19/00。在 EC 分类表中同样有上述分类号可以表达。另外注意，上述表达"餐具"时采用的 EC 分类号 A47G 21/04D 已经表达了"带端帽（开口）的空腔结构"。

用关键词表达：

在用关键词表达时，可以用表达技术特征的词表达，例如中文关键词可以是：空腔、中空、空心、开口；英文关键词可以是：hollow、container?、tube?。也可以用表达要解决的技术问题、达到的技术效果等方面的词汇表达，例如中文关键词可以是：调料、盐、糖、辣椒末；英文关键词可以是：spice、additive?、salt，sug#r、pepper。

第三个基本检索要素：盖。

用分类号表达：

没有相关的 IC 或 EC 分类号表达"盖"。

用关键词表达：

表达"盖"的中文关键词可以是：盖、帽；英文关键词可以是：cap?、lid?、cover?。

为了清晰地呈现权利要求技术方案的基本检索要素及对基本检索要素的表达，填写检索要素表，如表 4 - 3 所示，以有利于下一步检索式的构造和检索的进行。

表 4 – 3　基本检索要素表

确定基本检索要素			发明主题名称			区别技术特征	
			餐具			带端帽（开口）的空腔结构	盖
表达	分类号	IPC	A47G21/04，A47G21/02，A47G21/06，A47G21/00，A47G21/08，A47G21/10，A47G21/12，B26B3/02，B26B3/00，B26B11/00			A47G19/32，A47G19/24，A47G19/30，A47G19/00	
		EC	A47G21/04，A47G21/02，A47G21/06，A47G21/00，A47G21/08，A47G21/10，A47G21/12，B26B3/02，B26B3/00，B26B11/00			A47G19/32，A47G19/24，A47G19/30，A47G19/00	
			A47G21/04D				
	关键词	中文	餐具，刀，叉，匙，勺			空腔，中空，空心，开口，调料，盐，糖，辣椒末，	盖，帽
			cutler???，fork?，kni#e?，spoon?			hollow，container?，tube?，spice，additive?，salt，sug#r，pepper	cap?，lid?，cover?

五、构造检索式

　　根据填写好的检索要素表，最优先的表达是 EC 分类号 A47G21/04D，因为它比其他分类位置更准确地限定了是"带端帽（开口）的空腔结构的餐具"，最有可能在该位置检索到影响新颖性的文献，因此首先选择该分类号构造检索式。第一基本检索要素和第二基本检索要素的表达式为："A47G21/04D"；第三基本检索要素的表达式为："cap? or lid? or cover?"；不同基本检索要素的表达式之间是逻辑"与"的关系，因此，最终构造的检索式为："A47G21/04D" and "cap? or lid? or cover?"。

　　在因特网上免费的专利文献检索系统中，欧洲专利局网站检索系统可以使用 ECLA 分类进行检索，因此，选择在欧洲专利局网站检索系统进行检索。在该检索系统的高级检索（Advanced Search）页面，首先在选择数据库下拉菜单中选择 Worldwide 数据库（是默认数据库）；然后在名称或摘要（Keyword（s）in title or abstract）检索入口输入：cap? or lid? or cover?，在欧洲专利分类（European Classification（ECLA））检索入口输入：A47G21/04D，该检索系统默认不同的检索字段之间是逻辑"与"的运算关系；最后单击检索按钮（SEARCH）。检索结果共得到 30 篇文献。根据对检索结果文献的分析，或者发现能够评价权利要求新颖性或创造性的文献，或者得到提示从而调整基本检索要素和对基本检索要素的表达。总之，应当根据对检索结果的分析得到对检索有用的信息。

六、检索结果的筛选与分析

对检索结果的评价和分析，实际上是以新颖性和创造性的概念为依据进行文献分析的过程，不仅包含了与本申请的权利要求技术方案进行的对比，也包括了对时间界限的判断。由于本例是专利申请前的检索，在此可以不必考虑时间界限的问题。对于技术方案的对比分析，应当判断本申请的技术方案与检索结果文献的技术方案是否实质上相同、是否显而易见。如果本申请与检索结果文献公开的内容相比，其权利要求所限定的技术方案与其公开的技术方案实质上相同，所属技术领域的技术人员根据两者的技术方案可以确定两者能够适用于相同的技术领域、解决相同的技术问题并具有相同的预期效果，则认为两者为同样的发明或者实用新型，本申请的权利要求不具有新颖性。如果本申请与检索结果文献公开的内容相比，相区别的技术内容对本领域的普通技术人员来说是显而易见的，则本申请的权利要求不具有创造性。

通过分析检索结果，其中的文献 DE3247100A1 的技术内容如下：

公开号：DE3247100 A1。

公开日：1984 年 6 月 20 日。

发明名称：Egg spoon with built-in salt or pepper sprinkler。

摘要：The top end of the spoon handle 2 has a widened portion 1 or 1a which is constructed as a hollow space 3 for receiving salt or pepper. The hollow space 3 is open at the top and can be closed by a lid 4. The lid is of sieve-like construction. Provision is also made to provide the hollow space 3 with a removable, sieve-like insert for receiving salt or pepper, the lid 4 being constructed as a sealing closure lid. Spoon and salt sprinkler may form a unit, but also consist of two parts which can be fitted together and taken apart.

EC 分类号：A47G 19/24、A47G 21/04D。

IPC 分类号：A47G 21/04、A47G 19/24。

说明书附图：

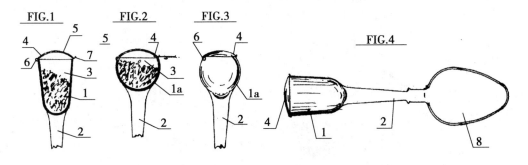

文献 DE3247100A1 公开了一种能撒盐或胡椒粉的蛋勺，该勺子的把手为一能容纳盐或胡椒粉的空腔结构，此空腔结构相当于权利要求 1 中的空心结构；该空腔结构

用一筛状结构的盖子封闭，或者采用一可除去的筛状插片结合盖子来封闭，此筛状插片相当于权利要求 1 中具有多个孔的端帽（参见 DE3247100A1 文献的摘要）。可见，权利要求 1 要求保护的技术方案与该文献公开的技术方案相同，并且属于同一技术领域、解决相同的技术问题并具有相同的预期效果，因此，权利要求 1 请求保护的技术方案不具有新颖性。

从属权利要求 2 的附加技术特征"前部为叉子或勺子，并且前部和后部可拆卸地连接"。文献 DE3247100 A1 的摘要公开了：勺子和撒盐的后部空腔可以是整体也可以是分离的两部分，并且它们属于同一技术领域、解决相同的技术问题并具有相同的技术效果。因此，权利要求 2 所要求保护的技术方案不具有新颖性。

七、检索中止

由于文献 DE3247100A1 已经公开了申请的全部主题的全部技术特征，即该文献能够评价申请的全部主题的新颖性，因此可以中止检索。

如果权利要求 2 的附加技术特征未被该文献 DE3247100A1 公开，则权利要求 2 具有新颖性。此时应当将该文献作为最接近的背景技术文献，针对权利要求 2 与该文献的区别技术特征进行继续检索，查找影响该权利要求创造性的对比文献。

八、填写检索报告

附件（1）：检索报告样页

检 索 报 告

专利申请号：	申请日：	☒ 首次检索
权利要求数目：2	说明书页数：＊＊	

确定的 IPC 分类号：A47G 21/00，A47G 19/32，A47G 19/24，A47G 21/02，A47G 21/04

审查员实际检索的 IPC 分类号：A47G 21/04，21/02，21/06，21/00，21/08，21/10，21/12，A47G 19/32，19/24，19/30，19/00，B26B3/02，3/00，11/00

机检数据（数据库名称、检索词等）：

CNPAT，EPODOC：餐具，刀，叉，匙，勺，调料，盐，糖，辣椒末，空腔，中空，空心，开口，凸起，盖，帽，cutler???，fork?，kni#e?，spoon? hollow，container?，tube? spice，additive?，salt，sug#r，peppercap?，lid?，cover? project +，protrud +，protrusion

相 关 专 利 文 献				
类型	国别以及代码〔11〕给出的文献号	代码〔43〕或〔45〕给出的日期	IPC 分类号	相关的段落和/或图号	涉及的权利要求
X	DE7529134U U	1976.1.22	A47G21/00	附图，摘要	1～2

相 关 非 专 利 文 献				
类型	书名（包括版本号和卷号）	出版日期	作者姓名和出版者名称	相关页数	涉及的权利要求
类型	期刊或文摘名称（包括卷号和期号）	发行日期	作者姓名和文章标题	相关页数	涉及的权利要求

表格填写说明事项：

1. 审查员实际检索领域的 IPC 分类号应当填写到大组和/或小组所在的分类位置。

2. 期刊或其他定期出版物的名称可以使用符合一般公认的国际惯例的缩写名称。

3. 相关文件的类型说明：

　　X：一篇文件影响新颖性或创造性；

　　Y：与本报告中的另外的 Y 类文件组合而影响创造性；

　　A：背景技术文件；

　　R：在申请日或申请日后公开的同一申请人的，属于同样的发明创造的专利或专利申请文件，以及他人在申请日向专利局提交的属于同样的发明创造的专利或专利申请文件；

　　P：中间文件，其公开日在申请的申请日与所要求的优先权日之间的文件；

　　E：抵触申请。

第五章　专利技术信息检索

作为专利信息检索的一个重要类型，专利技术信息检索在科技和经济活动中有着广泛的应用。本章从检索策略的制定、实施等方面阐述了对技术主题进行全面检索的思路和方法，并介绍了各个环节常用的技巧。

第一节　概　　述

专利技术信息检索是指从任意一个技术主题对专利文献进行检索，从而找出一批参考文献的过程。专利技术信息检索又可分为：追溯检索和定题检索。

追溯检索是指人们利用检索工具，由近而远地查找专利技术信息的工作。定题检索是指在追溯检索的基础上，定期从专利数据库中检索出追溯检索日之后出现的新的专利文献的工作。

一、专利技术信息检索的目标

检索之前首先要分析信息需求，确定准备进行的检索的目标。

专利技术信息检索是首先围绕技术主题展开的，它的目标是将与技术主题相关的文献尽可能都检索出来，关注检索的全面性，也就是说，当用户的信息需求以查全为主时，即需根据专利技术信息检索的思路进行检索。通过专利技术信息检索获得的全面而精准的检索结果集合，是对专利信息进行综合利用的基础。

二、专利技术信息检索的应用

（一）科研立项

当企业、研究单位或大学要开展课题研究活动、特别是在科研立项前，可选择专利技术信息检索的追溯检索，通过对所要研究的技术主题的专利文献进行检索，找出所有与该技术主题相关的专利，从而确定所选择的研究课题是否具有立项研究的价值，或通过分析已有专利的技术内容提高研究的起点。

（二）解决难题

当研究中遇到技术难题或要找到某一技术解决方案时，可选择专利技术信息检索的追溯检索，通过对特定技术主题的专利文献进行检索，找出与该技术主题相关的所有专利，通过筛选在这些专利中找到该技术难题的突破口或最佳技术解决方案。

（三）引进技术

当引进先进技术、特别是引进国外先进技术时，通过专利技术信息检索的追溯检索，特别是通过将追溯检索的结果和准备引进的技术进行比较，可以对准备引进的技术的水平作出判断，从而帮助决策者作出正确选择。

（四）技术创新

当进行技术创新时，要在创新的开始前和进行中分别进行专利技术信息检索的追溯检索和定题检索，这样不仅可以在创新的开始前能够科学立项，同时也可在创新过程中随时监视该项创新的技术发展动态，以便随时调整创新的方向。

（五）制定战略

当企业制定战略时，要进行专利技术信息检索的追溯检索，通过全面搜集本企业所涉及的技术领域的所有专利，对专利技术市场全面了解，便于企业对整个市场进行分析，科学制定出企业的发展战略，从而做到在市场竞争中知己知彼、百战不殆。

三、几种技术创新的方法

系统化的技术创新就是根据技术开发的目的，使用某种或几种技术创新方法来改变技术现状。纵观科技的发展进程可以发现，技术方案的组合以及要素替代和要素省略的发明是最为常见的。那么对哪些技术方案进行组合、选择哪些要素进行替代或减少，就必须通过专利技术信息检索，找到最接近的现有技术或最新的现有技术，然后对检索结果进行分析与运用。

（一）开拓性发明

开拓性发明，是指一种全新的技术方案，在技术史上未曾有过先例，它为人类科学技术在某个时期的发展开创了新纪元。

开拓性发明同现有技术相比，具有突出的实质性特点和显著的进步，具备创造性。例如，蒸汽机、白炽灯、雷达、激光器等。

（二）组合发明

组合发明，是指将某些技术方案进行组合，构成一项新的技术方案，以解决现有技术客观存在的技术问题。

如果要求保护的发明仅仅是将某些已知产品或方法组合或连接在一起，各自以其常规的方式工作，而且总的技术效果是各组合部分效果之总和，组合后的各技术特征之间在功能上无相互作用关系，仅仅是一种简单的叠加，则这种组合发明不具备创造性。例如，带有电子表的圆珠笔的发明不具备创造性。

如果组合的各技术特征在功能上彼此支持，并取得了新的技术效果；或者说组合后的技术效果比每个技术特征效果的总和更优越，则这种组合具有突出的实质性特点和显著的进步，发明具备创造性。其中组合发明的每个单独的技术特征本身是否完全或部分已知并不影响对该发明创造性的评价。

（三）选择发明

选择发明，是指从现有技术中公开的宽范围中，有目的地选出现有技术中未提到的窄范围或个体的发明。在进行选择发明创造性的判断时，选择所带来的预料不到的技术效果是考虑的主要因素。如果选择使得发明取得了预料不到的技术效果，则该发明具有突出的实质性特点和显著的进步，具备创造性。

（四）转用发明

转用发明，是指将某一技术领域的现有技术转用到其他技术领域中的发明。在进行转用发明的创造性判断时通常需要考虑：转用的技术领域的远近、是否存在相应的技术启示、转用的难易程度、是否需要克服技术上的困难、转用所带来的技术效果等。

如果转用是在类似的或者相近的技术领域之间进行的，并且未产生预料不到的技术效果，则这种转用发明不具备创造性。

如果这种转用能够产生预料不到的技术效果，或者克服了原技术领域中未曾遇到的困难，则这种转用发明具有突出的实质性特点和显著的进步，具备创造性。

（五）已知产品的新用途发明

已知产品的新用途发明，是指将已知产品用于新的目的的发明。在进行已知产品新用途发明的创造性判断时通常需要考虑：新用途与现有用途技术领域的远近、新用途所带来的技术效果等。

1. 如果新的用途仅仅是使用了已知材料的已知的性质，则该用途发明不具备创造性。

2. 如果新的用途是利用了已知产品新发现的性质，并且产生了预料不到的技术效果，则这种用途发明具有突出的实质性特点和显著的进步，具备创造性。

（六）要素变更的发明

要素变更的发明，包括要素关系改变的发明、要素替代的创造性发明和要素省略的发明。在进行要素变更发明的创造性判断时通常需要考虑：要素关系的改变、要素替代和省略是否存在技术启示、其技术效果是否可以预料等。

要素关系改变的发明，是指发明与现有技术相比，其形状、尺寸、比例、位置及作用关系等发生了变化。

1. 如果要素关系的改变没有导致发明效果、功能及用途的变化，或者发明效果、功能及用途的变化是可预料到的，则发明不具备创造性。

2. 如果要素关系的改变导致发明产生了预料不到的技术效果，则发明具有突出的实质性特点和显著的进步，具备创造性。

要素替代的发明，是指已知产品或方法的某一要素由其他已知要素替代的发明。

1. 如果发明是相同功能的已知手段的等效替代，或者是为解决同一技术问题，用已知最新研制出的具有相同功能的材料替代公知产品中的相应材料，或者是用某一公知材料替代公知产品中的某材料，而这种公知材料的类似应用是已知的，且没有产生预料不到的技术效果，则该发明不具备创造性。

2. 如果要素的替代能使发明产生预料不到的技术效果，则该发明具有突出的实质性特点和显著的进步，具备创造性。

要素省略的发明，是指省去已知产品或者方法中的某一项或多项要素的发明。

1. 如果发明省去一项或多项要素后其功能也相应地消失，则该发明不具备创造性。

2. 如果发明与现有技术相比，发明省去一项或多项要素（例如，一项产品发明省去了一个或多个零、部件或者一项方法发明省去一步或多步工序）后，依然保持原有的全部功能，或者带来预料不到的技术效果，则具有突出的实质性特点和显著的进步，该发明具备创造性。

第二节　专利技术信息检索策略和技巧

作为专利信息检索中的一个常见类型，专利技术信息检索遵循专利信息检索的一般步骤，但是由于专利技术信息检索重点关注查全，因此，它的检索策略有其自身的特点。

一、技术主题的分析

对技术主题进行深入分析的目标，是能够充分理解技术主题的概念和技术主题的类型。深入理解技术主题的前提是要对相关信息有比较深入的了解，这些信息一般包括技术原理、该技术主题涉及的关键技术、与技术主题相关的领军企业等。

（一）技术概念的分析

技术主题是由一个或多个技术概念复合而成。在进行专利技术信息检索之前，首先应当对技术主题所包含的技术概念（包括一般层概念和隐含层概念）有全面深入的认识，才能保证检索的全面性。

1. 专利技术信息检索中的一般层技术概念分析

一般层技术概念能够从技术主题的字面描述中直接获取，如，要检索的技术主题为"垃圾焚烧炉"，从字面描述中可以获取"垃圾"、"焚烧"、"炉"3个一般层技术概念。

要注意的是，在获取一般层技术概念时，应当使用能够表达技术实质的词汇，尽量避免选择技术主题的字面描述中没有独立检索意义的、参考价值不大的词，如"生产"、"开发""应用"、"利用"、"方法"、"设备"、"装置"等。例如，检索主题"从玫瑰茄中提取天然食品色素"中"提取"一词，只需利用"玫瑰茄"和"天然"、"食品"、"色素"等概念进行检索，则有关提取、制造、利用等方面的文献都会检索出来。

除此之外，还应当排除重复概念。例如，检索主题"从玫瑰茄中提取天然食品色素的工艺"，对该主题的一般层技术概念进行分析，可以获得"玫瑰茄"、"提取"、"天然"、"食品"和"色素"多个技术概念，实际上，通过进一步思考可以知道，从玫瑰茄中提取的色素一定是天然的、可食用的，因此，"玫瑰茄"这一技术概念中包含了"天然"和"食品"两个概念，所以提取一般层技术概念的时候，只需要提取"玫瑰茄"和"色素"这两个概念即可。

2. 专利技术信息检索中的隐含层技术概念分析

某些情况下，技术主题所包含的技术概念不能完全体现在字面表达中，需要在理解相关技术背景的前提下，对其隐含的技术概念进行分析和推理，获取有检索价值的信息。

对技术主题的隐含概念进行分析时，离不开对技术领域和技术背景的了解。例如，待检索的主题为"从镀锌残渣中回收锌的方法和装置"，利用其一般层技术概念检索时，没有获得理想的检索结果。通过查阅相关技术资料，待检索的技术主题实质上是"以从镀锌残渣中分离铁的方式来回收锌"的工艺及装置。因此，通过分析隐含层的技术概念，可以将该技术主题的检索要素归纳为"锌"、"分离"和"铁"。

（二）技术主题类型的分析

由于专利技术信息的检索来自检索人员希望对要检索的技术主题全貌进行了解的需求，而技术主题往往涉及一个较大的技术范畴，因此，要提高查全率，必须对技术主题的类型进行分析，以确定检索主题为单一主题、多主题还是复合主题。如待检索的技术主题为"医疗影像诊断设备"，如果将其作为单一主题进行检索，毫无疑问会造成大量漏检。必须深入了解什么样的设备属于"医疗影像诊断设备"，也就是说，要分析出其中包含的每一个单一主题，才能避免漏检。正因如此，在进行专利技术信息检索时，往往需要对待检技术主题涉及的相关技术，包括工作原理、系统组成、技术应用、关键技术等进行深入的了解，发掘有价值的检索线索，才能保证检索结果的完整性。

（三）了解相关信息的一般途径

一般而言，以下方式能够帮助检索人员获取相关技术信息。

1. 与技术人员交流

与相关技术人员交流能够更好地帮助检索人员理解检索的目的，了解相关的技术背景及行业状况。尤其当检索需求来自检索人员以外时，检索人员对待检索主题所属的技术领域不熟悉，而技术人员是该技术领域的专家，可以通过两者之间的交流，使检索人员能够迅速建立对待检索技术主题的认识，并形成基本的知识框架。此外，具有检索需求的用户由于专业上或心理上的隔阂，表达出的检索目的不一定明确，提供的检索线索往往不够充分。在这种情况下，检索人员就必须与用户充分交流，掌握技术背景材料，了解检索主题所属学科领域、关键技术以及发展状况，发掘检索线索，明确检索方向。

2. 了解代表性企业的相关信息

随着市场竞争的优胜劣汰，各技术领域都有一些技术体系完备或者市场占有率较高的代表性企业。这些企业往往在该技术领域具有一定的技术布局，掌握该领域的关键性技术并申请大量的专利。通过对这些企业拥有的相关技术进行了解，能够使检索人员更好地把握和理解待检技术主题，开阔思路，提高检索效率。

3. 查阅相关文献资料

除了与用户进行面对面的研讨交流之外，还可以通过相关文献资料获取所需信息。常用的文献资料来源有以下几种：

（1）专利说明书

专利说明书是专利申请人向专利局申请专利时所提交的基本文件之一，其中描述了发明的背景技术、发明要解决的技术问题、发明内容以及实施方式等。简而言之，专利说明书对发明及其相关技术进行了详尽而明确的描述，包含了大量的技术信息，因此，阅读专利说明书可以帮助检索人员获取技术上的支持。此外，专利文献具有系统性和延续性，通过检索相关文献，能够帮助检索人员把握相关产业和技术领域的整体状况和发展趋势，明确行业技术创新热点及专利保护特征。

（2）期刊及工具书

期刊及工具书是技术信息的重要来源。在科研活动中，科研人员在立项、中期总结、结题、成果推广的全过程中，往往都借助期刊这个平台。现在世界上每天至少有8 000余篇科学论文发表，其中绝大多数都载于期刊，因此对期刊文献的检索是获取相关专业领域信息的重要途径。

（3）网络信息资源

随着信息化社会的不断发展，网络科技信息资源日益丰富。网络科技信息资源中，除了包括电子期刊资源、图书信息、学位论文资源外，还包括一些免费的电子技术论坛和电子会议、网络科技数据库以及网络百科全书等。这些信息资源包罗万象，并且更新迅速。善用网络科技信息资源，能够帮助检索人员方便快捷地获取所需的技术信息。

（4）获得相关文献资料的方式

可以通过用户委托的技术主题进行初步检索获取相关文献资料，检索人员接受用户委托后，就能初步掌握该课题的技术主题或部分特征信息，根据这些信息利用数据库提供的检索手段或网络搜索引擎，在专利、期刊检索系统以及网络数据库中进行初步检索，便可获得若干篇与委托课题有关的文献。

深度阅读这些文献，从中学习、了解有关技术原理、关键技术等，而且还要从中挖掘出对检索有用的信息，诸如关键词或者分类号等，以获得所需信息。

二、检索要素的确定

将技术主题中的各个层面的技术概念提取出来，加以归纳，就形成了检索要素。而要将用户头脑中的信息需求转化为检索行为，还需要进一步把检索要素表达成检索系统能够识别的方式。

如第一章所述，在专利信息检索中，有两种检索要素的表达最为常用，即主题词/关键词以及专利分类号。

（一）主题词/关键词

由于语言表达的丰富性，同一个技术概念的词汇表达方式是多种多样的，尤其在专利文献中，由于其兼具技术和法律双重属性，加之申请人的技术背景、思维方式或者所处角度不同，技术概念的描述方式大相径庭。为了使技术概念的主题词/关键词表达方式尽可能与检索系统中专利文献的表达方式相符，应当尽可能将表示技术概念的主题词/关键词考虑周全，同时全面搜集检索系统中技术概念的各种表达方式，才能够满足专利技术信息检索对查全率的要求。

一般来说，从以下角度考虑同一技术概念的多种词汇表达方式：

1. 同义词和近义词

同义词或近义词是扩充作为检索要素的技术概念的最常用方式。一件事物往往都有多个名称，如科学用语、俗语、不同地区的名称等，如手机还称为手提电话、移动电话，而软件在香港等地区称为软体等。此外，同义词还包括同一事物的商品名、全称、简称、旧称、外文缩写以及简称、分子式、元素符号等，如纯碱、火碱、氢氧化钠、苛性碱，NaOH 都表示同一技术概念。

使用同义词或近义词表达检索要素时，有些情况下，某个检索要素具有同义词或近义词，那么同义词或近义词可以替代该检索要素，与其他检索要素一起表达技术主题；有些情况下，可以找到某种表达方式，它并非与各检索要素一一对应，但作为整体，与各检索要素的整体表达同一个技术概念，那么，这种表达方式也是原表达方式的同义词。

2. 上位词

由于专利文献的法律属性，申请人往往倾向于使用较为上位的方式表达技术概念，以期扩大专利的保护范围。因此，进行专利技术信息检索时，也可以适当使用上位词表达技术概念来扩大检索范围，以提高查全率。例如，对技术主题"苹果保鲜"中的检索要素"苹果"进行表达时，除了使用"苹果"一词进行表达外，还可以使用"水果"一词来表达。

3. 相关词

有些词汇不属于所选主题词/关键词的同义词或上、下位词，但其表达的技术概念与检索要素所代表的技术概念密切相关，因此在进行专利技术信息检索时，也可以用来表达检索要素。

这种词汇包括与检索要素在概念上处于相互关联、交错、矛盾、对立的词。例如，"热效率"一词与"热损失"表达相反的技术概念，不难想象，某篇文献中提到降低或减少"热损失"时，实际上指提高"热效率"。因此表达技术概念"热效率"时，也可以使用其相关词"热损失"为检索词。

有些词汇表示了检索要素的生产工具、材料、原因、结果或用途，它们有时可以用来对检索要素的表达方式进行扩充。例如检索要素为"N-月桂酰-9-丙氨酸"，它的主要用途是生物表面活性剂，那么可以用生物表面活性剂作为关键词进行检索。

综上所述，在查找主题词/关键词时，应注意两点：其一是了解相关技术背景，因为通过了解技术背景，可以获取许多能够表达检索要素的词汇；其二是不断通过浏览检索结果，从而不断获得新的相关词汇。

（二）用专利分类号表达技术概念

除了使用词汇表达技术概念外，专利分类号也是体现技术概念的一种高效方式。

如前所述，专利分类号是由分类人员根据专利文献的内容而确定的。从理论上说，同样的技术应当分在同样的分类位置上。也就是说，对于同一个技术概念，无论使用何种表达方式，在理论上都属于同样的分类位置。因此，专利分类号能够在一定程度上克服技术概念在词汇表达方式上的差异性。

应当注意，在国际专利分类体系中，有些分类位置是功能性分类位置，有些分类位置是应用性分类位置。由于专利分类工作受主观因素影响，以及对分类主题、分类位置认识的不一致，导致不同的分类人员也可能会同一类技术分入不同分类位置。因此，使用分类号表达某一检索要素时，应当列出与该技术要素相关的所有 IPC 分类号，以避免漏检。

由于第一章对分类号的检索方法进行了详细说明，因此获取分类号的方法在此不再赘述。

对初步检索结果进行专利分类统计：

利用初步检索的结果找到所需的 IPC 分类号，也是获取相关分类号的途径之一。

在专利检索系统中，分类人员为每一件专利申请都指定了相应的分类号，以标识该专利申请的技术内容。为了参考分类人员对某个检索要素给出了哪些分类位置，可以先利用部分相关词汇进行初步检索，从检索结果中筛选相同或相近的专利文献，然后对其进行 IPC 分类号的统计，即可获得该技术的分类状况。

（三）词汇与分类号的结合

由于分类号所包含的技术范围与所表达的检索要素的技术范围不一定完全相同，在某些情况下，需要使用词汇与分类号的结合来表达检索要素。一般而言，当分类号的技术范围完全属于检索要素的技术范围时，该分类号可以独立用来表达该检索要素；反之，当分类号所包含的技术范围大于检索要素的技术范围时，必须使用词汇等条件对其进行限定，来表达检索要素。

三、选择信息检索系统

由于专利技术信息检索对检索查全率的要求较高，故专利信息检索系统的选择至关重要。如果检索系统的功能不完善、数据质量差，不仅直接影响检索结果的权威性和参考价值，同时还将使依据检索结果所做的专利数据分析等工作失去可信度。因此，应当尽可能选择检索功能完善、数据质量较高的检索系统，以保证满足对检索结果的要求。

目前能够满足专利技术信息检索要求、且用于中国专利文献检索的系统有：

● 中国专利检索系统（CPRS）。这是国家知识产权局下属的中国专利信息中心为国家知识产权局的专利审查员开发的检索系统，系统设置了可以任意组织检索提问式的专家检索方式，并且进行了关键词标引，还设置了 IPC 统计功能，因而该系统有助于满足专利技术信息检索的检全率要求。公众可以在国家知识产权局专利文献馆的专利检索室免费使用。

目前能够满足专利技术信息检索要求、且用于世界专利文献检索的系统有：

● 基于经过专业化数据加工的德温特世界专利索引（DWPI）数据库的各种商业

或专业检索系统。

● 美国专利商标局政府网站上的美国专利检索系统。该系统设置了可以任意组织检索提问式的高级检索方式，并且可以对 1976 年以来的美国专利的全文作检索，因而可以满足专利技术信息检索的查全率要求。公众可以通过因特网免费进入该检索系统。

如果只是进行一般技术信息的搜索而不要求查全时，任何专利检索系统都可以用来进行专利技术信息检索。

四、构建检索式

在确定基本检索要素之后，可以将同一个检索要素的不同表达方式用逻辑"或"在一起，构建一个检索要素表达式，然后将几个检索要素的表达式用逻辑"与"在一起，构建由多个检索要素组成的检索式进行检索。

在实际检索过程中，可以根据要素的特点，首先选择最适合于表达该要素的表达方式，例如主题词/关键词或分类号进行检索。在该表达方式没有检索到合适的结果之后，再采取其他的表达方式进行检索。

构造检索式时，可以根据要素的组合方式不同进行全要素组合检索和部分要素组合检索。通常情况下，初步检索一般都采用全要素组合检索，希望能够查找到几篇与被检索的技术主题相关的专利文献。通过对初步检索结果的浏览，获得了更多与技术主题相关的信息之后，还要修改检索式，进行部分要素组合检索，必要时可对某些要素进行单要素检索。

第三节　专利技术信息检索实例

本节以检索"带有贮水器的花盆"的中国专利文献这一主题为例，阐述了专利技术信息检索的一般步骤：确定基本检索要素、初步检索、表达基本检索要素、构造检索式以及调整检索式。本例中使用的检索系统为国家知识产权局通过因特网免费提供的重点产业专利信息服务平台（网址为 www. chinaip. com. cn，该平台的使用方法见第二章第四节），检索日期为 2010 年 11 月 7 日。

一、初步检索

为了了解检索主题的技术背景，同时对检索主题下专利文献的特点进行初步了解，首先对检索主题进行初步检索。

（一）初步检索的依据

根据检索主题"带有贮水器的花盆"可知，该技术主题由 2 个技术概念构成——贮水器和花盆。初步检索时，可以"贮水器"和"花盆"作为检索依据。

（二）初步检索字段的选择

初步检索时，为了得到与检索主题密切相关的专利文献，首先考虑将检索依据在标题字段中检索。当检索结果不理想时，再逐步扩展至其他字段检索。

本例中，目标文献中必须同时具备"贮水器"和"花盆"两个技术概念，因此两检索词之间应当为"与"逻辑关系，构造基本检索式如下：

ti =（贮水器 and 花盆）——检索式 1

通过上述检索式未得到理想检索结果，考虑本例的两个技术概念中"花盆"为核心概念，而"贮水器"是对"花盆"的限定，为了扩展检索，将"花盆"检索词输入标题字段中，而将"贮水器"这一词汇输入至摘要字段中，形成检索式 2：

ti =（花盆）and ab =（贮水器）——检索式 2

根据检索式 2，共获得 10 件检索结果。

二、基本检索要素的确定和表达

通过初步检索过程中的分析可知，技术主题由"花盆"和"贮水器"两个技术概念构成，这两个技术概念即本技术主题的基本检索要素。

为了在专利数据库中检索技术主题，应当将基本检索要素以分类号或关键词形式进行表达。

（一）基本检索要素的分类号表达

对检索式 2 的检索结果进行分类号统计，得出统计结果如表 5 - 1 所示。

表 5 - 1

分类号	文献数量	类　名
A01G 9/02	8	A01G 园艺；蔬菜、花卉、稻、果树、葡萄、啤酒花或海菜的栽培；林业；浇水 A01G 9/00 在容器、促成温床或温室里栽培花卉、蔬菜或稻 A01G 9/02 ·容器，如花盆或花箱
A01G 27/06	2	A01G 27/00 自动浇水装置，如用于花盆的 A01G 27/04 ·利用油绳或类似物 A01G 27/06 ·具有 1 个贮水器，其主要部分完全位于生长基质周围或直接位于生长基质旁边

对照统计结果中的分类号类名可以判断，A01G 9/02 为栽培花卉、蔬菜或稻的容器，能够表达"花盆"这一基本检索要素；A01G27/06 为具有贮水器的自动浇水装置，能够表达"贮水器"这一技术概念，可以作为该基本检索要素的表达方式。

（二）基本检索要素的词汇表达

通过浏览初步检索结果可以发现，某些专利文献中描述了用于花草种植的"盆"，由此不难想象，"盆"即"花盆"的同义词，可以用来表示"花盆"这一基本检索要素；此外，在浏览 A01G 9/02 类名时，可以找出"花盆"的同义词"花箱"。

关于第二个基本检索要素"贮水器"，在浏览初步检索结果时，可以发现"容器"等同义词；同时，根据常识不难想象在表示"贮水的容器"这一概念时，"储水器"也是常用的表达方式。

（三）形成基本检索要素表

由此，可获得基本检索要素表，如表 5 - 2 所示。

表 5 - 2　基本检索要素表

表达形式 ＼ 基本检索要素		花盆	贮水器
分类号	IPC	A01G 9/02	A01G 27/06
关键词	中文	盆；花箱	贮水器，储水器，容器

三、构造检索式

检索结果中必须同时包含 2 个基本检索要素，因此，根据各检索要素的表达方式，可以构造以下检索式：

sic =（a01g9/02）　＜检索结果：2629＞

ab = 盆 or 花箱　＜检索结果：16885＞

sic = a01g27/02　＜检索结果：353＞

ab = 贮水器 or 储水器 or 容器　＜检索结果：85941＞

（sic =（a01g9/02）or ab =（盆 or 花箱））and（sic = a01g27/02 ab =（贮水器 or 储水器 or 容器））＜检索结果：1264＞

四、检索式调整

使用上一步骤中构造的检索式进行检索后，需要对检索结果进行仔细浏览，目的之一是判断检索结果与技术主题是否密切相关，若有偏差，则对检索式进行调整；同时，从检索结果中进一步获取基本检索要素的表达方式，以扩展检索，提高检索结果的全面性。

（一）检索结果的偏差

在浏览检索结果时发现，检索结果中存在一定数量的文献与技术主题不相关，如申请号 86202347 的文献涉及一种盛水容器，尤其适用于旅行用的可折叠充气盛水盆。该文献由于在摘要中包含"容器"和"盆"两词而出现在检索结果中，造成了检索结果的偏差；又如申请号 86106043 的文献"微波装置"，与本技术主题并不相关，由于其摘要中包含"一种煮食物的微波装置，其下部有装盛食物的钵、碟或盆形容器"这一描述，使其出现在检索结果中。此类文献不一一列举，总而言之，由于在检索式中使用"盆"及"容器"两个词汇来表达基本检索要素，引起了检索结果的偏差。为了纠正偏差，对基本检索要素的表达方式进行调整，如表 5-3 所示。

表 5-3　基本检索要素表

表达形式	基本检索要素	花盆	贮水器
分类号	IPC	A01G 9/02	A01G 27/06
关键词	中文	花箱	贮水器，储水器

（二）同义词扩展

在浏览检索结果时，还发现了对于基本检索要素的新的表达方式，如申请号 86201546 的文献，记载了一种"保温隔热式新型花盆、花盘、花缸、花槽、花管"，通过阅读专利文献的内容可知，所述"花盘、花缸、花槽"与本技术主题中的花盆实现同样的功能，可作为同义词来表达"花盆"这一技术概念。通过浏览其他文献，还可得到"花钵"、"栽培容器"等表达方式。

（三）分类号扩展

除了获得同义词外，通过浏览检索结果，还发现下述分类号的出现频率较高：A01G 27/02，A01G 27/00，A01G 9/04，以及 A01G 31/02。通过查找分类表，可获得上述分类号的类名如下：

A01G 27/02　　具有 1 个贮水器（的自动浇水装置），其主要部分完全位于生长基质周围或直接位于生长基质旁边

A01G 27/00　　自动浇水装置，如用于花盆的

A01G 9/04　　·花盆的垫碟

A01G 31/02　　·（水培；无土栽培）所用专门设备

根据类名可知，A01G 27/02，A01G 27/00 能够表达技术主题中"贮水器"这一技术概念。

（四）检索式调整

综上所述，通过浏览检索结果，可将基本检索要素表进行调整，如表 5 - 4 所示。

表 5 - 4　调整后的基本检索要素表

表达形式	基本检索要素	花盆	贮水器
分类号	IPC	A01G 9/02	A01G 27/06；A01G 27/02；A01G 27/00
关键词	中文	花箱；花盘；花缸；花槽；花钵；栽培容器	贮水器，储水器

根据基本检索要素表构造检索式为：

sic =（a01g9/02）　　＜检索结果：2629＞

ab = 花箱 or 花盘 or 花缸 or 花槽 or 花钵 or 栽培容器　　＜检索结果：16885＞

sic = a01g27/02 or a01g27/06 or a01g27/00　　＜检索结果：353＞

ab = 贮水器 or 储水器　＜检索结果：85941＞

（sic =（a01g9/02）or ab =（花箱 or 花盘 or 花缸 or 花槽 or 花钵 or 栽培容器））and（sic =（a01g27/02 or a01g27/06 or a01g27/00）ab =（贮水器 or 储水器））　　＜检索结果：1264＞

五、案例启示

通过上述案例可知，专利技术信息检索不是一蹴而就，而是需要在检索的过程中通过浏览检索结果，不断熟悉涉及技术主题的专利文献的特点。通过该案例，可以得出以下启示：

（1）应当对引起检索结果偏差的共性特征进行总结，如上例中，许多不相关文献都是由于使用了"盆"和"容器"两词汇而引入的，从而对基本检索要素乃至检索式进行调整；

（2）应当随时关注在检索结果中出现的新的词汇表达方式以及分类表表达方式；

（3）对于检索结果中出现的新的分类号表达方式，不能直接"拿来主义"，而应当到分类表中查找其对应的类名，以确定分类位置是否与技术主题一致；

（4）检索过程中，应当不断通过信息反馈来调整基本检索要素的表达。

第六章 同族专利检索

第一节 概 述

专利文献大量重复出版的结果，形成了一组组由不同国家出版的内容相同或基本相同的专利文献。各组专利文献中的每件专利说明书之间，通过一种特殊的联系媒介——优先权，相互联系在一起。

所谓优先权，是巴黎联盟各成员国给予本联盟任一国家的专利申请人的一种优惠权，即联盟内某国的专利申请人已在某成员国第一次正式就一项发明创造申请专利，当申请人就该发明创造在规定的时间内向本联盟其他国家申请专利时，申请人有权享有第一次申请的申请日期。发明和实用新型的优先权期限为 12 个月，外观设计的优先权期限为 6 个月。

一、同族专利的概念

由至少一个共同优先权联系的一组专利文献，称一个专利族（Patent Family）。在同一专利族中每件专利文献被称作专利族成员（Patent Family Members），同一专利族中各件专利互为同族专利。

在同一专利族中，由其他成员共享优先权的最早专利申请的专利文献称基本专利。

（一）同族专利的产生

1. 由于专利保护地域性产生的同族专利

由于专利保护的地域性，相同的发明创造专利申请需由不同的工业产权局批准才能在不同地域获得保护，由此，申请人为了使发明创造在多个国家或地区获得保护而向多个国家提出专利申请，由这些专利申请产生的多件专利文献构成了同族专利的一部分。

2. 由于专利审批过程中的多级公布产生的同族专利

由于各工业产权局的专利审批制度不同，同一专利申请在申请公布、分案、继续申请、授权等阶段会进行出版，形成专利多级公布，由此而产生的多件专利文献也是同族专利的组成部分。

（二）同族专利的种类

WIPO《工业产权信息与文献手册》将专利族分为 6 种：简单专利族、复杂专利族、扩展专利族、本国专利族、内部专利族和人工专利族。

1. 简单专利族（Simple Patent Family）

在同一个专利族中，专利族成员以共同的一个或共同的几个专利申请为优先权，这样的专利族为简单专利族，如表6-1所示。

表6-1　简单专利族

文献 D1	优先权 P1	专利族 F1
文献 D2	优先权 P1	专利族 F1
文献 D3	优先权 P1-P2	专利族 F2
文献 D4	优先权 P1-P2	专利族 F2
文献 D5	优先权 P2	专利族 F3

2. 复杂专利族（Complex Patent Family）

在同一个专利族中，专利族成员至少以一个共同的专利申请为优先权，这样的专利族为复杂专利族，如表6-2所示。

表6-2　复杂专利族

文献 D1	优先权 P1	专利族 F1	
文献 D2	优先权 P1	专利族 F1	
文献 D3	优先权 P1-P2	专利族 F1	专利族 F2
文献 D4	优先权 P1-P2	专利族 F1	专利族 F2
文献 D5	优先权 P2		专利族 F2

3. 扩展专利族（Extended Patent Family）

在同一个专利族中，每个专利族成员与该组中的至少一个其他专利族成员至少共同以一个专利申请为优先权，它们所构成的专利族为扩展专利族，如表6-3所示。

表6-3　扩展专利族

文献 D1	优先权 P1	专利族 F1
文献 D2	优先权 P1-P2	专利族 F1
文献 D3	优先权 P1-P2	专利族 F1
文献 D4	优先权 P1-P2	专利族 F1
文献 D5	优先权 P2	专利族 F1

4. 本国专利族（National Patent Family）

本国专利族是指在同一个专利族中，每个专利族成员均为同一工业产权局的专利文献，这些专利文献属于同一原始申请的增补专利、继续申请、部分继续申请、分案申请等，但不包括同一专利申请在不同审批阶段出版的专利文献，如表6－4所示。

表6－4　本国专利族

同一国家不同专利申请的文献公布		
文献 D1	优先权 P1	专利族 F1
文献 D2	优先权 P1-继续申请 C1	专利族 F1
文献 D3	优先权 P1-分案申请 D2	专利族 F1
文献 D4	分案申请 C2	专利族 F1
文献 D5	优先权 P1-分案申请 D3	专利族 F1

5. 内部专利族（Domestic patent family）

内部专利族指仅由一个工业产权局在不同审批程序中对同一原始申请出版的一组专利文献所构成的专利族，如表6－5所示。

表6－5　内部专利族

同一专利申请的不同公布级的文献公布		
文献 D1	CC NNNNNNN A1	专利族 F1
文献 D2	CC NNNNNNN A9	专利族 F1
文献 D3	CC NNNNNNN B1	专利族 F1
文献 D4	CC NNNNNNN B8	专利族 F1

6. 人工专利族（Artificial Patent Family）

人工专利族也称智能专利族、非常规专利族，即内容基本相同但并非以共同的一个或几个专利申请为优先权，而是根据专利文献的技术内容人为地进行归类。因此组成的一组由不同工业产权局出版的专利文献构成的专利族，但实际上在这些专利文献之间没有任何优先权联系，如表6－6所示。

表6－6　人工专利族

一组没有共同优先权的专利文献					
文献 D1	国家 A	申请人 A	发明名称 A	权利要求 A	专利族 F1
文献 D2	国家 B	申请人 A	发明名称 A	权利要求 A	专利族 F1
文献 D3	国家 C	申请人 A	发明名称 A	权利要求 A	专利族 F1
文献 D4	国家 D	申请人 A	发明名称 A	权利要求 A	专利族 F1
文献 D5	国家 E	申请人 A	发明名称 A	权利要求 A	专利族 F1

二、同族专利的应用

（一）防止出口产品侵权

企业开拓国际市场实现产品出口前，为了保证产品在其他国家或地区不会因专利产生侵权纠纷，事先应当对该产品的专利状况进行充分调查，找出那些可能被侵权的所有外国专利，再从中查找是否有产品出口目的地国家的专利，如果有则继续查找该专利是否有效。经检索最终确定该出口产品在出口目的地国家无侵权专利，这时再决定出口就可以避免侵权纠纷。

（二）解决馆藏不足或语种转换问题

可以利用同族专利检索解决馆藏不足或语种转换问题。例如：某研究人员要参考一件德国专利，但他不懂德文，经同族专利检索找到了一件用英文公布的美国相同专利，解决了因语言不通而带来的问题。

此外，受到互联网上资源以及专利文献服务机构收藏的限制，有些工业产权局的专利文献无法获得，可以借助于同族专利查寻，找到属于该专利族的其他工业产权局出版的专利文献。

（三）借鉴别国专利审查意见，判断本国相同发明创造的专利性

许多国外企业或发明人为垄断市场，通常将其发明创造提出多国专利申请，而审查制国家的专利审查员在对其进行审查的过程中，会根据自己的理解进行专利性检索并作出专利性判断。

审查员在审批专利时，可以借助同族专利共享其他工业产权局在审批该相同发明技术主题专利申请时的检索报告或检索结果，参考其审批结果以及申请人对权利要求保护范围和对申请文件的修改等。

企业在准备利用这种来自国外或中国内地以外的中国专利申请时，若该申请存在同族专利，可以借鉴外国专利审查员对该国专利申请的审查意见，以此作为判断本国相同发明创造专利性的参考。

例如：某单位欲使用某项国外技术，国外公司已就该技术提交国际申请，经查该国际申请的检索报告表明该申请具有新颖性，如果使用需要得到许可，否则申请一旦进入国家阶段并授权，将会承担侵权责任。经过同族专利检索找到其欧洲专利补充检索报告，确定有 4 篇论文对其新颖性产生影响，该专利申请将不能获得专利保护，该单位可以无偿使用。

（四）为企业了解国外同行企业专利战略提供素材

国外企业在运用专利保护其创新产品时，常常会采用一些战术方法，充分利用国

际专利制度规则，尽可能多方位多角度保护其创新产品，使竞争对手难以突破其专利防线，从而达到其控制该产品市场的目的。通过同族专利之间的相互比较，可以获悉那些在基本专利中没有记载的最新技术进展；此外，通过同族专利的国家分布状况，可以得知申请人就该相同发明技术主题在哪些工业产权局申请了专利，这些专利的审批情况和法律状况如何。

例如：一美国公司研制出一种空气调节装置，在首次提出美国专利申请后，又提出国际申请并指定近百个国家，使该国际申请分别进入到有可能利用该发明的国家，此后还不断提出该专利的继续申请、部分继续申请、分案申请，并再次将这些派生的申请通过国际申请进入到有可能利用这些发明的国家，最终就该项技术及其派生技术在十多个国家数十次提出专利申请，形成对该技术的立体保护系统。通过同族专利检索，我国的企业不仅可以获得关于这种空气调节装置的立体保护系统详细信息，同时还可学到外国同行运用实施企业专利战略的经验。

第二节　同族专利检索

同族专利检索是指以某一专利或专利申请为线索，查找与其同属于一个专利族的所有成员的过程。

一、同族专利检索要素

同族专利检索要素是指可以作为同族专利检索线索的信息。作为同族专利检索要素主要有 3 类：号码，公司/人名和主题词。

（一）号码要素

检索同族专利时人们通常以专利的号码作为检索要素。号码要素包括：优先申请号，申请号，文献的公开号或公告号，专利号等。

由于各工业产权局在编制专利的申请号和各种文献号时采用不同规则，形式多样。每种专利数据库有自己的数据格式标准，记录在数据库中的号码格式与各工业产权局规定使用的号码格式有很大的不同。因此在确定号码要素时，在号码格式上需与欲使用的数据库的格式相符，不同号码种类一定要与同族专利检索系统的不同检索入口相对应。

（二）公司/人名

由于有些申请人因不属于《巴黎公约》成员国国民，或超过优先权期限而不能享受优先权，则同样的发明创造在各工业产权局申请专利所产生的多件专利文献，构成了无优先权同族专利。因此，并非所有专利族都以优先权联系要素作为判断的依据。按照 WIPO 的定义，前 5 种专利族的成员具有优先权联系，而在人工专利族中，某些专利族成员与其他成员不具有优先权联系，需要以公司/人名和主题词结合将其检索出来，然后进行人工判断。

利用申请人和专利权人进行同族专利检索时，需要考虑自然人和法人之分。确定法人名称要素时，尽量选择名称中的关键词作为检索要素。

确定作为自然人的申请人和专利权人名字要素时，应注意中外文表达形式上的差异。

（三） 主题词要素

当进行人工专利族（即无优先权同族专利）检索时，需要利用主题词要素和公司/人名要素结合进行检索。

通常主题词要素仅限于从发明名称中提取。提取主题词要素时应注意中外文在不同地域的不同表达。

二、同族专利的检索工具

进行同族专利检索时，首先根据检索类型选择适当的检索数据库，然后通过适当的方法进行检索。含有同族专利信息的专利数据库包括因特网免费检索系统和商业数据库。

（一） 因特网免费检索系统

因特网上包含同族专利信息的数据库主要有欧洲专利局网站检索系统中的"Worldwide"数据库、欧洲专利局网站法律状态查询系统（Register Plus）以及印度国家信息中心"Equivalent Search"检索系统。各数据库的数据范围、数据记录单位以及检索到的专利族种类各有不同。

1. 欧洲专利局网站专利检索系统中的"Worldwide"数据库
欧洲专利局网站专利检索系统中的"Worldwide"数据库网址为 http：//ep. espacenet. com/。该数据库包含 92 个国家、地区及组织的专利信息，因此可以检索同族专利，它以专利申请作为数据记录基本单位。

该数据库用于检索同族专利时，所得到的检索结果中既包含具有直接优先权联系的专利申请，也包含具有间接优先权联系的专利申请，即扩展专利族。此外，该数据库还包含显而易见属于人工专利族的专利申请。

2. 欧洲专利局网站法律状态查询系统（Register Plus）中的 patent family
欧洲专利局网站法律状态查询系统主要供查询欧洲专利法律状态，也可用于查询与欧洲专利相关的世界范围的同族专利信息。

该系统用于检索同族专利时，得到的同族专利检索结果以扩展专利族为主，按照3种情况显示同族专利信息："Equivalent"表示优先权完全相同的简单同族；"Patent family member"表示与该组中的至少一个其他专利族成员至少共同以一个专利申请为优先权的扩展同族；"Earlier application"表示专利族中的较早申请，即未要求优先权的专利族成员。

3. 印度国家信息中心"Equivalent Search"检索系统

印度国家信息中心"Equivalent Search"检索系统（网址为 http：//patin-fo. nic. in／）主要以欧洲专利局 INPADOC-EPIDOS 同族专利数据库为基础，可查询世界范围的同族专利信息，它以专利文献作为数据记录基本单位，检索结果为扩展专利族。

（二）商业数据库

包括同族专利的最主要的商业数据库是来自汤森路透集团的世界专利索引（WPI）数据库，主要用于检索世界主要40个国家、地区及组织专利信息。它是以专利族作为数据记录基本单位。

该数据库以优先权作为专利族的联系要素，将享有共同优先权的专利申请的所有文献公布的号码收录到同一个专利族的基本专利记录中，但不包括同一国国内专利族的信息。

对于包括分案申请、继续申请、部分继续申请等在内的同一国国内专利族成员则单独处理成新的专利族。

对于没有优先权的人工专利族成员，经审核确认属于同一专利族成员的，归入该专利族基本专利记录中。

（三）同族专利检索工具的局限

某些情况下，人们在检索时会发现有些同族专利文献，尤其是非主要国家同族专利文献上标识有优先权信息，但由于使用的同族专利数据库，例如：上面介绍的欧洲专利局网站检索系统中的"Worldwide"数据库、欧洲专利局网站法律状态查询系统（Register Plus）以及印度国家信息中心"Equivalent Search"检索系统中没有收录该信息，利用该优先权信息检索不到同族专利。这种情况下，应当根据该优先权信息到各非主要国家工业产权局因特网专利数据库中分别进行检索。

三、同族专利的检索方法

一般情况下的同族专利检索以某一专利号码作为检索要素，某些特殊情况下，需要以公司/人名以及主题词为检索要素。

（一）以号码为检索要素

1. 已知申请号或文献号

（1）确定申请号、文献号，其中申请号中需要包含国家代码和申请年份，文献号应当包括国家代码；

（2）选择欧洲专利局网站专利检索系统中的"Worldwide"数据库或者印度国家信息中心"Equivalent Search"检索系统，当已知号码要素涉及欧洲专利时，也可使用欧洲专利局网站法律状态查询系统；

（3）欧洲专利局网站专利检索系统中，通过检索结果显示页面中"View IN-PADOC Patent Family"链接获取同族专利。

2. 已知优先申请号

（1）确定号码检索要素：优先申请号（含国家代码和申请年代）；

（2）选择欧洲专利局网站专利检索系统"Advanced Search"检索方式；

（3）选择"Priority Number"检索入口，输入带国别代码和年代的优先申请号，进行检索；

（4）分别进入每一个被找到的专利的著录项目显示界面，单击"View INPADOC Patent Family"链接按钮检索，看是否有新的专利族成员出现；

（5）将检索结果下载或作书面记录。

3. 使用号码检索要素进行扩展检索

由于常用的同族专利数据库收录的局限性，利用优先权号码信息检索不到同族专利时，可根据该优先权信息到各工业产权局因特网专利数据库中分别进行检索。

（1）确定号码检索要素：优先申请号（含国家代码和申请年代）；

（2）选择各工业产权局网站专利检索系统；

（3）选择优先权检索入口，输入带国别代码和/或年代的优先申请号，进行检索。

如果检索结果中有以该优先申请号作为优先权的专利，将国家代码、专利号等信息记录下，加入到同族专利检索结果中。

（二）以公司/人名和主题词为检索要素

在人工专利族检索时，某些专利族成员与其他成员不具有优先权联系，需要将公司/人名和主题词结合进行检索。

1. 检索

（1）先以本专利族中其他同族专利的号码信息作为检索要素进行检索；

（2）在上述检索结果中收集发明名称信息，找出发明名称中的关键词，确定为主题词检索要素；

（3）在上述检索结果中收集申请人名称信息，找出申请人名称中的关键词，确定为公司/人名检索要素；

（4）在上述检索结果中收集发明人名字信息，找出其不同表达方式，也确定为名字检索要素；

（5）选择可以检索世界多国专利的专利检索系统，在发明名称检索入口中输入主题词，在申请人名称检索入口中输入名称关键词或在发明人检索入口中输入名字，进行逻辑与检索；

（6）再选择必要的国家工业产权局专利检索系统，重复步骤（5）；

（7）针对以上检索的结果进行人工判断，然后将属于该专利族的同族专利加入到同族专利检索结果中。

2. 人工判断方法

（1）比较找到的专利的著录项目，判断发明名称、申请人、发明人是否一致；

（2）比较独立权利要求，判断基本内容是否一致；

（3）如果有图的话，比较附图，判断附图是否一致；

（4）对判定为人工专利族成员的专利，找出各成员之间为什么没有优先权联系要素的原因。

第三节　同族专利的分析方法

通常，同族专利检索得到的结果是一系列同属于一个专利族的专利或专利申请的公布号及其所对应的专利文献。需要根据目的对其进行分析，才能得出可用的结论，以满足检索目的。

一、专利族解析方法

同族专利检索结果数量较大时，特别是在检索结果中同一国家专利或专利申请数量过多时，为了理清这些专利族成员之间的关系及联系，需要使用专利族解析方法，建立专利族解析表并对其进行解读，之后再进行分析。在录入专利族解析表的专利族成员信息之前，需找出所有同族专利的原文说明书扉页，从中采集相关信息。

（一）专利族解析表的创建规则

（1）属于同一申请的同族专利集中在一起；

（2）各专利申请之间按照申请日先后顺序排列；

（3）属于同一申请的各同族专利文献之间按照第一次公布日先后顺序排列。

（二）专利族解析表的内容

专利族解析表包括以下列表项。

1. 专利申请项

专利申请项包括：国家，申请号，申请日，主标识，辅助标识。其中：

"主标识"用"A"加序号表示专利申请，按照申请日期先后顺序标识"A1、A2、A3……"；用"P"加序号表示优先权，按照优先申请日期先后顺序标识"P1、P2、P3……"。

"辅助标识"用"Div"表示分案申请，"Con"表示继续申请，"Cip"表示部分继续申请，"Rei"表示再颁专利申请，"Ree"表示再审查专利申请，"Add"表示增补或补充专利申请，"Des"表示指定国申请，"Pri"表示临时申请，"Npr"表示正式申请，"Ded"表示香港标准专利的指定局。

2. 专利文献公布项

专利文献公布项包括：公布号，公布日，标识。其中，"标识"用字母"D"加序号表示，所有被公布的文献按其在表中的排列顺序不分国家和种类混合排序，如"D1、D2、D3……"。

3. 专利族解析项

专利族解析项包括：优先权、其他关系以及简要说明。具体内容如下：

"优先权"直接引用专利申请项中的"主标识"，如："P1"，如有多项优先权，应表示为"P1 + P2"。

"其他关系"直接引用专利申请项中的"主标识"加"辅助标识"，如："A3-Cip"，基于同一项专利申请的多次分案申请、继续申请、部分继续申请、再颁专利申请、再审查专利申请、增补或补充专利申请，则在"辅助标识"后加注序号，如："A3-Div1"、"A3-Div2"，"A3-Con1"、"A3-Con2"，"A3-Cip1"、"A3-Cip2"。

"简要说明"则直接指出该件专利或专利申请与其他同族专利的关系，如："基于 P1 + P2 优先权的国际申请，指定 CA，CN，JP，US，EP（AT，BE，DE，FR，IT，SE）"，"进入国家阶段的 A3 专利申请"，"A5 的继续申请"，"A1 的分案申请"等。

4. 统计

统计部分包括专利申请数量、专利族成员数量、专利族种类。其中，"专利申请数量"取专利申请项中"主标识"的"A"排位最大的数字；"同族专利数量"取专利文献公布项中"主标识"的"D"排位最大的数字；"专利族种类"则根据专利族解析项中"优先权"列出的数据判断该专利族属于"简单专利族"、"复杂专利族"、"扩展专利族"、"本国专利族"、"内部专利族"和/或"人工专利族"。以德国 DE19930877.2 专利族解析为例进行说明，如表 6 - 7 所示。

表6－7　示例：德国 DE19930877.2 专利族解析表

序号	专利申请项				专利文献公布项			专利族解析项		
	国家	申请号	申请日	主标识	辅助标识	公布号	公布日	标识	优先权	其他关系	简要说明
1	DE	19930877.2	1999-7-5	P1＋A1		DE19930877A1	2001-1-18	D1			优先申请
2	同上					DE19930877C2	2003-5-15	D2	同上		D1 的二次公布（授权）
3	DE	19962681.2	1999-12-23	P2＋A2		DE19962681A1	2001-6-28	D3			优先申请
4	WO	PCT/DE 00/02169	2000-7-4	A3		WO01/03223A1	2001-1-11	D4	P1＋P2		基于 P1＋P2 的国际申请，指定：CA, CN, JP, US, EP（AT, BE, CH, CY, DE, DK, ES, FI, FR, GB, GR, IE, IT, LU, MC, NL, PT, SE）
5	CA	2378242	2000-7-4	A4	Des	CA2378242A1	2001-1-11	D5	P1＋P2	A3-Des	进入国家阶段的 A3 专利申请
6	EP	00952898.5	2000-7-4	A5	Des	EP1194974A1	2002-4-10	D6	P1＋P2	A3-Des	进入欧洲阶段的 A3 专利申请，指定：AT, BE, CH, CY, DE, DK, ES, FI, FR, GB, GR, IE, IT, LU, MC, NL, PT, SE
7	CN	00811229.0	2000-7-4	A6	Des	CN1384984A	2002-12-11	D7	P1＋P2	A3-Des	进入国家阶段的 A3 专利申请
8	同上					CN1222069C	2005-10-5	D8	同上		D7 的二次公布（授权）
9	JP	2001-508532	2000-7-4	A7	Des	JP2003-520390A	2003-7-2	D9	P1＋P2	A3-Des	进入国家阶段的 A3 专利申请
10	US	10/042057	2002-1-7	A8	Des＋Con	US2002/0187375A1	2002-12-12	D10	P1＋P2	A3-Des＋Con	进入国家阶段的 A3 专利申请的继续申请
统计	专利申请数量	8 项				专利族成员数量	10 件	专利族种类	简单专利族		

二、专利族解析表的分析

专利族解析表填写完成，应该对解析表中的信息进行分析，了解深层次的信息内容，分析内容如下。

（一）分析地域信息

看检索结果中有多少专利族成员，源于多少专利申请，涉及多少国家；看检索结果中是否有产品出口目的地国家的专利号或专利申请公布号，此外还要看产品出口目的地国家是否为 WO 或 EP 的指定国（潜在的同族信息）。

从上述德国 DE19930877.2 专利族解析表中可以看出，该专利族共有 10 个专利族成员，源于 8 项专利申请。其涉及的国家和地区包括：DE，WO，CA，CN，JP，US，EP 等 7 个国家（或组织）。其中 WO 的指定国为：CA，CN，JP，US，EP，EP 的指定国为：AT，BE，CH，CY，DE，DK，ES，FI，FR，GB，GR，IE，IT，LU，MC，NL，PT，SE。

（二）分析授权信息或潜在的授权可能性

1. 看检索结果中每个国家的专利申请数量有多少，是否已有授权方面的信息。

看产品出口目的地国家的文献号码有几个，是专利号还是专利申请公布号，是否有经过该国家审查并授予专利权的公布号。

从上述德国 DE19930877.2 专利族解析表中可以看出，该专利族中在德国有 3 个专利族成员，其中一件专利 DE19930877C2 已经授权；中国有 2 个专利族成员，其中一件专利 CN1222069C 已经授权；在加拿大、美国、日本、欧洲和世界知识产权组织各有 1 个专利族成员，没有授权信息。

2. 查看检索结果中是否有美国专利商标局或欧洲专利局等审查制专利机构公布的专利号或专利申请公布号。

调出美国专利商标局或欧洲专利局公布的有关专利申请的审查过程文件，了解其专利审查员对该专利申请的审查意见，以判断这些专利申请获得授权的可能性。

第四节　同族专利检索案例

案例一：通过号码要素检索同族专利

检索背景

国内某企业对美国海丽思体育用品有限公司的轮滑鞋专利产生兴趣，遂请检索人员对该轮滑鞋专利进行检索，并获得该轮滑鞋美国专利号 US6450509B2。在此基础上，企业请检索人员进行了同族专利检索，获得大量信息。企业希望了解：

- 为什么该美国公司在同一国家申请多项内容近似的专利？这些专利之间有何关系？
- 这个专利在哪些国家进行了保护？
- 该美国公司这种做法有何意义？

检索步骤

进行同族专利检索时，首先应当根据已有的美国专利号作为检索要素进行同族专利检索，在检索结果的基础上扩展检索，获取更全面信息。以美国专利号 US6450509B2 为检索要素。

1. 检索步骤

选择欧洲专利局网站专利检索系统 "Number Search" 检索方式，在检索入口输入 "US6450509" 并检索，然后进入该美国专利的著录项目显示页面，单击 "View INPADOC Patent Family" 链接按钮检索。通过上述检索，共得到 52 项专利申请的 77 件同族专利。

2. 获取扉页或著录项目数据

为了弄清这些同族专利之间的联系，根据上述检索结果目录，进一步收集了所有同族专利的专利说明书扉页或专利文献著录项目数据。

从因特网各国专利数据库中找到其中的 56 件同族专利的专利说明书扉页和 8 件同族专利的专利文献著录项目数据；

另外有 8 件同族专利只能从欧洲专利局网站专利检索系统上得到由欧洲专利局加工过的该同族专利的著录数据；

还有 4 件同族专利属于申请递交的公告，没有具体数据；

由于 SE0103187 A 和 SE0103187L L 实际为同一文献号码不同表达形式，处理为重复的同族专利。

3. 扩展检索——特例实施方法

由于同族专利数据库收录范围的局限性，为了全面获取该专利族的相关信息，在通过上述一般步骤进行检索之后，还应当收集上述同族专利的优先权信息，据此在各工业产权局网站专利数据库进行检索。

（1）检索要素

以美国专利 US6450509B2 为线索，找到该专利的优先申请号 "US60/127495（1999.4.1）"；

以美国专利申请公布 US2003/0146583A1 为线索，找到该专利申请公布的优先申请号 "US60/353868（2002.2.1）"。

（2）检索系统

以上述两个优先权申请号作为检索要素，分别选择欧洲专利局网站专利检索系统 "LP-espacenet" 数据库以及选择西班牙专利商标局网站拉美 18 国专利数据库 LATI-PAT 进行检索。

（3）检索结果

分别得到 1 件巴西同族专利和 1 件巴拿马同族专利。

检索结果分析

根据上述检索得到的 78 件同族专利建立专利族解析表，如表 6 - 8 所示。

1. 专利族种类

通过 "表 6 - 8 美国 US6450509B2 专利族解析表" 可知，这个专利族通过 5 项美国国际优先权，或单独或联合，将 23 个国家、地区和专利组织的 51 个专利族成员联

表 6-8　美国 US6450509B2 专利族解析表

序号	国家或地区	专利申请项				专利文献公布项					专利族解析项
		申请号	申请日	主标识	辅助标识	公布号	公布日	标识	优先权	其他关系	简要说明
1	US	60/127459	1999-4-1	P1 A1	Pri	无					优先权 P1，临时申请
2	WO	PCT/US00/08633	2000-3-31	A2		WO00/59323A1	2000-10-12	D1	P1		基于 P1 的国际申请公布，指定 AE, AG, AL, AM, AT, AU, AZ, BA, BB, BG, BR, BY, CA, CH, CN, CR, CU, CZ, DE, DK, DM, DZ, EE, ES, FI, GB, GD, GE, GH, GM, HR, HU, ID, IL, IN, IS, JP, KE, KG, KP, KR, KZ, LC, LK, LR, LS, LT, LU, LV, MA, MD, MG, MK, MN, MW, MX, NO, NZ, PL, PT, RO, RU, SD, SE, SG, SI, SK, SL, TJ, TM, TR, TT, TZ, UA, UG, US, UZ, VN, YU, ZA, ZW, AP, SZ, EA, EP, BE, CY, FR, GR, IE, IT, MC, NL, OA, BF, BJ, CF, CG, CI, CM, GA, GN, GW, ML, MR, NE, SN, TD, TG
3	US	09/540125	2000-3-31	A3	Npr	US2001/0019195A1	2001-9-6	D2		A1-Npr	A1 的正式申请的公布
4		同上	同上			US6450509B2	2002-9-17	D3		同上	A3 的二次公布（授权）
5	CA	2366815	2000-3-31	A4	Des	CA2366815A1	2000-10-12	D4	P1	A2-Des	进入国家阶段的 A2 申请公布
6		同上	同上			CA2366815C	2004-3-2	D5		同上	A4 的二次公布（授权）
7	AU	200039320	2000-3-31	A5	Des	AU200039320A1	2000-10-23	D6	P1	A2-Des	进入国家阶段的 A2 申请公布
8		同上	同上			AU771419B2	2004-3-18	D7		同上	A5 的二次公布（授权）
9	FI	20011887	2000-3-31	A6	Des	FI20011887A	2001-11-14	D8	P1	A2-Des	进入国家阶段的 A2 申请公布
10	SE	0103187-1	2000-3-31	A7	Des	SE0103187-1A	2001-11-29	D9	P1	A2-Des	进入国家阶段的 A2 申请公布

续表

序号	专利申请项					专利文献公布项					专利族解析项
	国家或地区	申请号	申请日	主标识	辅助标识	公布号	公布日	标识	优先权	其他关系	简要说明
11	DK	PA200101430	2000-3-31	A8	Des	DKPA200101430D1	2001-12-3	D10	P1	A2-Des	进入国家阶段的A2申请公布
12	GB	0126108.0	2000-3-31	A9	Des	GB2363562A	2002-1-2	D11	P1	A2-Des	进入国家阶段的A2申请公布
13			同上	A10		GB2363562B	2002-11-20	D12		同上	A9的二次公布（授权）
14	EP	00918522.4	2000-3-31	A10	Des	EP1175160A0	2002-1-30	D13	P1	A2-Des	进入地区阶段的A2申请公布
15			同上			EP1175160B1	2003-10-8	D14		同上	A10的二次公布（授权）
16	BR	PI0009459-5	2000-3-31	A11	Des	BRPI0009459-5A	2002-2-5	D15	P1	A2-Des	进入国家阶段的A2申请公布
17	DE	10084418.9	2000-3-31	A12	Des	DE10084418T1	2002-3-28	D16	P1	A2-Des	进入国家阶段的A2申请公布
18	CN	00805794.X	2000-3-31	A13	Des	CN1345195A	2002-4-17	D17	P1	A2-Des	进入国家阶段的A2申请公布
19			同上			CN1157130C	2004-7-14	D18		同上	A13的二次公布（授权）
20	TR	A2001/03388	2000-3-31	A14	Des	TR200103388T2	2002-5-21	D19	P1	A2-Des	进入国家阶段的A2申请公布
21	DE	20023053.0	2000-3-31	A15	Des	DE20023053U1	2002-10-17	D20	P1		进入国家阶段的A2实用新型公布
22	JP	P2000-608897	2000-3-31	A16	Des	JPP2002-540824A	2002-12-3	D21	P1	A2-Des	进入国家阶段的A2申请公布
23			同上			JPP3502044B2	2003-12-12	D22		同上	A16的二次公布（授权）
24	AT	20000918522	2000-3-31	A17	Des	AT251396T	2003-10-15	D23	P1	A2-Des	进入国家阶段的A2申请公布
25	DE	60005815.8	2000-3-31	A18	Des	DE60005815D1	2003-11-13	D24	P1	A10-Des	进入国家阶段的A10申请公布
26			同上			DE60005815T2	2004-8-5	D25		同上	A18的二次公布（授权）
27	NZ	PCT/US00/08633	2000-3-31	A19	Des	NZ514418A	2003-11-28	D26	P1	A2-Des	进入国家阶段的A2申请公布
28	ES	(EP)00918522.4	2000-3-31	A20	Des	ES2208299T3	2004-6-16	D27	P1	A10-Des	进入国家阶段的A10申请公布
29	RU	20010126398	2000-3-31	A21	Des	RU2242153C2	2004-12-20	D28	P1	A2-Des	进入国家阶段的A2申请公布
30	ES	200150074	2000-3-31	A22	Des	ES2245524A1	2006-1-1	D29			进入国家阶段的A2申请公布
31			同上			ES2245524B1	2007-3-16	D30		同上	A22的二次公布（授权）
32	US	09/930318	2001-8-14	A23	Div	US2001/0054802A1	2001-12-27	D31	P1	A3-Div	A3的分案申请公布

续表

序号	国家或地区	专利申请项				专利文献公布项					专利族解析项
		申请号	申请日	主标识	辅助标识	公布号	公布日	标识	优先权	其他关系	简要说明
33			同上			US6406038B2	2002-6-18	D32	同上		A23申请的二次公布（授权）
34	ZA	200100007832	2001-9-21	A24	Des	ZA200107083A	2002-12-23	D33	P1	A2-Des	进入国家阶段的A2申请公布
35	NO	2001004644	2001-9-25	A25	Des	NO20014644A	2001-11-28	D34	P1	A2-Des	进入国家阶段的A2申请公布
36	MX	PA01009882	2001-9-28	A26	Des	MXPA01009882A	2002-5-6	D35	P1	A2-Des	进入国家阶段的A2申请公布
37	US	60/353868	2002-2-1	P2 A27	Pri	无					
38	US	60/353871	2002-2-1	P3 A28	Pri	无					
39	US	10/071597	2002-2-7	A29	Con	US2002/0070511A1	2002-6-13	D36		A23-Con	A23的继续申请公布
40	US	10/071931	2002-2-7	A30	Con	US2002/0074748A1	2002-6-20	D37		A3-Con	A3的继续申请公布
41			同上			US6739602B2	2004-5-25	D38		同上	A30申请的二次公布（授权）
42	US	10/076954	2002-2-15	A31	Con	US2002/0074749A1	2002-6-20	D39		A3-Con	A3的继续申请公布
43			同上			US6746026B2	2004-6-8	D40		同上	A31申请的二次公布（授权）
44	US	10/077895	2002-2-18	A32	Div	US2002/0074750A1	2002-6-20	D41		A3-Div	A3的分案申请公布
45	US	10/077964	2002-2-18	A33	Div	US2002/0074751A1	2002-6-20	D42		A3-Div	A3的分案申请公布
46	US	10/077911	2002-2-18	A34	Div	US2002/0125656A1	2002-9-12	D43		A3-Div	A3的分案申请公布
47	US	60/358908	2002-2-22	P4 A35	Pri	无					
48	HK	02101343.0	2002-2-22	A36		HK1041421B	2004-2-6	D44	P1		基于P1的指定欧洲专利局的标准专利公布（授权）
49	US	10/117802	2002-4-5	A37	Div	US2002/0130475A1	2002-9-19	D45		A3-Div	A3的分案申请公布
50	TW	91120067	2002-9-3	A38		TW555581B	2003-10-1	D46	P2, P3		基于P2, P3的公布（授权）

续表

序号	专利申请项					专利文献公布项					专利族解析项
	国家或地区	申请号	申请日	主标识	辅助标识	公布号	公布日	标识	优先权	其他关系	简要说明
51	CN	02252503.3	2002-9-9	A39		CN2597033Y	2004-1-7	D47	P2, P3		基于P2、P3的实用新型公布
52	PA	P2003865801	2003-2-3	A40		PA2003865801	2003-11-12	D48	P2, P3		基于P2、P3的申请公布
53	US	10/357765	2003-2-3	A41	Npr Cip	US2003/0146583A1	2003-8-7	D49		A27-Npr A32-Cip	A27的正式申请及A32的部分继续申请公布
54			同上			US6698769B2	2004-3-2	D50		同上	A40申请的二次公布（授权）
55	WO	PCT/US03/03404	2003-2-3	A42		WO03/063972A2	2003-8-7	D51	P2		基于P2的国际申请公布，指定 AE, AG, AL, AM, AT（U）, AT, AU, AZ, BA, BB, BG, BR, BY, BZ, CA, CH, CN, CO, CR, CU（U）, CZ, DE（U）, DE, DK（U）, DK, DM, DZ, EC, EE（U）, EE, ES, FI（U）, FI, GB, GD, GE, GH, GM, HR, HU, ID, IL, IN, IS, JP, KE, KG, KP, KR, KZ, LC, LK, LR, LS, LT, LU, LV, MA, MD, MG, MK, MN, MW, MX, MZ, NO, NZ, OM, PH, PL, PT, RO, RU, SC, SD, SE, SG, SI, SK（U）, SK, SL, TJ, TM, TN, TR, TT, TZ, UA, UG, US, UZ, VC, VN, YU, ZA, ZM, ZW, AP, SZ, EA, EP, BE, CY, FR, GR, IE, IT, MC, NL, OA, BF, BJ, CF, CG, CI, CM, GA, GN, GQ, GW, ML, MR, NE, SN, TD, TG
56			同上			WO03/063972A3	2004-5-6	D52		同上	A41申请的二次公布（检索报告）
57	AU	2003208990	2003-2-3	A43	Des	AU2003208990A1	2003-9-2	D53	P2	A42-Des	进入国家阶段的A42申请公布

续表

序号	国家或地区	专利申请项				专利文献公布项			优先权	其他关系	专利族解析项
		申请号	申请日	主标识	辅助标识	公布号	公布日	标识			简要说明
58	JP	P2003-563657	2003-2-3	A44	Des	JP2005-516651A	2005-6-9	D54	P2	A42-Des	进入国家阶段的A42申请公布
59	US	10/369063	2003-2-18	P5 A45	Cip Npr	US2003/0127811A1	2003-7-10	D55		A32-Cip A35-Npr	A32的部分继续申请及A35的正式申请公布
60		同上				US7063336B2	2006-6-20	D56		同上	A45申请的二次公布（授权）
61	TW	92103266	2003-2-18	A46		TW582992B	2004-4-11	D57	P4		基于P4的公布（授权）
62	WO	PCT/US03/04901	2003-2-19	A47		WO03/072205A2	2003-9-4	D58	P4, P5		基于P4, P5的国际申请公布，指定AE, AG, AL, AM, AT（U）, AT, AU, AZ, BA, BB, BG, BR, BY, BZ, CA, CH, CN, CO, CR, CU, CZ（U）, CZ, DE（U）, DE, DK（U）, DK, DM, DZ, EC, EE（U）, EE, ES, FI（U）, FI, GB, GD, GE, GH, GM, HR, HU, ID, IL, IN, IS, JP, KE, KG, KP, KR, KZ, LC, LK, LR, LS, LT, LU, LV, MA, MD, MG, MK, MN, MW, MX, MZ, NO, NZ, OM, PH, PL, PT, RO, RU, SC, SD, SE, SG, SI, SK（U）, SK, SL, TJ, BE, CY, FR, GR, IE, IT, MC, NL, OA, BF, BJ, CF, TM, TN, TR, TT, TZ, UA, UG, US, UZ, VC, VN, YU, ZA, ZM, ZW, AP, SZ, EA, EP, CG, CI, CM, GA, GN, GQ, GW, ML, MR, NE, SN, TD, TG
63		同上				WO03/072205A3	2004-1-15	D59		同上	A47申请的二次公布（单独公布的检索报告）

续表

序号	专利申请项					专利文献公布项			专利族解析项		
	国家或地区	申请号	申请日	主标识	辅助标识	公布号	公布日	标识	优先权	其他关系	简要说明
64			同上			WO03/072205A8	2004-2-19	D60		同上	A47申请的三次公布（扉页更正）
65			同上			WO03/072205A9	2004-4-1	D61		同上	A47申请的四次公布（全文更正）
66	AU	2003213117	2003-2-19	A48	Des	AU2003213117A1	2003-9-9	D62	P4, P5	A47-Des	进入国家阶段的A47申请公布
67			同上			AU2003213117A8	2003-9-9	D63		同上	A48申请的二次公布（扉页更正）
68	EP	03709162.6	2003-2-19	A49	Des	EP1476228A0	2004-11-17	D64	P4, P5	A47-Des	进入地区阶段的A47申请公布
69			同上			EP1476228A4	2005-4-13	D65		同上	A49申请的二次公布（补充检索报告）
70	JP	P2003-570946	2003-2-19	A50	Des	JP2005-518259A	2005-6-23	D66	P4, P5	A47-Des	进入国家阶段的A47申请公布
71	CN	03808290.X	2003-2-19	A51	Des	CN1646197A	2005-7-27	D67	P4, P5	A47-Des	进入国家阶段的A47申请公布
72	US	10/863090	2004-6-7	A52	Con	US2004/0222601A1	2004-11-11	D68		A31-Con	A31的继续申请公布
73			同上			US6979003B2	2005-12-27	D69		同上	A51申请的二次公布（授权）
74	US	11/317977	2005-12-22	A53	Con	US2006/0108752A1	2006-5-25	D70		A52-Con	A52的继续申请公布
75			同上			US7165773B2	2007-1-23	D71		同上	A53的继续申请公布
76	US	11/471365	2006-6-19	A54	Con	US2006/0232027A1	2006-10-19	D72		A45-Con	A45的继续申请公布
77			同上			US7165774B2	2007-1-23	D73		同上	A54申请的二次公布（授权）
78	IL			A55		IL145655D	2002-6-30	D74			
结论	专利申请数量	55项				同族专利数量	74件		专利族种类		本国专利族＋内部专利族＋扩展专利族

注："主标识"：A——专利申请，P——优先权。

"辅助标识"：Div——分案申请，Con——继续申请，Cip——部分继续申请，Rei——再颁专利，Rec——再审查专利，Pri——临时申请，Npr——正式申请，Art——人工专利族，Ded——香港标准专利的指定局。Des——指定国，Add——增补或补充专利，

"标识"：D——专利或专利申请公告（专利文献）。

表 6 - 9　表 6 - 8 中的美国 18 项专利申请比较

申请日期	申请号	名称	权利要求数量	申请公布	授权公告
1999 年 4 月 1 日	临时申请—60/127459 (A1)	—	—	—	—
2000 年 3 月 31 日	临时申请（A1）的正式申请—09/540125 (A3)	滑行装置及方法	19 项	2001 年 9 月 6 日公布—US2001/0019195A1 (D2)	2002 年 9 月 17 日授权—US6450509B2 (D3)
2001 年 8 月 14 日	临时申请（A1）的正式申请09/540125（A3）的分案申请—09/930318 (A23)	滑行装置及方法	27 项	2001 年 12 月 27 日公布—US2001/0054802A1 (D31)	2002 年 6 月 18 日授权—US6406038B2 (D32)
2002 年 2 月 1 日	临时申请—60/353868 (A27)	—	—	—	—
2002 年 2 月 1 日	临时申请—60/353871 (A28)	—	—	—	—
2002 年 2 月 7 日	临时申请（A1）的正式申请09/540125（A3）的分案申请09/930318（A23）的继续申请—10/071597	滑行装置及方法	30 项	2002 年 6 月 13 日公布—US2002/0070511A1 (D36)	—
2002 年 2 月 7 日	临时申请（A1）的正式申请09/540125（A3）的继续申请—10/071931 (A30)	滑行装置及方法	16 项	2002 年 6 月 20 日公布—US2002/0074748A1 (D37)	2004 年 5 月 25 日授权—US6739602B2 (D38)
2002 年 2 月 15 日	临时申请（A1）的正式申请09/540125（A3）的继续申请—10/076954 (A31)	滑行装置及方法	2 项	2002 年 6 月 20 日公布—US2002/0074749A1 (D39)	2004 年 6 月 8 日授权—US6746026B2 (D40)
2002 年 2 月 18 日	临时申请（A1）的正式申请09/540125（A3）的分案申请—10/077895 (A32)	滑行装置及方法	67 项	2002 年 6 月 20 日公布—US2002/0074750A1 (D41)	—
2002 年 2 月 18 日	临时申请（A1）的正式申请09/540125（A3）的分案申请—10/077964 (A33)	滑行装置及方法	74 项	2002 年 6 月 20 日公布—US2002/0074751A1 (D42)	—
2002 年 2 月 18 日	临时申请（A1）的正式申请09/540125（A3）的分案申请—10/077911 (A34)	滑行装置及方法	24 项	2002 年 9 月 12 日公布—US2002/0125656A1 (D43)	—
2002 年 2 月 22 日	临时申请—60/358908 (A35)	—	—	—	—

续表

申请日期	申请号	名称	权利要求数量	申请公布	授权公告
2002年4月5日	临时申请（A1）的正式申请 09/540125（A3）的分案申请——10/117802（A37）	滑行装置及方法	33项	2002年9月19日公布——US2002/0130475A1（D45）	—
2003年2月3日	临时申请（A1）的正式申请 10/077895（A32）的部分继续申请和临时申请 60/353868（A27）的正式申请——10/357765（A41）	多轮滑行装置	21项	2003年8月7日公布——US2003/0146583A1（D49）	2004年3月2日授权——US6698769B2（D50）
2003年2月18日	临时申请（A1）的正式申请 10/077895（A32）的分案申请和临时申请 60/358808（A35）的正式申请——10/369063（A45）	外部轮式滑行装置及方法	13项	2003年7月10日公布——US2003/0127811A1（D55）	2006年6月20日授权——US7063336B2（D56）
2004年6月7日	临时申请（A1）的正式申请 10/076954（A31）的继续申请——10/863090（A52）	滑行装置及方法	1项	2004年11月11日公布——US2004/0222601A1（D68）	2005年12月27日授权——US6979003B2（D69）
2005年12月22日	临时申请（A1）的正式申请 10/076954（A31）的继续申请 10/863090（A52）的继续申请——11/317977（A53）	滑行装置及方法	1项	2006年5月25日公布——US2006/0108752A1（D70）	2007年1月23日授权——US7165773B2（D71）
2006年6月19日	临时申请（A1）的正式申请 10/077895（A32）的分案申请 10/369063（A45）的部分继续申请——11/471365（A54）	外部轮式滑行装置及方法	18项	2006年10月19日公布——US2006/0232027A1（D72）	2007年1月23日授权——US7165774B2（D73）

系到一起；通过分案申请、继续申请、部分继续申请将美国的 23 个专利族成员联系到一起；再通过国际优先权和分案申请、继续申请、部分继续申请将所有 74 个同族专利有机的联系在一起，形成一个拥有 74 个专利族成员的专利族。

该专利族为本国专利族，因为在该专利族中有属于同一国家的分案申请、继续申请和部分继续申请。而且该专利族还可定义为内部专利族，是因为在该专利族中有属于同一工业产权局在不同审批程序中对同一原始申请出版的两件以上专利文献有 21 组。另外，可将该专利族定性为扩展专利族，是因为在该专利族中有 5 项专利申请被用作国际优先权，它们分别与该专利族中的至少一个其他同族专利共同拥有一个优先权。

2. 在同一国家申请多件专利的意义

该轮滑鞋专利族从 1999 年 4 月 1 日首次提出临时申请至 2006 年 6 月 19 日最后一次提出继续申请，历时 7 年，不仅使轮滑鞋发明创造从开始的"滑行装置"到"多轮滑行装置"再到"外部轮式滑行装置及方法"在技术上有了发展，同时也使专利的保护寿命得到延长。以中国专利为例，发明专利保护期从申请日起 20 年，2000 年 3 月 31 日申请的以美国临时申请 60/127459（A1）为国际优先权的"滑行装置及方法"中国发明专利 00805794. X 的有效期应至 2020 年 3 月 31 日止，而 2003 年 2 月 19 日申请的以美国临时申请 60/127459（A1）的正式申请 09/540125（A3）的分案申请 10/077895（A32）的部分继续申请 10/369063（A45）和临时申请 60/358908（A35）为国际优先权的"外部轮式滑行装置及方法"中国发明专利申请 03808290. X，如果授权，有效期应至 2023 年 2 月 19 日止，这样计算，该轮滑鞋在中国的专利保护期延长将近 3 年，这可能就是该美国公司在美国申请多件专利的目的。

3. 专利族涉及的国家

该专利族有 74 个专利族成员（即同族专利），这些同族专利源于 55 项专利申请，涉及 24 个国家、地区和专利组织。

4. 该同族专利分析获得的启示

通过这个专利族分析，还使我们看到：轮滑鞋并不是一个复杂的发明创造，但是专利申请人为使自己获得最大市场利益，达到有效地保护这样一种技术上很容易实现却不易保护的发明创造的效果，花费了很大的心思，充分利用国际、国内专利保护规则，编织出一张复杂的专利保护网，让所有欲涉足于此的企业不敢心怀不轨、轻举妄动。同时也向我们的企业揭示出一种企业产品市场化策略，对我们的企业制定市场战略提供了有益的参考。

案例二：通过公司/人名与主题词要素检索

检索背景

境外华人林智一、林冠谷发明了"一种脊椎填充装置"，于 2003 年 6 月 2 日向国家知识产权局申请发明专利，申请号为 03137991. 5。经过专利性审查于 2007 年 10 月

24 日被授予发明专利权,授权公告号为 CN100344263C。

国内一位医生长期从事"脊椎填充"方面的研究,曾在研究过程中参考过国外相关资料,并取得了与林智一、林冠谷的"一种脊椎填充装置"相似的研究成果。由于林智一、林冠谷的"一种脊椎填充装置"已获得发明专利权,该医生的研究成果应用将受到影响。该医生想通过相关服务机构为其检索出能够使该专利无效的依据。

检索步骤

由于该专利已经过专利审查员审查,专利说明书扉页上刊载有审查员找到的不影响专利性的对比文件目录,再通过一般的专利性检索方法重新检索,检索效果不一定好。因此考虑从同族专利角度进行检索,了解一下该发明创造在境外某国家或地区专利申请的审查情况或许会有所帮助。

进行同族专利检索时,首先考虑利用号码要素进行检索。

1. 通过号码要素进行检索

利用欧洲专利局 ESPACENET 专利检索系统,分别通过申请号 03137991.5 和公告号 CN100344263C 检索同族专利,均仅检索到该专利申请自身及其内部专利族: CN1552290A 和 CN100344263C。

利用 DWPI 数据库检索,也得到相同的结果。

2. 通过公司/人名与主题词要素进行检索

该专利属于境外完成的发明创造,通过号码要素检索虽然没有获得同族专利,并不意味着就没在境外申请专利。

台湾作为中国的一个省,既不是《巴黎公约》成员,也不是 PCT 或 EPC 成员,不能自动享有公约优先权和多边协议下的优先权,只能享有所签署的双边协定下的优先权。

中国国家知识产权局不承认台湾优先权;2007 年 12 月 13 日 EPC2000 新法实施前,欧洲专利局不承认台湾优先权,而该专利申请是在 EPC2000 新法实施前提出的。因此,中国和欧洲专利文献上没有台湾专利优先权联系要素。如果申请人就相同的发明创造在境外某国家或地区申请了专利,只是因为某些特定原因无法享有国际优先权,就需要通过公司/人名与主题词要素结合检索同族专利。

(1) 确定检索要素

03137991.5 的发明名称是"一种脊椎填充装置",内容涉及植入一脊椎椎体中和植入两脊椎骨节椎间的填充件,以及脊椎填充系统。由此确定主题词检索要素为:

要素一:脊椎、脊椎骨、脊柱,英文表达为 chine、spine、vertebra 等

要素二:填充,英文表达为 filling

除了主题词要素外,还需要确定公司/人名要素。查找公司/人名要素时要考虑到名字的不同表达方式。

在该案例中，申请人名称是：英属维京群岛商冠亚股份有限公司。从中国专利英文检索系统中查得英文名称是：Shiangayar Co.，Ltd，其关键词是 Shiangayar。

该案例涉及的发明人为林智一和林冠谷。按照汉语拼音应该是 Lin Zhiyi 和 Lin Guangu。但境外华人经常会用英语发音方式进行音译，"林"的音译一般不会与汉语拼音有出入，而"智一"和"冠谷"的音译就有可能有很大差距。因此确定人名检索为 Lin，然后在检索结果中找出"智一"和"冠谷"可能的音译表达。

（2）检索过程

利用欧洲专利局 ESPACENET 专利检索系统的高级检索方式，首先在发明名称检索入口输入"（chine or spine or vertebra）and filling"，同时在申请人检索入口输入"Shiangayar"，然后进行检索，结果为0。

然后在发明名称检索入口输入"（chine or spine or vertebra）and filling"，同时在发明人检索入口输入"Lin"，然后进行检索，找到两件专利：US2006235425A1 和 EP1495730A1，如表6－10所示。

表6－10 检索结果

文献号：US 2006/0235425 A1 申请日：2006.5.25 公布日：2006.10.19 优先权：TW 92110072，2003.4.18 国内申请：US 11/440103，2003.7.3 名称：Filling device and system for treating a deformed or diseased spine 发明人：LIN CHIH-I；LIN KWAN-KU 申请人：A-SPINE HOLDING GROUP CORP
文献号：EP 1495730 A1 申请日：2003.7.8 公布日：2005.1.12 优先权：无 名称：Filling device and system for treating a deformed or diseased spine 发明人：LIN CHIH-I；LIN KWAN-KU 申请人：LIN KWAN-KU

（3）判断检索到的人工专利族成员的一致性

判断检索结果是否与中国申请03137991.5属同一专利族，需要对检索结果的技术内容及公司/人名信息一一对比。

• 判断检索到的专利文献的发明名称、附图是否与中国专利文献一致

从上述两件专利文献的名称看，都是"用于治疗残病脊骨的填充装置及系统"，与中国专利文献"一种脊椎填充装置"属于同一发明主题。

上述两件专利文献的附图与中国专利文献一致，均有11幅图，且完全相同。

● 判断申请人、发明人是否与中国专利文献一致

上述两件专利的发明人的名称拼写虽与中国专利不一致，但从基本发音看，发明人完全相同。

至此，可以认为上述两件专利文献涉及同一发明，由不同专利局公布。因此可以作出初步判断，它们属于同一人工专利族。

3. 扩大检索专利族成员

检索到该中国申请的人工专利族成员之后，应当考虑人工专利族成员是否存在同族专利。

本案例中，检索到的人工专利族成员 US 专利文献上有优先权数据：TW 92110072，2003.4.18，而且还有在先国内申请：US 11/440103，2003.7.3。可以此两件专利为检索线索，进一步扩大检索专利族成员。

利用欧洲专利局 ESPACENET 专利检索系统检索，找到 US20060235425A1 的以下专利族成员：JP2004313738A、TW221091B、US2004210297A1；找到 EP1495730A1 的以下专利族成员：AT347322T、DE60310218T2、DK1495730T3、EP1495730B1、ES2277003T3。

再利用 EPOQUE 检索系统中的 WPI 数据库检索，找到 EP1495730A1 的以下专利族成员：US2004210297A1、JP2004313738A、TW221091B1、TW200422030A、EP1495730B1、DE60310218E、DE60310218T2、ES2277003T3。

将上述所有找到的专利族成员的数据填入专利族解析表（表 6 - 11），可得到完整的专利族数据。

根据检索结果获取能够使中国专利无效的依据：

为了获取无效依据，需要从该专利族各成员的审查对比文件入手。通过专利引文检索，检索人员帮助用户找到了下述相关信息：

专利申请人在其申请文件中引用了 US5549679A、US5571189A、US5972015A、US6066154A、US6248110B1、US6375682B1 等 6 件专利参考文献。

中国专利审查员在审查过程中找到 CN1306865A、CN1340330A、US6332894B1、US6248110B1 等 4 件专利对比文件。

美国专利审查员在审查过程中针对 US2004210297A1 找到 US4488549A、US5514137A、US5549679A、US6110211A、US6248110B1 等 5 件专利对比文件；针对 US20060235425A1 找到 US5549679A、US6371645B1 等 2 件专利对比文件。

欧洲专利局审查员在审查过程中针对 EP1495730A1 找到 US6402784B1、US6017366A、US2002/06897A1、EP1132061A、US2002/173796A1、US5549679A 等 6 件专利对比文件。

其中，中国专利审查员认为找到的 4 件专利对比文件均为技术背景文件；美国专利审查员认为找到的 US5549679A 专利对比文件对 US2004210297A1 和 US20060235425A1 的专利性都有影响。US2004210297A1 因权利要求 2 和 10～16 已被

表 6-11　中国 03137991.5 专利族解析表

序号	国家或地区	专利申请项				专利文献公布项		专利族解析项			
		申请号	申请日	主标识	辅助标识	公布号	公布日	标识	优先权	其他关系	简要说明
1	TW	92110072	2003-04-18	P1, A1		TW221091B1	2004-09-21	D1	P1		P1 的公布（授权）
2	CN	03137991.5	2003-06-02	A2		CN1552290A	2004-12-08	D2		A1-Art	A1 的人工专利族成员，申请公布（授权）
3		同上	同上			CN100344263C	2007-10-24	D3		同上	A2 的二次公布（授权）
4	US	10/611,998	2003-07-03	A3		US2004210297A1	2004-10-21	D4	P1		基于 P1 的申请公布
5	EP	030015391.0	2003-07-08	A4		EP1495730A1	2005-01-12	D5		A1-Art	A1 的人工专利族成员，指定 AT, BE, BG, CH, CY, CZ, DE, DK, EE, ES, FI, FR, GB, GR, HU, IE, IT, LI, LU, MC, NL, PT, RO, SE, SI, SK, TR, AL, LT, LV, MK
6	EP	同上	同上			EP1495730B1	2006-12-06	D6		同上	A4 的二次公布（授权）
7	AT	03015391	2003-07-08	A5	Des	AT347322T	2006-12-15	D7		A1-Art, A4-Des	A1 的人工专利族成员，A4 指定国公布（授权）
8	DE	6310218.2	2003-07-08	A6	Des	DE60310218T2	2007-03-15	D8		A1-Art, A4-Des	A1 的人工专利族成员，A4 指定国公布（授权）
9	DK	030015391.0	2003-07-08	A7	Des	DK1495730T3	2007-04-10	D9		A1-Art, A4-Des	A1 的人工专利族成员，A4 指定国公布（授权）
10	ES	E03015391	2003-07-08	A8	Des	ES2277003T3	2007-07-01	D10		A1-Art, A4-Des	A1 的人工专利族成员，A4 指定国公布（授权）
11	JP	2003274961	2003-07-15	A9		JP2004313738A	2004-11-11	D11	P1		基于 P1 的申请公布
12	US	11/440,103	2006-05-25	A10	Con	US20060235425A1	2006-10-19	D12	P1	A3-Con	基于 P1, A3 的继续申请公布
结论		专利申请数量　**10 项**				同族专利数量　**12 件**		专利族种类			简单专利族 + 本国专利族 + 内部专利族 + 人工专利族

注："专利申请项"：A—专利申请，P—优先权。
"主标识"：Div—分案申请，Con—继续申请，Cip—部分继续申请，Rei—再颁专利，Rec—再审查专利，Add—增补或补充专利，Des—指定国，
Pri—临时申请，Npr—正式申请，Art—人工申请，Ded—人工专利族，
"标识"：D—专利或专利族公告（专利文献）。

US5549679A 专利覆盖而被驳回，申请人已放弃，修改后提出继续申请；US20060235425A1 再次因权利要求 1、3、5 和 8~9 已被 US5549679A 专利覆盖而被驳回，正在等待申请人答复意见。

欧洲专利局审查员认为找到的 US6402784B1 和 US2002/06897A1 单独影响 EP1495730A1 的专利性，EP1132061A 与其他同类对比文件结合影响 EP1495730A1 的专利性。EP1495730B1 虽然已授予专利权，但权利要求已由 9 项修改减少到 6 项。

JP2004313738A 在审查过程中被审查员宣布驳回，申请人正在针对驳回决定提出上诉。

US、EP、JP 三大局法律状态检索结果已向用户至少提供了这样的信息：三大局都不会直接按照申请人最初向该局提出申请时提交的专利申请文本中的保护范围批准专利。此外美国专利商标局已两次驳回，日本特许厅也是驳回，且至本文撰写之时均尚未授权。此结果对用户来说具有重要参考价值。

第七章 专利法律状态检索

本章节内容涉及主要国家或地区知识产权组织（中国、美国、欧洲、日本）专利申请或授权专利的法律状态检索。随着在技术引进及产品出口中专利问题的愈加凸显，对专利法律状态的掌握和判断要求越来越高。通过对本章节内容的学习，能够了解法律状态及法律状态检索的基本知识，获悉详细的法律状态检索过程，最终确定某项专利申请或专利的当前状态。

第一节 概 述

专利是基于法律活动而存在的，各个国家专利的审查、审批与专利权的授予均依照本国专利法进行。依照专利法律制度，任何新的或有用的物的发明创造或方法的发明创造以及外观设计均可申请并取得专利权。一般来讲，专利权是专利审批机关依法授予发明人（或申请人）的，在一定期限内禁止他人未经允许制造、使用、许诺销售、销售、进口其专利产品或使用其专利方法的权利。专利制度通过授予专利权的方式，依法确认和保护发明创造的财产权，用以补偿发明人对其发明创造的投入、鼓励发明创造、促进发明创造的推广应用。专利法作为一个国内法，其法律效力只能在本国主权管理的范围内有效，这也就决定了专利的法律效力具有地域性。

一、专利法律状态的概念

作为一种独占性的智力成果，专利申请、专利审批、专利权的授予以及专利权的变更均依据法律活动进行，专利权便具有了一定的法律属性，因而它必然表现为法律活动的存在状态。

（一）专利法律状态的定义

专利法律状态是指在某一特定时间，某项专利申请或授权专利在某一国家的权利维持、权利范围、权利类型、权利归属等状态，这些状态将直接影响专利权的存在与否以及专利权权利范围的大小。除此之外，专利法律状态还包含了专利权的归属、专利权是否有效、获得许可证等专利产生、发展和变化过程中出现的其他法律信息。

专利的法律信息作为专利信息的重要组成部分，同专利技术信息一样在专利质量把握、专利技术成熟度判定以及专利技术引进、专利产品销售等方面发挥了越来越重要的作用，并且得到了广泛的认可。一般来说，专利的时间性、地域性、权利独占性等信息是构成专利法律信息的最基本内容。

时间性是指专利权只在规定的时间内有效，是受到时效限制的。根据专利所具有的时效性特征，超过规定时效后专利权随之消亡，专利权利信息随之改变。

地域性是指专利权只在法律规定的领土范围内有效，其受到地域的限制。专利是须经专利审批机关审批和授权的，其效力不可能超越于国家的领土范围或管辖范围之外。

独占性是指专利权作为一种对抗他人的权利，任何单位或者个人未经专利权人许可，都不得实施其专利，即针对发明或实用新型专利不得为生产经营目的制造、使用、许诺销售、销售、进口其专利产品，或者使用其专利方法以及使用、许诺销售、销售、进口依照该专利方法直接获得的产品；外观设计专利权被授予后，任何单位或者个人未经专利权人许可，都不得实施其专利，即不得为生产经营目的制造、许诺销售、销售、进口其外观设计专利产品。

（二）专利保护期限

在不同的国家，专利制度不同、专利审批程序不同，因此专利的保护期限也不同。这也就使得某项相同的专利或专利申请在不同国家的法律状态产生差异。表 7 – 1 反映了中、美、欧、日 4 个国家不同专利类型的保护期限。

表 7 – 1　中、美、欧、日专利保护期限

国家	专利类型	保护期限	备　注
中国	发明	20 年	自申请日起算
	实用新型	10 年	自申请日起算
	外观设计	10 年	自申请日起算
美国	专利	17 年	1995 年 6 月 8 日以前，自授权日起算
		20 年	1995 年 6 月 8 日以后，自申请日起算
	植物专利	20 年	自申请日起算
	设计专利	14 年	自授权日起算
欧洲	发明专利	20 年	自申请日起算
	外观设计（欧盟）	5 年/25 年	自申请日起算，期满后可以 5 年为期进行续展，最长 25 年
日本	发明	20 年	自申请日起算
	实用新型	6 年	自申请日起算
	外观设计	15 年	自注册日起算

（三）专利法律状态的类型

通常在专利产生、发展和变化中出现的常见的专利法律状态主要有：专利申请尚未授权、专利申请撤回、专利申请被驳回、专利权有效、专利权终止、专利权转移、专利权有效期届满、专利权无效、专利权质押。

1. 专利申请尚未授权

任何一种专利申请必须按照各自国家的法律或相关专利公约的规定进行审查，即要经过申请—受理—审查—授权不同阶段的审查流程。目前，在全世界范围内较多采用的专利审查制度是延迟审查制度（也称早期公开、延迟审查制度）。根据这种制度，在专利申请的形式审查合格后，自其申请日起或自优先权日起满 18 个月后予以公布，称为早期公开；而专利的审查则可以由申请人自申请日起的一定时间内（例如，在我国为 3 年）随时提出实质审查请求，各专利审批机构据此进行实质审查；部分专利审批机构亦可自行启动实审程序。在早期公开之前和早期公开阶段，专利申请处于尚未公布或已公布但尚未授予专利权状态，该法律状态称为专利申请尚未授权。

专利申请尚未授权的情况通常有两种：一是未能检索得到所需专利申请，这说明该项专利申请尚未通过形式审查或已经过形式审查但尚未进入公布流程；二是该项专利申请已经通过形式审查并已完成早期公开，但尚未检索得到该项专利申请的授权文献或公报，这说明该项专利申请尚未启动实审程序或已进入实审流程但尚未完成实审。针对已经完成早期公开的专利申请而言，需要注意的是，该项专利申请授权时公布的文献可能会与早期公开文献有所不同，从而导致该项专利权利范围发生变化，进而影响对该项专利的利用。

2. 专利申请撤回

专利申请撤回主要有两种情况：一种为申请人的主动撤回，另一种为被专利审批机关视为撤回。

专利申请的主动撤回是指申请人向专利审批机关提出专利申请后，在专利权批准之前，申请人可能发现其申请不符合授予专利的条件，或者不愿以专利的方式而愿以其他方式保护其技术方案，或者因其他原因，随时可以要求撤回申请。

专利申请的视为撤回主要是指在专利申请审批过程中，申请人未能在规定的期限内，完成规定手续或履行相应程序性义务的，该专利申请视为撤回。在我国主要是指：

（1）申请人在指定的期限内无正当理由逾期不请求实质审查的，该申请即被视为撤回。

（2）发明专利已经在外国提出过申请的，专利审批机关可以要求申请人在指定期限内提交该国为审查其申请进行检索的资料或者审查结果的资料；无正当理由逾期不提交的，该申请即被视为撤回。

（3）专利审批机关对发明专利申请进行实质审查后，认为不符合《专利法》规定的，应当通知申请人，要求其在指定的期限内陈述意见，或者对其申请进行修改；无正当理由逾期不答复的，该申请即被视为撤回。

针对法律状态为专利申请撤回的专利申请，特别是针对法律状态为专利申请视为撤回的专利申请，应该注意多数国家均会给予专利申请人以恢复权利的机会。例如，在我国，对于因不可抗拒的事由或者因其他正当理由耽误期限而导致专利申请被视为撤回的，申请人可以在规定的期限内向专利局提出恢复权利的请求。以专利申请90105101.2为例，该申请于1991年11月20日进行了早期公开，并随后进入实审程序，由于未能按时答复审查意见，1993年5月19日专利申请视为撤回；但该项专利申请于1993年6月9日恢复权利，并进入相应后续程序。如检索日为1993年5月22日，则检索人要注意该项专利申请有恢复权利的可能。

3. 专利申请被驳回

专利申请被驳回一般是指在专利申请人答复专利审批机关意见后，专利审批机关认为该专利申请仍然存在相关法律规定的实质性缺陷而作出的拒绝授予专利权的决定。不同国家对此规定可能会有所不同。在我国，依照《专利法实施细则》第53条对发明专利申请的规定，专利申请经过专利申请人陈述意见或修改后，还存在下列问题的，可以作出驳回决定：

（1）专利申请的主题违反法律、社会公德或者妨害公共利益，或者申请的主题是违反法律、行政法规的规定获取或者利用遗传资源，并依赖该遗传资源完成的，或者申请的主题属于《专利法》第25条规定的不授予发明专利权的客体；

（2）专利申请不是对产品、方法或者其改进所提出的新的技术方案。

（3）专利申请所涉及的发明在中国完成，且向外国申请专利前未报经专利局进行保密审查的。

（4）专利申请的发明不具备新颖性、创造性或实用性。

（5）专利申请没有充分公开请求保护的主题，或者权利要求未以说明书为依据，或者权利要求未清楚、简要地限定要求专利保护的范围。

（6）专利申请是依赖遗传资源完成的发明创造，申请人在专利申请文件中没有说明该遗传资源的直接来源和原始来源；对于无法说明原始来源的，也没有陈述理由。

（7）专利申请不符合《专利法》关于发明专利申请单一性的规定。

（8）专利申请的发明是依照《专利法》第9条规定不能取得专利权的。

（9）独立权利要求缺少解决技术问题的必要技术特征。

（10）申请的修改或者分案的申请超出原说明书和权利要求书记载的范围。

故检索者在进行检索得到专利申请被驳回的情况下，应注意区分驳回的原因，进而对该专利申请进行进一步的研究。

4. 专利权有效

当专利申请获权，并且一直缴费维持其专利权有效，该法律状态称为专利权有效。

授权后的专利是否保持有效，与专利维持费（部分国家也称为年费）有关。所谓专利维持费，是指专利权人为维持专利权的效力，是按《专利法》及其实施细则的规定在特定的时间向专利审批机关缴纳的费用。专利权有效是指在检索日至下一缴费日期的特定时间段内专利权保持有效的状态。在检索得到专利权有效法律状态时，应注意核实下一缴费日（不同国家对缴费时间有不同的规定），以实现对所检索专利的持续关注。例如，中国专利维持费应逐年缴纳，而美国专利维持费分为 3 个阶段，在每个阶段相应的缴费时间窗口缴纳相应费用。

5. 专利权终止

当已获权的专利由于未缴专利费或者由于专利权人的放弃，而在专利权有效期尚未届满时提前失效，该法律状态称为专利权终止。

在检索得到专利权终止的法律状态时，应注意追查专利权终止的原因，是由于未缴专利费的终止还是专利权的主动放弃。对于由于未缴专利费引起的专利权终止，应该核实相关国家是否有有关专利权利恢复的期限规定。如在我国，由于未缴专利费引起的专利权的终止，可以在相应的期限内补缴专利费及相应滞纳金后恢复专利权，相应期限可参见《专利法实施细则》的规定。如为专利权的主动放弃，可进一步研究是否为专利权人的策略抑或采取了其他方式获取保护。

6. 专利权或专利申请权转移

当专利或专利申请发生专利权人或专利申请人变更，该法律状态称为专利权或专利申请权转移。

在此种情况下，可进一步探寻专利权或申请权转移的原因，且要结合众多其他信息，这已明显超出了专利分析的范畴。

7. 专利权有效期届满

当专利权有效期已超过专利法规定的期限（包括超过扩展的期限），该法律状态称为专利权有效期届满。

专利权有效期届满，意味着专利技术转变为公有技术，任何单位和个人均可无偿免费使用该项技术。

8. 专利权无效

当专利权由于无效宣告理由成立，被专利审批机构判定为无效或部分无效，该法律状态称为专利权无效。

无效宣告程序是专利公告授权后依当事人请求而启动的、通常为双方当事人均参加的程序。在我国，发明专利权无效宣告的理由主要是指被授予专利的发明创造不符合《专利法》第 2 条、第 20 条第 1 款、第 22 条、第 23 条、第 26 条第 3 款、第 4 款、第 27 条第 2 款、第 33 条或者《专利法实施细则》第 20 条第 2 款、第 43 条第 1

款的规定，或者属于《专利法》第 5 条、第 25 条的规定，或者依照《专利法》第 9 条规定不能取得专利权。

9. 专利权质押

专利权质押是权利质押的一种形式，我国《担保法》第 79 规定："以依法可以转让的商标专用权、专利权、著作权中的财产权出质的，出质人与质权人应当订立书面合同，并向管理部门办理出质登记。质押合同自登记之日起生效。"专利权质押是担保物权的一种重要形式，它不仅体现专利权自身价值，而且，从整个担保与融资市场上来看，它还体现担保价值与融资价值。

专利权质押后，专利权仍归属于原权利人，但该专利权已成为有负担的权利，权利的行使受到限制。当专利权利人不履行债务时，债权人有权依法就该设质专利权中的财产权的变价款优先受偿。

二、专利法律信息对专利信息利用的影响

当一项专利被授予专利权，取得专利证书后，其专利权并不是一成不变的，相反其会随着时间、专利权的变化、专利权人的变化而发生变化或转移。

（一）时间性对专利信息利用的影响

在科研或产品研发过程中，遇到技术难题需要寻找技术解决方案时，应该通过对特定技术主题的专利进行检索，找出与技术难题或要解决的技术方案相关或相近的所有专利，从而从中筛选出能够解决技术难题或技术方案的专利技术。而该项专利技术能否被无偿应用，就需要考虑该专利是否处于保护期中。如果该专利仍在保护期内，则该专利的技术内容受到专利法的保护，专利权人对该项权利拥有排他性的占有权和支配权，在使用该项专利技术时应征得专利权人的授权或同意。相反，如果该项专利已经超出了保护期限，则该项专利所披露的技术内容将不再受专利保护，成为可供随意使用的公知技术，对该项专利技术的使用不需经过原专利权人的授权或同意。

（二）地域性对专利信息利用的影响

专利的地域性决定了一项专利权只在特定的地域范围内有效，这同样会对专利信息利用产生影响。在一项专利的地域保护范围之外，使用该项专利技术，不会构成任何侵权行为，该项专利技术等同于公知技术。

在技术引进中，特别是引进专利技术时，不仅应该考虑引进专利的技术水平，还应该核实专利技术保护的地域范围，确定该项专利是否仅在专利技术输出国受到法律保护，是否也在专利技术输入国受到法律保护，是否还在哪些其他国家受到法律保护，这些情况将会影响以后对该专利产品的销售或使用该专利方法制造的产品的销售。

例如，在奇瑞汽车与通用汽车的外观设计专利纠纷中，根据专利的地域性，由于

通用汽车的外观设计在中国没有申请专利，因而在我国不受法律保护。相反，奇瑞汽车却拥有相关设计的中国专利。

（三）独占性对专利信息利用的影响

专利权作为一种对抗他人的权利，可以被视为以技术的公开换取合法的"垄断"，其表现为专利权为权利人所独有，任何人未经许可不得利用该项专利。如果不能正确地使用或对待这一独占性，将在一定程度上影响专利信息的传播利用。当一项专利被授予专利权后，其专利权会随着专利权人的变化而发生变化或转移，这就出现了专利权的转让。因此，在出现此情况时，需要核实该专利的实际权利人或实际占有人。在某些时候为了克服或打破该项垄断，相关人士会对专利提出无效宣告，以破坏一项专利的新颖性、创造性和实用性，进而打破该专利的"垄断"。

第二节　主要国家专利法律状态检索

随着互联网技术的发展，对专利信息的检索利用，包括对专利法律状态的检索与确定，变得更加简便。但对专利法律状态的检索应以各国家的法律文件为准，一般可以该国专利公报及法律状态登记簿记载内容为准。本节将介绍中国专利法律状态、美国专利法律状态、欧洲专利法律状态以及日本专利法律状态的检索与获取。表 7 – 2 列出了常用的专利法律状态检索系统网址。

表 7 – 2　专利法律状态检索系统网址

常用数据库		参考网址
中国国家知识产权局	法律状态检索系统	http：//search. sipo. gov. cn/sipo/zljs/searchflzt. jsp
	复审信息检索系统	http：//211. 157. 104. 77：8080/reexam/searchdoc/search. jsp
美国专利商标局	专利申请信息检索系统（PAIR）	http：//portal. uspto. gov/external/portal/pair
	专利撤回检索	http：//www. uspto. gov/patents/process/search/withdrawn. jsp http：//www. uspto. gov/web/offices/opc/documents/pgpubwd. pdf
	专利保护期延长检索	http：//www. uspto. gov/patents/resources/terms/index. jsp
	专利权转让检索	http：//assignments. uspto. gov/assignments/？ db = pat
欧洲专利局	espacenet 检索	http：//ep. espacenet. com/
	EPOLINE 检索	http：//www. epoline. org/portal/public
日本特许厅	英文检索页面	http：//www. ipdl. inpit. go. jp/homepg_e. ipdl
	日文检索页面	http：//www. ipdl. inpit. go. jp/homepg. ipdl

一、中国专利法律状态检索

对中国专利法律状态的检索可以通过多种途径实现。这些途径分别为，通过中国国家知识产权局网站、通过知识产权出版社网站、通过中国专利信息中心网站等进行检索，以及通过中国国家知识产权局受理处查询。其中通过因特网途径查询得到的与专利法律状态相关的即时信息仅供参考，具体法律状态信息应以国家知识产权局专利登记簿记载为准。本部分主要介绍国家知识产权局网站法律状态检索系统。

国家知识产权局法律状态检索系统提供 1985 年至今公告的中国专利法律状态信息。该法律状态信息是国家知识产权局根据《专利法》及其实施细则的规定在出版的《发明专利公报》、《实用新型专利公报》和《外观设计专利公报》上公开和公告的专利法律状态信息，主要有：实质审查请求的生效、专利权的无效宣告、专利权的终止、权利的恢复、专利申请权/专利权的转移、专利实施许可合同的备案、专利权的质押/保全及其解除、著录事项变更/通知事项等。

中国专利法律状态检索系统可以从"申请（专利）号"、"法律状态公告日"和"法律状态"3 个入口进行检索，在检索入口下方提供了详细的使用说明，为使用者提供了指导。参见图 7 - 1。

图 7 - 1　专利法律状态检索页面

如使用"申请（专利）号"检索某一篇专利文献的法律状态，结果会按照法律状态公告日由近及远的顺序显示出该专利的所经历的所有法律状态。法律状态检索所提供的结果信息参见图 7 - 2。检索结果显示的专利或专利申请，仅表示该项专利或专利申请在检索条件日曾进行公告或曾经处于某种法律状态，并不代表为最终法律状态。例如，图示检索结果为曾经"授权"的专利，并不代表该项专利仍然有效。

图 7 – 2　从申请号检索法律状态结果页面

目前，国家知识产权局尚未将审查的中间文件予以公开，但对授权后的复审决定及无效宣告文件可通过专利复审委员会网站进行检索。具体可参见本书第二章"互联网上中国专利信息检索及分类查询"的内容。

二、美国专利法律状态检索系统

美国专利法律状态检索，主要通过其官方网站上的专利申请信息检索系统、专利权转移数据库、撤回专利数据库、延长专利保护期数据库、有效期已满专利数据库等资源，查找专利缴费情况来确定专利是否提前失效，查找撤回专利确定专利是否在授权的同时被撤回，查找专利保护期延长的具体时间来确定专利的最终失效日期，查找继续数据确定专利是否继续申请、部分继续申请、分案申请等相关联的情报，查找专利权的转移信息确定专利权转移、质押等变更情况；通过对专利公报的查询可以查看最近 10 年来美国专利公报中的"通知（NOTICE）"内容和最近 52 期电子美国专利公报中有关法律状态的内容。

（一）专利申请信息检索

专利申请信息检索系统是美国专利商标局向用户提供的用以查询美国专利相关信息的系统，其针对一般公众及独立发明人、专利代理人等不同的用户分为 Public PAIR 及 Private PAIR 两种不同的使用类型。本节主要介绍面向一般公众的 Public PAIR。

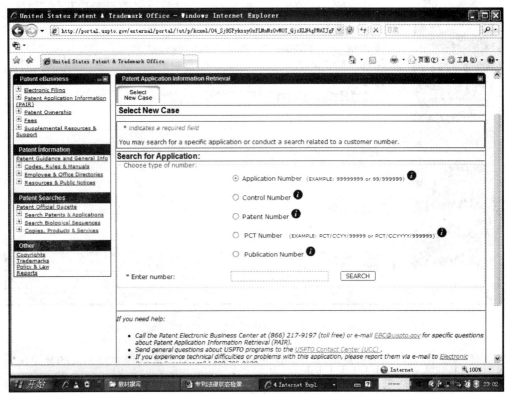

图 7-3　Public PAIR 检索页面

图 7-3 显示了通过"专利申请信息数据库"检索专利法律状态的页面，可以检索的字段包括申请号、控制号、专利号、PCT 号、公开号 5 个字段。通过检索可以得到一项专利的申请信息、事务处理记录、申请文件案卷信息、专利保护期调整历史、继续申请数据、国外优先权信息、公开文献、专利缴费信息以及代理人地址信息等图 7-4 显示的内容。针对不同的专利能够提供的信息内容有所不同。

图 7-4　Public PAIR 检索结果选项

1. 申请信息

检索结果直接显示申请信息，主要是该件专利的著录项目内容，包括：申请号、申请日期、申请类型、审查员姓名、确认号、分类号、发明人姓名、客户号、状态、状态日期、申请领域、早期公开号、专利号、授权日期、发明名称等信息。如图 7 - 5 所示。

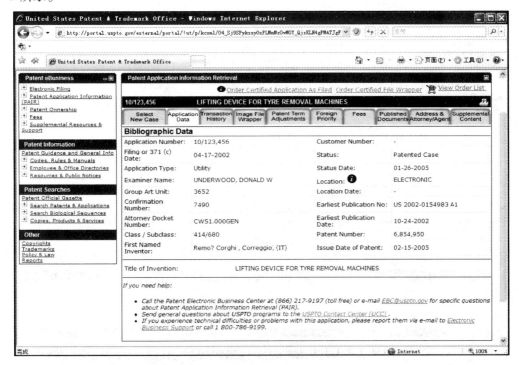

图 7 - 5　Public PAIR 检索结果之申请信息

2. 事务处理记录

主要提供自该申请提交以来，与该申请相关的事务处理记录信息，包括对申请的提出、代理人或申请人与审查员之间的通知书答复、缴费事项信息等。

3. 申请文件案卷信息

主要提供与该申请案卷相关的图像文件信息，通过单击文件名称可以查看相应文件扫描件。部分专利申请不提供该项信息内容。

4. 专利保护期调整历史

显示专利保护期限调整的历史及相应数据，主要包括由申请人及美国专利商标局对专利保护期限的调整。

5. 继续申请数据

在该数据项中，主要提供与该项专利申请相关的在先申请信息及在后申请信息，主要包括继续申请、部分继续申请、分案申请等。如该专利申请没有相应在后申请信息，则检索结果中不提供该项信息按钮。

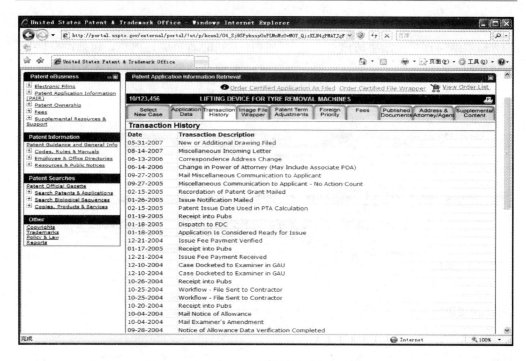

图 7 - 6   Public PAIR 检索结果之事务处理记录

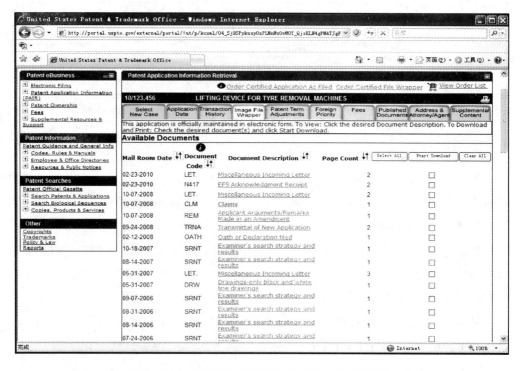

图 7 - 7   Public PAIR 检索结果之申请文件案卷信息

6. 专利缴费信息

显示专利的缴费情况及缴费时间，同时根据目前缴费状况推断该件专利申请或该

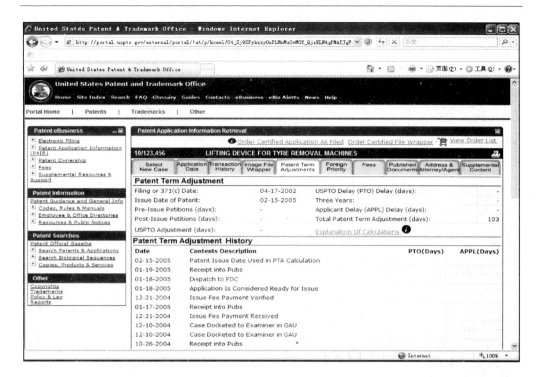

图 7 - 8　Public PAIR 检索结果之专利保护期调整

件专利所处的法律状态，进而判断其法律状态。

通常，一件美国专利是否届满、何时届满，需要通过依法进行判断。一般规律是：1995 年 6 月 8 日以前申请并授权的专利期限为自专利授权日起 17 年届满；1995 年 6 月 8 日以后申请并授权的专利期限为自专利申请日起 20 年届满。在专利的保护期限内，专利权人需要缴纳 3 次费用，时间分别为授权后的第 4 年、第 8 年和第 12 年。因此，在检索时须根据缴费情况来判断专利的法律状态，并注意专利的保护期限。但还有多种情况需要加以区别：

（1）1995 年 6 月 8 日及以后提出的专利（除设计专利）申请，其期限为：自从专利申请之日或最早申请之日起计算 20 年届满。

（2）1995 年 6 月 8 日生效的、或公布的于 1995 年 6 月 8 日以前提出申请的所有专利（除设计专利），其期限为：申请提出之日起 20 年届满，或专利授权后 17 年届满，取时间长者。

（3）1995 年 6 月 8 日以前提出的国际申请、且无论在 1995 年 6 月 8 日以前或以后进入美国国家阶段的授权专利，其期限为：专利授权后 17 年届满，或国际申请提出之日或更早申请之日起 20 年届满，取时间长者。

（4）1995 年 6 月 8 日以后提出继续、分案或部分继续申请的授权专利，其期限为：从最早申请之日起计算 20 年届满。

（5）1995 年 6 月 8 日以后提出国际申请的授权专利，其期限为：从国际申请提

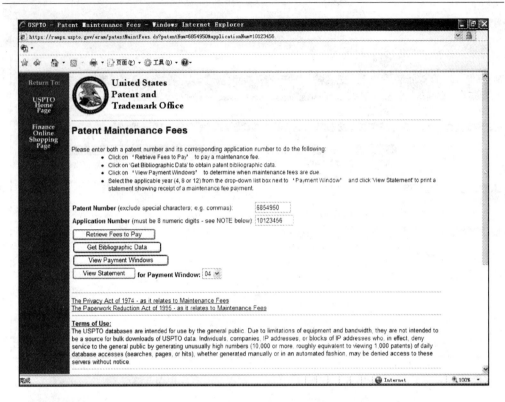

图 7 – 9 Public PAIR 检索结果之专利缴费信息页面

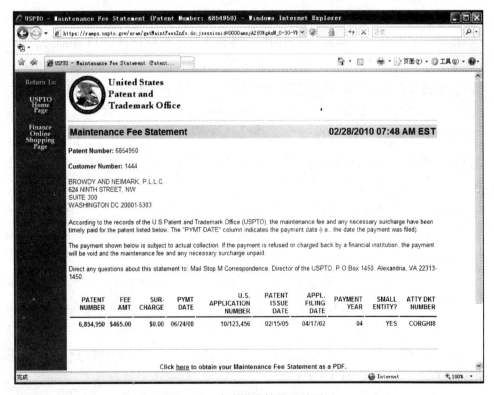

图 7 – 10 专利缴费情况显示页面

出之日起 20 年届满。

（6）国际申请的继续或部分继续申请，其期限为：从国际申请提出之日起 20 年届满。

（7）有外国优先权的申请，其期限为：从在美国提出申请之日起计算 20 年届满，而不是优先权申请日。

（8）国内优先权，即临时申请，不计算在 20 年期限内。

（9）延长专利期限（最多 5 年）。

（二）专利撤回信息检索

美国专利的撤回包括自 1790 年至访问时间之间的专利申请授权前/同时撤回，以及 2001 年 3 月 15 日至访问时间之间的专利申请公布前/同时撤回。

1. 授权前/同时撤回的专利

（1）进入方法

在美国专利商标局网站的主页面，选择"Patents"下的"More about Patents"后再选择"Links"项下的"Withdrawn Patents"，即可进入"撤回的专利数据库"。其检索查询网址为：http：//www. uspto. gov/patents/process/search/withdrawn. jsp。

（2）检索页面

由于该检索页面不存在检索入口，所以无法像往常那样进行专利检索。但用户可以使用"Microsoft Internet Explorer"浏览器中的"编辑"->"查找"功能，在对话框中输入被检索的专利号，选择"查找下一个"按钮，即可在专利号码列表中进行查找：如果专利号列表中存在该专利号，屏幕自动移动到该专利位置，从而可确定所查找的专利已撤回。

（3）检索结果显示

如果将这些"撤回专利号"在"专利授权数据库"中作为检索条件进行检索，检索结果将有"WITHDRAWN"的显示；当选择"Images"时，并不显示其图像文本。由此可知，某些已经分配了专利号、正等待授权或已经获得授权的申请，由于某些原因被撤回，美国专利商标局的网站上去除了这些撤回的专利申请所对应的专利文献，并且不再使用分配的专利号。撤回专利的通知在专利公报上每周公布一次。

2. 专利申请公布前/同时撤回的专利

进入方法：输入网址 http：//www. uspto. gov/web/offices/opc/documents/pgpubwd. pdf 直接进入。该部分的检索页面和检索结果显示方式，均与"授权前/同时撤回的专利"的相同。

（三）专利保护期延长信息检索

美国专利保护期延长，主要依据美国私法延长专利保护期以及依据美国法典35-155、35-156 延长专利保护期。由于专利保护期的变化，将导致美国专利法律状态产生变化，因此在进行美国专利法律状态检索时，应核实所检索专利的保护期是否延长。

1. 进入方式

在美国专利商标局网站的主页面，选择"Patents"下的"More about Patents"后，再选择"Links"项下的"Patent Terms Extended"即可进入"延长专利保护期数据库"。其检索查询网址为：http：//www. uspto. gov/patents/resources/terms/index. jsp。

2. 检索方式

本数据库提供3 个延长专利保护期的选项：

（1） Patent Terms Extended Under Private Law——根据私法延长专利保护期；

（2） Patent Terms Extended Under 35 USC § 155——根据美国法典 35-155 延长专利保护期；

（3） Patent Terms Extended Under 35 USC § 156——根据美国法典 35-156 延长专利保护期。

3. 结果显示

在各检索方式页面的专利目录中查找是否存在已知专利号。如果专利目录中存在该专利号，可根据该专利记录中的相关数据确定专利保护期延长的具体时间，并了解最终的专利届满日。

（1） 根据私法延长专利保护期

结果显示：根据私法延长专利保护期限的专利号 （Patent No）、公报日期 （OG DATE）、延长时间 （Extension）、经核准的产品等信息 （Approved Product） 等。参见图 7 – 11。

注意：未编入法典 35 章中；迄今为止仅有 8 件专利根据该法延长保护期限。

（2） 根据美国法典 35-155 延长专利保护期

结果显示：根据该法条延长专利保护期限的专利号 （Patent No）、公报日期 （OG DATE）、延长时间 （Extension） 和经核准的产品 （Approved Product） 等信息。参见图 7 – 12。

3） 根据美国法典 35-156 延长专利保护期

结果显示：根据该法条延长专利保护期限的专利号 （Patent No）、最初的保护期届满日 （Original Exp. Date） （Note 1））、延长保护期后的届满日 （Extended Expiration Date）、延长时间 （Extension） 和经核准产品的商标号 （Tradename of Approved

```
Patent Terms Extended Under Private Laws

                        (NOT CODIFIED INTO TITLE 35)


                                  Patent No.  Approved Product
Extension    Private Law No.      OG DATE


3,376,198 Impro                                    15 years    98-34   4-30-85
4,004,039 Impro                                    15 years    98-34   4-30-85
3,426,067 Glyburide; Glipizide (Oral Hypoglycemic Drugs) until 4-21-92 98-46  4-8-86
3,454,635 Glyburide; Glipizide (Oral Hypoglycemic Drugs) until 4-21-92 98-46
3,507,954 Glyburide; Glipizide (Oral Hypoglycemic Drugs) until 4-21-92 98-46 8-11-87
3,507,961 Glyburide; Glipizide (Oral Hypoglycemic Drugs) until 4-21-92 98-46 8-11-87
3,669,966 Glyburide; Glipizide (Oral Hypoglycemic Drugs) until 4-21-92 98-46 7-11-89
3,674,836 Lopid                              3 years,6 months 100-418 10-01-88
```

图7-11 根据私法延长保护期的专利

```
Patent Terms Extended Under 35 USC § 155

              Approved
Patent No.    Product    Extension               OG DATE


3,492,131 Aspartame 5 years, 10 months, 17 days 10-11-83
3,780,189 Aspartame 5 years, 10 months, 17 days 10-11-83
3,761,288 Aspartame 5 years, 10 months, 17 days 07-08-86
3,829,588 Aspartame 5 years, 10 months, 17 days 07-08-86
3,868,465 Aspartame 5 years, 10 months, 17 days 07-08-86
3,868,472 Aspartame 5 years, 10 months, 17 days 07-08-86
3,922,369 Aspartame 5 years, 10 months, 17 days 07-08-86
3,928,633 Aspartame 5 years, 10 months, 17 days 07-08-86
3,934,047 Aspartame 5 years, 10 months, 17 days 07-08-86
3,934,048 Aspartame 5 years, 10 months, 17 days 07-08-86
3,939,289 Aspartame 5 years, 10 months, 17 days 07-08-86
3,947,600 Aspartame 5 years, 10 months, 17 days 07-08-86
3,955,000 Aspartame 5 years, 10 months, 17 days 07-08-86
3,956,507 Aspartame 5 years, 10 months, 17 days 07-08-86
3,943,258 Aspartame 5 years, 10 months, 17 days 07-08-86
3,962,468 Aspartame 5 years, 10 months, 17 days 07-08-86
3,965,273 Aspartame 5 years, 10 months, 17 days 07-08-86
3,971,857 Aspartame 5 years, 10 months, 17 days 07-08-86
3,982,023 Aspartame 5 years, 10 months, 17 days 07-08-86
4,001,456 Aspartame 5 years, 10 months, 17 days 07-08-86
4,007,288 Aspartame 5 years, 10 months, 17 days 07-08-86
4,009,291 Aspartame 5 years, 10 months, 17 days 07-08-86
4,009,292 Aspartame 5 years, 10 months, 17 days 07-08-86
4,031,259 Aspartame 5 years, 10 months, 17 days 07-08-86
4,036,992 Aspartame 5 years, 10 months, 17 days 07-08-86
4,059,706 Aspartame 5 years, 10 months, 17 days 07-08-86
```

图7-12 根据美国法典35-155延长保护期专利显示页面

Patent No.	Tradename of Approved Product	Original Exp. Date (Note 1)	Extension	Approval Date (If Relevant) (Note 2)	Extended Expiration Date
3,864,487	ETHMOZINE	04-Feb-92	2 years		04-Feb-94
3,878,217	SELDANE TABLETS	15-Apr-92	2 years		15-Apr-94
3,885,046	WELLBUTRIN	20-May-92	2 years		20-May-94
3,896,145	RIMADYL	22-Jul-92	2 years		22-Jul-94
3,910,924	CARTROL	07-Oct-92	2 years		07-Oct-94
3,911,138	FLUOSOL	07-Oct-92	2 years		07-Oct-94
3,920,818	DORMALIN	18-Nov-92	2 years		18-Nov-94
3,927,046	DESOGEN	16-Dec-92	1,069 days		20-Nov-95
3,929,971	PRO OSTEON 500	30-Dec-92	2 years		30-Dec-94
3,954,872	MEXITIL CAPSULES	04-May-93	2 years		04-May-95
3,957,764	COACTIN	18-May-93	2 years		18-May-95
3,962,248	CLOZARIL	08-Jun-93	2 years		08-Jun-95
3,962,432	AREDIA	08-Jun-93	1,133 days		15-Jul-96
3,965,143	CYTOTEC	22-Jun-93	2 years		22-Jun-95
3,975,512	IMAGENT GI	17-Aug-93	2 years		17-Aug-95
3,985,758	CARDENE	12-Oct-93	2 years		12-Oct-95
3,987,052	PRO SOM	19-Oct-93	2 years		19-Oct-95
3,998,790	LOPRESSOR OROS	21-Dec-93	2 years		21-Dec-95
4,001,323	IOPAMIDOL	04-Jan-94	2 years		04-Jan-96
4,001,331	DALGAN	04-Jan-94	2 years		04-Jan-96

图 7-13　根据美国法典 35-15 延长保护期的专利

Product）等信息。专利号下设有超级链接，打开可浏览每件专利保护期限延长的文件。参见图 7-13。

应该注意的是表 7-13 的数据仅以信息存在为目的，而不拥有法律效力。该检索结果也不包括那些仅根据 § 156（e）（2）或 § 156（d）（5）（被批准暂时延长保护期的专利）延长保护期的专利。如果可能的话，每一个专利号设置了与延长证书副本之间的超级链接；且延长证书副本应该被包含在专利图像说明书的"修正"部分。

关于人类药物产品专利期满日的附加信息可以从美国"药物评估和研究中心"的"食品和药物部"获取。另外，许多专利保护期限延长的申请也可以在 Public PAIR 中获得。

（四）有效期已满专利信息的检索

在美国专利商标局网站的主页面，选择"Patents"下的"More about Patents"

后，再选择"Links"项下的"Expired Patents"即可进入"有效期已满专利数据库"。由于专利保护期限已满的专利大多数是由于未缴纳维持费导致的，所以系统建议直接转到专利缴费页面。

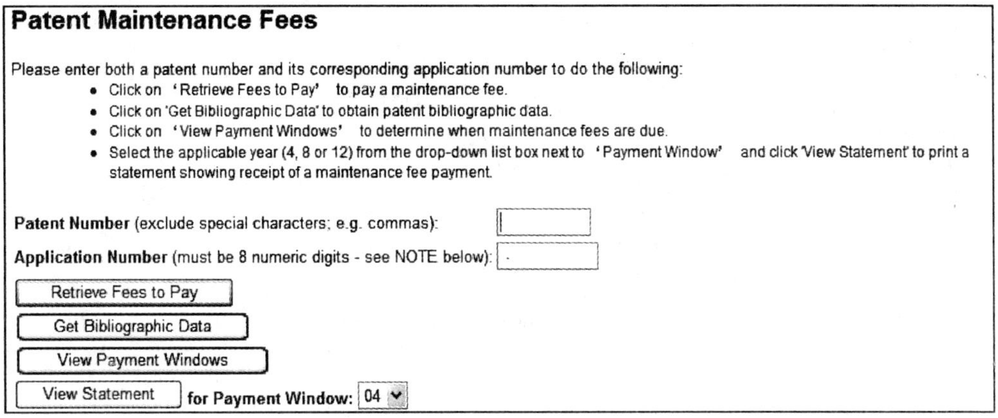

```
Patent Maintenance Fees

Please enter both a patent number and its corresponding application number to do the following:
  • Click on 'Retrieve Fees to Pay'  to pay a maintenance fee.
  • Click on 'Get Bibliographic Data' to obtain patent bibliographic data.
  • Click on 'View Payment Windows'  to determine when maintenance fees are due.
  • Select the applicable year (4, 8 or 12) from the drop-down list box next to 'Payment Window'  and click 'View Statement' to print a
    statement showing receipt of a maintenance fee payment.

Patent Number (exclude special characters; e.g. commas):  [          ]

Application Number (must be 8 numeric digits - see NOTE below):  [ - ]

[ Retrieve Fees to Pay ]
[ Get Bibliographic Data ]
[ View Payment Windows ]
[ View Statement ]   for Payment Window:  [ 04 ▾ ]
```

图 7 - 14　专利缴费页面检索入口

1. 检索入口

如图 7 - 14 所示，该页面提供两个检索入口：专利号和申请号（同时输入，缺一不可）。

输入方式：

专利号：nnnnnnn（不能输入逗号）；

申请号：nnnnnnnn（2 位序列号 + 6 位顺序号，如：08123456；不用逗号）。

2. 检索结果显示

信息输入框下的几个按钮，分别具有不同的功能可提供不同内容信息：

（1）Retrieve Fees to Pay：提供缴纳维持费的信息。

如图 7 - 15 所示，使用该功能检索专利缴费起始日、滞纳金缴纳日、最终的缴费日，应该缴纳的费用年代及具体的金额等信息。

（2）Get Bibliographic Data：获得专利著录项目数据。

结果显示信息与图 7 - 15 基本相同：提供本专利基本的著录项目，也包括专利以往及现在的缴费信息。

（3）View Payment Windows：确定缴纳维持费时间"窗口"，即提供缴费日期信息，如图 7 - 16 所示。

（4）View Statement：查询具体各次缴费信息。从其后的下栏框列表选择缴费年份（4，8 或 12），并显示所选年份缴纳维持费的收据。

1）如所选年份已缴纳相应维持费，则可获得详细缴费信息，其页面如图 7 - 17 所示。

2）如所选年份尚未缴纳相应维持费，则仅在检索页面给予提示，当然也无详细

Patent Bibliographic Data			04/19/2010 04:56 AM	
Patent Number:	6469012	Application Number:	08549792	
Issue Date:	10/22/2002	Filing Date:	03/04/1996	
Title:	PYRAZOLOPYRIMIDINONES FOR THE TREATMENT OF IMPOTENCE			
Status:	12th year fee window opens: 10/22/2013		Entity:	Large
Window Opens:	10/22/2013	Surcharge Date: 04/23/2014	Expiration:	N/A
Fee Amt Due:	Window not open	Surchg Amt Due: Window not open	Total Amt Due:	Window not open
Fee Code:	1553	MAINTENANCE FEE DUE AT 11.5 YEARS		
Surcharge Fee Code:				
Most recent events (up to 7):	03/23/2010 03/28/2006	Payment of Maintenance Fee, 8th Year, Large Entity. Payment of Maintenance Fee, 4th Year, Large Entity. --- End of Maintenance History ---		
Address for fee purposes:	CONNOLLY BOVE LODGE & HUTZ, LLP P O BOX 2207 WILMINGTON, DE 19899			
	Run Another Query			

图 7 - 15   维持费缴纳信息页面

Maintenance Fees Window Dates		01/26/2010 02:41 AM EST	
Patent Number: 6469012		Application Number: 08549792	
	4th Year	8th Year	12th Year
Open Date	10/24/2005	10/22/2009	10/22/2013
Surcharge Date	04/25/2006	04/23/2010	04/23/2014
Close Date	10/23/2006	10/22/2010	10/22/2014

图 7 - 16   维持费缴纳时间窗口信息页面

Maintenance Fee Statement   01/26/2010 02:43 AM EST

Patent Number: 6469012

Customer Number: 23416

CONNOLLY BOVE LODGE & HUTZ, LLP
P O BOX 2207
WILMINGTON DE 19899

According to the records of the U.S. Patent and Trademark Office (USPTO), the maintenance fee and any necessary surcharge have been timely paid for the patent listed below. The "PYMT DATE" column indicates the payment date (i.e., the date the payment was filed).

The payment shown below is subject to actual collection. If the payment is refused or charged back by a financial institution, the payment will be void and the maintenance fee and any necessary surcharge unpaid.

Direct any questions about this statement to: Mail Stop M Correspondence, Director of the USPTO, P.O.Box 1450, Alexandria, VA 22313-1450.

PATENT NUMBER	FEE AMT	SUR-CHARGE	PYMT DATE	U.S. APPLICATION NUMBER	PATENT ISSUE DATE	APPL. FILING DATE	PAYMENT YEAR	SMALL ENTITY?	ATTY DKT NUMBER
6,469,012	$900.00	$0.00	03/28/06	08/549,792	10/22/02	03/04/96	04	NO	PC8498AJTJ

图 7 - 17   已缴费信息检索结果页面示例

缴费信息可提供，其结果页面如图 7 - 18 所示。

其实，专利的缴费信息也可以通过 PAIR 获取。

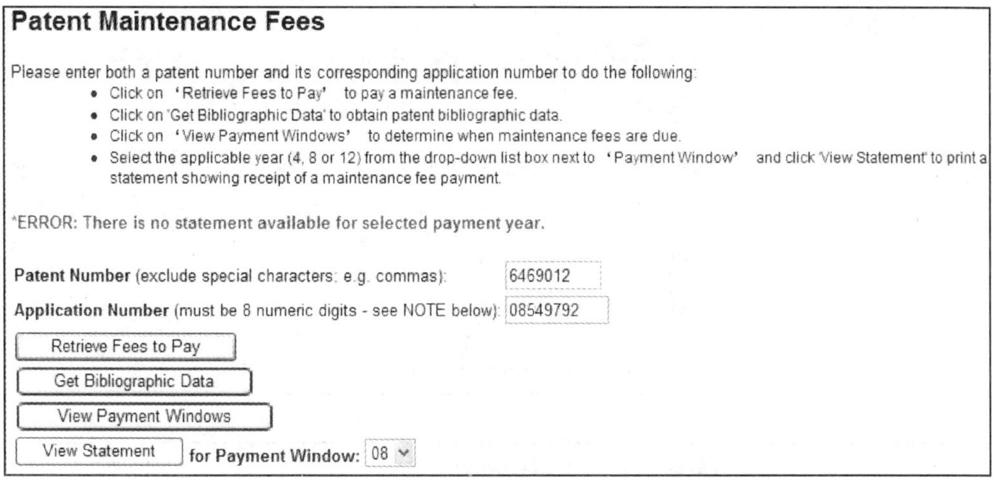

Patent Maintenance Fees

Please enter both a patent number and its corresponding application number to do the following:
- Click on 'Retrieve Fees to Pay' to pay a maintenance fee.
- Click on 'Get Bibliographic Data' to obtain patent bibliographic data.
- Click on 'View Payment Windows' to determine when maintenance fees are due.
- Select the applicable year (4, 8 or 12) from the drop-down list box next to 'Payment Window' and click 'View Statement' to print a statement showing receipt of a maintenance fee payment.

*ERROR: There is no statement available for selected payment year.

Patent Number (exclude special characters; e.g. commas): 6469012

Application Number (must be 8 numeric digits - see NOTE below): 08549792

[Retrieve Fees to Pay]
[Get Bibliographic Data]
[View Payment Windows]
[View Statement] **for Payment Window:** 08 ▾

图 7 - 18 未缴费信息页面示例

（五）专利转让信息检索

美国专利转让信息的检索主要通过美国专利权转移数据库（简称 AOTW）实现。该数据库主要供用户检索美国专利权转移情况，可通过该数据库查询某一申请的详细信息以及专利权转移信息，特别是以发明人或专利权人查询专利权转移情况，通过检索专利转让情况能够确定专利法律状态中权利所有人。该数据库中提供的检索结果仅包含与公布申请和/或授权专利相关的信息。

其检索查询网址为：http：//assignments. uspto. gov/assignments/? db = pat。

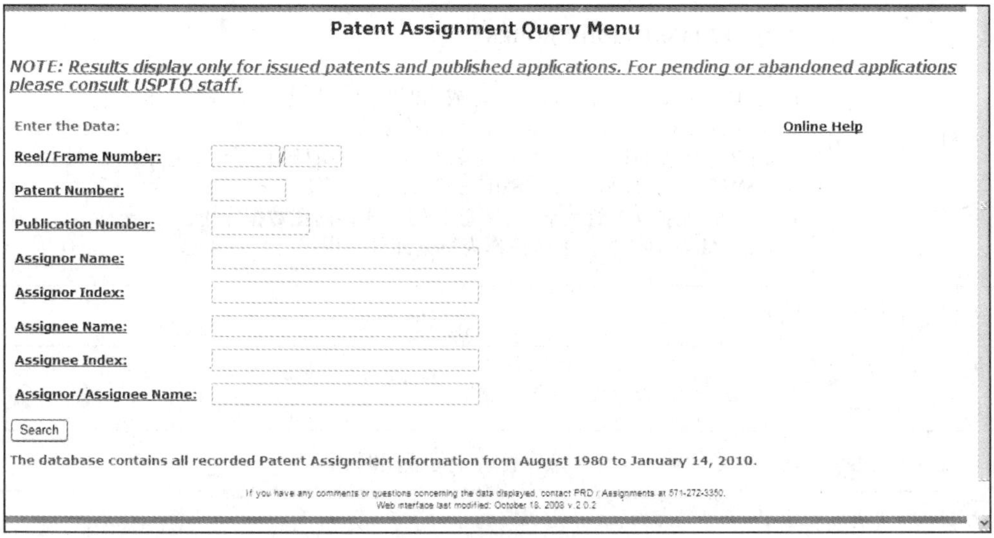

Patent Assignment Query Menu

NOTE: *Results display only for issued patents and published applications. For pending or abandoned applications please consult USPTO staff.*

Enter the Data: Online Help

Reel/Frame Number: [   ] / [   ]

Patent Number: [   ]

Publication Number: [   ]

Assignor Name: [   ]

Assignor Index: [   ]

Assignee Name: [   ]

Assignee Index: [   ]

Assignor/Assignee Name: [   ]

[Search]

The database contains all recorded Patent Assignment information from August 1980 to January 14, 2010.

If you have any comments or questions concerning the data displayed, contact PRD / Assignments at 571-272-3350.
Web interface last modified: October 15, 2008 v 2.0.2

图 7 - 19 专利转让信息检索页面

1. 检索入口

专利权转移检索页面提供 8 个检索字段, 如: 案卷号 (Reel/Frame Number)、专利号 (Patent Number)、公布号 (Publication Number)、专利出让人姓名/名称 (Assignor Name)、专利出让人索引 (Assignor Name Index)、专利受让人姓名/名称 (Assignee Name)、专利受让人索引 (Assignee Name Index) 和专利出让人/受让人姓名/名称 (Assignor/Assignee Name)。

各检索字段的输入方式如表 7 - 3 所示:

表 7 - 3 检索字段输入方式

检索字段	输 入 方 式
案卷号	举例: 009668/0397; 013974/0465 注意: 卷号和结构号上都必须至少输入 1 个阿拉伯数字 (系统提供前面补 0 的功能)
专利号	举例: 6469031 注意: 1. 输入 1~7 位阿拉伯数字 (不能超过 7 位, 不足的可以补 0); 2. 如果属于其他专利种类的文献号码, 应将专利种类代码前置, 并在阿拉伯数字前补 0 达到 7 位数字; 3. 专利号作为 7 个位置的数字存储在转移历史数据库中, 前方 0 的使用不会影响检索结果
公布号	举例: 20030000347 注意: 1. 仅输入专利公布号的阿拉伯数字部分 (11 位); 2. "US" 与 "文献种类标识代码 (如 A1)" 不能输入
专利出让人姓名	举例: KRIASKI, JOHN ROBERT 注意: 1. 必须至少输入 2 位字符 (字母或/和数字), 属于 "后截断" 检索; 2. 为了减少记录数, 应该输入附加的检索部分; 3. 输入 "SMITH", 将显示姓名中包含 SMITH 的全部记录; 如果输入 "SMITH,", 仅显示以 "SMITH," 开头的记录; 4. 单个的名字以 "姓 + 名/首字母" 的形式存储在数据库中; 5. Mr., Mrs. Dr. 等, 不应该作为检索部分使用
专利受让人姓名	同上
专利出让人/受让人姓名	同上
专利出让人索引	注意: 必须输入至少 1 个字符 (字母或/和数字)
专利受让人索引	同上

一般情况下, 查找某一件特定专利的权利转移情况使用文献 "号码" 检索入口; 查找某人或某公司的权利转移情况使用 "专利出让人/受让人" 或 "专利出让人/受

让人索引"作为检索入口。

用户在进行输入时应注意的问题：

（1）一次仅能使用一个检索字段；

（2）名字检索时，一般情况下不能使用引号""，除非用户要求在检索结果信息中包含""；

（3）以正确的格式（如：数字的，字母的，长度等）输入到"Reel/Frame，Patent Number 或 Publication number"字段中的数据有效。当浏览器设置承认激活的 JavaScript 时，用户的浏览器完成确认；当 JavaScript 未被激活时，在执行检索按钮的服务器上完成确认。

2. 检索结果显示

举例：检索美国专利 6469031 的权利转移信息。

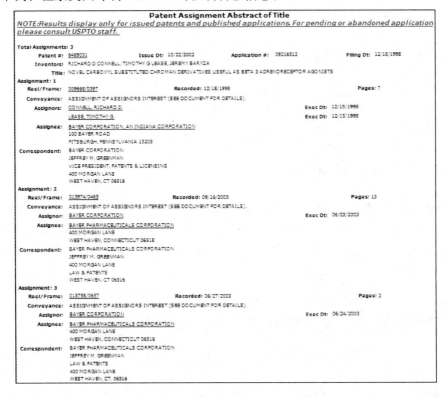

图 7-20　美国专利 6469031 权利转移信息

在检索结果显示页面中提供了若干超级链接，这些超级链接仅仅链接至与权利转移历史记录相关的信息上。例外的是：在专利名称的摘要页（Patent Abstract of Title）中显示的专利号/公布号（Patent Number/Publication Number）的超级链接直接链接到 Public PAIR 中的信息上。

（1）号码类型字段上的超级链接（案卷号、专利号和公布号）

案卷号上的超级链接将查询到全部与该案卷号相关的转移数据。当大多数转移数据与完成日同时存在时，案卷号将按照升序排列。

专利号和/或公布号上的超级链接可以链接到名称的摘要页。名称的摘要页将先按执行日期的顺序，然后按照案卷号的顺序显示全部转移记录（当大多数的权利转移具有相同的执行日期时，就按照案卷号的升序排列，并使用出让人/受让人名字查询权利人）。从名称的摘要页、权利转移详细信息或名字详细信息中进行专利号或公布号链接的选择，能够获得全部的转移记录。

（2）名字类型字段上的超级链接（出让人和受让人姓名）

出让人姓名或受让人姓名的超级链接可以链接到姓名详细信息页面。与姓名的检索结果不同的是，系统将获得包含姓名链接中的全部转移记录。

以出让人姓名/出让人姓名索引/受让人姓名/受让人名字索引作为检索条件时得到的检索结果提供一个出让人/受让人概要，并且为每一个显示的特定号码和每一个名字提供超级链接。检索结果以输入的数据为基础。

（六）专利公报查询

美国专利公报数据库中的 Electronic Official Gazette-Patents（eOG：P）和 OG（Official Gazette），可以供用户了解最近专利公报公布的法律状态信息。

其检索网址为：http：//www. uspto. gov/news/og/index. jsp。

三、欧洲专利法律状态检索

欧洲专利法律状态的检索可以通过两种途径实现：一是通过 espacenet 数据库检索结果中"INPADOC Legal Status"提供的内容查询所检索专利的法律状态；二是通过使用 EPOLINE 数据库对专利法律状态进行检索。但是需要注意的是，取得欧洲专利并不意味着该专利就在所有欧洲专利公约缔约国自动生效。欧洲专利制度提供缔约国指定功能，允许申请人指定想获得保护的缔约国。一般情况下，申请人并不会指定所有缔约国，而是指定相对少数但对其意义较大的缔约国。

（一）espacenet 数据库中法律状态信息的检索

espacenet 数据库除了可以检索世界范围内的专利申请的著录项目、专利申请说明书外，还可以检索同族专利、法律状态等信息。该数据库提供的法律状态信息是在每件专利的结果显示页面上，链接"INPADOC Legal Status"信息显示页面。IN-PADOC（国际专利文献中心，International Patent Documentation Center）由世界知识产权组织和奥地利政府于 1972 年在维也纳建立，其旨在提供集中化的专利文献著录资源，为 PCT 成员国提供文献服务与支持。"INPADOC Legal Status"中显示的主要内容是 INPADOC 提供的专利注册服务（pes，Patent Register Service，）信息。

PRS 旨在将出现在各国公报上有关法律状态部分的所有信息集中在一起，提供专利申请有效期内所有法律状态信息，以及该专利族相关信息。它对于一件发明在整个有效期的各个重要阶段的事件和通告等都给予描述，包括发明从第一次公布（有些甚至包括第一次申请）到专利的终止，以及专利权人的变更、审查请求、异议、授权、撤回、所有权的转移、专利许可等信息。

"INPADOC Legal Status" 按照时间顺序列出专利法律状态变化的情况。由于系统提供的法律状态依赖于各国提供的信息，而有些国家提供的数据不完全甚至没有提供数据，所以系统提供的信息只能提供参考，不能保证其时效性和准确性。此外，该系统中可供检索法律状态的国家随时间及接受到的数据进行调整，其可检索范围可从INPADOC 资源列表中查询。

使用 espacenet 数据库检索 EP963989 的法律状态。

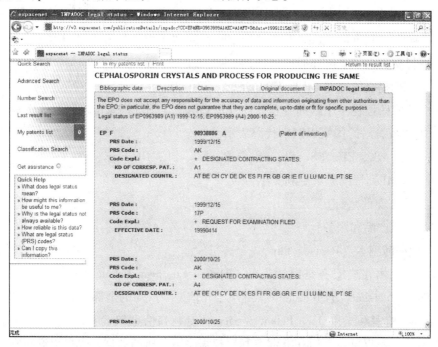

图 7 - 21　检索结果 INPADOC Legal Status

图 7 - 21 表示，该项专利申请的指定国有：AT、BE、CH、CY、DE、DK、ES、FI、FR、GB、GR、IE、IT、LI、LU、MC、NL、PT、SE，在 2000 年 9 月 12 日提交了辅助检索报告，2002 年 5 月 31 日第一次审查报告后，于 2002 年 12 月 11 日视为撤回。则该项专利申请的法律状态为"视为撤回"。

（二）通过 EPOLINE 数据库检索专利法律状态

EPOLINE 是欧洲专利局为专利申请人、代理人等用户提供的可以与欧洲专利局在网上进行业务往来的系统，它包括递交申请、接收信件、检索和浏览专利文献、监控审批过程及网上付费等功能。使用者可以使用该系统检索专利申请的著录项目、法律状态等。不同于 espacenet 数据库，EPOLINE 数据库仅提供 1978 年以来公开的欧洲专利申请或指定欧洲的 PCT 专利申请从递交到最后授权或权利终止这一过程的所有审查、异议、上诉等数据信息。

1. 产品和服务

欧洲专利局的在线服务（Online Services）中提供的产品和服务（Products and services）主要由三部分组成：提交申请（Filing applications）、检查文件/登记（Inspecting files/Register）和管理文件（Managing files）。

（1）提交申请

包括两项产品和服务：

1）在线申请（Online Filing）：主要指在线提交申请服务。

a. 使用在线申请软件向欧洲专利局提交如下类型的申请或文献：

——欧洲专利申请，Euro-PCT（指定欧洲的 PCT 申请）和 PCT 申请；

——提交异议、上诉和撤回报告；

——随后提交的全部 EP 报告的文献；

——国家阶段程序中欧洲专利公约（EPC）指定国的国家申请和其他文献。

b. 本服务针对的国家以国别代码表示：

——DE、DK、EP、ES、FI、FR、GB、NL、PL、RO、SE、SK。

2）PatXML：帮助起草专利文献。

（2）检查文件/登记

包括 4 项产品和服务：

1）登记簿副本（Register Plus）

登记簿副本在线服务是由原先的"Online European Patent Register"和"Online Public File Inspection"合并而成的，继承了先前两个产品的全部信息。它允许用户进入 espacenet 检索系统和 Open Patent Services（专利族信息和 INPADOC 法律状态）系统获取数据；不仅可以获得在欧洲专利授权程序中公布的数据，也可以获得在国家阶段授权之后公布的信息。

2）登记预警服务（WebRegMT）

登记预警服务允许用户自动监控最多 1 000 件经过选择的欧洲专利登记簿数据产生的改变。

3）安全文件检查（Secure File Inspection）

安全文件检查允许用户在一个安全的环境下浏览公布的文件。

4）欧洲专利局的著录数据（EBD（EPO Bibliographical Data））

欧洲专利局的著录数据页面允许用户以不同形式类型下载一周或多周内的欧洲专利的著录数据和摘要数据；安全的欧洲专利局的著录数据页面允许欧洲专利局成员国的国家局在公布日之前以两种不同的版本形式下载欧洲专利著录数据。

（3）管理文件

包括 4 项产品和服务：

1）我的文档（My Files）

我的文档允许用户编辑公文包，其包含选中的公布文件。

2）邮箱（Mailbox）

允许代理人在线接收来自欧洲专利局的邮件。

3）在线交费（Online Fee Payment）

为欧洲专利局账户持有者提供一个快速的、安全的在线服务。

4）管理（Administration）

管理工具允许用户指定公司内的特定人员使用在线交费和邮箱服务。

需要注意的是，2010 年，欧洲专利局为了完善上述产品和服务进行如下改变：

——对在线申请用户而言，新的欧洲和指定欧洲的 PCT 申请（Euro-PCT）的在线费用服务和欧洲专利程序将发生改变，并于 2010 年 4 月 1 日生效；相应的更新软件（第 5 版在线申请软件）自 2010 年 3 月底提供下载；

——黑山（ME）作为新的延伸国；

——在线安全文件检查服务全部恢复使用，用户不能浏览未公布的文件。

2. 登记簿副本

由于欧洲专利在线服务主页面左上方提供"登记簿副本"、"欧洲专利局的著录数据"和"费用列表"3 个选项，而 3 个选项中涉及专利的法律状态信息及程序信息的仅有"登记簿副本"，所以本节主要介绍 EPOLINE 数据库"登记簿副本"的检索功能。

（1）进入方法

在欧洲专利局的在线服务网站上（网址：http：//www. epoline. org/portal/public），选择左上角的"Register Plus"链接，即可进入系统主页。如图 7 - 22 所示。

（2）检索方式

登记簿副本检索系统提供 3 种检索方式：快速检索（Quick Search）、高级检索（Advanced Search）和智能检索（SmartSearch）。

1）快速检索

快速检索页面仅提供一个信息输入框。使用时，用户可在"字段选择"下拉菜单（提供 12 个检索字段选项）中选择检索字段，之后在信息输入框中输入检索条件。

需要注意的是：输入框中最多输入 4 个检索信息。如果在输入框中输入多个检索信息，之间可以保留空格。空格默认为"或"的字段：公布号（Publication number）、申请号（Application number）、申请日（Date of filing）、公布日（Date of publication）、优先权号（Priority number）和优先权日（Priority date）；默认为"与"的字段：申请人（Applicant）、发明人（Inventor）、代理人（Representative）、异议人

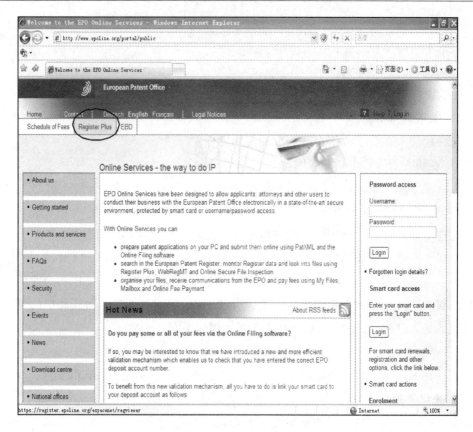

图 7 - 22　欧洲专利局在线服务网站

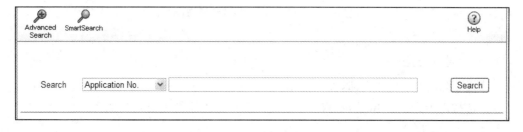

图 7 - 23　快速检索页面入口

（Opponent）和 IPC 分类号（IPC Classification code）。

　　2）高级检索

　　高级检索页面提供 3 个检索字段选项和 3 个信息输入框，检索字段之间以 AND 连接；同一个检索选项间可以选择 AND、OR 和 NOT 的逻辑运算关系。提供的检索字段与快速检索相同。用户可在各选择框内任选一个字段，进行单个字段检索或多字段组合检索（每个信息输入框最多只能输入 4 个检索条件）。

　　3）智能检索

　　智能检索页面仅提供一个信息输入框，在信息输入框中最多输入 20 个检索条件（每个检索字段可最多输入 10 个检索条件），并使用布尔算符 AND、OR、NOT 连接。

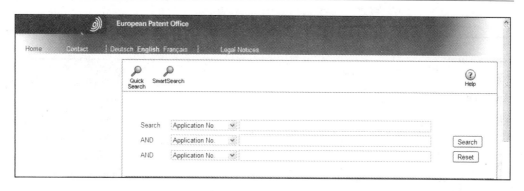

图 7 - 24 高级检索页面入口

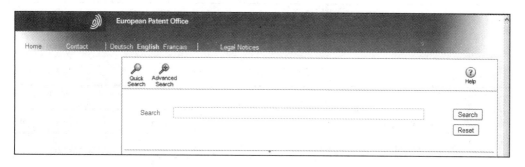

图 7 - 25 智能检索页面入口

与前面两个检索方式不同的是：本检索方式除了可以输入不同的检索条件之外（如：Siemens EP 200701），还可使用字段标识符（如：ti = "mouse trap"）。

（3）输入方式

1）快速检索和高级检索的输入方式（表 7 - 4）

表 7 - 4 检索输入方式及举例

字　段	输入方式及举例
Publication No（公布号）	EP 公布号：EP1023455
	WO 公布号： WOyynnnnn：WO0251230 WOyynnnnn：WO02051231，WO03107732 Woyyyynnnnnn：WO2008149449（2004 年 1 月起）
Application No（申请号）	EP 申请号：99203729（8 位数字）
	PCT 申请号： PCT/US/1998004141 可输入：WO1998US04141 PCT/IB2008/012345 可输入：WO2008IB12345（去掉顺序号前的 0）
Priority No.（优先权号）	EP20070006671
Date of filing（申请日）	yyyymmdd
Date of publication（公布日）	yyyymmdd

续表

字 段	输入方式及举例
Priority date（优先权日）	yyyymmdd
Applicant（申请人）	姓，名
Inventor（发明人）	姓，名
Representative（代理人）	姓，名
Opponent（异议人）	异议人的姓，名
Classification（IPC）（IPC 分类号）	G09G5/00

2）智能检索的输入方式（表7-5）

表7-5 检索输入方式及举例

字段代码	字段名	举 例
in	Inventor（发明人）	in = siemens
pa	Applicant（申请人）	pa = smith
re	Representative（代理人）	re = "vande gucht"
op	Opponent（异议人）	op = basf
ti	Title（名称）	ti = "mouse trap"
ap	EP/WO application number（EP/WO 申请号）	ap = ep99203729
pn	EP/WO publication number（EP/WO 公布号）	pn = ep1000000
pr	priority number（优先权号）	pr = ep20050104792
fd	filing date（申请日）	fd = 20010526
pd	publication date（公布日）	pd = 20020103
prd	priority date（优先权日）	prd = 19780707
ic	international classification（IPC 分类号）	ic = a63b49/08
ia	inventor and applicant（发明人和申请人）	ia = Apple；ia = "Ries klaus"
nm	inventor, applicant, opponent, representative（发明人、申请人、异议人、代理人）	nm = Sony
txt	title, inventor, applicant, opponent and representative（名称、发明人、申请人、异议人、代理人）	txt = microscope lens
num	EP/WO application number, EP/WO publication number and priority number（EP/WO 申请号、公布号和优先权号）	num = ep1000000 num = wo2007117737

（4）检索结果显示

3 种检索方式的结果显示页面基本相同。检索结果以列表形式显示，每页最多显示 20 条记录。每一条记录包括申请号、公布号、申请人和 IPC 分类号。查看一件特定文献的详细信息，可选择号码下的链接。

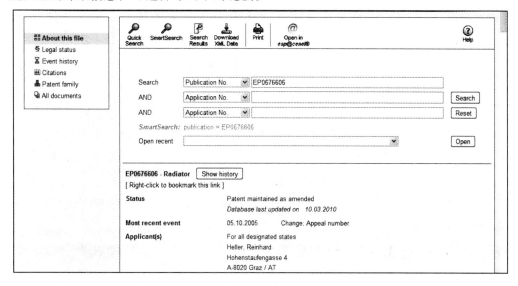

图 7 - 26 检索结果页面

如图 7 - 26 所示，在检索结果页面左上方共设置 6 项数据，分别是：

1）关于本申请（About this file）。提供专利的著录项目以及审查过程数据，如：状态、最新事件、申请人、发明人、代理人、申请号、申请日、分类、指定国、名称、审查程序、异议、异议后的诉讼、进一步的审查请求、交纳的费用、失效国、引用文献（如果有的话）等。

2）法律状态（Legal Status）。提供程序中最重要的法律状态信息（包括审查、异议、上诉等程序数据以及 INPADOC 提供的数据），也显示欧洲专利指定国授权后的任何信息。

3）事务处理历史（Event History）。提供按时间顺序排列的从申请、公开到授权及授权后的异议、上诉等过程信息。

4）引文（Citations）。显示欧洲专利申请授权检索时的文献列表，或申请人引用文献列表；此处的引文可按照"检索获得"或"申请人引用"分类，也可以按照"专利文献"和"非专利文献"分类。

5）同族专利（Patent Family）。提供与欧洲专利申请具有共同的优先权的世界范围内的专利文献。其中，"Patent family member"显示的是 INPADOC 提供的扩展专利族；"Equivalent"显示的是全部优先权都是相同的同族专利；"Earlier application"指作为优先权基础的较早申请。

6）全部文件（All Documents）。提供审查过程中欧洲专利局收到、发出或涉及诉讼的全部文件列表，以 PDF 的格式显示。

四、日本专利法律状态检索

日本专利法律状态检索主要通过日文版工业产权数字图书馆的"法律状态信息检索（经过情报检索）"项实现。此外，通过英文版工业产权数字图书馆进行检索专利文献，得到的结果中也包含部分法律状态信息。具体的检索方法及可进行的逻辑运算详见《专利信息利用导引》"因特网专利信息检索"部分。

（一）通过英文版网页查询专利法律状态信息

日本专利法律状态检索途径之一，是通过检索英文版日本工业产权数字图书馆网页中的专利与实用新型公报数据库、专利与实用新型对照索引、FI/F-term 分类检索、PAJ（日本专利英文文摘）等数据库，得到相应专利申请或专利，单击检索结果页面的"法律状态（Legal Status）"按钮，可以查看该专利或专利申请的法律状态需要注意的是 1990 年之后的日本专利申请才能提供"法律状态 Legal Status"信息。

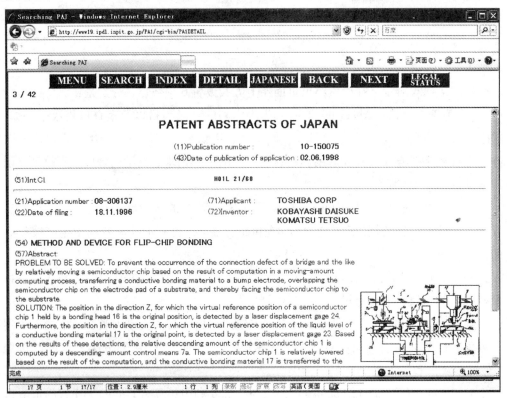

图 7-27　检索结果页面

检索结果法律状态信息主要包括以下 8 项内容（图 7-28）。

- 申请信息（申请号、提交日期）。

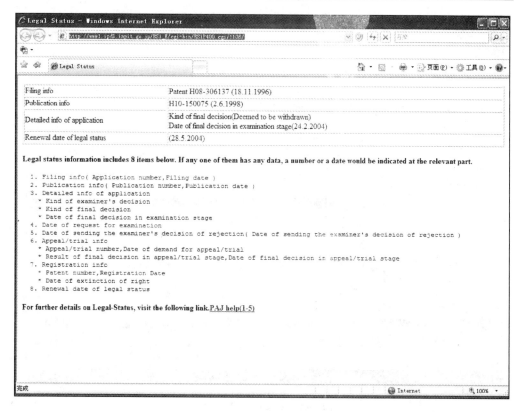

图 7 - 28　法律状态信息

- 公开信息（公开号、公开日期）。

- 申请详细信息（审查员决定类型、最终决定类型、审查阶段最终决定日期）。

- 请求审查日期。

- 审查员驳回决定发送日期。

- 上诉/审判信息（上诉/审判号、上诉/审判请求日期、上诉/审判阶段最终决定结果、上诉/审判阶段最终决定结果日期）。

- 登记信息（专利号、登记日期、权利终止日期）。

- 法律状态更新日期。

（二）通过日文版网页查询专利法律状态信息

日本专利法律状态检索另一个途径，是通过日文版日本工业产权数字图书馆网页（图 7 - 29）上的"法律状态信息检索"（经过情报检索）和"复审检索"（审判检索）进行相关信息查询。

1. "法律状态信息检索"（经过情报检索）

"法律状态信息检索"（经过情报检索）提供日本专利、实用新型和外观设计等法律状态检索。其中的法律状态数据包括：日本专利、实用新型和外观设计等的基本

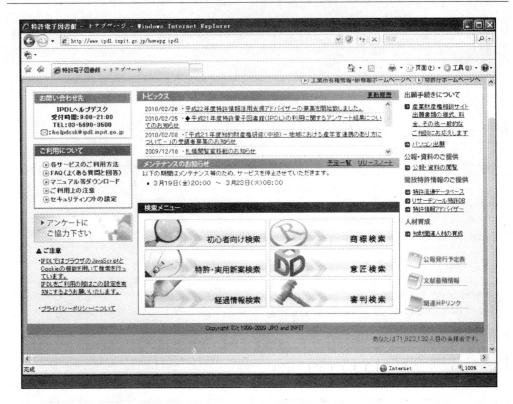

图 7 - 29　日文版 IPDL 主页面

著录信息，申请及审查过程中的信息，有关专利复审过程中的信息以及专利分案等相关信息。具体检索通过"号码查询"（番号照会）、"范围指定检索"（範囲指定検索）和"最终处理查询"（最終処分照会）来实现。

（1）"号码查询"（番号照会）检索

"号码查询"数据库收录了自 1990 年以来的日本专利的法律状态信息，包括：日本专利、实用新型和外观设计等的基本著录信息、申请及审查过程中的信息、有关专利复审过程中的信息以及分案申请等相关信息。

在日文版 IPDL 的主页面选择"法律状态信息检索"（経過情報検索）项目下的子项"号码查询（番号照会）"的链接直接进入检索页面（图 7 - 30）。

在检索页面需要选择权利种类，即发明、实用新型、外观设计及商标；并从下拉列表中选择号码类型，在相应输入框中输入号码进行检索。该检索页面提供选择的号码类型包括申请号、公开号、专利号等，检索页面中提供了 20 个号码输入框，各输入框之间是逻辑"或"的关系。检索结果中单击相应文献号，进入该文献号对应的详细著录数据信息页面。

如图 7 - 31 所示，详细著录数据信息页面提供的法律状态信息，被分成如下内容：

1）基本项目：显示该专利基本的著录数据以及案卷大致的审批过程；

图 7 – 30 "号码查询"检索页面

图 7 – 31 详细著录数据信息页面

2）出愿情报：显示该专利的申请信息；

3）登录情报：显示该专利的授权信息；

4）分割出愿情报：显示该专利的分案申请。

当然，不同的专利记录显示的项目个数及内容不同，还可能显示的项目有：

5）审判情报：显示该专利的审判（复审）信息；

6）侵害诉讼情报：显示该专利的侵权诉讼信息。

（2）"范围指定检索"（範囲指定検索）

范围指定检索数据库，可以不同种类和日期为检索条件进行的检索，可查看一定时间范围内处于某种法律状态的所有专利列表。选择"法律状态信息检索"（経過情報検索）检索项中的"范围指定检索"（範囲指定検索），即可直接进入检索页面（图 7 - 32）。在该检索页面中，从下拉列表中选择需要查看的法律状态类，在时间范围的输入框中输入时间范围（时间范围最多一个月），就可以获得所需的检索结果。

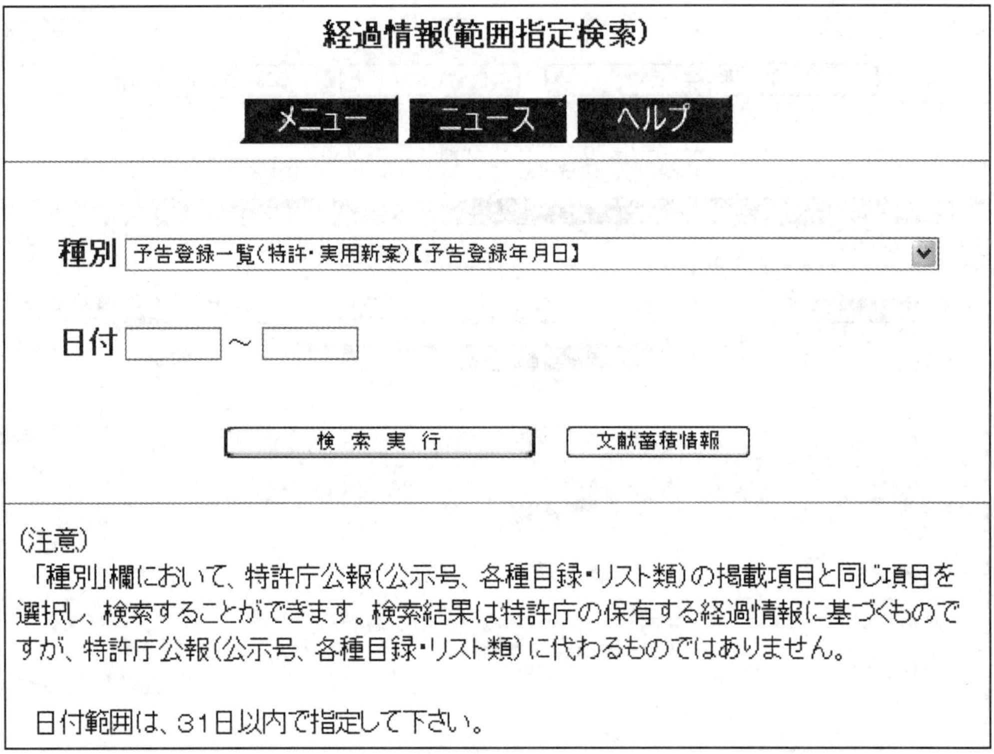

图 7 - 32　范围指定检索页面

通过选择检索结果列表显示页面（图 7 - 33）上的某一复审决定号码（审判番号），进入相应详细信息浏览页面，如图 7 - 34 所示，可查看该件专利申请的基本信息、复审信息、注册信息等。

（3）"最终处理查询"（最終処分照会）

最终处理查询数据库，可以查询案卷在审批阶段的最终结果，其包含整个法律状态过程中是否曾经授权的信息。除此以外，该数据库还记录了对案卷作出的各种决定

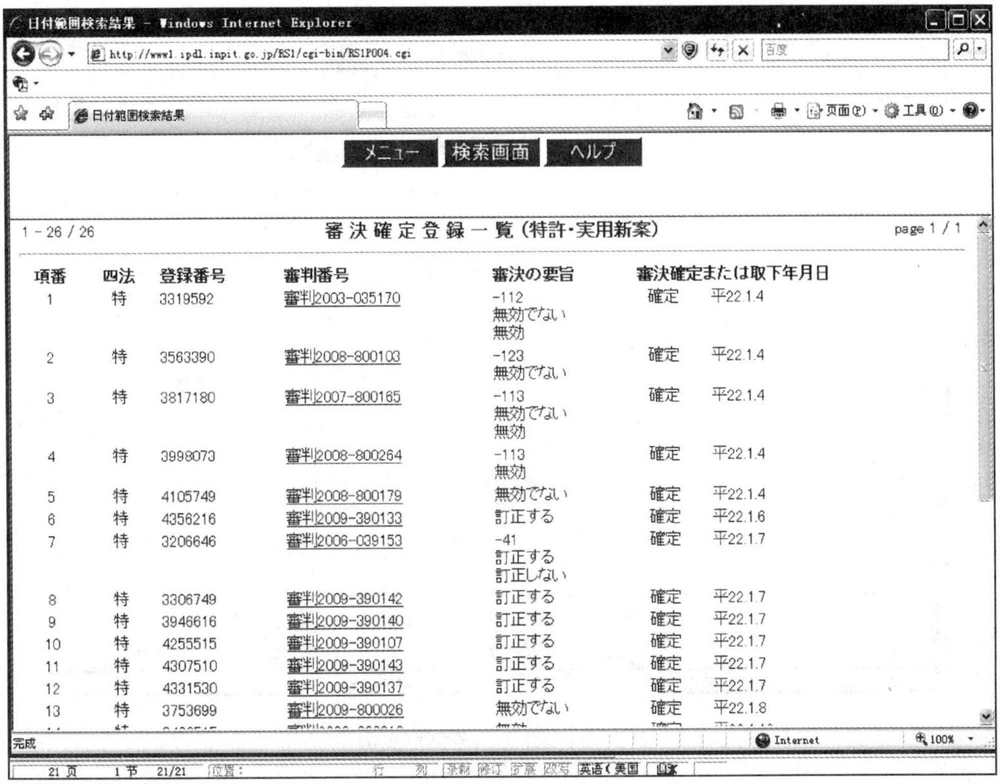

審決確定登録一覧（特許·実用新案）

項番	四法	登録番号	審判番号	審決の要旨	審決確定または取下年月日	
1	特	3319592	審判2003-035170	-112 無効でない 無効	確定	平22.1.4
2	特	3563390	審判2008-800103	-123 無効でない	確定	平22.1.4
3	特	3817180	審判2007-800165	-113 無効でない 無効	確定	平22.1.4
4	特	3998073	審判2008-800264	-113 無効	確定	平22.1.4
5	特	4105749	審判2008-800179	無効でない	確定	平22.1.4
6	特	4356216	審判2009-390133	訂正する	確定	平22.1.6
7	特	3206646	審判2006-039153	-41 訂正する 訂正しない	確定	平22.1.7
8	特	3306749	審判2009-390142	訂正する	確定	平22.1.7
9	特	3946616	審判2009-390140	訂正する	確定	平22.1.7
10	特	4255515	審判2009-390107	訂正する	確定	平22.1.7
11	特	4307510	審判2009-390143	訂正する	確定	平22.1.7
12	特	4331530	審判2009-390137	訂正する	確定	平22.1.7
13	特	3753699	審判2009-800026	無効でない	確定	平22.1.8

图 7－33　检索结果列表显示页面

的时间。在日文版日本工业产权数字图书馆的主页面选择“经过情报检索”项目下的子项“最終処分照会”的链接直接进入检索页面。图 7－35 显示的是其检索页面，可以对日本专利、实用新型、外观以及商标进行检索。选择“最终处理查询”（最終処分照会）数据库，可以通过输入各种文献号码（申请号（出愿）、公开号、公表号、审判号、公告号和登録号）来检索。

在“最终处理查询”检索结果页面中，“最终处分”一栏记载的是本案是否曾经授权，如图 7－36 所示。

2. 复审信息检索（審判検索）

通过日文版日本工业产权数字图书馆网页上的“复审检索”（審判検索）可检索复审阶段的详细信息。

检索复审阶段的详细信息，“复审检索”（審判検索）检索项包括 3 个子项“复审决定公报数据库”（審決公報 DB）、“复审决定快报”（審決速報）、“复审决定、撤销、诉讼判决集”（審決取消訴訟判決集）。

（1）“复审决定公报数据库”检索

通过“复审检索”来查询经历了复审阶段的专利案卷，其中“复审决定公报数据库”可检索日本专利复审委员会的复审决定（“異議決定”和“審判”）和法院的

图 7 - 34　详细信息浏览页面

图 7 - 35　"最终处理查询"页面

诉讼决定("判决")。如图 7 - 37 所示，可以在检索页面选择检索公报的种类，进而对一个或多个公报号进行检索。

在"复审决定公报数据库"中可以检索的文献范围为"異議決定"自平 21 年

图 7-36 "最终处理查询"检索结果页面

图 7-37 复审决定公报数据库检索页面

（××年）至 2009 年，"审判"自昭 15 到 2009 年，"判决"自昭 63 到平 21 年。

（2）"复审决定快报数据库"检索

"复审决定快报数据库"可检索自复审决定作出后至复审决定公报发行这一段时间内的相关信息，如图 7-38 所示。通过该数据库可以检索复审决定的内容。在使用该项进行检索时，可以使用号码、当事人、分类等进行检索。

（3）"复审撤销、诉讼判决文集"检索

"复审撤销、诉讼判决文集"，可以查询平成 9 年 3 月至平成 11 年 3 月间对复审决定不服而进行的相关诉讼信息。

图 7-39 显示的是这些文集的一览表，单击每个文集的名称，即可浏览详细内容。

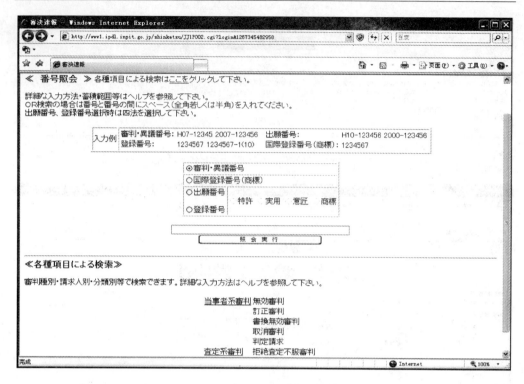

图 7 – 38　复审决定快报检索页面

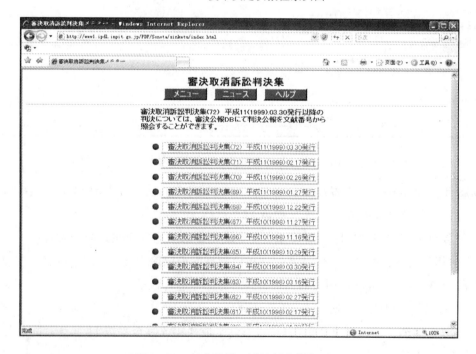

图 7 – 39　复审撤销、诉讼判决信息页面

3. 审查文件信息检索数据库

该数据库收录了自 2003 年 7 月以来，在专利审批过程中产生的中间文件。在日

文版 IPDL 的主页面选择"特许·实用新案检索"项目下的子项"审查书类情报检索"的链接直接进入检索页面，参见图 7-40。

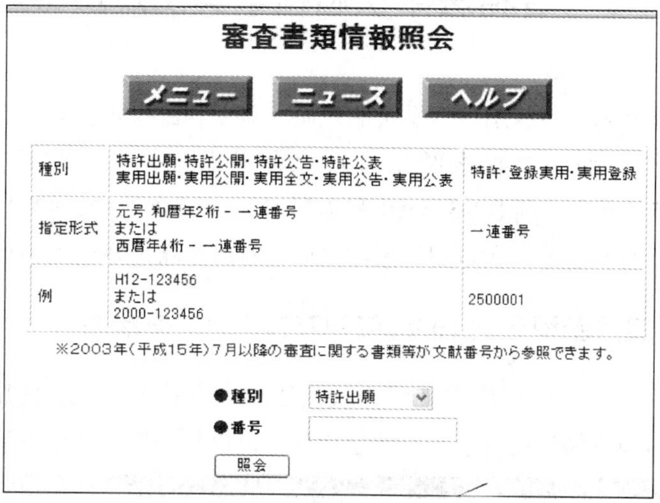

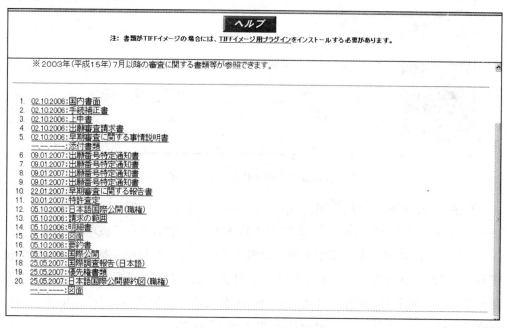

图 7-40　审查文件信息检索页面

在检索页面上方显示文献种类、指定形式和举例，用户可以参照使用。

检索页面下方显示输入的号码种类，打开下拉菜单，可浏览选择文献类型及其代码，如：专利申请、实用新型申请、专利公开、专利公告、专利授权、实用新型公开、实用新型公告、实用新型授权等；下方是供输入检索号码的输入框。

图 7-41 为检索结果列表显示页面，与该专利申请相关的审查化过程文件可以从该页面中单击并浏览。

图 7-41　审查文件信息检索结果列表页面

第三节　专利法律状态检索案例及结果解读

　　由于因特网专利法律状态检索系统的性质，对专利法律状态的检索过程有时需要对某国检索系统中的多个检索结果进行综合考虑。本节以中国实用新型专利200820170757.5、欧洲专利 EP1366680 和美国专利申请 08/549,792 为例，对专利法律状态检索进行案例示范。在得到检索结果后，对法律状态及原因进行分析。

一、中国实用新型专利 200820170757.5 的法律状态

　　2010 年 9 月，通过使用国家知识产权局法律状态检索系统，使用申请（专利）号进行检索，得到该件实用新型专利的法律状态及以往法律事务变更信息。

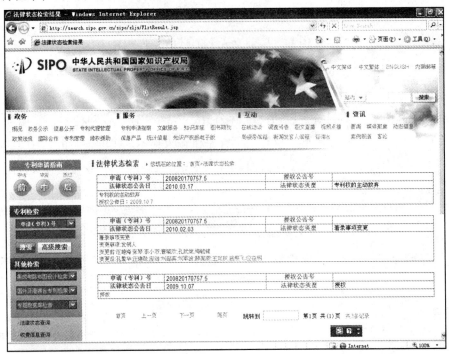

图 7 - 42　实用新型专利 200820170757.5 的法律状态

　　如图 7 - 42 所示，该项实用新型专利在 2009 年 10 月 7 日获得授权，2010 年 2 月23 日其发明人信息发生变更，2010 年 3 月 17 日权利人主动放弃了该项专利权。一般针对专利权主动放弃的实用新型专利，检索人员应该考虑专利权人是否为避免重复授权而主动放弃了该项专利权。在本例中，通过检索该项专利的著录信息，获悉该项专利名称为"一种浮法玻璃生产线退火窑 AO 区在线镀膜环境调节装置"，申请人为杭州蓝星新材料技术有限公司，申请日为 2008 年 12 月 25 日。

通过对杭州蓝星新材料技术有限公司在 2008 年 12 月 25 日申请的专利进行检索，发现在当日该公司有一件发明专利申请，申请号为 200810164118.2，申请专利名称为"浮法玻璃生产线退火窑 AO 区在线镀膜环境成套调节装置"。通过检索发明专利申请 200810164118.2 的法律状态，发现该项专利申请已于 2009 年 7 月 22 日进入实质审查阶段，并于 2010 年 6 月 9 日被授予专利权（图 7 - 43）。从发明名称上看该项发明专利申请与所检索实用新型专利一致。因此，基本可以判断该项实用新型专利为应审查员要求为避免重复授权而主动放弃专利权，对于检索人员来讲，该项实用新型专利不能作为正常专利权终止情况予以处理。

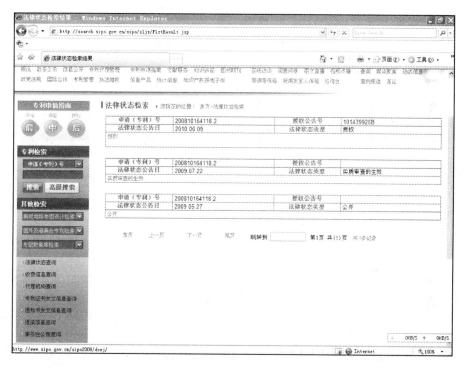

图 7 - 43　发明专利申请 200810164118.2 的法律状态

二、欧洲专利 EP1366680 的法律状态

2010 年 9 月，使用 EPOLINE 系统检索欧洲专利 EP1366680 的法律状态。通过输入专利号在检索页面进行检索，并查看该项专利的法律状态。

如图 7 - 44 所示，该项专利的状态栏显示"在规定限期内没有人提出异议"，这说明该专利申请已授权，且自授权公告日起 9 个月内没有人提出异议。对于该件欧洲专利的法律状态，主要是确定专利的保护期限以及专利的地域范围。对于申请人来讲，取得欧洲专利并不意味着该专利就在所有欧洲专利公约缔约国自动生效。欧洲专利制度允许申请人指定希望获得保护的缔约国，但一般情况申请人并不会指定所有欧洲专利公约缔约国，而是指定相对少数但对其意义较大的缔约国。

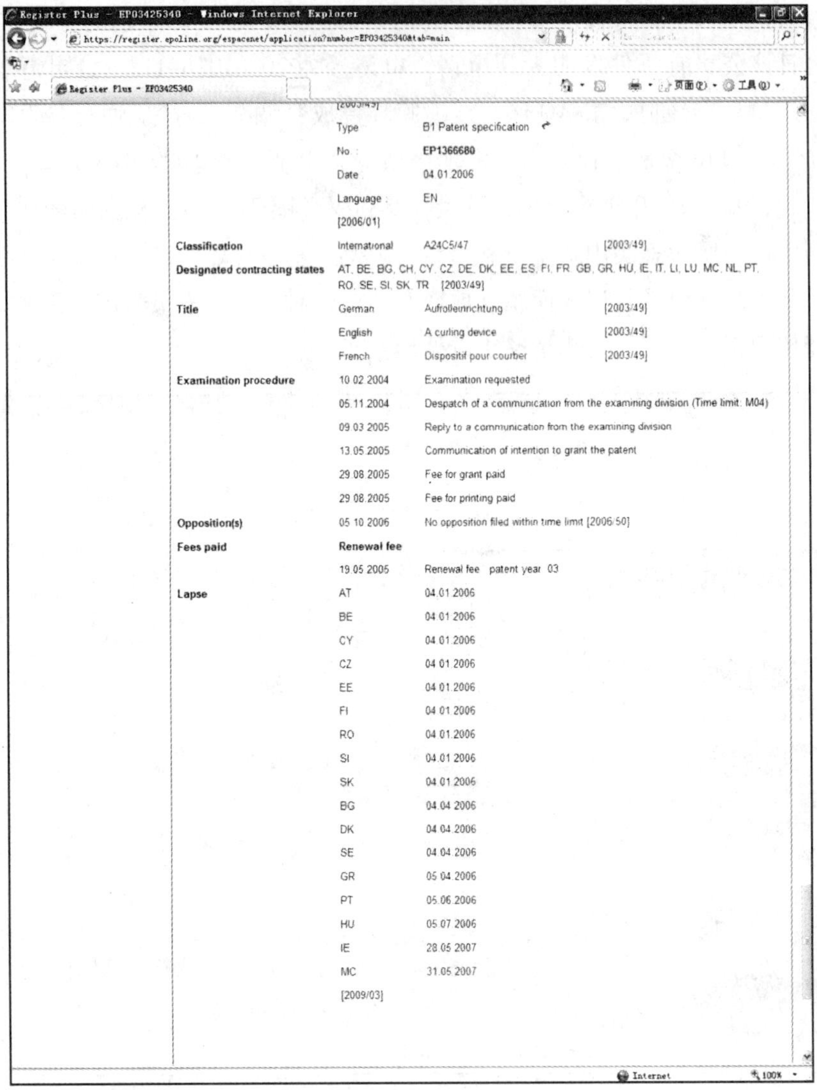

	Type	B1 Patent specification	
	No	EP1366680	
	Date	04.01.2006	
	Language	EN	
	[2006/01]		
Classification	International	A24C5/47	[2003/49]
Designated contracting states	AT, BE, BG, CH, CY, CZ, DE, DK, EE, ES, FI, FR, GB, GR, HU, IE, IT, LI, LU, MC, NL, PT, RO, SE, SI, SK, TR [2003/49]		
Title	German	Aufrolleinrichtung	[2003/49]
	English	A curling device	[2003/49]
	French	Dispositif pour courber	[2003/49]
Examination procedure	10.02.2004	Examination requested	
	05.11.2004	Despatch of a communication from the examining division (Time limit: M04)	
	09.03.2005	Reply to a communication from the examining division	
	13.05.2005	Communication of intention to grant the patent	
	29.08.2005	Fee for grant paid	
	29.08.2005	Fee for printing paid	
Opposition(s)	05.10.2006	No opposition filed within time limit [2006/50]	
Fees paid	**Renewal fee**		
	19.05.2005	Renewal fee patent year 03	
Lapse	AT	04.01.2006	
	BE	04.01.2006	
	CY	04.01.2006	
	CZ	04.01.2006	
	EE	04.01.2006	
	FI	04.01.2006	
	RO	04.01.2006	
	SI	04.01.2006	
	SK	04.01.2006	
	BG	04.04.2006	
	DK	04.04.2006	
	SE	04.04.2006	
	GR	05.04.2006	
	PT	05.06.2006	
	HU	05.07.2006	
	IE	28.05.2007	
	MC	31.05.2007	
	[2009/03]		

图 7－44 欧洲专利 EP1366680 的法律状态

在本例中，申请人指定了 AT、BE、BG、CH、CY、CZ、DE、DK、EE、ES、FI、FR、GB、GR、HU、IE、IT、LI、LU、MC、NL、PT、RO、SE、SI、SK、TR 这 27 个国家；但截至 2010 年 9 月已经在 AT、BE、BG、CY、CZ、DK、EE、FI、GR、HU、IE、MC、PT、RO、SE、SI、SK 这 17 个国家失效，其保护范围仅限于剩余的 10 个国家。欧洲专利权的保护期为自申请日起 20 年，而该专利的申请日为 2003 年 5 月 26 日，故截至 2010 年 9 月，该专利仍处于专利权保护期内，即该项专利仅在 CH、DE、ES、FR、GB、IT、LI、LU、NL、TR 这欧洲 10 国有效。

三、对美国专利申请 08/549,792 法律状态的检索

（一）使用美国专利申请信息检索系统初步确定该项专利的法律状态

根据 2010 年 9 月检索结果提供的著录项目信息（见表 7-6），初步判断截止到 2010 年 9 月该项专利为有效专利。根据美国专利法规定的保护期限，该项专利的有效期为自 1996 年 3 月 4 日起至 2016 年 3 月 4 日。然而该项专利是否已经缴纳相应费用，其维护有效的详细信息尚需进一步核实。

表 7-6　美国专利申请 08/549,792 的著录项目信息

著录项目信息	
申请号	08/549,792
申请日	1996.3.4
发明名称	Pyrazolopyrimidinones for the treatment of impotence
发明人	PETER ELLIS，SANDWIWCH，EN（GB）
专利号	6469012
授权日期	2002.10.22
美国分类号	514/258
状态	授权

（二）查询缴费信息，核实该件专利法律状态

通过查询美国专利申请信息检索系统中的缴费信息，得知该项专利的缴费窗口如下：

表 7-7　美国专利申请 08/549,792 的缴费窗口

	4th Year	8th Year	12th Year
Open Date	10/22/2005	10/22/2009	10/22/2013
Surcharge Date	04/25/2006	04/23/2010	04/23/2014
Close Date	10/23/2006	10/22/2010	10/22/2014

通过检索相应缴费信息获悉，该项专利在 2006 年 3 月 28 日缴纳专利维持费 900 美元。从上述信息得知，截至 2010 年 9 月，该项专利目前处于第 2 次缴费窗口期，但尚未缴纳第 2 次专利维持费。此次缴费窗口时间持续至 2010 年 10 月 22 日。

通过检索相应缴费信息获悉，参见图 7-45、图 7-46。该项专利在 2006 年 3 月 28 日缴纳 900 美元，在 2010 年 3 月 23 日缴纳 2 480 美元。从上述信息可知，截止到 2010 年 9 月，该项专利仍然有效。

PATENT NUMBER	FEE AMT	SUR-CHARGE	PYMT DATE	U.S. APPLICATION NUMBER	PATENT ISSUE DATE	APPL. FILING DATE	PAYMENT YEAR	SMALL ENTITY?	ATTY DKT NUMBER
6,469,012	$900.00	$0.00	03/28/06	08/549,792	10/22/02	03/04/96	04	NO	PC8498AJTJ

图 7 - 45　美国专利申请 08/549,792 专利缴费信息

PATENT NUMBER	FEE AMT	SUR-CHARGE	PYMT DATE	U.S. APPLICATION NUMBER	PATENT ISSUE DATE	APPL. FILING DATE	PAYMENT YEAR	SMALL ENTITY?	ATTY DKT NUMBER
6,469,012	$2,480.00	$0.00	03/23/10	08/549,792	10/22/02	03/04/96	08	NO	3641712

图 7 - 46　美国专利申请 08/549,792 专利缴费信息

（三）查询专利保护期是否延长

通过查询美国专利申请信息检索系统中的专利保护延长信息，得到该项专利申请专利保护期未延长。

（四）查询该项专利有无继续申请、部分继续申请及分案申请

通过查询美国专利申请信息检索系统中的继续申请数据，了解到该申请的继续申请状况，如图 7 - 47 所示。

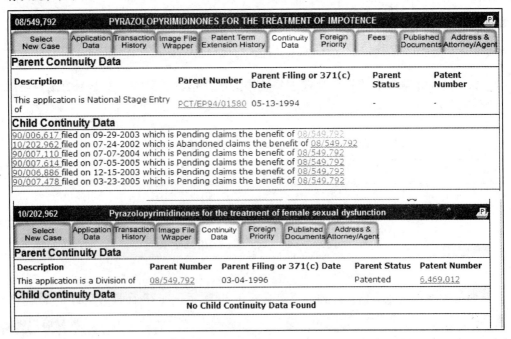

图 7 - 47　美国专利申请 08/549,792 专利继续申请数据

从检索结果可知，该项专利在 2002 年 7 月 24 日提交了分案申请 10/202,962。在 2003 年 9 月 29 日及以后，该专利申请人 5 次提出单方再审查请求，分别为 90/

006617、90/006886、90/007110、90/007478、90/007614。通过进一步检索，得知申请号为 10/202962 的继续申请在 2003 年 2 月 6 日公开，由于未回复专利商标局的意见被视为放弃。对 90/007614 再审查请求，美国专利商标局于 2005 年 11 月 8 日作出决定，认为专利权人提交的意见陈述理由不成立，并宣布该决定为最后结果。专利上诉与抵触委员会（BAPI）在 2010 年 2 月 12 日对再审请求 90/006617、90/006886、90/007110、90/007478 作出最终决定，即认为审查员对该项专利第 24 项权利要求的驳回决定是不正确的。

（五）查看该件专利的专利权人是否经过转移

通过检索专利权转移数据库，确定该专利权未曾转移。

（六）该项专利目前法律状态

目前该美国专利有效，其授权日为 2002 年 10 月 22 日；2006 年 3 月 28 日缴纳了授权后第 4 年的费用，第 8 年的维持费用应于 2009 年 10 月 22 日～2010 年 10 月 22 日间缴纳，但尚未缴纳；该专利存在分案申请，但于 2005 年 11 月 30 日放弃；该专利的保护期未延长；专利权人也未发生变更。该专利 5 次提出再审查请求，美国专利商标局对 90/007614 再审查请求作出结论——请求理由不成立，维持原专利；对再审请求 90/006617、90/006886、90/007110、90/007478 作出结论，认定审查员对该项专利第 24 项权利要求的驳回决定不正确。

第八章　专利引文检索

第一节　概　　述

在专利说明书及相关专利资料上经常会出现一系列引用的文献，它们被称为"专利引文"。这些专利引文与专利申请的技术内容密切相关，它们记录了专利审查员在专利审查过程中、发明人在进行发明创造时参考过的文献。

一、专利引文的概念

专利引文（Patent Citation）是指专利申请人在发明创造过程中参考的或审查员在审查过程中参考或引用的专利文献与非专利文献。

（一）专利引文的产生

专利引文的产生主要有两个原因：

1. 专利审查员为审查专利申请文件的新颖性、创造性和实用性进行必要的专利检索，找出用以判断专利性的对比文件，以便决定是否授权，这些对比文件是专利引文的组成部分之一。

2. 发明人在进行发明创造活动时要参阅大量的相关文献以借鉴已有的技术，用以表明对该技术已有了很好的把握；在撰写专利说明书时，通常以参考和引用与本申请最接近的现有技术文件来描述本发明的技术背景。这些现有技术文件也是专利引文的一部分。

由此可将专利引文分为两种类型：审查对比文件和发明人引用文献。

（二）专利引文在专利文献中的标注方式

一般来说，审查对比文件和发明人引用文献标识在专利文献中的不同位置。

1. 审查对比文件的标注

审查对比文件标注在专利说明书扉页或专利检索报告中。由于各国的审查制度、审批程序及出版形式各不相同，所以在专利说明书的扉页或专利检索报告中出现对审查对比文件的标注也各有不相同。下面就中国、日本、欧洲、美国和 PCT 文献的审查对比文件进行说明。

（1）审查对比文件在专利说明书扉页上的标注

通常只有经过实质性审查出版的专利说明书的扉页上才刊出审查对比文件信息。

根据 WIPO 规定，使用 INID 码（著录项目标识代码）（56）标识专利文献扉页上出现的审查对比文件。

总体而言，中国、日本、欧洲与美国都在经过实质审查的专利说明书扉页上标识审查对比文件，但由于世界知识产权组织国际局对其出版的文献并不进行实质审查，所以出版的 PCT 文献扉页上没有审查对比文件。

1）中国国家知识产权局

中国国家知识产权局在出版的发明专利说明书（文献种类标识代码为 C，自 1993 年开始出版）中标注审查对比文件，如图 8－1 所示。并非在每一件发明专利说明书上都标注审查对比文件，标注情况如下：

a. 1997～2003 年期间，出版的部分"发明专利说明书"扉页上标注（56）项；

b. 2004～2006 年出版的专利说明书扉页上不再标注（56）项；

c. 自 2007 年 1 月 3 日起出版的"发明专利说明书"的扉页上重新标注（56）项。

2）欧洲专利局

欧洲专利局在其出版的"欧洲专利说明书（European Patent Specification）"（文献种类标识代码为 B1、B2）的扉页上标注审查对比文件。

3）日本特许厅

日本特许厅在其出版的"特許公報（专利公告说明书和专利说明书）"（文献种类标识代码为 B2）、"实用新案公報（实用新型公告说明书）"（文献种类标识代码为 Y2）、"实用新案登録公報（实用新型注册说明书）"（文献种类标识代码为 Y2）和"外观设计说明书（意匠公報）"（文献种类标识代码为 S）的扉页上标注审查对比文件。

4）美国专利商标局

美国专利商标局在其出版的"专利说明书（United States Utility Patent）"（文献种类标识代码为 B1、B2）、"植物专利说明书（United States Plant Patent）"（文献种类标识代码为 P2、P3）、"再版专利说明书（Reissued Patent）"（文献种类标识代码为 E）、"再审查证书说明书（Reexamination Certificate）"（文献种类标识代码为 C1、C2、C3）、"依法登记的发明说明书（Statutory Invention Registration）"（文献种类标识代码为 H）和"设计专利说明书（United States Design Patent）"（文献种类标识代码为 S）的扉页上标注审查对比文件。

2001 年以前，美国专利说明书扉页（56）项上显示的专利引文既包括审查对比文件，又包括发明人引用文献，并且两者混合排列；自 2001 年起，（56）项上标注"＊"的是由审查员提供的审查对比文件，不标注"＊"的是由发明人提供的发明人引用文献。

美国专利商标局在其出版的专利文献扉页中按照本国专利文献（U. S. PATENT

[19] 中华人民共和国国家知识产权局

[51] Int. Cl.
G03G 9/09 (2006.01)
B41M 7/00 (2006.01)
B41M 5/128 (2006.01)
C09D 11/00 (2006.01)

[12] 发 明 专 利 说 明 书

专利号 ZL 99102925.9

[45] 授权公告日 2007 年 9 月 19 日

[11] 授权公告号 CN 100338532C

[22] 申请日 1999.1.23 [21] 申请号 99102925.9
[30] 优先权
　　[32] 1998.1.23 [33] JP [31] 11681/98
　　[32] 1998.1.23 [33] JP [31] 11682/98
[73] 专利权人 株式会社东芝
　　　地址 日本神奈川县
[72] 发明人 高山晓 町田茂 佐野健二
[56] 参考文献
　　JP9 – 169162A　1997.6.30
　　CN1103965A　1995.6.21
　　US5612766A　1997.3.18
　　CN1118887A　1996.3.20
　　US5545381A　1996.8.13
　　JP58 – 30765A　1983.2.23
　　JP58 – 217566　1983.12.17

JP9 – 165537A　1997.6.24
DE3247804A　1983.7.14
　　审查员 方慧聪
[74] 专利代理机构 中国专利代理(香港)有限公司
　　代理人 邵 红 杨丽琴

权利要求书 2 页 说明书 44 页

[54] 发明名称
　　可消除的影像形成材料的消除方法
[57] 摘要
　　消除使用含有呈色性化合物，显色剂和消除剂的影像形成材料在纸上形成影像的方法，包括通过使影像形成材料与溶剂接触消除影像的过程和从纸上除去残存的溶剂的过程。

图 8 – 1　发明专利说明书扉页

DOCUMENTS）、外国专利文献（FOREIGN PATENT DOCUMENTS）和非专利参考文献（OTHER PUBLICATIONS）顺序标识专利引文。美国专利文献扉页中的引文信息标注情况如图 8 – 2 所示。

（2）标注在专利"检索报告"中

专利"检索报告"是专利审查员通过对现有技术进行检索后，反映检索结果的文件。

专利检索报告一般由三部分组成：申请的所属技术领域分类、检索的技术领域分类和检索到的对比文件。其中，"检索到的对比文件"即是审查对比文件，它按照相关程度顺序进行排列，每项包括三个部分的内容：

1）相关程度，用字母表示检索到的文件与本专利申请相关的程度，如：X 表示单独一篇对比文件对申请的新颖性或创造性产生影响；在 WIPO 标准《ST.14 关于在

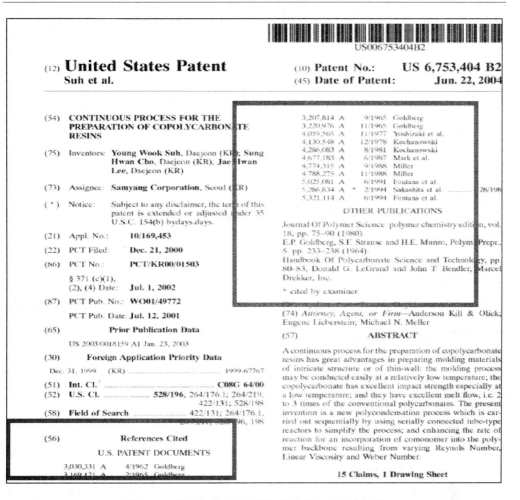

图 8-2 美国专利文献扉页中的引文信息标注情况

专利文献中列入引证参考文献的建议》中，针对引证文献相关性表达有如下规定：

14. 建议在上述第 7 段中提及的和检索报告中引证的任何一篇文献用下列字母或标记指明，并紧位于被引证的上述文献之后：

（a）表示特别相关的引证文献类型：

"X" 类：仅考虑该文献，权利要求所记载的发明不能被认为具有新颖性或创造性；

"Y" 类：当该文献与另一篇或多篇此类文献结合，并且这种结合对于本领域技术人员是显而易见时，权利要求所记载的发明不能认为具有创造性；

（b）表示其他与现有技术相关的引证文献类型：

"A" 类：一般现有技术文献，无特别相关性；

"D" 类：由申请人在申请中引证的文献，该文献是在检索过程中要参考的，代码 "D" 始终与一个表示引证文献相关性的类型相随；

"E" 类：PCT 细则 33 条 1（c）中确定的在先专利文献，但是在国际申请日当天或之后公布的；

　　　……

　　2）相关对比文件，列出对比文件的主要信息，如：文献号、公布日期。

　　3）相关权利要求，列出对比文件影响的本专利申请的权利要求序号。

　　通常情况下，专利检索报告与未经实质审查尚未授予专利权的申请公布说明书一起出版或单独出版，如：欧洲专利局、欧亚专利局、世界知识产权组织国际局、英国、法国等；但是，并不是每个国家或组织都出版专利检索报告，如中国、美国和日本。

　　检索报告中的审查对比文件目录与扉页上的审查对比文件目录相比，前者所提供的信息更详细，如图 8 - 3 所示。

　　2. 发明人引用文献的标注

　　专利发明人在完成本专利申请所述技术内容过程中参考引用过并被记述在申请文件中的文献称为发明人引用文献。对于大多数国家而言，这些发明人引用文献通常会被记述在专利说明书中的"背景技术"部分，只有少数情况下标注在专利说明书的扉页中，如美国。

　　（1）记述在专利说明书的"背景技术"部分

　　中国、美国、日本、欧洲和世界知识产权组织在其出版的专利文献中，如果存在"发明人引用文献"，它们经常会被记述在专利说明书的"背景技术"部分，如图 8 - 4 所示。

　　（2）标注在专利说明书"扉页"

　　美国专利商标局在其出版的经过实质审查的专利说明书的扉页上含有 INID 码的（56）项。2001 年以前，（56）项上显示的专利引文既包括审查对比文件，又包括发明人引用文献，并且两者混合排列；自 2001 年起，（56）项上标注"＊"的是审查对比文件，不标注"＊"的是发明人引用文献。

二、专利引文的作用

　　随着科学技术的快速发展及人们对专利文献重视程度的增加，专利引文的作用越来越突出。运用专利引文实际上是借助审查员和发明人所延展的知识领域，更为广泛和深入地获取专利信息，具体而言，它可以为我们提供以下帮助。

（一）扩大专利信息检索范围

　　通过专利的引用和被引用关系，检索人员可以不依赖于检索词汇，仅通过一篇或多篇专利文献的号码即可得出许多与检索主题有关的专利文献。一方面，能够有效克服由于技术词汇存在多样的同义词、近义词等产生的漏检现象，也能克服技术词汇随技术发展变化而变化的问题；另一方面，增加了检索线索，从另外一个角度开拓了检

INTERNATIONAL SEARCH REPORT

Inter...nal Application No
PCT/US 95/05294

A. CLASSIFICATION OF SUBJECT MATTER
IPC 6　C12N1/38　C12P21/02

According to International Patent Classification (IPC) or to both national classification and IPC

B. FIELDS SEARCHED

Minimum documentation searched (classification system followed by classification symbols)

IPC 6　C12N　C12P　C07K

Documentation searched other than minimum documentation to the extent that such documents are included in the fields searched

Electronic data base consulted during the international search (name of data base and, where practical, search terms used)

C. DOCUMENTS CONSIDERED TO BE RELEVANT

Category°	Citation of document, with indication, where appropriate, of the relevant passages	Relevant to claim No.
X	EP,A,0 378 478 (SANOFI) 18 July 1990 see the whole document ---	1-14
X	EP,A,0 181 769 (FMC CORPORATION) 21 May 1986 see the whole document ---	1-14
X	US,A,4 906 575 (CHEVRON RESEARCH COMPANY) 6 March 1990 see the whole document	1-14
X	& US,A,4 947 932 (CHEVRON RESEARCH COMPANY) 14 August 1990 see the whole document --- -/--	1-14

[X] Further documents are listed in the continuation of box C.　　[X] Patent family members are listed in annex.

° Special categories of cited documents :

"A" document defining the general state of the art which is not considered to be of particular relevance

"E" earlier document but published on or after the international filing date

"L" document which may throw doubts on priority claim(s) or which is cited to establish the publication date of another citation or other special reason (as specified)

"O" document referring to an oral disclosure, use, exhibition or other means

"P" document published prior to the international filing date but later than the priority date claimed

"T" later document published after the international filing date or priority date and not in conflict with the application but cited to understand the principle or theory underlying the invention

"X" document of particular relevance; the claimed invention cannot be considered novel or cannot be considered to involve an inventive step when the document is taken alone

"Y" document of particular relevance; the claimed invention cannot be considered to involve an inventive step when the document is combined with one or more other such documents, such combination being obvious to a person skilled in the art.

"&" document member of the same patent family

Date of the actual completion of the international search	Date of mailing of the international search report
22 August 1995	0 5. 09. 95

Name and mailing address of the ISA	Authorized officer
European Patent Office, P.B. 5818 Patentlaan 2 NL - 2280 HV Rijswijk Tel. (+31-70) 340-2040, Tx. 31 651 epo nl. Fax: (+31-70) 340-3016	Espen, J

Form PCT/ISA/210 (second sheet) (July 1992)

page 1 of 2

图 8 - 3　检索报告

索人员的视野和思路，进一步提高检索人员的检索能力。

（二）确定核心技术

通常情况下，一件专利如果很少被后面的专利申请所引用，则被视为无影响力的"惰性"专利，商业价值不高；反之，如果它比同时期的专利更加经常被其他专利所

背景技术

餐厨余物就是指家庭、学校、机关公共食堂以及餐饮行业的食物废料和食物残余，是城市生活垃圾的主要组成部分。我国的餐厨余物数量大、质量高、混杂物多，是具有中国特色的食物垃圾。目前餐厨余物已经成为社会的一大公害。

餐厨余物如果处理不当，不仅危害人们的身体健康，还严重污染环境。餐厨余物含水率高达80-90%，泔脚水中的渗沥水极易通过渗透作用污染地水，泔脚中富含的有机物在温度较高时候，则很快会发酵而腐烂变质，产生出大肠杆菌等病原微生物，直接危害人体健康。若直接用其作为猪的饲料，各种病原体细菌回扩散到猪的身上，然后，人们在食用这种猪的肉时会感染到人的身上，长此以往就形成传染源的恶性循环，另外，废弃油脂和残渣会堵塞住下水道，污染环境。

另外，我国是一个粮食资源紧缺的国家，人口多，土地资源少，自然环境还在不断地恶化，国土可耕面积每年正以200万亩的速度减少，人口正以每年近2000万人的数量增加，而对这宝贵粮食资源又存在令人担忧的惊人浪费，其中餐厨余物就是这种浪费的主要方面。

为此有人开发出将餐厨余物生产饲料的加工方法，如专利申请号为02160496.7的中国专利"餐厨废弃物的再生饲料制备工艺"，它包括餐厨废弃物的接收、工序间的输送、分拣脱水、粉碎、灭菌、干燥及造粒等工艺，其特征在于，本制备工艺按如下步骤进行：(1)将含水量平均值为85%的餐厨废弃物原料，由罐式运输车运至现场，通过快速接头，由螺旋浓浆泵输入料仓；(2)物料由料仓出料口通过刮板输送机送至带式真空压滤机脱水，脱水后的物料含水量≤50%；(3)脱水后的物料由胶带输送机输送，在输送过程中

图8-4 论述在"背景技术"部分的引用文献

引用，则该专利可以被看成一件有较大影响力的、处于核心竞争地位的、或是具有更高价值的"活跃"专利。通常情况下，当一件专利被引用次数越多，那么这项专利很可能包含一种重要的技术发展趋势，很多后来的专利是在其基础上研究出来的；由此，通过制作专利"引文树"，寻找节点最密集处，从而找到最具价值的"核心专利"。而"核心专利"的商业价值和技术价值是非常高的。

（三）追踪技术发展方向

通过专利的引用和被引用关系，可以揭示产品/技术的整个发展阶段及技术发展方向。引用图表不仅可以显示专利之间的相互引用关系，还可以进一步显示技术交叉点和技术空白点，有利于科技创新。

（四）确定竞争对手及竞争对手间的技术联系

通过研究专利引文所有者之间的关系，可以了解竞争对手间的技术联系。例如，如果一件核心专利被同一申请人引用了多次，而且该申请人的专利也经常被引用，说明该申请人非常重视该项产品/技术且在该产品/技术上投入较多，该申请人本身也具有较雄厚的技术实力。

第二节　专利引文的检索

专利引文检索，是指通过检索数据库查找某一专利引用的其他专利文献以及被其他专利文献所引用的情况的过程。

包含专利引文信息的数据库分为因特网免费数据库和商业数据库，前者主要有欧洲专利局 espacenet 系统、欧洲专利局 Register Plus 系统、美国专利商标局网站授权专利数据库以及日本特许厅日文系统中的审查过程文件数据库；后者主要是汤森路透科技集团的 Derwent Innovation Index 系统。

大多数包含专利引文信息的数据库并未针对引文信息提供专门的检索字段，而是将引文信息包含在每件专利申请的详细信息显示页面中，此时，一般以与专利相关的号码为检索要素检索该专利申请对应的引文信息。对于此类数据库，本章仅介绍检索结果中包含的专利引文信息。

美国专利商标局网站授权专利数据库以及 Derwent Innovation Index 系统，提供了专门的专利引文检索字段，因此，本章对该数据库的检索和检索结果显示都进行介绍。

一、欧洲专利局 espacenet 检索系统中的专利引文

espacenet 检索系统提供欧洲专利的专利引文检索。2010 年 1 月，EPO 对 espacenet 检索系统作了进一步的完善，在以往包含的审查对比文件的基础上，增设了异议及诉讼中引用文献（cited documents，以下称引用文献）和被引用文献（citing documents，以下称被引用文献）。

espacenet 检索系统中收录了超过 90 个国家的 6 500 多万件专利文献。但是，并不是每件文献都设有引用文献和被引用文献。在 espacenet 检索系统中，一般情况下用户应选择号码检索方式或高级检索方式的号码检索入口进行专利引文的查询。

通过 espacenet 系统检索到的专利引文信息标识在每条检索结果的详细信息显示页面中，如图 8 - 5 所示。通过 "cited documents" 列表下方的 "view all" 链接可显示专利引文中种类标识代码为 A1 和 A2 的专利文献。

二、欧洲专利局 Register Plus 检索系统中的专利引文

Register Plus 检索系统可供用户直接获取欧洲申请，它提供的专利引文信息仅包括 EPO 审查过程中的引用文献和非专利文献。

该系统检索到的专利引文信息显示在每一条检索结果的详细信息显示页面中，如图 8 - 6 所示，通过页面左侧的 "citations" 可以链接至引文信息显示页面。

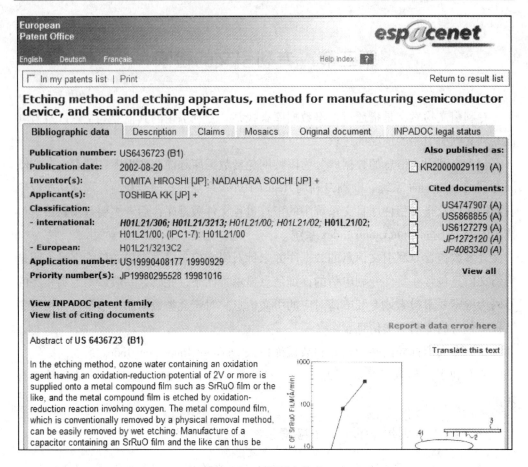

图 8 - 5　专利引文信息

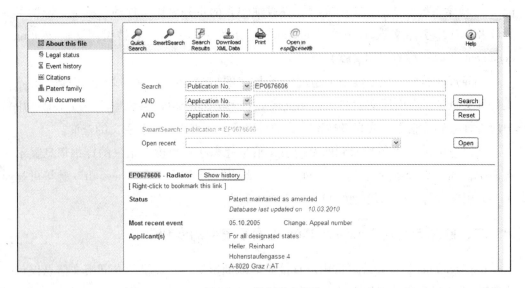

图 8 - 6　专利引文信息

该页面中包含欧洲专利申请在检索阶段、审查阶段以及异议阶段涉及的引用文献，分别以"cited in search"、"cited in examination"、"cited in opposition"标识。每条记录都提供了该引文的文献类型（专利文献或是非专利文献）以及文献号。

三、日本特许厅审查过程文件数据库中的专利引文

"审查书类情报检索"数据库提供了2003年7月以来的日本专利审批过程中产生的中间文件，其中的有些文件包含由审查员提供的"审查对比文件"。

在日文版面IPDL的主页面选择"特许·实用新案检索"项目下的子项"审查书类情报检索"，直接进入该数据库。

选择对应的文献类型及其代码并输入号码后，得到检索结果，如图8-7所示。

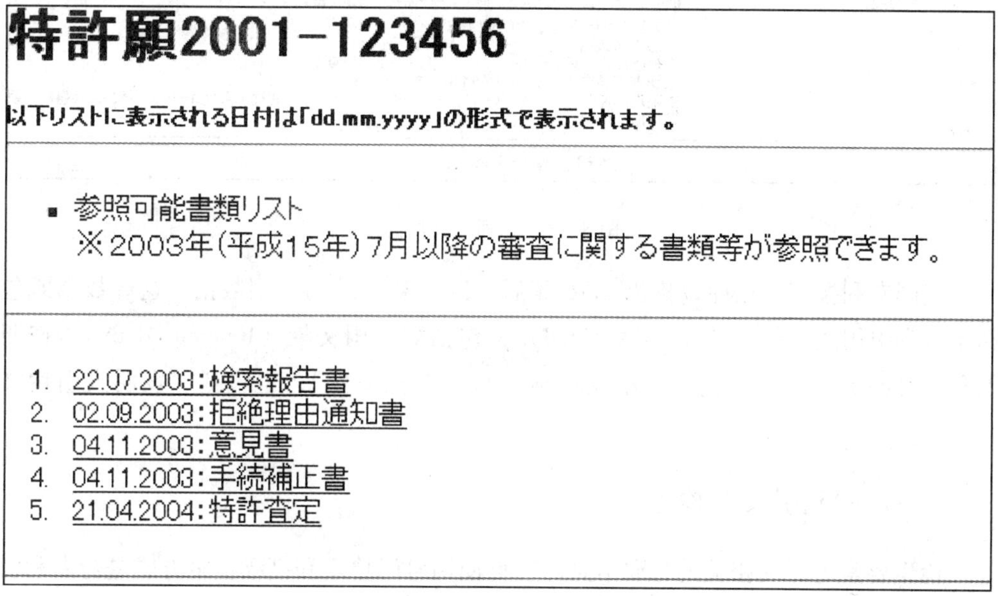

特許願2001-123456

以下リストに表示される日付は「dd.mm.yyyy」の形式で表示されます。

- 参照可能書類リスト
  ※2003年（平成15年）7月以降の審査に関する書類等が参照できます。

1. 22.07.2003：検索報告書
2. 02.09.2003：拒絶理由通知書
3. 04.11.2003：意見書
4. 04.11.2003：手続補正書
5. 21.04.2004：特許査定

图8-7　IPDL中的专利审批中间文件

"拒绝理由通知书"以及"检索报告书"均提供审查员对比文件信息。

四、日本特许厅审批信息数据库中的专利引文

通过日本特许厅日文系统中"经过情报检索"数据库的"番号照会"方式也可以查找日本专利的引用文献信息。

根据系统要求输入号码后，可以获得该号码对应的专利申请的审批信息，引文信息即包含在"出愿情报"的"引用文献记事"项中，如图8-8所示。

五、美国专利商标局网站专利引文检索

虽然美国专利商标局网站上含有许多数据库，但专利引文仅能在"专利授权数据库（PATFT: Issued Patents）"中检索。

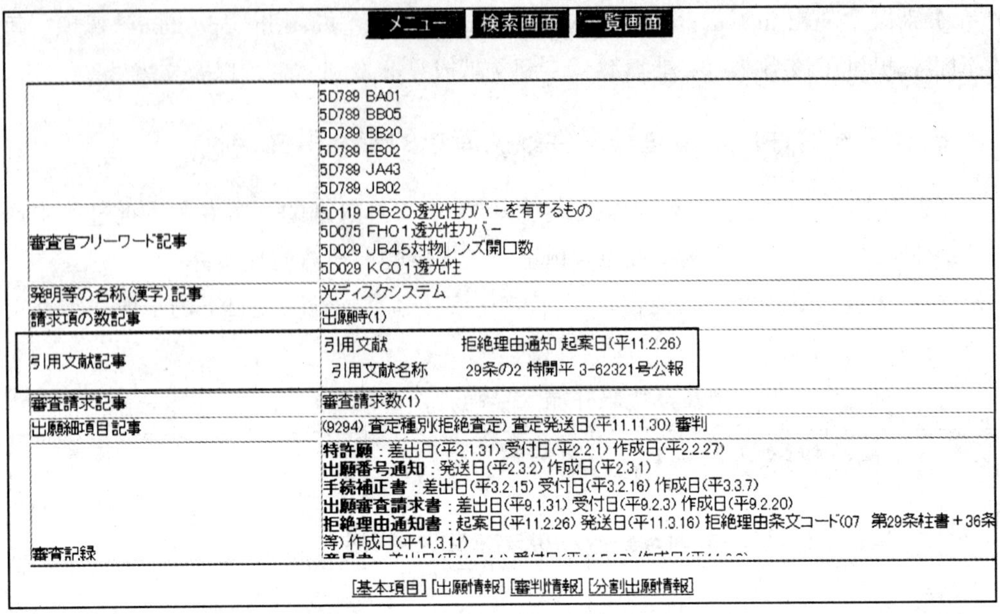

图 8－8　专利引文信息

美国专利授权数据库仅提供 1976 年后美国专利文献的引用数据，这些数据既包括本专利引用的文献（References Cited）又包括被引用文献（Referenced By）。按照专利引文的类型划分，这些文献既包括"审查对比文件"，也包括"发明人引用文献"。

（一）专利引文的检索

检索要素为专利相关的号码信息时，可使用号码检索和高级检索方式进行专利引文的查询。此外，该数据库还在简单检索和高级检索方式下提供了 3 个专门字段用于专利引文检索（表 8－1）

表 8－1　专利引文检索使用的专门字段

字段代码	字段名称	举　例
REF	Referenced By（被引用的文献）	举例：REF/5096294　REF/0407135
FREF	Foreign References（外国参考文献）	同上
OREF	Other References（其他参考文献）	

（二）专利引文信息的显示

根据检索要素进行检索后，专利引文信息显示在专利全文文本页面中，如图 8－9 所示。包括"References Cited"项和"Referenced By"项。

```
                                                      63/64 (20060101): C08G 064/00 ()
Field of Search:                                      422/131 264/176.1,211 528/196,198

                          References Cited [Referenced By]
                             U.S. Patent Documents
3030331                       April 1962               Goldberg
3169121                       February 1965            Goldberg
3207814                       September 1965           Goldberg
3220976                       November 1965            Goldberg
4059565                       November 1977            Yoshizaki et al.
4130548                       December 1978            Kochanowski
4286083                       August 1981             Kochanowski
4677183                       June 1987                Mark et al.
4774315                       September 1988           Miller
4788275                       November 1988            Miller
5025081                       June 1991                Fontana et al.
5286834                       February 1994            Sakashita et al.
5321114                       June 1994                Fontana et al.

                             Other References

Journal Of Polymer Science: polymer chemistry edition, vol. 18, pp. 75-90 (1980).
E.P. Goldberg, S.F. Strause and H.E. Munro, Polym. Prepr., 5, pp. 233-238 (1964).
Handbook Of Polycarbonate Science and Technology, pp. 80-83, Donald G. LeGrand and John T. Bendler, Marcel
```

图 8 - 9 专利引文信息的显示

1. References Cited（引用文献）

References Cited 项显示本专利引用的美国参考文献列表，包括"审查对比文件"和"发明人引用文献"，内容按照下列编排：引用的美国专利文献（U. S. Patent Documents）、外国专利文献（Foreign Patent Documents）和其他非专利文献（Other References）。系统对引用的每个美国专利号提供超级链接，可直接链接到该文献的专利全文文本显示页面。

2. Referenced By（被引用专利）

打开"References By"的链接显示引用本专利的美国专利文献列表。在"高级检索"页面直接输入检索式"REF/检索字符串"也可以获得同样信息。

六、Derwent Innovations Index（德温特创新索引）

Derwent Innovations Index（德温特创新索引）数据库，简称 DII，是集成了 Derwent World Patents Index 和 Derwent Patent Citation Index 二者的因特网专利信息资源，是非常专业的专利引文数据库。其中包含的专利引文既包括被引专利，又包括施引专利。

DII 数据库收录了自 1966 年起的世界上 1 480 万余项专利，按照专利引文的类型划分，这些专利文献既含有"审查对比文件"，又含有"发明人引用文献"。

在 DII 数据库提供的 4 种检索方式（检索、化合物检索、高级检索和被引专利检索）中，前 3 种方式未针对专利引文检索提供专门的检索字段，而是在检索结果的详细信息中包含了专利引用文献及被引用文献，最后一种方式提供了专门的检索字段检索被引用文献。前 3 种方式的检索方法包含在第三章，此处不再赘述。

（一）被引用文献的检索

被引专利检索页面如图 8 – 10 所示。使用该检索页面可以检索专利或专利族中所有专利族成员的被引用情况。

检索字段包括：被引专利号、被引专利权人、被引发明人、被引 Derwent 入藏号。

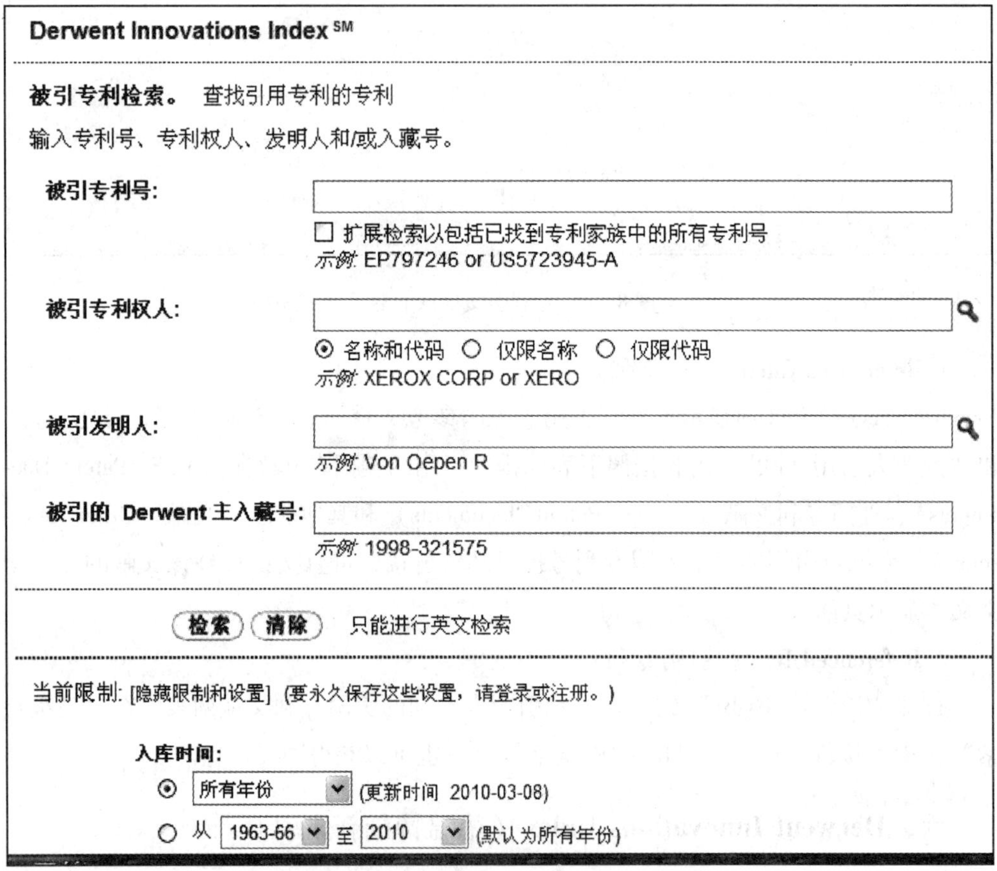

Derwent Innovations Index ^{SM}

被引专利检索。 查找引用专利的专利

输入专利号、专利权人、发明人和/或入藏号。

被引专利号:

□ 扩展检索以包括已找到专利家族中的所有专利号
示例: EP797246 or US5723945-A

被引专利权人:

⊙ 名称和代码　○ 仅限名称　○ 仅限代码
示例: XEROX CORP or XERO

被引发明人:

示例: Von Oepen R

被引的 Derwent 主入藏号:

示例: 1998-321575

(检索) (清除)　只能进行英文检索

当前限制: [隐藏限制和设置]（要永久保存这些设置，请登录或注册。）

入库时间:
⊙ 所有年份 ▾ （更新时间 2010-03-08）
○ 从 1963-66 ▾ 至 2010 ▾ （默认为所有年份）

图 8 – 10　被引专利检索页面

1. 被引专利号

输入专利文献号检索所有引用了该文献的专利。输入一个或多个用布尔逻辑运算符连接的专利号。可以输入完整的专利文献号，或者使用通配符输入部分专利文献号。

如果选中"被引专利号"字段下面的复选框，可将检索范围扩展到该专利族中所有专利文献的被引用情况。此时不得输入带有通配符的部分专利号，只能输入一个唯一的专利文献号，例如：EP178925 或 EP178925-A。

2. 被引专利权人

检索被引专利记录中的“专利权人名称和/或代码”字段，同时检索专利权人名称和代码，或者仅检索姓名、仅检索代码。

可以输入完整的专利权人代码或名称，或者使用通配符输入部分专利权人代码或名称。可以使用布尔逻辑运算符连接多个专利权人代码或专利权人名称。单击检索辅助工具的图标可查找特定专利权人。

3. 被引发明人

检索被引专利记录中的“发明人姓名”字段，可输入完整的姓名或使用通配符输入部分姓名。建议使用通配符“*”避免漏检。可以使用布尔逻辑运算符连接多个发明人姓名。单击检索辅助工具的图标可查找要添加到检索式的特定发明人。

4. 被引的 Derwent 入藏号

检索被引专利记录中的“Derwent 入藏号”字段，可以输入完整的入藏号，或者使用通配符输入部分入藏号。可以使用布尔逻辑运算符连接多个入藏号。

（二）专利引文信息在检索结果中的显示

被引专利如图 8－11 所示，专利申请的详细信息显示页面中的引文信息包括被引专利、被审查员引用的专利、被审查员引用的文献。

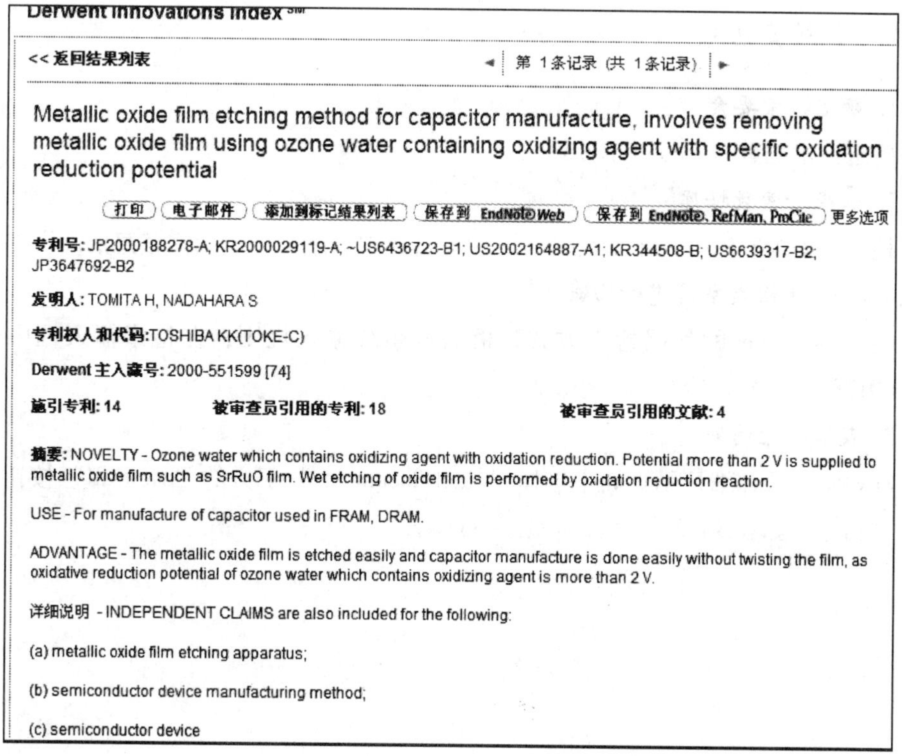
Derwent Innovations Index SM

<< 返回结果列表　◄ 第 1条记录 (共 1条记录) ►

Metallic oxide film etching method for capacitor manufacture, involves removing metallic oxide film using ozone water containing oxidizing agent with specific oxidation reduction potential

打印　电子邮件　添加到标记结果列表　保存到 EndNote® Web　保存到 EndNote®, RefMan, ProCite　更多选项

专利号: JP2000188278-A; KR2000029119-A; ~US6436723-B1; US2002164887-A1; KR344508-B; US6639317-B2; JP3647692-B2

发明人: TOMITA H, NADAHARA S

专利权人和代码: TOSHIBA KK(TOKE-C)

Derwent 主入藏号: 2000-551599 [74]

施引专利: 14　被审查员引用的专利: 18　被审查员引用的文献: 4

摘要: NOVELTY - Ozone water which contains oxidizing agent with oxidation reduction. Potential more than 2 V is supplied to metallic oxide film such as SrRuO film. Wet etching of oxide film is performed by oxidation reduction reaction.

USE - For manufacture of capacitor used in FRAM, DRAM.

ADVANTAGE - The metallic oxide film is etched easily and capacitor manufacture is done easily without twisting the film, as oxidative reduction potential of ozone water which contains oxidizing agent is more than 2 V.

详细说明 - INDEPENDENT CLAIMS are also included for the following:

(a) metallic oxide film etching apparatus;

(b) semiconductor device manufacturing method;

(c) semiconductor device

图 8－11　被引专利的详细信息显示页面

1. 被引专利

显示该专利被其他专利/专利家族引用的数量。选择阿拉伯数字的链接查看引用专利概要页面。

2. 被审查员引用的专利

显示被专利审查员引用的专利的数量。选择阿拉伯数字的链接可查看被引专利概要页面。

3. 被审查员引用的文献

显示发明者或检测者引用的非专利文献的数量。选择阿拉伯数字的链接查看引用文献概要页面。

第三节　专利引文的检索案例

一、利用专利引文信息进行扩大检索

在本例中，我们通过对 EP0601788A2 进行专利引文检索来扩大专利检索范围。

（一）检索步骤

1. 确定检索要素

确定检索要素为 EP0601788A2。

2. 选择检索数据库

检索要素为欧洲专利申请公开号，由此选择包含欧洲专利引文信息的欧洲专利局网站 espacenet 检索系统进行检索。

使用 espacenet 的号码检索方式，根据该系统输入规则，在检索输入框中输入"ep0601788"。

3. 获取检索结果

在检索结果详细显示页面中选择"cited documents"下方的"view all"按钮，获得引文信息，如表8－2所示。

表 8 - 2 专利引文信息详细内容

文献号 EP0601788A2

名称：Electrostatic chuck usable in high density plasma

申请人：APPLIED MATERIALS INC [US] + （APPLIED MATERIALS, INC,；APPLIED MATERIALS INC）

IPC 第一分类位置：H01L21/302

序号	文献号	发明名称	申请人	第一分类位置
1	WO03103004 （A2）	A CATHODE PEDESTAL FOR A PLASMA ETCH REACTOR	APPLIED MATERIALS INC [US]	H05H1/46
2	DE10056257 （A1）	Sputtering process used for cleaning a substrate e. g. a wafer comprises using a platform made from a conducting metal placed into an outer shell of a vacuum chamber	PROMOS TECHNOLOGIES INC [TW]	H01L21/00
3	DE19943053 （A1）	Plasma device for semiconductor component manufacture has capacitance compensator for maintaining constant overall chuck capacitance between chuck and earth terminal	SAMSUNG ELECTRONICS CO LTD [KR]	H01L21/302
4	US6134096 （A）	Electrostatic chuck	NGK INSULATORS LTD [JP]	G03F7/20
5	US6159299 （A）	Wafer pedestal with a purge ring	APPLIED MATERIALS INC [US]	H01L21/68
6	WO9925006 （A2）	ELECTROSTATIC CHUCK HAVING IMPROVED GAS CONDUITS	APPLIED MATERIALS INC [US]	C23C16/458
7	WO9925017 （A1）	APPARATUS FOR RETAINING A WORKPIECE	APPLIED MATERIALS INC [US]	H01L21/683
8	WO9908311 （A1）	CERAMIC-COATED HEATING ASSEMBLY FOR HIGH TEMPERATURE PROCESSING CHAMBER	APPLIED MATERIALS INC [US]	C23C16/44
9	US5910338 （A）	Surface preparation to enhance adhesion of a dielectric layer	APPLIED MATERIALS INC [US]	B23Q3/15
10	US5904776 （A）	Conduits for flow of heat transfer fluid to the surface of an electrostatic chuck	APPLIED MATERIALS INC [US]	B23Q3/15
11	WO9712396 （A1）	ELECTROSTATIC CLAMPING METHOD AND APPARATUS FOR DIELECTRIC WORKPIECES IN VACUUM PROCESSORS	LAM RES CORP [US]	B65G49/06

序号	文献号	发明名称	申请人	第一分类位置
12	EP0766300（A1）	Method and structure for improving heat transfer fluid flow in electrostatic chucks	APPLIED MATERIALS INC［US］	B23Q3/15
13	EP0791956（A2）	Electrostatic chuck	NGK INSULATORS LTD［JP］	B23Q3/15
14	EP0839404（A1）	ELECTROSTATIC CHUCK ASSEMBLY	WATKINS JOHNSON CO［US］	B25J15/06
15	EP0742588（A2）	Method of protecting electrostatic chuck	APPLIED MATERIALS INC［US］；IBM［US］	H02N13/00
16	EP0742580（A2）	Barrier seal for electrostatic chuck	APPLIED MATERIALS INC［US］；IBM［US］	H02N13/00
17	EP0721210（A1）	Improvements in or relating to electrostatic chucks	APPLIED MATERIALS INC［US］	B23Q3/15
18	EP0708478（A1）	Plasma guard for use in a vacuum process chamber	APPLIED MATERIALS INC［US］	B23Q3/15

（二）检索结果分析

由表 8 - 2 可以看出：

1. 本专利是关于静电卡盘方面的专利，在被引用的过程中，有 6 件涉及静电卡盘装置方面的专利，有 2 件涉及表面处理技术，还有 2 件涉及保护方法或装置。由此，将检索领域从"静电卡盘"扩大到与之相关的"表面处理技术"以及"保护方法或装置"，涉及的分类号也从 H01L21/302 扩展到 B23Q3/15、C23C16/44 以及 H02N13/00。

2. 通过引文检索结果可以看出，本专利自引（即被自己的专利引用）了 12 次，被 NGK INSULATORS LTD（日本）引用了 2 次，此外，本申请人曾经和 IBM（美国）合作过 2 次，并且这两次合作均是关于静电卡盘保护方法或装置，说明 NGK INSULATORS LTD 以及 IBM 也在从事该领域的发明创造。由此，通过专利引文检索获得了该领域其他申请人线索。

二、利用引文分析进行专利性检索

许多国外企业或发明人为控制垄断市场，通常将其发明创造提出多国专利申请，而审查制国家的专利审查员在对其进行审查的过程中，会根据自己的理解进行专利性检索并给出审查对比文件。企业在准备利用这种来自国外或中国内地以外的中国专利申请时，如果该申请存在外国同族专利，可以借鉴外国专利审查员对该国专利申请的审查意见，以判断本国相同发明创造专利性的参考。此时，首先通过同族专利检索找到本国相同专利的外国专利或专利申请，然后对这些外国专利或专利申请进行专利引文检索，查找相关的审查对比文件。这里我们以专利申请 CN98801211.1 为例，进行分析。

（一）检索要素

以 CN98801211.1 作为检索要素。

（二）检索步骤

1. 选择 espacenet 的 Worldwide 数据库检索同族专利；

2. 以检索出的同族专利的文献号作为检索要素，选择 espacenet 的 Worldwide 数据库进行专利引文检索；

3. 获取检索结果如表 8 – 3。

表 8 – 3　检索结果

申请号：（CN）　　98801211.1
名称：头孢菌素晶体及其制备方法
第一分类号：C07D501/12

序号	同族专利文献号	第一分类号	专利引文
1	AU728627（B2）	C07D501/00	
2	AU8746898（A）	C07D501/00	
3	CA2269286（A1）	C07D501/00	
4	CN1237181（A） CN1090635（C）	C07D501/00	JP5-222056
			JP63-166839
5	EP0963989（A1） EP0963989（A4）	C07D501/00	EP0341694（A2） EP0341694（A3） EP0341694（B1）
			JP58074689（A） JP1041153（B） JP1561786（C）
6	HK1025951（A1）	C07D501/00	
7	IL129408（A）	C07D501/00	
8	US2002099206（A1）	C07D501/00	
9	WO09910352（A1）	C07D501/00	JP5222056（A）
			JP63166839（A）

（三）检索结果分析

从表 8-3 中可知，本专利申请共有 9 件同族专利，每一件同族专利又含有若干专利引文。其中，欧洲专利局对该申请在欧洲的同族专利给出的检索报告中标识出审查对比文件 EP0341694B1 能够影响本专利的新颖性，则该审查对比文件可以作为参考来评价 CN98801211.1 这件中国专利申请的新颖性。

第九章 外观设计检索

目前，我国外观设计专利的申请量和授权量不仅均位居世界首位，而且遥遥领先其他国家。例如，2008 年我国外观设计专利的授权量为 14 万件，而本章所介绍的其他国家和组织的授权量或注册量分别为：欧盟 7.8 万件、韩国 4 万件、日本 2.9 万件、美国 2.6 万件、WIPO 0.15 万件。到 2010 年 9 月底，我国外观设计授权量又已经超过 25 万件。

近年来由于经济衰退的原因，各个国家和组织外观设计的申请量、授权量、注册量均有不同程度的下降。但我国外观设计专利在数量上却依然保持高速增长的态势。

各国和组织对外观设计的立法思想有所差异，例如：我国和美国将外观设计纳入专利法的保护范畴，并未对外观设计单独立法；WIPO、欧盟、日本和韩国则对外观设计单独立法。所以在外观设计的称谓上，中国和美国的外观设计（授权后）可以称为"中国外观设计专利"、"美国外观设计专利"；但 WIPO、欧盟、日本和韩国的外观设计却不能随便冠以"专利"的称呼。

各国和组织对外观设计的保护期限也不尽相同，如表 9 - 1 所示：

表 9 - 1　各国和组织外观设计保护期限

国家/组织	保 护 期	保护期开始日
中国	10 年	申请日
欧盟	可以以 5 年为期续展，最多 25 年	注册日
美国	14 年	授权日
日本	20 年	注册日
韩国	15 年	注册日
WIPO	可以以 5 年为期续展，最多 15 年	注册日

关于各国和组织外观设计文献的因特网检索，近年来也越来越完善和快捷。用户可以通过因特网获取所有上述国家和组织的外观设计文献。但目前对于日韩两国的外观设计文献的检索和获取，由于受语种的限制，仍然使用户在检索途径和资源查询方面有所不便。如从日本工业产权数字图书馆的英文页面去查询有关日本外观设计的有关资料，检索入口之少以及可获取资源的匮乏，都为用户的检索和查询设置了障碍。但韩国知识产权局在这方面已经有明显提高，2008 年 7 月在韩国工业产权信息中心的检索页面引入了韩 - 英双语检索系统，从而大大方便了不懂韩文的用户。

本章介绍中国、欧盟、美国、日本、韩国、WIPO、英国和法国等国家和组织对外观设计的保护现状，以及上述国家和组织外观设计文献的因特网检索及其特点。

第一节　中国外观设计专利的保护及其因特网检索

一、中国外观设计专利保护制度现状

我国对外观设计专利的保护起始于 1985 年。我国针对外观设计专利的保护并未单独立法，而是体现在专利法之中。这一点与美国相似，而与欧盟、WIPO、日本和韩国不同。目前我国外观设计专利的授权量位居世界首位，例如从表 9 - 2 看到 2008 年我国外观设计专利的授权量为 141 601 件，超出美国（25 565 件）、日本（29 000 件）、欧盟（78 000 件）的总和；而且到 2009 年 12 月初，该年我国外观设计授权量已经超过了 20 万件，所以预计 2009 年我国外观设计专利授权量更将远远超出美、日、欧等国家和组织。

表 9 - 2　2001 ~ 2010 年中国外观设计专利授权量❶

授权年代	中国外观设计专利授权量（件）
2010 年（到 9 月底）	255 204
2009 年	249 701
2008 年	141 601
2007 年	133 798
2006 年	102 561
2005 年	81 349
2004 年	70 255
2003 年	776 166
2002 年	53 442
2001 年	43 596

我国《专利法》对外观设计的定义是：外观设计是指对产品形状、图案或者其结合以及色彩与形状、图案的结合所作出的富有美感并适于工业应用的新设计。

---

❶ 表 9 - 2 中 2001 ~ 2008 年数据来自《中华人民共和国国家知识产权局 2007/2008 年度报告》，2009 年、2010 年数据来自中华人民共和国国家知识产权局网站"专利检索"数据库中的统计）。

2008 年的《专利法》增加了关于不得许诺销售外观设计专利产品的规定，加强了展会期间对外观设计专利权的保护。

目前我国外观设计专利的保护期为自申请日起计算 10 年。表 9 - 3 是 2008 年制定的中华人民共和国国家知识产权局外观设计专利收费标准。

表 9 - 3　中华人民共和国国家知识产权局外观设计专利收费标准（人民币元）

申请费	全额	500		
	个人减缓	75		
	单位减缓	150		
印刷费、专利登记费、印花税（不予减缓）	205			
年费	1～3 年	4～5 年	6～8 年	9～10 年
全额	600	900	1 200	2 000
个人减缓	90	135	180	300
单位减缓	180	270	360	360

现行《专利法》修改了外观设计专利权授予条件的表述方式，将外观设计的授权条件统一建立在现有设计的基础上，并增加了对现有设计的定义，同时拓宽了现有设计的范围。

现行《专利法》强调"授予专利权的外观设计，应当不属于现有设计"，从而排除了与现有设计相比整体视觉效果实质相同的外观设计，这就提高了外观设计专利权的授权门槛。

现行《专利法》新规定了"授予专利权的外观设计与现有设计或者与现有设计特征的组合相比，应当有明显区别"。这一规定包含两层含义：一是授予专利权的外观设计与每一现有设计单独相比，不仅不应当在整体视觉效果上实质相同，而且还应当具有明显区别；二是允许将两项或两项以上现有设计结合起来，用以作为判断标准。

为了防止同一申请人或不同申请人就同样的外观设计先后提出的两份申请都被授予专利权，现行《专利法》规定了："……也没有任何单位或个人就同样的外观设计在申请日以前向国务院专利行政部门提出过申请，并记载在申请日以后公告的专利文件中。"

而在现行《中华人民共和国专利法实施细则》中规定："将同一产品的多项相似外观设计作为一件申请提出的，对该产品的其他设计应当与简要说明中指定的基本设计相似。一件外观设计专利申请中的相似外观设计不得超过 10 项。"

二、中国使用的外观设计分类法

我国外观设计分类采用《工业品外观设计国际分类表》，即洛迦诺分类（Locarno Classification，LOC）。目前最新的第 9 版洛迦诺分类表从 2009 年 1 月开始使用，第 9 版洛迦诺分类共 32 个大类、219 个小类、7 024 个条目。

三、中国外观设计专利因特网检索

目前中华人民共和国国家知识产权局网址是：http：//www.sipo.gov.cn。在国家知识产权局因特网主页右栏中找到"专利检索"后单击其下的"高级检索"，则进入国家知识产权局"专利检索"的检索页面。从该数据库可以检索到 1985 年以来中国外观设计专利的全部数据。在该数据库检索页面上部的"发明专利"、"实用新型专利"和"外观设计专利"3 个选项，选择"外观设计专利"，就可以对外观设计专利进行检索。

到 2009 年 11 月底，该数据库中的外观设计专利共有 1 073 560 件。

中华人民共和国国家知识产权局因特网数据库的检索页面中与外观设计专利有关的检索入口主要有以下几类：

号码型检索入口，包括：申请（专利）号、公开（公告）号和分类号；

日期型检索入口，包括：申请日、公开（公告）日和颁证日；

文本型检索入口，包括：申请（专利权）人、发明（设计）人、代理人、专利代理机构、地址、名称、摘要。

（一）号码型检索入口

1. 申请（专利）号

该入口可对外观设计专利申请号和专利号进行检索。外观设计专利申请号和专利号由 8 位或 12 位数字加计算机校验码构成，但检索时计算机校验码可以不输入。

该入口支持模糊检索。"？"代替单个字符，"％"代替多个字符。位于申请号（或专利号）末尾时模糊字符可省略。所以即使只输入号码的一部分，也能得到相应的检索结果。

2. 公开（公告）号

该入口可对外观设计专利的公告号或授权公告号进行检索。该公告号或授权公告号的号码部分由 7 位或 8 位数字构成。至于号码之前的"GG"、"CN"，之后的"S"、"D"等一般并不影响检索结果。

该入口支持模糊检索，使用情况与申请（专利）号入口相同。

3. 分类号

检索外观设计专利时，从该入口输入洛迦诺分类号，分类号包括大类和小类。该入口支持模糊检索，使用情况与申请（专利）号入口相同。

（二）日期型检索入口

申请日、公开（公告）日、颁证日都是日期型字段，所以其输入格式有着相似性。这 3 个日期都是由年、月、日 3 部分组成，各部分之间可用圆点或不用圆点隔开（例如：20020101 和 2002.01.01 均可）；"年"为 4 位数字，"月"和"日"为 1 或 2 位数字。

这 3 个日期型检索入口均支持模糊检索，模糊部分可以直接省略。这 3 个检索入口也可以用"to"实现跨年度检索，例如：1985 to 2009。

（三）文本型检索入口

文本型检索入口中的输入值是中文字，本数据库检索界面的文本型检索入口的输入特征主要有两点：①支持模糊检索；②支持逻辑运算（and/or/not）。

四、中国外观设计专利智能检索系统

中国外观设计专利智能检索系统是基于"图形要素"检索技术的检索系统，从 2008 年开始，该系统已经可以在国家知识产权局的公众阅览室使用。目前尚未有其他国家在知识产权领域大规模应用图形要素的检索技术，所以该系统的开发和使用，标志着我国外观设计专利的信息化程度已经上升到一个较高水平。

所谓图形要素，是指图形的形状、色彩、纹理、布局等视觉或感觉方面的非文本属性。运用数学原则对图片中这些图形要素作量化处理，最终将每张图片转化为一组称之为特征值的数字，即将模拟量转换为数字量，从而实现了在比较图片时，用数字量的比较代替模拟量的比较。在外观设计专利的检索中，将图形要素的检索与文本检索配合，可以进一步提高外观设计专利的检索效率和准确性。

第二节　国际注册工业品外观设计的保护及其因特网检索

一、国际注册工业品外观设计的海牙协定

海牙协定所建立的工业品外观设计的国际注册体系，使申请人只需要在 WIPO 国际局提交单一国际申请，即可能在多个缔约国❶获得工业品外观设计保护。海牙协定

---

❶　由于参加海牙协定的可以是国家和政府间组织，所以近年海牙协定的文件改称为"缔约方"。

由 3 个国际条约组成：1934 年 6 月 2 日伦敦法（简称 1934 年法），1960 年 11 月 28
日海牙法（简称 1960 年法），1999 年 7 月 2 日内瓦法（简称 1999 年法）。但在 2009
年 9 月举行的缔约国特别会议上，已经通过了从 2010 年 1 月起将 1934 年法冻结的
决议。

海牙协定的三个法彼此独立。每个法都是完整的国际性条约，所以一个国家可以
决定加入一个、两个或全部三个条约。

并非所有人都有资格提交依据海牙协定的国际申请。申请人必须是：缔约国国
民；在缔约国境内有住所；在缔约国境内有真正的和事实上的工业或商业设施。另
外，依据 1999 年法，国际申请可以依据在缔约国的日常居住地来提交。

依据海牙协定，未在缔约国本国提出权利要求的个人不能提交国际申请；为了获
得保护，个人必须首先在国家一级的专利局提交申请。

保护只适用于参加了相同条约的缔约国，申请人在缔约国要有国籍、住所、日常
居住地或工商业设施等。例如，如果某申请人通过只承认 1999 年法的某缔约国提出
权利要求，则该申请人可以要求在只承认 1999 年法的这些缔约国得到保护（而不考
虑它们是否承认 1960 年法和/或 1934 年法）。另一方面，这样的申请人没有资格要求
在只承认 1960 年法和/或 1934 年法的各缔约国的得到保护。

同样如果一个申请人已经通过承认 1999 年法和 1960 年法的某缔约国提出权利要
求，他的申请可能获得承认 1960 年法和/或 1999 年法的所有缔约国的保护，但不能
获得只承认 1934 年法的缔约国的保护。

没有参加海牙协定的国家不能运用海牙体系保护工业品外观设计。为了在这些国
家获得工业品外观设计保护，该申请人只有去提交一件该国的国内申请。

（一）国际注册的作用

在规定的有限时间内某指定缔约国如果没有通知驳回（或如果这样的拒绝后来
被撤销），依照该缔约国法律，国际注册在该国所获得的授权保护即已生效。

这意味着，为了确定某工业品外观设计在某指定缔约国的保护范围，以及设立应
对侵权的资质机构或相关部门，在某缔约国所获得的保护应当适用于该国的法律。例
如，如果某国际注册指定缔约国为 A、B 和 C（并且这些缔约国未宣布拒绝保护），
该工业品外观设计的保护所涉及的内容，在缔约国 A 由缔约国 A 的法律实施管理，
在缔约国 B 由缔约国 B 的法律实施管理，等等。

然而必须强调海牙体系仅仅是国际程序的协定。任何实质的保护措施，完全由各
指定缔约国的国内立法来决定。

（二）保护期限

国际注册有效期的初始期为 5 年，一般可以续延至 15 年。而且，直到总保护期

期满，各指定缔约国遵照其各自法律实施管理。

续展请求必须提交到国际局，并需缴纳相应的续展费用。可以续展国际注册所包括的全部或若干工业品外观设计，以及全部或若干指定缔约国。

（三）海牙体系的优点

国际注册工业品外观设计的海牙体系，源自于节约成本和简化程序的需求。海牙体系使来自某缔约国的工业品外观设计权利所有人，可以用最便捷的手续和和最低成本，使其工业品外观设计获得保护。具体说，申请人不必为了寻求对其外观设计的保护而不得不到各缔约国分别进行申请，从而避免了由于各国申请程序和语言的不同所产生的复杂情况。

海牙体系也避免了需要持续监控各国国际注册整个系列终止期限的续展。另外也避免了需要用各种货币去缴付一系列费用。

事实上，依据海牙协定，同样的效果可以由单一国际注册获得，即通过单一语言、单一系列付费、单一币种和单一专利局。

而且通过单一国际注册进而在若干个缔约国生效，使得国际注册后续管理也相当便利。例如，姓名或住址的变更、持有人或所有权变更、对若干或全部指定缔约国的变更，可以登记在国际登记簿，并通过一种由国际局实施的简单程序步骤的方式去实现。

（四）海牙协定的缔约国

表 9 - 4 是截至 2009 年 12 月，海牙协定全部的缔约国及其在本国实施海牙协定的时间。从表中可以看到，世界上一些主要国家，例如：中国、澳大利亚、俄罗斯、美国、日本、英国、韩国等，目前还未参加海牙协定。

表 9 - 4　海牙协定缔约国及实施海牙协定的时间

缔　约　国	实施海牙协定时间
德国	1928-6-1
西班牙	1928-6-1
瑞士	1928-6-1
法国	1930-10-20
摩洛哥	1930-10-20
突尼斯	1930-10-20
列支敦士登	1933-7-14
印尼	1950-12-24

缔 约 国	实施海牙协定时间
埃及	1952-7-1
摩纳哥	1956-4-29
苏里南	1975-11-25
比利时	1979-4-1
卢森堡	1979-4-1
荷兰	1979-4-1
匈牙利	1984-4-7
塞内加尔	1984-6-30
意大利	1987-6-13
朝鲜	1992-5-27
罗马尼亚	1992-7-18
科特迪瓦	1993-5-30
塞尔维亚	1993-12-30
摩尔瓦多	1994-3-14
斯洛文尼亚	1995-1-13
贝宁	1996-11-2
保加利亚	1996-12-11
前南斯拉夫马其顿共和国	1997-3-18
蒙古	1997-4-12
希腊	1997-4-18
乌克兰	2002-8-28
吉尔吉斯	2003-3-17
伯利兹	2003-7-12
格鲁吉亚	2003-8-1
加蓬	2003-8-18
爱沙尼亚	2003-12-23
冰岛	2003-12-23
克罗地亚	2004-2-12
纳米比亚	2004-6-30
尼日尔	2004-9-20
土耳其	2005-1-1

续表

缔　约　国	实施海牙协定时间
新加坡	2005-4-17
拉脱维亚	2005-7-26
黑山	2006-6-3
马里	2006-9-7
博茨瓦纳	2006-12-5
阿尔巴尼亚	2007-3-19
亚美尼亚	2007-7-13
欧共体	2008-1-1
叙利亚	2008-5-7
非洲知识产权组织（OAPI）	2008-9-16
加纳	2008-9-16
立陶宛	2008-9-26
圣多美和普林西比	2008-12-8
丹麦	2008-12-9
波黑	2008-12-24
阿曼	2009-5-4
波兰	2009-7-2
梵蒂冈	

二、国际工业品外观设计分类表

国际外观设计的分类采用《工业品外观设计国际分类表》，即洛迦诺分类（Locarno Classification，LOC）。目前最新的第 9 版洛迦诺分类从 2009 年 1 月开始生效，第 9 版洛迦诺分类共 32 个大类、219 个小类、7 024 个条目。新的分类表取消了原来的大类 99（杂项），并增加了大类 32，原大类 99 的内容归入其他大类。表 9 – 5 为洛迦诺分类的大类表。

表 9 – 5　洛迦诺分类的大类表

1 类	食品
2 类	服装和服饰用品
3 类	其他类未包括的旅行用品、箱子、阳伞和个人用品
4 类	刷子类
5 类	纺织品、人造或天然片材

6 类	家具
7 类	其他类未包括的家用物品
8 类	工具和五金件
9 类	用于物品运输或装卸的包装和容器
10 类	钟、表和其他测量仪器，检查和信号仪器
11 类	装饰品
12 类	运输或提升方法
13 类	发电、配电、输电设备
14 类	记录、通信或信息检索装置
15 类	其他类未包括的机器
16 类	照相、摄像和光学仪器
17 类	乐器
18 类	印刷和办公室机械
19 类	文具和办公室设备、艺术家和教学用的材料
20 类	销售和广告设备、标志
21 类	游戏、玩具、帐篷和体育用品
22 类	武器、焰火用品、狩猎用品、钓鱼和杀死有害动物的用品
23 类	液体分配设备、卫生、供暖、通风和空调设备、固体燃料
24 类	医学和实验室设备
25 类	建筑部件和结构件
26 类	照明设备
27 类	烟草和吸烟用具
28 类	药品和化妆品、梳妆用品和器具
29 类	用于防火险、防意外事故、求援的装置和设备
30 类	照料和管理动物的器具
31 类	其他类未包括的制作食品或饮料的机械和设备
32 类	图形符号和标识、表面图案、装饰

三、国际工业外观设计因特网检索

（一）国际工业品外观设计检索

在因特网 WIPO 主页的右栏中，单击"Gateway to："的"Industrial Designs"选项；进入后单击右栏的"Designs Search"选项；继续进入后单击"Int. Designs Bulletin"，则出现图 9 - 1 所示检索页面。

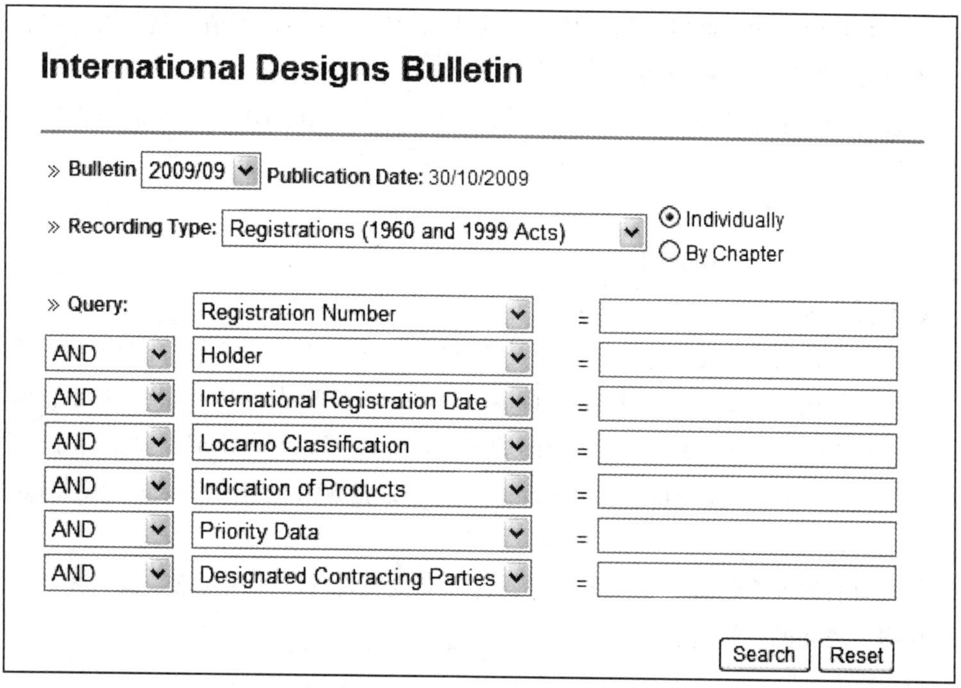

图 9 - 1　国际外观设计公报检索页面

该页面可分为 3 个功能区：公报期号区、内容种类区、查询区。

从公报期号区中可以通过下拉列表选定所查询的公报期号，共收录自 2005 年以来的约 200 期国际外观设计公报。

从内容种类区中可以通过下拉列表选定该期公报中希望查询的内容：

Registrations（1960 and 1999 Acts）：注册（依据 1960 年法和 1999 年法）。

Registrations（1960 and 1999 Acts）：注册（依据 1934 年法）。

Renewal：续展。

Non Renewed Registrations：未续展注册。

Changes in Ownership：所有权变更。

Mergers of International Registrations：国际注册合并。

Changes in Name/Address of the Holder：持有人姓名/地址变更。

Renunciations：放弃。

Limitations：限定。

Refusals：驳回。

Withdrawals of Refusal：驳回撤销。

Statements of Grant of Protection：批准保护的声明。

Invalidations：无效。

Correction：纠正。

如果在内容种类区从某选项通过下拉列表选定另一选项，查询区检索入口的数量和名称会有相应改变；而且这时即使不在这些入口输入任何检索值，就是说这些入口均为空白时，也能得到相应的检索结果。

检索时所使用各种逻辑运算符号中，除了常用的 AND、OR、NOT 以外，还有两种特殊符号：XOR 和 NEAR。

XOR 表示：（A or B）not（A and B）。

NEAR 表示：A 和 B 的间距在 5 个词之内。

1. 检索入口

当在内容种类区选定 "Registrations（1960 and 1999 Acts）" 时，查询区共有 7 个检索入口，依次为：注册号（Registrations Number）；持有人（Holder）；国际注册日（International Registration Date）；洛迦诺分类（Locarno Classification）；产品标示（Indication of Products）；优先权数据（Priority Data）；指定缔约国（Designated Contracting Parties：）。

各入口名称处都隐藏着下拉列表，通过该下拉列表可以选择检索入口，并能实现两个相同字段间的逻辑运算。

（1）号码型入口

号码型入口有 Registrations Number（注册号）、Locarno Classification（洛迦诺分类）、Designated Contracting Parties（指定缔约国）。注册号在国际外观设计公报中表示为 "DM/nnnnnn"（如 DM/070734），洛迦诺分类表示为 "Cl nn-nn"（如 Cl 12-08），而指定缔约国以国名代码 "AA"（如 CH）方式表示。

注册号入口和指定缔约国入口不支持模糊检索，所以必须输入准确的号码，但号码前面的 "DM" 和零位也可以不输入。

而在洛迦诺分类入口输入时只保留其号码部分，如：不能输入号码前面的 "Cl"，但可以只输入大类号进行模糊检索，如直接输入 "12"。

（2）日期型入口

日期型入口有 International Registration Date（国际注册日）和 Priority Data（优先权数据）。但严格说，优先权数据入口实际包括 3 个数据项：日期、优先申请号、优先申请国家，例如："08.02.1999；990852；FR"。

日期型入口中的年月日的表示一定要依照 "日、月、年" 顺序，输入时 "日"、"月" 一定要 2 位，"年" 一定要 4 位，不够时用零补位，例如 "01"、"08"、"1999"。另外，"日"、"月"、"年" 之间的间隔符号却可以选择如 "-" ／ "." ／ "," ／ ";" ／ ":" 等，甚至可以只空格。

3）文本型入口

文本型入口有 Holder（持有人）和 Indication of Products（产品名称）。该检索系统的文本型入口同样不能进行模糊检索，但可以在单一检索入口输入词组，例如："watch case"。也可以在两个以上的检索入口选择 "Indication of Products" 入口名称，用逻辑运算符号连接后进行检索，例如可以在一个入口输入"watch"，在另一个入口输入"case"。

2. 检索结果显示

检索结果显示页面如图9-2所示。

Enregistrements internationaux issus de demandes internationales régies exclusivement ou partiellement par l'Acte de 1999 et/ou l'Acte de 1960 /

International Registrations Resulting from International Applications Governed Exclusively or Partly by the 1999 Act and/or the 1960 Act

（11）DM/070734（文献号或注册号）（15）01.09.2008（注册日和续期日）

（22）01.09.2008（申请日）（73）VOLKSWAGEN AKTIENGESELLSCHAFT, 38436 Wolfsburg（DE）（申请人姓名和地址）（86）（87）（88）DE, EM（85）EM（89）EM（28）1（51）Cl. 12-08（54）1. Motor vehicle / 1. Véhicule automobile（81）III. CH, EG, EM, TR

图9-2 国际外观设计公报检索结果

（二）海牙快速数据库（Hague Express Database）

该数据库的结构化检索页面（Hague Express Structured Search）基本与上述国际外观设计公报的一致，只是在该页面检索所得到是所有年代的检索结果。

第三节 共同体外观设计保护制度❶及因特网检索

一、欧洲共同体外观设计保护制度概况

欧盟所属的（商标和外观设计）内部市场协调局（Office for Harmonization in the

---

❶ 尽管欧洲共同体已经更名为欧洲联盟，但到2009年底为止，其与外观设计的制度、法律、文献等相关的名称中仍保留"共同体"的称谓，所以本节提及外观设计法律、制度、文献等时，名称中依旧采用"共同体"，而涉及组织机构本身时，才使用"欧盟"称谓。

Internal Market（Trade Marks and Designs），OHIM）其总部设在西班牙的阿利坎特市。该局（本节以后简称 OHIM）成立于 1994 年，1996 年开始实施共同体商标法，2003 年开始受理共同体外观设计。欧洲共同体外观设计保护制度，旨在通过单一注册外观设计，而获得全欧盟范围 27 个成员国的保护。表 9 - 6 为欧盟的 27 个成员国及其加入欧盟的时间。

表 9 - 6　27 个欧盟成员国及加入时间

成员国名称	加入时间
比利时、法国、德国、意大利、卢森堡、荷兰	1957 年
丹麦、爱尔兰、英国	1973 年
希腊	1981 年
葡萄牙、西班牙	1986 年
奥地利、芬兰、瑞典	1995 年
塞浦路斯、捷克、爱沙尼亚、匈牙利、拉脱维亚、立陶宛、马耳他、波兰、斯洛伐克、斯洛文尼亚	2004 年
保加利亚、罗马尼亚	2007 年

共同体外观设计条例（Community Design Regulations，CDR）从 2001 年 12 月 12 日开始实施。非注册式共同体外观设计（Unregistered Community Design，URD）的保护始自 2002 年 3 月 6 日，而注册式共同体外观设计（Registered Community Design，RCD）的保护从 2003 年 4 月 1 日开始。

自 2003 年 RCD 诞生至 2009 年底，已经注册和公开了●逾 40 万件 RCD。当 2008 年全球经济衰退时，尽管该年度注册式共同体外观设计增长幅度的同比有所下降，但注册和公开的 RCD 仍上升到 78 000 件。

2008 年度注册式共同体外观设计名列三甲的分类是：家具、服装、电子设备，而申请量排名前三的欧盟国家依次为德国（1.9 万件）、意大利（0.97 万件）、法国（0.62 万件），见表 9 - 7。

● 共同体外观设计条例允许外观设计申请人在注册时不公开外观设计实质内容，而只公开其基本信息。

表 9 – 7 2007 ~ 2008 年注册式共同体外观设计申请量排名前十的国家

	2007		2008	
德国	18 400	24%	19 000	26%
意大利	10 900	14%	9 700	13%
法国	6 800	9%	6 200	9%
美国	6 200	8%	6 100	8%
英国	5 300	7%	4 200	6%
西班牙	4 600	6%	4 100	6%
荷兰	2 200	3%	2 500	3%
日本	2 200	3%	2 300	3%
瑞士	2 800	4%	2 300	3%
波兰	1 800	2%	1 800	3%

目前，一件 RCD 申请从其提交到公开和注册的平均时间约为 6 个月。

为了使申请人提高申请效率，近年 OHIM 建立了一种"简单申请策略"：即申请人递交高品质图像且付款至 OHIM 的银行账号并附上要求优先权的全部必要文件，就可以享受"快速通道"的待遇。目前大约有 30% 的申请经由该通道送达，并且会在 10 日内公开。

由于共同体外观设计制度的相对快捷和简化，使得在全球范围的需求猛增，2008 年注册式共同体外观设计超过了 78 000 件，与 2004 年的 54 000 件相比，增长了 45% 。

二、共同体外观设计公报

共同体外观设计公报是 OHIM 的官方出版物，公报中所登录的外观设计各自用本国语言进行报道，所以公报所使用的语言有 20 种以上。公报不是定期公布，所以每年公报的期数并不相同，例如 2003 年有 40 期，但 2008 年却有 265 期。

公报内容被分为 4 个部分：（A）共同体外观设计的注册；（B）注册之后的各项登记；（C）注册的续展和注册的到期；（D）恢复原始权利。

（一）共同体外观设计的注册（A 部分）

该部分又继续细分为：（A1）共同体外观设计的注册；（A2）要求延期公开的共同体外观设计的注册及其首次公开；（A3）纠错。

1. 共同体外观设计的注册（A1）

该部分是公报的最主要部分。实际上具体到某期公报，上述 A、B、C、D 之下的各细部其内容并非全部充实，例如 B 部常常并无内容。但每期公报中，A1、A2、C1 却总有内容。

图 9－3 为 A1 中所刊出某 RCD 的示例，要指明的是，该示例显示的只是其局部，略去的部分有指定国和图形表述。

图 9－3　公报中 A1 中的 RCD 示例

公报的 RCD 中各著录项的名称以 INID 码标识，所以有必要给以简要说明：

INID 码 21：申请号。

INID 码 25：申请语言。

INID 码 22：申请日。

INID 码 15：注册日。

INID 码 45：公开日。

INID 码 11：注册号。

INID 码 46：延期的期满日。

INID 码 72：设计人姓名。

INID 码 73：持有人姓名或地址。

INID 码 74：代理人名称和地址。

INID 码 51：洛迦诺分类。

INID 码 54：产品名称。

INID 码 30：优先权项。

INID 码 23：外观设计首次展出的名称、地点和日期。

INID 码 29：所提交样品的名称。

INID 码 57：所提交描述的名称。

INID 码 55：外观设计的图形表述。

关于以上 INID 码的具体说明，在上述的"公报指南"中有详细介绍。

2. 要求延期公开的共同体外观设计的注册及其首次公开（A2）

申请人可以就其注册式共同体外观设计要求延期公开，以获得保密。因此这种类型的注册式共同体外观设计其著录项很少，连其名称和图形表述都被"保密"了。图 9-4 是公报中要求延期公开的注册式共同体外观设计示例。

```
2009/247   001177208-0002

21 001177208-0002
22 09/11/2009
15 09/11/2009
11 001177208-0002
73 AURORA LIMITED
   16 Alban Park Hatfield Road
   St Albans, Hertfordshire AL4 0JJ
   REINO UNIDO
74 SCOTT & YORK INTELLECTUAL PROPERTY
   45 Grosvenor Road
   St. Albans, Hertfordshire AL1 3AW
   REINO UNIDO
```

图 9-4　要求延期公开的 RCD

（二）注册后的各项登记（B 部分）

B 部分又继续分为：（B1）纠错；（B2）转移；（B3）无效和享有诉讼权；（B4）放弃和无产权的外观设计；（B5）许可；（B6）物权；（B7）破产程序；（B8）执行

扣押查没。

实际在例如 B1、B2 之下还继续细分为 B11、B12 和 B21、B22 等，如希望了解具体项，可查看上述"公报指南"。具体到某期公报，整个 B 部常常没有内容。

（三）注册的续展和注册的到期（C 部分）

C 部分又继续分为：（C1）续展；（C2）到期；（C3）纠错。

图 9 - 5 给出了续展情况（C2）的示例：

```
2009/248  000243134-0001  T34729

11  000243134-0001
15  23/10/2009
18  22/10/2014 - 1
58  02/12/2009 - 003095894
59  04/12/2009 - 2009/248
```

图 9 - 5　RCD 中的续展

在以上示例中，出现了几个还未曾介绍过的 ININ 码。

INID 码 18：表示所希望的续展终止日期及其续展的类型号码（1 为第一次续展，2 为第二次续展，3 为第三次续展，4 为第四次续展）；

INID 码 58：表示续展录入登记簿的日期和登记号；

INID 码 59：表示续展录入登记簿的公开日期和公报期号。

至于 C2（到期），由于共同体外观设计自 2003 年才开始实施，所以在公报中的相应部分还难以得到这类信息。

（四）恢复原有权利（D 部分）

D 部分是有关恢复已丧失权利方面的信息。分为：（D1）恢复原始权利；（D2）纠错。

三、共同体外观设计分类法

欧洲洛迦诺是基于洛迦诺分类的分类法。OHIM 用欧洲洛迦诺对 RCD 的产品名称进行分类，目前该分类的条目超过 11 000 个，较洛迦诺分类的 7 000 个条目多出近 60%。例如洛迦诺分类 01-03 共有 5 个条目：

01-03 奶酪、黄油和黄油替代品、其他奶制品。

01-03 黄油和黄油替代品。

01-03 奶酪。

01-03 奶制品。

01-03 人造黄油。

而欧洲洛迦诺分类 01-03 共有 13 个条目：

01-03 黄油。

01-03 黄油和黄油替代品。

01-03 黄油装饰。

01-03 黄油切片。

01-03 黄油替代品。

01-03 奶酪食品。

01-03 奶酪。

01-03 奶食品。

01-03 奶制品。

01-03 奶替代品。

01-03 人造黄油。

01-03 人造黄油食品。

01-03 乳块。

01-03 煎蛋。

四、共同体外观设计因特网检索

（一）注册式共同体外观设计检索

内部市场协调局（OHIM）因特网主页的网址为：oami. europa. eu。进入该主页后，从其右栏中"Databases"下单击"search community designs"，进入"Search registered Community designs：RCD-Online"后单击位于该页面中部的"search online"按钮，则进入 RCD-ONLINE-Design consultation service-Basic search（RCD-联机-外观设计咨询服务-基本检索）；单击基本检索页面上部的选项，可以进入"RCD-ONLINE-Design consultation service-Advanced search"（RCD-联机-外观设计咨询服务-高级检索）。

1. 基本检索

基本检索模式有以下 5 个检索入口：外观设计号（Design number）；权利所有人姓名或 ID（Owner name * or ID）；申请日（Filing date）；洛迦诺分类（Locarno classification）；产品名称（Indication of the product）如图 9-6 所示。

（1）外观设计号检索

外观设计号必须由数字组成。外观设计号有两部分组成，9 位顺序号和 4 位产品序号。顺序号为按申请前后次序排列的流水号，而序列号为组成母外观设计的数个子外观设计的编号。输入时数字之前的零可以省略；第一个输入框必须要输入内容，而

图 9 - 6　RCD 的基本检索

第二个输入框则不一定要输入内容。

例如 000243480-0001 可以输入为 "243480-1"；而输入 "243480" 的检索结果为 000243480-0001、000243480-0002、……

（2）权利所有人检索

在该入口可以输入权利所有人完整或部分姓名，也可以输入 OHIM 公布的 ID 号码。

（3）申请日检索

该检索入口有两个输入框，From 和 To。

如果两个入口都未输入：检索从 2003 年 4 月 1 日到当前日截止提交的所有外观设计；

只在 From 入口输入：检索从该日（输入框输入的日期）到当前日截止提交的所有外观设计；

只在 To 入口输入：检索从 2003 年 4 月 1 日到该日（输入框输入的日期）提交的所有外观设计；

From 和 To 入口都输入：检索这两个日期之间提交的所有外观设计。

最早日期 2003 年 4 月 1 日是由 RCD 开始实施的日期，也是公报的首次出版日。

（4）洛迦诺分类检索

当为体现 RCD 的产品命名时，为了避免由于翻译产品条目而造成注册流程长久

耽搁，用户可以使用洛迦诺分类（LOCARNO）或欧洲洛迦诺分类（EUROLOCAR-
NO）的产品条目。

在该检索入口的两个输入框中，其中大类必须要输入内容而小类则并非一定要输入内容。

在 OHIM 数据库中使用洛迦诺分类并非易事。例如从 2009 年 1 月 1 日已经开始使用第 9 版洛迦诺分类中，取消了大类 99 并且增加了新大类 32；但到 2009 年底，OHIM 数据库中的欧洲洛迦诺分类表，却是依据第 8 版洛迦诺分类设立的，其中仍有大类 99 而没有新大类 32。所以使用者应当充分认识到洛迦诺分类与欧洲洛迦诺分类之间的差异：

洛迦诺分类 06-02 和 14-04，适用于 2004 年 1 月 1 日以后申请的 RCD；

洛迦诺分类 99-00，适用于 2009 年 1 月 1 日以前申请的 RCD；

洛迦诺分类 32-00，适用于 2009 年 1 月 1 日以后申请的 RCD；

在 2004 年 1 月 1 日以前申请的 RCD 中，像 "床及类似产品" 这样的产品名称，分类在洛迦诺分类 06-01，而在该日期后分类在 06-02；

2004 年 1 月 1 日前申请的 RCD 中，诸如 "屏幕显示和图标及类似产品" 这样的产品名称，分类在洛迦诺分类 14-02，而在该日期后分类在 14-04；

2009 年 1 月 1 日前申请的 RCD 中，像 "式样、图形设计、图形符号、标示、装饰品和表面图案" 这样的产品名称，分类在洛迦诺分类 99-00，而在该日期之后，则分类在 32-00；

2009 年 1 月 1 日前申请的 RCD 中，像 "棺材衬里、棺材、骨灰瓮、宗教用途的采集盒、宗教用途的采集袋、圣水钵、香炉和铸锭" 这样的产品名称，分类在洛迦诺分类 99-00；而在 2009 年 1 月 1 日以后申请的 CDR 中，棺材衬里、棺材、骨灰分类在 6-04，宗教用途的采集盒分类在 9-03，宗教用途的采集袋分类在 9-05，圣水钵和香炉分类在 1102，铸锭分类在 11-99。

（5）产品名称检索

该入口不区分大小写。当输入多个词时，每个词被视为独立的词。字符默认采用 "后截断"，例如：当检索 "house" 时，也将检索到 "houses"、"housed" 和 "housing"。

简单检索模式可以使用以下运算：

IS：所产生的检索结果与该入口输入词相同；

CONTAINS：所产生的检索结果，包含在该入口输入词的任何部分；

BEGINS WITH：所产生的检索结果中包含那些与该入口输入词起首部分相同的词；

ENDS WITH：所产生的检索结果中包含那些与该入口输入词尾部相同的词。

（6）逻辑运算符号

可以使用 and、or、not 进行逻辑运算。

另外通配符"＊"号和"？"号可以在一些文本型检索入口中使用，"＊"代表任意字符，而"？"代表一个字符。

例如"abc＊"表示以"abc"为词的前部，而其后任意（任意是指任意的字符和任意的字符个数）；"＊abc"表示以"abc"为词的尾部，而其前为任意；"＊abc＊"表示"abc"可以出现在词的任意位置（即其前后可以是任意字符和任意个数的字符）。

2. 注册式共同体外观设计高级检索

RCD 高级检索可以实现以下类型的检索：代理人检索、设计人检索、优先申请日检索（最早日期为 2002 年 10 月 1 日）、公开日检索（最早日期为 2003 年 4 月 1 日）、届满日检索（最早日期为 2008 年 4 月 1 日）、权利所有人国籍检索、优先申请国检索、维也纳分类检索、片语检索（片语指外观设计视图中，例如字母、词、键盘符号、间隔、标点符号、出现在外观设计的图中的任何图形细节或特殊字体或文体）。

（二）检索结果显示

在上述基本检索完成后，会出现检索结果列表，而每个检索结果只有几项简单的著录项目。单击检索结果上部的外观设计号如图 9 - 7 所示，可以继续打开其详细内容。

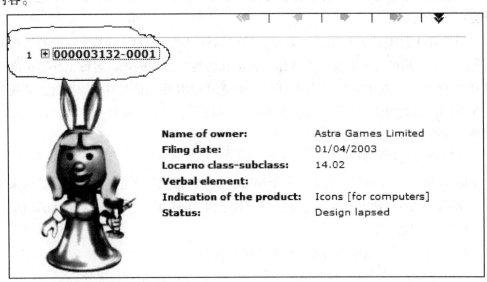

图 9 - 7　注册式共同体外观设计的检索结果

五、共同体外观设计公报的检索

进入 OHIM 主页后，从其右栏中"Databases"之下单击"search community designs"。进入"Search registered Community designs：RCD-Online"后，单击右栏中的"Community Designs Bulletin"后则进入"RCD Bulletin"页面。

在该页面的中部有"online"链接，该链接在页面中极不明显，但却是查询电子版共同体外观设计公报（以下简称公报）的唯一通道。单击"online"后进入"Community Design Bulletin"后，就可以查询自 2003 年 4 月 1 日以来的公报。

进入"Community Design Bulletin"后，可以看到介绍公报中所使用的 INID 码及有关背景资料的"公报指南"（Vademecum to the Community Designs Bulletin）。

该界面的左栏为一层状结构的公报目录，可以逐层进入。公报期号的格式例如为2009/248，表示 2009 年第 248 期公报。

在"RCD Bulletin"页面的下部，有一个"Bulletin Quick Search"（公报快速检索）检索入口，在该入口可以输入下列检索项：申请人/代理人/设计人的姓名或地址、国家名称（限于技术原因只能用西班牙文输入）、申请号或注册号、申请日/登记簿的登记日或公开日、洛迦诺分类号（如 09-010）、产品名称。

该检索页面不支持模糊检索，所以检索时必须输入准确而完整的检索值。该检索页面也不能按照期号来查询公报，另外在该检索页面几乎得不到任何检索帮助信息。

第四节 美国外观设计专利的保护及其因特网检索

一、美国外观设计专利保护制度概况

美国对外观设计的专利保护起始于 1842 年，自 1953 年至今并没有大的变化。美国外观设计专利保护的特点是它的"不独立性"：即美国外观设计法没有单独立法，而只是美国专利法的一部分。这个特点在涉及美国专利的其他方面也有体现：例如美国专利公报中包括外观设计专利和发明专利，而外观设计专利在公报中所占的篇幅较少；美国的专利分类的情况也类似，美国专利分类表和分类定义中，外观设计分类的内容置于发明分类的内容之后，篇幅也较少；美国专利商标局网站专利检索的窗口，发明专利和外观设计专利也是共用的。

美国对外观设计的保护并不仅限于专利，另外在商标、不公平竞争、著作权等方面也有针对外观设计的保护条款。

从 1994 年起美国外观设计专利保护期限改为自授权日起 14 年。申请人或持人就美国外观设计专利需缴纳的费用分为三部分：其中申请费为 380 美元（小公司为190 美元），审查费为 140 美元（小公司为 70 美元），印刷费为 860 美元（小公司为403 美元）。

美国对外观设计专利采用完全审查制。

除了满足一般专利的要求（新颖性、独创性、实用性和非显而易见性）之外，制造品的外观设计要得到外观设计专利的保护，还必须符合一条非常重要的标准，即寻求专利保护的特征必须主要是装饰性的而不是功能性的。

在美国的专利法中对外观设计的创造性要求是具有非显而易见性，这一点同对发明的创造性的要求很相似。要求获得专利权的外观设计本身不能是具有一定功能的制造品的显而易见的外形。

对非显而易见性的把握，美国专利商标局所采用的标准是"普通设计者"，即"具有能够设计申请所涉及的那类制造品的普通设计能力的设计者"。这里讲到的标准是"普通设计者"，而不是普通消费者。

与发明专利相比，外观设计专利不仅申请较容易获得批准，而且在决定是否侵权方面也较为简单。

到 2009 年 11 月底，美国专利商标局共有授权的外观设计专利 366 411 件，表 9 - 8 是近十年的授权情况。

表 9 - 8　美国外观设计专利近十年授权情况

年　份	外观设计专利授权量
2009	21 319（到 11 月底）
2008	25 565
2007	24 062
2006	20 965
2005	12 951
2004	15 695
2003	16 574
2002	15 451
2001	16 871
2000	17 413

二、美国外观设计专利文献

2003 年以前美国专利商标局每周出版书本式专利公报（Official Gazette），其中包括外观设计专利的内容，但所占篇幅并不多，内容也较简单。由于该类公报目前已停刊，所以本文不予介绍。

从 2003 年开始，美国专利商标局已经不再出版书本式专利公报，而改用电子版美国专利公报，包括 CD-ROM 形式的公报和因特网上美国专利商标局网站公布。美国专利商标局因特网提供到最近 12 个月的电子版公报。

三、美国外观设计专利分类表

美国外观分类法的组织结构与其发明专利分类法相似，从形式上只有两个等级：大类和小类（大类/小类）。

目前美国外观设计分类共有 33 个大类，全部条目有 5 244 个，较洛迦诺分类的条目（第 9 版约 7 000 个）为少，各大类如表 9 - 9 所示。

表 9 - 9　美国外观设计大类表

分类号	分类名称
D1	可食用产品
D2	服装和男用服饰用品
D3	旅行品和个人附属品
D4	刷类制造品
D5	纺织品或纸品，薄形材料
D6	陈设物
D7	其他分类位置未指定的食品或饮料的制备或操作
D8	工具和五金件
D9	食品包装和容器
D10	测量、测试或信号仪器
D11	珠宝、徽章、装饰品
D12	运输
D13	用于生产、分配、转换能量的设备
D14	记录、通信和信息检索设备
D15	其他分类位置未指定的机器
D16	照相和光学设备
D17	乐器
D18	印刷和办公设备
D19	办公用品，艺术和教学素材
D20	销售和广告设备
D21	游戏、玩具和运动制造品
D22	武器、烟火制造、狩猎和钓鱼设备
D23	环境的取暖和致冷，流体处理和公共卫生设备
D24	医用和实验室设备

分类号	分 类 名 称
D25	建筑元件和结构件
D26	照明
D27	烟草和吸烟用具
D28	梳妆和化妆品
D29	安全、防护、救援设备
D30	畜牧
D32	洗涤、清洗、或干燥机器
D34	材料或制造品的处理设备
D99	杂项

美国分类表的各大类中，以 D21（游戏、玩具和运动制造品）、D14（记录、通信和信息检索设备）、D7（其他分类位置没有指定的食品或饮料的制备或操作）之下的条目最多：其中大类 D21 之下有 543 个条目，D14 大类之下有 393 个条目，D7 大类之下有 362 个条目。

仅从美国外观设计分类的"大类/小类"结构，并不能充分反映其完整分类等级和上下位关系。实际上，美国外观设计专利与美国发明专利一样，其详细分类表中用"缩位点"来进一步细分类。表 9 - 10 为美国外观设计分类"D01"大类的完整分类。

表 9 - 10　美国外观设计分类 D01 大类的下属小类

D01 大类分类	分 类 名 称
100	**矿物块**
101	**有明显合成物成分**
102	·有不能食用的支架
103	·多个支架
104	··仿真的
105	··支架本身
106	**仿形**
107	·生命物
108	··仿人形
109	···头部或其他附肢
110	··四足动物
111	·海洋生物
112	··心形

续表

D01 大类分类	分 类 名 称
113	·车及组件
114	·字母或数字
115	·植物
116	**冰淇淋球或杯**
117	·有方形或长方形孔
118	·圆形孔
119	·有并排放置的勺
120	**有封闭的开口**
121	**有用于分份的刻度**
122	**食品有可视凹面**
123	·汤匙或小勺形状
124	·有圆形孔
125	**有旋绕的外部**
126	**意大利面制品**
127	**糖果**
128	**饼干或小甜饼**
129	**面包或蛋糕形状**
130	**基本设计为圆形**
199	**杂类**

　　例如 D01/116 和 D01/117，从形式上并不能区分它们的上下位关系，但通过以上详细分类表，可以知道：D01/116 是主级小类（表中用黑体字标出），没有缩位点，而 D01/117 则有一个缩位点，是 D01/116 的从属小类；再从类名看，D01/116 为"冰淇淋球或杯"，而 D01/117 为"有方形或长方形孔"，显然前者是后者的上位小类。

四、美国外观设计专利因特网检索

（一）美国外观设计专利检索

　　进入美国专利商标局的因特网主页后，单击页面上栏中的"patents"标签继续进入后，该页面左侧"tools"栏其中有"USPTO Patent Full-Text and Image Database（PatFT）and Application Full-Text and Image Database（AppFT）"选项，单击该选项所

打开页面的左栏为 "Issued Patents"，在此栏中选 "Quick Search"。

快速检索页面有两组输入框，可在 Term1 和/或 Term2 中输入检索值，再从 Field1 和/或 Field2 中选择检索字段。这两组输入框间可以进行逻辑运算（and/or/not）。

例如要检索 2008 年授权的所有外观设计专利，可以在 Term1 中输入 "4"（4 是外观设计专利的申请种类），在 Filed1 中选择 "Application Type"；在 Term2 中输入 "1/1/200->31/12/2008"（这里的 "->" 为表示时间跨度的符号），在 Filed2 中选择 "Issue Date"。然后在这两组输入框之间的下拉框中选择 "and" 后再按 "Search" 钮，则可以开始检索。

快速检索模式的各输入框中不支持模糊检索，所以当输入外观设计专利号时，要完整的输入全部号码。当检索外观设计分类时，对于洛迦诺分类，应当从 field 中选择 "International Classification"；而对于美国外观设计分类，应当从 field 中选择 "Current US Classification"。

（二）美国外观设计专利分类号的检索

如果要查询美国外观设计分类表，首先在美国专利商标局因特网主页单击 "patents" 标签，进入后在页面左侧上部栏中找到 "Resources and Guidance" 后单击，在其下方出现的下拉表中找到 "Patent Classification" 单击之，则在页面的中部出现一个选项表，在其中找到 "Manual of classification Schedules, patent" 单击之，则出现图 9-8 所示的页面。

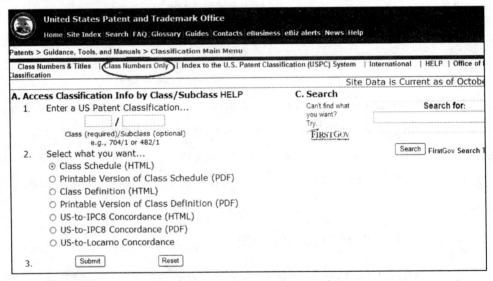

图 9-8　美国专利分类表的主页面

在此页面单击其上部的 "Class Number Only"，继续出现的页面将是依照美国大类号排列的近 500 个按钮，每个按钮是一个大类号，整个页面的最下方是美国外观设计大类号，由字母"D"起头。

（三）美国外观设计专利公报的检索

要查询电子版美国专利公报，首先在美国专利商标局因特网主页单击"patents"标签，进入后在页面左侧中部的"tools"栏中有"Official Gazette（patents）"选项，单击后进入"Electronic Official Gazette - Patents（eOG：P）"。该页面的主要部分是一个可选列表"Published Issues"，列出了最近一年出版的公报。

继续进入后，在公报欢迎屏的左栏出现以下可选项：用大类号/小类号浏览（Browse by Class-Subclass）、专利分类（Classification of Patents）、浏览授权专利（Browse Granted Patents）、专利权人索引（ Index of Patentee）、发明人居住地索引（Geographical Index of Inventors）。

这里要指明的是，上述各选项并非专用于外观设计专利的检索，其他种类的专利也是用这些选项进行检索。

1. 用大类号/小类号浏览（Browse by Class-Subclass）

在公报欢迎屏左栏单击"Browse by Class-Subclass"选项后，所打开的窗口的左栏有两个输入框，可在该输入框分别输入外观设计的大类号和小类号。要提醒注意的是：这两个输入框中的大类框必须输入内容，而小类框则不一定必须输入内容；另外因为每周授权专利的数量毕竟有限，所以即使是只输入大类号也未必能得到检索结果。例如针对 2009 年 11 月 24 日的美国专利公报，在上述输入框中的大类框中输入"D1"，就得不到任何检索结果。

在输入框中输入适当的分类号后，单击输入框右侧的"GO"，可以得到相应的检索结果，其显示格式是公报所特有的简单格式。表 9-11 是其著录项目部分。

表 9-11　电子版美国专利公报中的著录项目

US D604,479 S（外观设计专利号）
Parka（外观设计名称）　·
Doyle Roe, Burlington, N. Dak.（US）; Robert Coburn, Balfour, N. Dak.（US）; Terry Roe, Minot, N. Dak.（US）; and Richard Leshovsky, Velva, N. Dak.（US）（发明人及居住地）
Assigned to Dakota Outerwear Co., Minot, N. Dak.（US）（专利权人及居住地）
Filed on Feb. 13, 2009, as Appl. No. 29/332, 358.（申请日及申请号）
Term of patent 14 Years（专利保护期）
LOC（9）Cl. 02 - 02（洛迦诺分类号）

图 9-9 是电子版美国专利公报中包括图形表述和著录项的外观设计专利。该页面的左上部有"Full Text"按钮，单击后可进行全文浏览，得到更完整的相关信息。在 Full Text 页面，还可以通过单击"Images"，进一步看到图像格式的外观设计专利文献，见图 9-10，该专利共 9 页，图 9-10 是扉页）。

2. 专利分类（Classification of Patents）

在公报欢迎屏左栏单击"Classification of Patents"选项后，继续打开的窗口右栏，

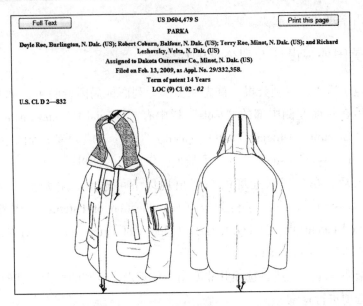

图 9 - 9　电子版美国专利公报中的外观设计专利

图 9 - 10　影像格式的美国外观设计文献

将出现如表所示美国专利分类列表，该表的最右边一列是外观设计大类。单击其中一项
（例如 D01-D09），继续打开的窗口将出现该期公报中属于 D1 ~ D9 大类的外观设计专
利，如图 9 – 11 所示。

US CLASS	US CLASS	US CLASS	US CLASS	US CLASS	US CLASS	US CLASS	US CLASS
000-009	100-109	200-209	300-309	400-409	500-509	600-609	D01-D09
010-019	110-119	210-219	310-319	410-419	510-519	620-639	D10-D19
020-029	120-129	220-229	320-329	420-429	520-529		D20-D29
030-039	130-139	230-239	330-339	430-439	530-539	700-709	D30-D98
040-049	140-149	240-249	340-349	440-449	540-549	710-719	D99
050-059	150-159	250-259	350-359	450-459	550-559	720-799	
060-069	160-169	260-269	360-369	460-469	560-569		PLT
070-079	170-179	270-279	370-379	470-479	580-599	800-899	
080-089	180-189	280-289	380-389	480-489			
090-099	190-199	290-299	390-399	490-499			

图 9 – 11　公报中属于 D1 ~ D9 大类的外观设计专利

3. 授权专利浏览（Browse Granted Patents）

在公报欢迎屏的左栏单击"Browse Granted Patents"，所打开窗口左栏的上部有一
个专利号输入框，如果使用者确切知道某外观设计的专利号时，可以直接从该输入框
中输入，该框不支持模糊检索。

单击"Browse Granted Patents"后，在该栏的下部会出现美国各种专利的名称的
选项，其中有"Design Patent Granted"，继续单击该选项，则打开下一窗口，该窗口
的左栏是该期公报中依外观设计分类号排序的专利列表，而右栏是相应的公报内容。

4. 专利权人索引（Index of Patentee）

在公报欢迎屏左栏单击"Index of Patentee"后，所打开窗口左栏会出现两个子
选项：

（1）Patentee in Alphabetical Order（依字顺排序的专利权人）；

（2）Patentee by Type（按专利种类排序的专利权人）。

单击"Patentee in Alphabetical Order"，可以依照本期公报的专利权人姓名的字顺
在所有种类专利中检索。但要注意公报正文中所显示的发明人姓名是名前姓后，但在
此索引中却是姓前名后，例如公报中发明人姓名为"Donald R. Allen"，而在该索引
中就成了"Allen，Donald R"。

单击"Patentee by Type"，所打开的窗口将会有专利种类的选项，如果只检索外
观设计专利，则单击"Designs"，此时右栏出现的本期公报中外观设计专利权人的
姓名列表。

5. 发明人居住地索引（Geographical Index of Inventors）

在公报欢迎屏左栏单击"Geographical Index of Inventors"后，所打开的窗口将出
现美国州名及其本期公报中各州专利数量的列表。此时单击某美国州名，继续打开的

窗口左栏是本期公报按专利分类排序的美国专利号，而右栏则是公报内容。

第五节　日本外观设计保护及其因特网检索

一、日本外观设计保护制度

早在 1888 年，日本就通过了旨在保护外观设计的法案。以后历经多次的修改，现今执行的外观设计法是以 1959 年法为蓝本的 2007 年法，依照该法规定，自 2007 年 4 月 1 日以后提交的外观设计申请，其保护期限为自注册日起 20 年。表 9 - 12 为 2009 年实行的日本外观设计收费标准。

表 9 - 12　2009 年实行的日本外观设计收费标准

申请费	6 000 日元			
注册费	1 ~ 3 年	4 ~ 10 年	11 ~ 15 年	16 ~ 20 年
2007 年 4 月 1 日以后	8 500 日元/年	16 900 日元/年	33 800 日元/年	33 800 日元/年
2007 年 3 月 31 日以前	8 500 日元/年	16 900 日元/年	33 800 日元/年	无

最近几年，由于经济衰退的影响，日本外观设计的审查量及注册量的有下降趋势，如表 9 - 13 所示。

表 9 - 13　1999 ~ 2008 年日本外观设计统计

年份	申请（件）	形式审查（件）	注册决定（件）	注册（件）
1999	37 368	52 191	41 160	41 355
2000	38 496	47 003	37 373	40 037
2001	39 423	40 062	31 678	32 934
2002	37 230	40 261	30 810	31 503
2003	39 267	38 149	31 202	31 342
2004	40 756	42 026	33 513	32 681
2005	39 254	39 651	31 698	32 633
2006	36 724	37 013	28 687	29 689
2007	36 544	35 548	27 933	28 289
2008	33 569	35 087	29 150	29 382

依照日本外观设计法，外观设计的定义为：由产品的形状、图案、色彩或其结合

产生了视觉美感的外观。

日本外观设计法开宗明义即强调："该法的目的是通过提高对外观设计的保护和利用，鼓励外观设计的创造，最终促进产业发展。"

日本外观设计保护的是与精美产品应用有关的、由产品的更佳外貌或外形而产生的视觉美感。这样的外观可以为公众一致认可，但这也恰是外观设计易于仿制的原因。而轻易实现仿制则导致了不公平竞争，从而为工业的健康发展无端制造了障碍。

一方面，日本外观设计保护体系可以保护创造者新的创造性外观设计；另一方面，外观设计保护体系所鼓励的创新也真正促进了产业发展。

二、日本外观设计文献

日本外观设计申请号是每年编号，即：年代 + 5 位数字；年代的表示以 2000 年为界，在此之前用日本纪元表示，在此之后用公元纪元表示。

而日本外观设计注册号从 1889 年开始按大流水编排，到 2009 年 12 月 9 日已经排到 1375534 号。

日本外观设计申请号和注册号的基本情况表 9 – 14 所示。

表 9 – 14　日本外观设计的申请号和注册号格式

编号中文名称	编号日文名称	2000 年前日文格式举例	2000 年后日文格式举例
申请号	出願番号	意願平 5-32009	意願 2009～12101
注册号	登録番号	意匠登録第 1375534 号	意匠登録第 1375534 号

三、日本外观设计分类表

日本外观设计分类采用日本本国的分类体系。现行分类表从 2005 年开始使用，可以从日本特许厅因特网站获得该分类表，但目前该表只有英文版本。

从日本特许厅因特网主页的右上角选 "Japanese"，单击后打开其日文网页。从其左栏 "工业所有権情報·研修館" 之下，可以进入日文页面的 IPDL（Industrial Property Digital Library，工业产权数字图书馆）主页。在该主页的中部位置，单击 "外观设计检索（意匠検索）" 就进入了日本外观设计检索主页面。

该页面的第 7 个栏目为分类目录（分类リスト"），其下有 "现行日本外观设计分类/D-term［（现行）日本意匠分类·Dターム)"，单击后就能以层级结构浏览日本外观设计的分类表。除上述的现行日本外观设计分类/D-term 之外，该主页面关于日本外观设计分类的资料还有：旧日本外观设计分类、旧 D-term 目录、现行-旧日本外观设计分类对照、旧-现行日本外观设计分类。

日本外观设计分类表主要依据物品的用途进行分类，必要时考虑物品的功能特征；若继续细分，则依据物品的外形分类。分类表的编排结构依次为：部、大类、小类、外形分类，共 4 级。

部：以物品的用途分类，共有 13 个部，每个部的起首以英文大写字母 A ～ N
（排除 I）来标识，以下是日本外观设计分类的各部：

A 部：制造食品及嗜好品。

B 部：衣服及随身用品。

C 部：生活用品。

D 部：住宅设备用品。

E 部：趣味娱乐用品及体育比赛用品。

F 部：事务用品及销售用品。

G 部：运输及搬运机械。

H 部：电气、电子元件及通信机械器具。

J 部：一般机械器具。

K 部：产业用机械器具。

L 部：土木建筑用品。

M 部：不属 A ～ L 部的其他基础产品。

N 部：不属于其他部的物品。

新改版的日本外观设计分类法：

大类：大类号由表示部的大写字母以及其后的 1 位数字表示，如 A1、B9、C0 等
等，共有 77 个大类。表 9 – 15 是 G 部的各大类。

表 9 – 15　G 部的各大类

外观设计分类号	条　　目
G0	G1 ～ G4 所不包括的其他运输或搬运机械
G1	搬运、升降或货物处理用机械、器具
G2	车辆
G3	船舶
G4	飞机

通过表 9 – 16 可以看出，大类是依照物品的应用来分类的。

小类：小类号由大类号以及其后的数字部分构成，如 A1150、A1100、B2500、
B262 等；小类号的数字部分最多可以到 4 位（除去表示大类的 1 位数）；小类同大类
一样依照物品的用途来分类，表 9 – 16 为 C3 大类（清扫用品和洗涤用具）以下局部
的某些小类。

表 9 - 16　C3 大类以下关于电除尘器的小类

外观设计分类号	条　目
C300	清扫用品和洗涤用具
……	……
C34190	电除尘器零件及附件
C34191	电除尘器吸尘口
C34192	电除尘器软管
C34193	电除尘器软管弯头连接
C34194	电除尘器收纳盒
C34195	电除尘器用充电器等
C34196	电除尘器用灰尘收纳袋
……	……

通过表 9 - 17 可以看出，小类也是依照物品的应用来分类的。

外形分类：外形分类号连同小类号以及其后的字母部分构成，如 A1150A、B2610AA 等；外形分类号的字母部分最多可以到 3 位；外形分类依照物品的外部特征来分类，表 9 - 17 和表 9 - 18 分别为 A1 大类和 C3 大类之下的局部分类。

表 9 - 17　A1 大类以下关于糕点制造的外形分类

外观设计分类号	条　目
A100	食品和烟酒茶等的制造加工
……	……
A1100	食品制造加工
A1150	糕点的制造加工
A1150A	有特定形状的
A1150AA	植物形状的
A1150AB	动物形状的
……	……

表 9 – 18　C3 大类以下关于电除尘器的外形分类

外观设计分类号	条　目
……	……
C34100	电除尘器
C34100A	卧式
C34100B	立式
C34100C	带盒子
C34100D	带手柄
C34100E	手提式
C34100F	推动式
……	……

通过表 9 – 17、表 9 – 18 可以看出，外形分类表达了物品的外部特征，例如 A1150AB 为做成动物形状的糕点；而 C34100A 为卧式电除尘器，C34100E 为手提式除尘器。

现行日本外观设计分类的总条目为 5 111 条，较洛迦诺（7 000 条）和欧洲洛迦诺（11 000 条）为少。

四、日本外观设计因特网检索

从日本特许厅因特网主页的右上角可以通过选择"English"或"Japanese"，分别进入其英文网页和日文网页。但其日本网页的内容远较其英文网页的内容丰富。具体到日本外观设计的有关内容，从其英文网页只能进行号码检索并且相关资料（例如日本外观设计分类表、日本外观设计法等）几乎为零，而从其日文网页却可以得到更多途径的检索和查询到更多的相关资料。但该日文网页的文本检索入口只能输入日文，这就为全球范围内大多数希望更多途径检索日本外观设计和查询日本外观设计更多资源的使用者设置了障碍。

为了使使用者对日本外观设计的因特网检索有一个完整的了解，本章节着重介绍其日文网页。

在 IPDL 的日文网页单击"外观设计检索（意匠检索）"后，就进入了日本外观设计的检索主页面。该页面主要可以检索：外观设计公报（意匠公报 DB）、外观设计文献号查询（意匠文献番号索引照会）、外观设计原文检索（意匠公报テキスト検索）、日本外观设计分类/D-term 检索（日本意匠分類？ Dターム検索）。

（一）外观设计公报（意匠公报 DB）

以上图 9 – 12 所示检索页面的主要部分为 12 组外观设计注册号输入框，每组框有两个输入项，第一个一般输入"S"（表示外观设计的标识）；第二个输入外观设计的注册号。而这 12 组输入框则可以同时检索 12 个号码。

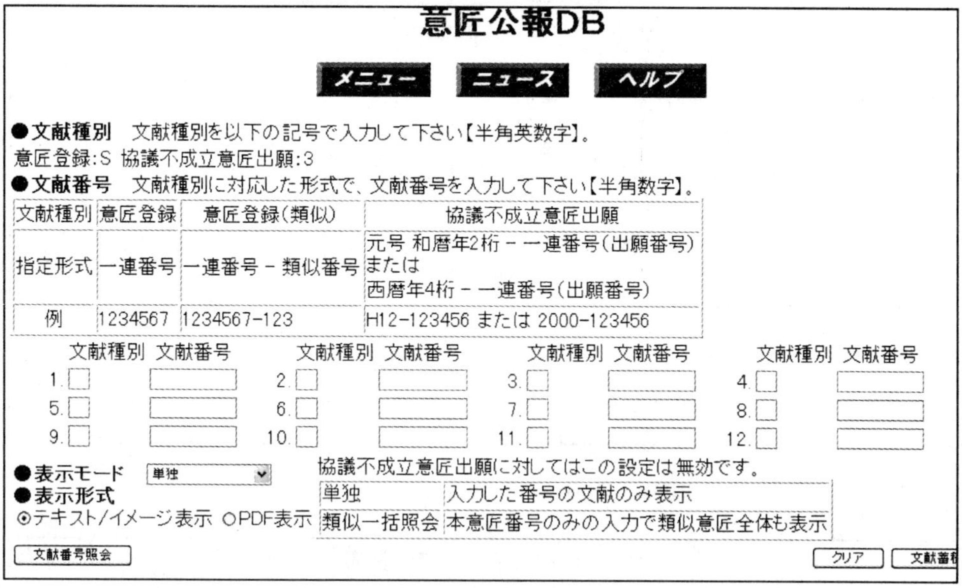

图 9-12 日本外观设计公报检索页面

输入号码后，通过单击"文献番号照会"（文献号查询）开始检索。在经转换的页面的左栏中会有检索到的外观设计注册号，继续单击注册号会出现外观设计的著录项目及图形表述；在相关位置继续单击则还可以看到图像型的外观设计。

（二）外观设计文献号查询（意匠文献番号索引照会）

在图 9-13 所示检索页面中可以实现申请号、注册号、审判号相互对照。共有 5 个输入框，可以同时检索 5 个号码。而且这 5 个号码可以是不同种类的号码。

（三）外观设计公报文本检索（意匠公报テキスト検索）

在图 9-14 所示检索页面，可以实现文本型、日期型、代码型等各种类型字段的检索，并可以实现检索项之间的逻辑运算。

图 9-14 所示检索页面可以实现以下字段的检索：

意匠に係る物品（外观设计物品名称）。

意匠に係る物品の説明（外观设计物品名称说明）。

意匠の説明（外观设计说明）。

参考文献（参考文献）。

出願人/意匠権者（申请人/所有人）。

創作者（设计人）。

代理人（代理人）。

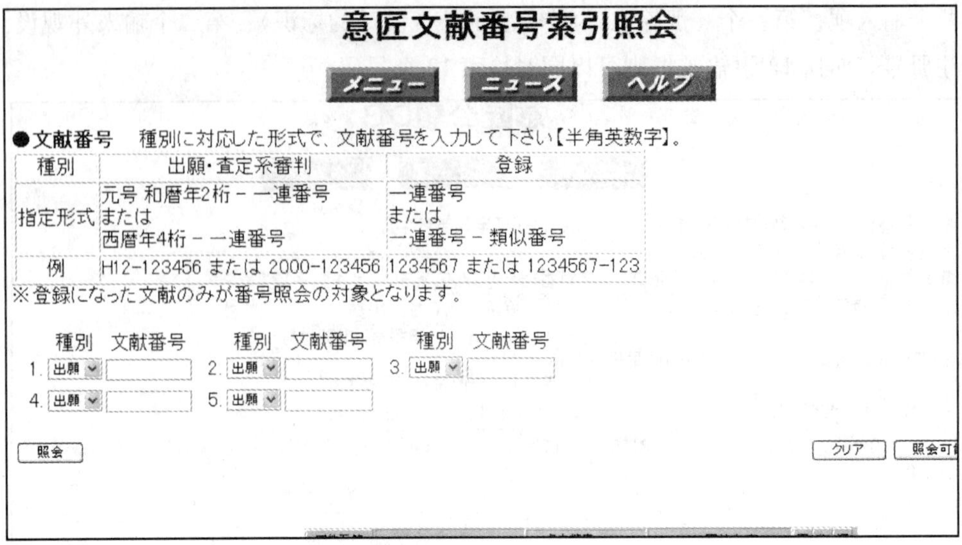

图 9 – 13　日本外观设计文献号索引查询

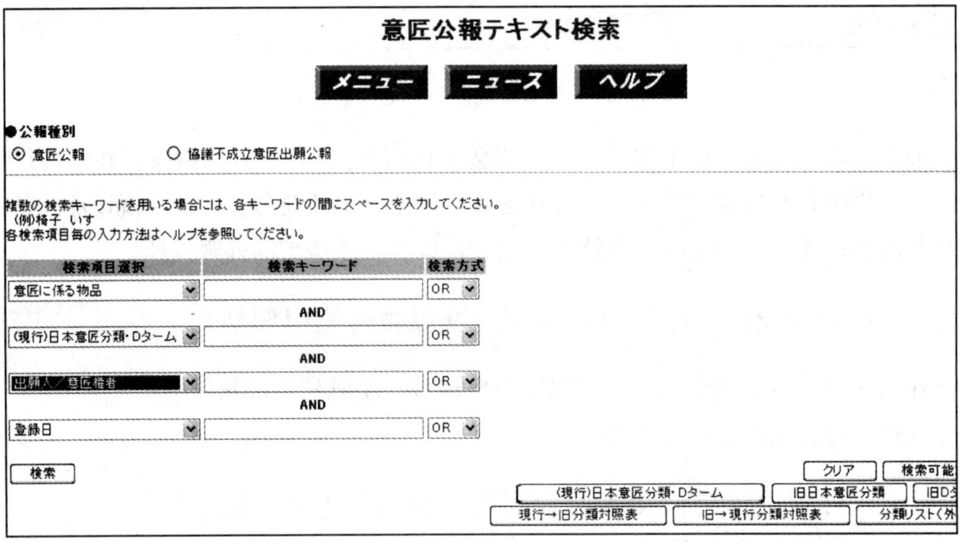

图 9 – 14　日本外观设计公报文本检索

（现行）日本意匠分類・Dターム（现行日本外观设计分类/D-term）。

旧日本意匠分類（旧日本外观设计分类）。

国際意匠分類（ロカルノ分類）（洛迦诺分类）。

旧Dターム（旧D-term）。

申請人識別番号（申请人 ID 号）。

出願番号（申请号）。

審判番号（审判号）。

出願日（申请日）。

登録日（注册日）。

公報発行日（公布日）。

登録番号（注册号）。

優先権主張番号（优先申请号）。

图 9 – 14 所示检索页面有 4 组检索入口。每组入口由 3 部分构成：最左侧是"检索項目選択"（检索项选择）下拉式列表，可以从上述近 20 个字段中选择其中之一；中间是输人框；右侧是单选式下拉框，可以从 AND、OR 这两个逻辑运算符中选择其一。所以这 4 组检索入口可以从近 20 个不同类型的字段中选出 4 个并进行逻辑运算。

例如，在第一个输入框对应的下拉列表中选择"意匠に係る物品"（外观设计物品名称），然后在第一个输入框中用日文录入"自動車"（汽车）；在第一个输入框之后的单选框中选"AND"；在第二输入框对应的下拉列表中选择"登録日"（注册日），在第二个输入框中录入"20090101：20090201"（2009 年 1 月 1 日 ~ 2009 年 2 月 1 日）；然后单击"検索"钮，检索到 70 件文献。此时"検索"钮右侧将会出现一个"一覧表示"钮，单击后将出现图 9 – 15 所示列表。

在图 9 – 14 所示检索页面输入检索项时，文本输入框一般要用日文输入（如外观设计物品名称、外观设计物品名称说明、外观设计说明、申请人/所有人、设计人、代理人），但对于与汉字相同或相似的日文，有时也可以用汉字进行输入。

項番	文献番号	意匠に係る物品	出願人／意匠権者
1.	意匠登録1352538	乗用自動車	フィアット・アウト・ソシエタ・ペル・アチオニ
2.	意匠登録1352537	乗用自動車	フェラーリ・ソシエタ・ペル・アチオニ
3.	意匠登録1352450	自動車用タイヤ	横浜ゴム株式会社
4.	意匠登録1352439	乗用自動車	トヨタ自動車株式会社
5.	意匠登録1352361	自動車用リヤコンビネーションランプ	トヨタ自動車株式会社
6.	意匠登録1352360	乗用自動車	トヨタ自動車株式会社
7.	意匠登録1352134	自動車用表示機	日産自動車株式会社
8.	意匠登録1352133	自動車用表示機	日産自動車株式会社
9.	意匠登録1352132	自動車用表示機	日産自動車株式会社
10.	意匠登録1352042	乗用自動車	バイエリッシェ モートーレン ウエルケ アクチエ
11.	意匠登録1352037	乗用自動車	ダイハツ工業株式会社
12.	意匠登録1352036	乗用自動車	ダイハツ工業株式会社
13.	意匠登録1352035	乗用自動車	ダイハツ工業株式会社
14.	意匠登録1352010	自動車用ヒーターコントロールパネル	フオルクスワーゲン・アクチエンゲゼルシヤフト
15.	意匠登録1351963	自動車用シフトノブ	株式会社カーメイト
16.	意匠登録1351913	自動車用ホイール	トピー工業株式会社
17.	意匠登録1351912	自動車用ホイール	トピー工業株式会社
18.	意匠登録1351848	自動車用ホイールの可飾体	株式会社クリムソン

图 9 – 15　列表方式显示检索结果

在图 9 – 15 所示页面上单击该表左栏的某注册号，会打开该外观设计的著录项目及图形，如图 9 – 16 所示。

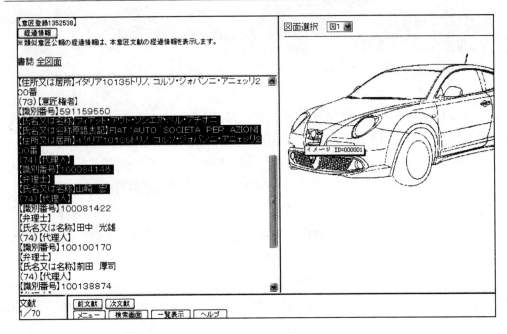

图 9-16　以著录项目和图形表述双栏显示检索结果

第六节　韩国外观设计保护及其因特网检索

一、韩国外观设计保护制度

　　韩国于 1961 年 12 月 31 日公布了其第一部外观设计法，而该法的最近一次修改日期是 2008 年 12 月 26 日。韩国外观设计法的宗旨是通过对外观设计的保护和利用，鼓励外观设计创造，并以此促进产业的发展。

　　韩国外观设计法对外观设计的定义是：物品及其部分的形状、图案、色彩或者其结合所产生的视觉美感，以及书法字体。

　　同其他国家外观设计的法律规定一样，在韩国并非任何外观设计都能够获得注册，以下是不能获得注册的情况：

　　（1）外观设计与本国旗帜、徽章、军旗相同或相似，与本国公共组织的装饰、勋位、证章和勋章相同或相似，以及与外国旗帜、徽章相同或相似，国际组织的特征和标识相同或相似；

　　（2）外观设计的含义和内容违反公共秩序和道德规范；

　　（3）外观设计引起了物品混乱，影响了他人的商务；

　　（4）由单独形状构成的外观设计，只保护物品的功能。

　　韩国外观设计的保护期为自注册日起计算 15 年，相似外观设计的保护期为到其基本外观设计的期满截止。表 9 – 19 为 2009 年 1 月 1 日开始实施的韩国外观设计收费标准（表中的数字单位是韩元）。

表 9 – 19 韩国 2009 年开始实施的外观设计收费标准

	申请费	实审费		注册费				
		有优先权	请求提前审查	1 ~ 3 年	4 ~ 6 年	7 ~ 9 年	10 ~ 12 年	13 ~ 15 年
SES	7 万（电子申请 6 万）	2 万/项	7 万	2.5 万/年	3.5 万/年	7 万/年	14 万/年	21 万/年
NSES	5.5 万（电子申请 4.5 万）	2 万/项	7 万					

自 2003 年以来，韩国外观设计申请量和注册量基本呈增长的态势，表 9 – 20 所反映的正是这种情况。

表 9 – 20 2003 ~ 2008 年韩国外观设计的申请量和注册量

	2003 年	2004 年	2005 年	2006 年	2007 年	2008 年
申请量	37 607	41 184	45 222	51 039	54 362	56 750
注册量	28 380	31 021	33 993	34 206	40 745	39 858

二、韩国外观设计文献

最常用到的韩国外观设计的号码是申请号和注册号。

申请号的格式为：30-yyyy-nnnnnnn（30 代表是外观设计的代码，y 代表公元年，n 代表阿拉伯数字），例如：30-2002-0011150。

注册号的格式为：30-nnnnnnn-nnnn，例如：30-0368063-0001（但最后的 4 位数字经常省略）。

三、韩国外观设计分类法

韩国外观设计分类采用韩国本国的分类体系，但该体系基本以日本外观设计分类体系为基础而设计。

同日本外观设计分类一样，韩国外观设计分类也有 13 个部（见本章第四节中有关日本外观设计分类的介绍），但大类为 74 个（现行日本外观设计分类为 77 个），所有的分类条目约 4 200 个（现行日本外观设计分类为 5 024 个）。

韩国外观设计分类的编排结构也与日本的如出一辙，也是依照部、大类、小类、外形分类的 4 级结构，例如 B1-10A（韩服）："B" 为部，"B1" 为大类号，"B1-10" 为小类号，"B1-10A" 为外形分类号。

但其分类号的表现形式所沿袭的并非现行日本外观设计分类号的形式，而是日本旧外观设计分类号的形式。就是说在表示完整的小类号或外形分类号时，完整分类号的前部所表示的大类号之后有"-"，而在现行日本外观设计分类中，该"-"却被取消了。

　　韩国外观设计的 74 个大类中，以 D2（其他家具，共 243 个条目）、F2（其他笔记本及事务用具等，共 208 个条目）、D3（其他电灯和照明器具，共 180 个条目）之下设置的条目最多，表明这几个领域中的外观设计近年在韩国较为活跃。

四、韩国外观设计的检索

　　从韩国专利局因特网英文主页，单击其上部的"Patent Search"标签，进入"KPA Search"页面；从该页面中部找到网址 http：//eng. kipris. or. kr 后单击，即可进入韩国工业产权信息中心（Korea Industrial Property Right Information Service，KIPRIS）的主页。

　　该中心成立于 1996 年 7 月，是自负盈亏的专利信息服务机构。2008 年 7 月引入了韩—英双语检索系统，所以现在用户可以使用英文页面来进行韩国外观设计检索。而日本外观设计的检索，只有号码检索可以使用英文页面；而其他类型字段的检索，至今还只能用日文操作。

　　进入 KIPRIS 主页后，在其右栏选"Design"时，会出现隐藏下拉选项"General Search"和"Advanced Search"，本节只介绍 Advanced Search（高级检索），如图 9 - 17 所示。

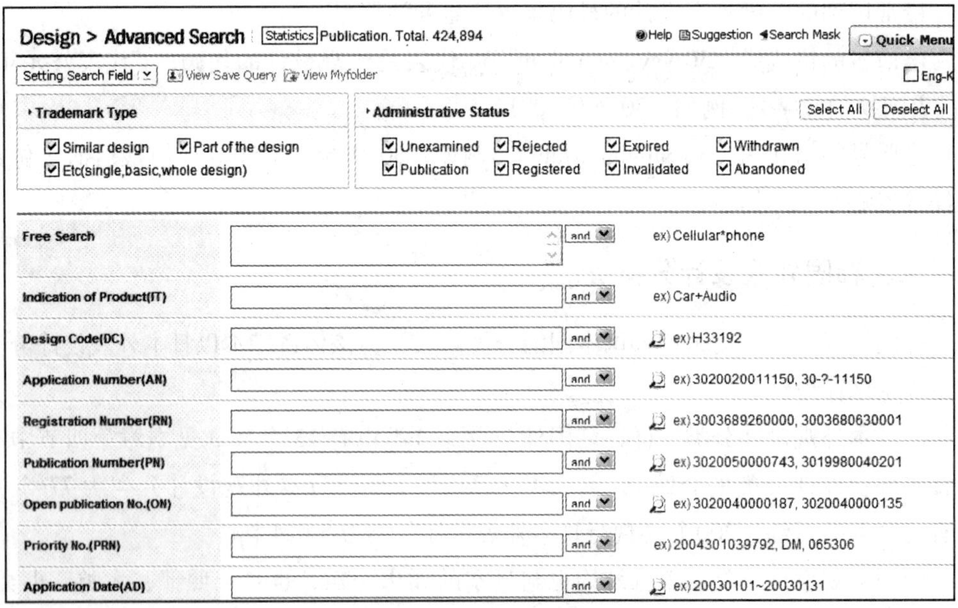

图 9 - 17　韩国外观设计的高级检索页面

（一）高级检索

高级检索界面共有 17 个检索入口：

Free Search（自由检索）。

Indication of Product（IT）（产品名称）。

Design Code（DC）（外观设计分类号）。

Application Number（AN）（申请号）。

Registration Number（RN）（注册号）。

Publication Number（PN）（公开号）。

Open Publication No.（ON）（公布号）。

Priority No.（PRN）（优先权号）。

Application Date（AD）（申请日）。

Registration Date（RD）（注册日）。

Publication Date（PD）（公开日）。

Open Pub. Date（OD）（公布日）。

Priority Date（PRD）（优先权日）。

Inventor Name（IV）（发明人姓名）。

Applicant Name（AP）/Code/Addr.（申请人代码/地址）。

Agent Name（AG）/Code/Addr.（代理人姓名/地址）。

Patentee（RG）Name/Addr.（专利权人姓名/地址）。

1. Free Search（自由检索）

在该入口可以用英文和韩文输入关键词，甚至号码。该入口的特点是可以使用逻辑运算符，但用 and 时为 "＊"、or 时为 "＋"、not 时为 "！"，例如在该入口可以输入 "mobile phone ＊ case"、"mobile phone ＋ cellular phone"、"vehicle ＊！ clutch"。

2. Indication of Product（IT）（产品名称）

可以在此入口录入产品的名称。该入口可以使用逻辑运算符号。

3. Design Code（DC）（外观设计分类号）

在此入口必须输入韩国外观设计分类号，而且在该检索系统查询不到韩国外观设计分类表。输入分类号时，也可以使用逻辑运算符号（＊、＋）和通配符 "？" 实现模糊检索，例如 "H545？"、"H545？＋F2741"。

4. 申请号、注册号、公开号、公布号、优先权号等号码型检索入口

申请号的标准格式为：30-yyyy-nnnnnnn，但在录入时可以采用下列格式（例如 30-1999-0001234）："30-1999-0001234"、"30-1999-000123？"、"1999-0001234"、"30-？-0001234"、"？-？-0001234"、"3019990001234"。

注册号的标准格式为：30-nnnnnnn，但在录入时可以采用以下格式（例如 30-

0001234）："30-0001234"、"30-000123？"、"1999-0001234"、"？-0001234"、"3001234560000"。

公开号、公布号、优先权号等录入时也如此。

5. 申请日、注册日、公开日、公布日、优先权日等日期型检索入口

申请日的标准格式是 yyyy-mm-dd，故录入时例如：2007 年 12 月 6 日录入为 20071206，2007 年 12 月录入为 200712，2007 年录入为 2007。

注册日、公开日、公布日、优先权日等录入也如此。

（二）检索结果的显示

在上述检索入口内录入检索项后（例如在 free search 中输入 "Cellular *phone"），单击该页面右下角的 "search" 后，将得到图 9-18 的列表式检索结果，经过在该页面继续单击相关的可选项，则可以浏览各检索结果更为详尽的内容（如公报式页面、类似全文说明书的文件、注册情况等）。

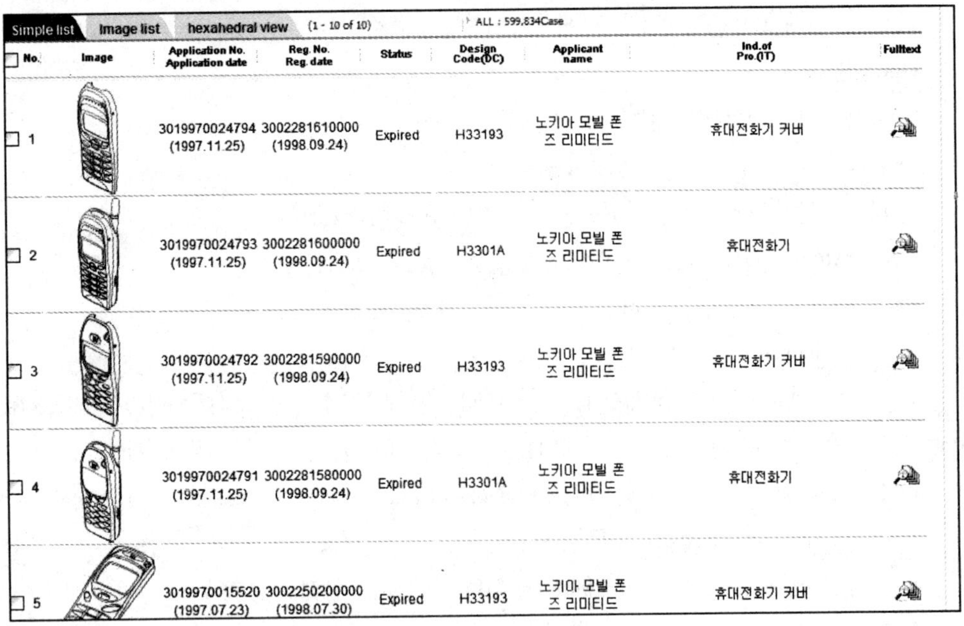

图 9-18　检索结果列表显示页面

第七节　英国外观设计保护及其因特网检索

一、英国外观设计制度

在英国，对工业品外观设计给予保护的第一部法律是 1787 年的亚麻、棉布、印花布和帆布印刷和设计法，该法对"那些发明、设计和印刷，或者导致发明、设计和印刷并成为任何新的和原创的印刷亚麻、棉布、印花布和帆布的图形图案的任何所有人"以两个月的保护期。经过 1839 年、1843 年、1883 年的几次修订，将发明、外观设计、商标合在一起，作为一个法律执行。1907 年又一次修订，于 1949 年将外观设计单独立法。1988 年又一次修改，一直沿用到现在。英国的现行知识产权法全称为《版权、外观设计与专利法》。

英国《版权、外观设计与专利法》的主要内容规定如下。

（1）外观设计保护的对象是指用工业方法生产的物品，其外观形状、配置、图案、装饰形态作用于人的视觉产生美感效果的设计。仅对其外观进行评价，而对其构造、功能、原理不予考虑。

（2）一件物品或一套物品都可以申请外观设计专利。

（3）注册条件要具备新颖性和创造性。

（4）按规定的手续向专利局提出申请，审查员对其注册的条件进行审查，审查员可以根据该法驳回申请或命令其修改，申请人对审查员的审定不服时可以起诉。

（5）注册后给予工业实施的权利，注册日为申请日或审查官指定日。

根据上述规定，英国对外观设计的保护实行注册制，必备条件是具有新颖性和创造性。根据 1988 年《版权、外观设计与专利法》的规定：英国外观设计的保护期限为 5 年，每 5 年为一周期续展 4 次，共续展 20 年。

二、英国外观设计分类体系

英国工业品外观设计采用洛迦诺国际外观设计分类体系。

三、英国外观设计因特网检索

（一）进入方式

检索英国外观设计文献可以进入国家知识产权局网站 www. sipo. gov. cn，在国外及港澳台专利检索栏目中，选择英国知识产权局即可；也可以直接登录英国知识产权局网站：www. ipo. gov. uk。

在英国知识产权局的首页上左侧列表中有"Designs"标签，打开下拉列表有"Online Design Services"，单击后进入外观设计检索页面，如图 9 – 19 所示。

（二）检索方式与检索结果

系统提供外观设计检索（Find design）和外观设计公报检索（Design Journal），其中外观设计检索提供的检索方式包括：外观设计号检索（By number）、物品检索（By product）、所有人检索（By proprietor）和洛迦诺分类检索（By class）。

图 9 – 19　英国专利局外观设计检索页面

1. 外观设计号检索(By number)

外观设计号检索只提供了一个注册号入口,如图 9 – 20 所示,且仅能输入一个 7 位的注册号,不足 7 位的前面补 0,不支持通配检索。

图 9 – 20　注册号检索

在外观设计号检索输入框中输入检索式,显示的检索结果是外观设计著录项目信息，如图9-21所示。单击其中的"images"按钮，会显示图像信息。

图9-21 检索结果著录信息显示

2. 物品检索（By product）

物品检索，如图9-22所示，与所有人检索、洛迦诺分类检索的检索页面和功能目前没有区别。提供的检索入口有6个选项入口和一个输入口。选项入口为：洛迦诺分类版次（Edition）、大类号（Main）、小类号（Sub）、组号（SubSub）、检索类型（Type of search），以及分类检索和所有人检索逻辑组配（Combination）入口；输入口为：所有人（Proprietor）。其中，英国对国际外观设计分类的小类作进一步的细分，生成组号（subsub）。检索时可再在组号选项窗口中进一步选择细分组号，也可选择"All"（所有组号）。检索时，可在选项窗口中直接选择分类号和/或在输入窗口输入所有人名称。

在以上检索入口还提供了外观设计号检索的入口，至少输入6位设计号，系统自动用"0"在前面补足7位。

例如：检索有关"伞"的英国外观设计文献，可利用洛迦诺分类检索方式。根据《国际外观设计分类表》，"伞"的国际外观设计分类号为：大类号是03，小类号是03。分别在大类号和小类号选项窗口中分别选择03和03。还可以选择组号01即雨伞。检索最终选定的完整分类号为03.03.01，进行检索。检索结果以外观设计主图形式呈现，如图9-23所示，可以逐项浏览检索到的关于"伞"的英国外观设计。

根据需要单击图像，查看该外观设计著录项目信息，如图9-24所示。单击Best

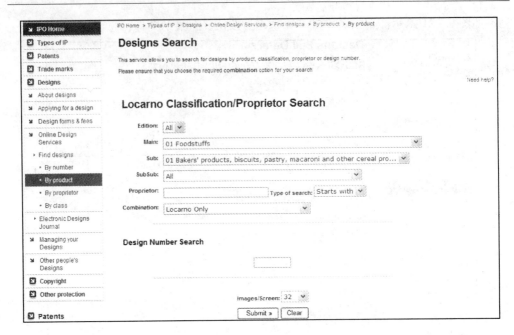

图 9 – 22　物品检索页面

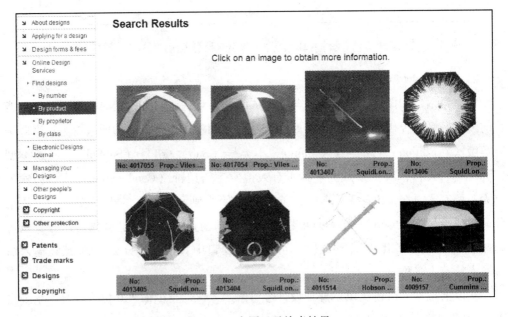

图 9 – 23　主图显示检索结果

View 可以放大看设计图细节；单击 Formal Rep1 和 Formal Rep2 可以从不同角度浏览设计图；单击 Get Details 可以察看详细题录信息；如果想查看全文信息，可单击 View Full Bibliography。

（三）外观设计公报检索

单击外观设计检索页面中的外观设计公报检索（Design Journal），会进入到电子

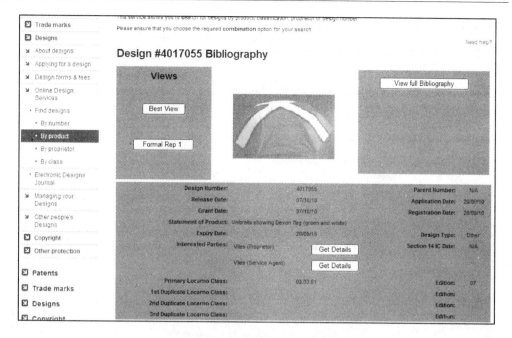

图 9 - 24 外观设计著录项目信息显示

公报数据检索系统，如图 9 - 25 所示。系统提供近 50 期的公报的查询，单击 "Previous Journals"，进入公报期数列表页面，可以在线浏览，也可以下载 pdf 格式或压缩格式的文件进行浏览。

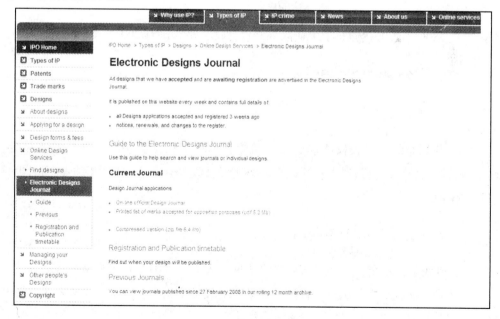

图 9 - 25 电子公报数据检索系统

系统提供最近一期的公报的查询，单击 "On-line official Design Journal"，进入浏览页面，如图 9 - 26 所示。单击左侧第一列 "外观设计" 名称，可在右侧显示主图和简单著录项目。

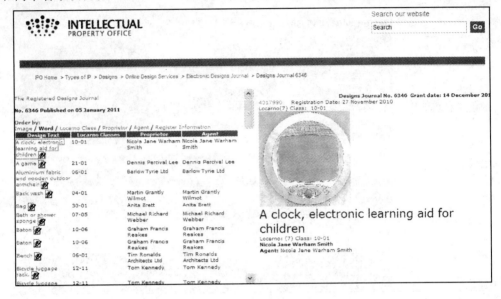

图 9 – 26　英国外观设计公报

第八节　法国外观设计及其因特网检索

早在 1806 年法国就颁布了工业品外观设计法，至今已有 200 多年的历史。

一、法国外观设计保护制度

（一）双重保护

1902 年颁布的法国版权法规定，一切受到工业产权法保护的工业品外观设计，均受到版权保护。也就是说，在法国一项外观设计既受到工业产权法保护，同时也受到版权保护。

（二）一件申请多个不同内容

一件外观设计申请，可包括 100 多个不同的外观设计图，其中每个图均单独给予一个公开号。这就是为什么在一件法国工业外观设计申请中，通常会出现若干个公开号的原因。

（三）两种申请形式

法国外观设计分为普通申请和简单申请两种形式。简单申请是根据 1994 年 2 月

5 日法采取的一种外观设计申请形式，主要是针对那些频繁更新其产品的形状和饰物的工业品外观设计而制定的。

（四）保护期限

法国外观设计保护期限为 5 年，并可每 5 年续展一次，最长不能超过 25 年。

二、法国外观设计文献

所有外观设计申请均在法国工业产权公报"外观设计"分册公布。该"外观设计"分册为半月刊。主要分为 3 个部分。

第一部分：外观设计公开。主要包括公开外观设计内容及目录、公开外观设计勘误表、彩图补充公开等内容。

第二部分：国家外观设计登记簿。主要包括登记总表、放弃外观设计的公开和登记公开的勘误表。

第三部分：根据知识产权法典实施细则 514-4 款，公布的通知意见书。

三、法国外观设计分类体系

法国工业品外观设计与其他国家一样均采用洛加诺国际外观设计分类法。

四、法国外观设计检索

法国知识产权局在网站上提供了外观设计检索系统。

（一）进入方式

法国知识产权局的网址是 www. inpi. fr，进入法国知识产权局网站首页，单击外观设计检索系统（dessins et modeles），就可以进入外观设计检索页面，如图 9 - 27 所示。

（二）数据范围

收录了自 1910 年以来公开的法国外观设计和 1979 年以来公开的国际外观设计。可以浏览自 1996 年以来的法国外观图形和 1985 年以来的国际外观图形。

自 1994 年有关外观设计的法律决定（判例）可以在工业产权判例数据库（JU-RISPRUDENCES）检索。

（三）检索方式

本系统提供了两种检索方式，一是分类检索，一是高级检索。

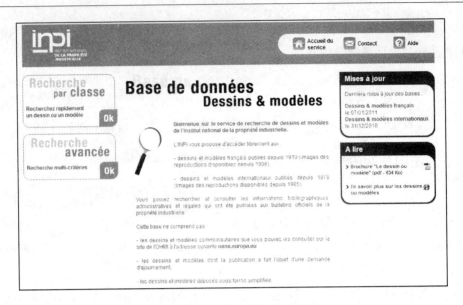

图 9 - 27　法国外观设计检索页面

1. 分类检索

单击外观设计检索页面左侧上面的"Recherche par classe",进入分类检索系统,如图 9 - 28 所示,用户可以根据需要勾选"D&M Français(法国外观)、D&M Internationaux(国际外观)、Toutes(所有外观)",再在下拉菜单中选择洛迦诺分类的大类和小类,然后单击"Rechercher"进行检索。

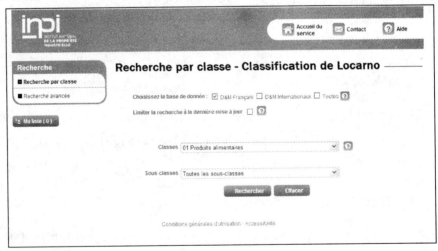

图 9 - 28　分类检索页面

2. 高级检索

单击外观设计检索页面左侧上面的"Recherche avancée",进入高级检索系统,如图 9 - 29 所示。同样用户首先应根据需要勾选"D&M Français(法国外观)、D&M Internationaux(国际外观)、Toutes(所有外观)",以确定检索的范围。

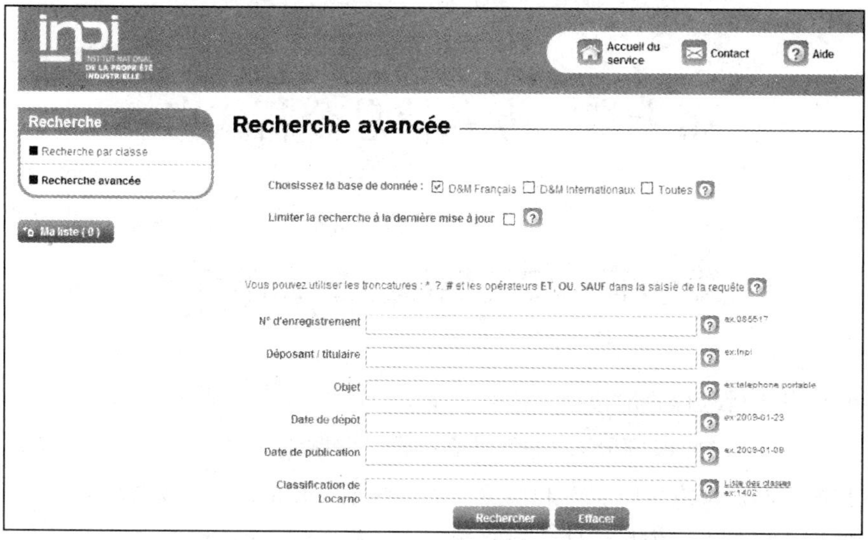

图 9 – 29 高级检索页面

可进行检索的字段包括：注册号、发明名称、物品名称、申请日、公开日、洛加诺分类。每个检索入口都给出了相应的输入格式要求，而且每个入口支持通配检索和逻辑组配检索，用"＊、?、#"分别代表 0 或多个字符、0 或 1 个字符、1 个字符；用 ET、OU、SAUF 分别代表与、或、非。

（四）检索结果

检索后，检索结果以显示主视图列表的形式显示，如图 9 – 30 所示。用户可以进行浏览，根据需要单击主视图或下面的标志，查看每个外观设计的著录信息和放大的图片。

图 9 – 30 检索结果显示

第十章　专利信息分析实务

第一节　专利信息分析工作流程

专利信息分析流程一般包括：前期准备、数据采集、专利分析、完成报告和成果利用5个阶段。5个阶段细分为14个环节：成立课题组、确定分析目标、项目分解、选择数据库、制定检索策略、专利检索、专家讨论、数据加工、选择分析工具、专利分析、撰写分析报告、项目评估、战略制定和战略实施，如图10-1所示。其中有些环节还进一步包括多个步骤，如专利检索环节包括初步检索、修正检索式、提取专利数据三个步骤。另外，在前期准备阶段中可根据需要加入调研环节。对于需要进行中期评估的项目，课题组应当在项目实施流程的中期阶段组织实施评估。项目实施过程中，课题组还应当将内部质量的控制和管理贯穿始终。

一、前期准备阶段

前期准备阶段的工作主要是针对专利信息分析课题组人员组成、课题研究目标、如何进行项目分解等内容展开的，这一阶段主要包括成立课题组、确定分析目标、项目分解、选择数据库4个环节。

（一）成立课题组

根据项目需求，选择相应人员组建项目课题组。一个好的专利分析团队应由具有多学科知识背景和专业技能的人员组成，这些人员主要包括：专利审查员、专业技术人员、情报分析人员、政策研究人员以及经济和法律人员等。课题组成立后，应当进行合理的人员分工，明确课题参与人员的工作内容，做到各尽其能、各司其职。

1. 组织研究人员

组织研究人员负责课题的组织、管理和协调。明确课题组成员的工作任务和职责，合理分工和使用资源；组织课题组成员研究分析目标并制订工作计划，以保证项目按计划顺利进行；负责课题研究中的业务讨论和审核各阶段相关文档质量；负责课题研究报告的统稿工作等。

2. 专利审查员

参与课题调研和项目分解等工作并负责制定检索式，对专利进行检索、标引、分析和专利文献筛选，撰写分析报告等；负责编写《分析目标分解记录》和填写《课

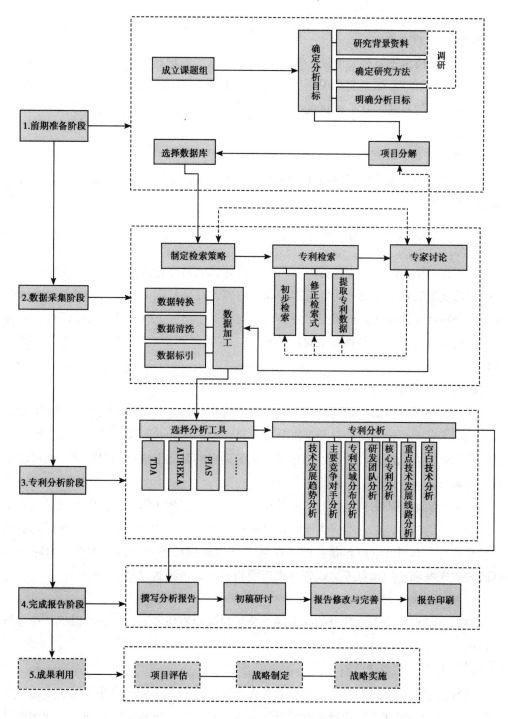

图 10-1 项目实施流程图

题检索策略表》，并向项目组提交《分析样本数据库》等文件。

3. 专业技术人员

负责专业技术领域的相关工作，对课题中的相关技术问题提供支持；配合情报分析人员和专利审查员开展相关工作。

4. 情报分析人员

负责搜集技术领域有关情报，如相关技术领域产业现状等；参与专利数据采集、数据加工和分析等工作，配合课题组其他成员解读分析结果（包括相关图表）并撰写相应内容；与专利审查员积极配合，协助其完成《分析目标分解记录》和《分析模块选取记录》等内容。

5. 经济法律和政策研究人员

结合项目的总体目标和国内外经济形势，撰写分析报告中应对措施和政策建议的相关内容。

（二）确定分析目标

在项目初期，课题组应进行项目需求分析并认真研究背景资料，了解现有技术的特征和行业发展现状以及产业链基本构成等内容，在此基础上根据用户需求明确分析目标。分析目标即专利分析研究对象，例如竞争对手研究、行业技术现状调查，或者是特定技术研究、核心专利文献对比分析等。对需要调研的项目还应该制订《调研计划》。

1. 研究背景资料

针对研究对象采集背景资料，如行业技术现状、特定技术的发展历史或相关竞争对手的技术动态、投资动向以及本次分析项目涉及的产业状况及产业分类信息等。背景资料的研究方法众多，既可以是在搜集相关资料的基础上进行归纳总结，也可以采取问卷调查、实地考察、专家研讨等形式。

其中，实地调研主要是针对产业结构复杂，需要实地了解技术构成的项目。有实地调研需求的项目，课题组应提出调研申请和调研计划。调研申请应写明调研的目的性和必要性。调研计划应包括：调研提纲（列出调研要解决的技术难点、问题等）、调研日程安排和费用预算等。调研完成后应当提交调研报告。

2. 明确分析目标

根据项目立项的需求和目的的不同，分析目标也有所不同。一般有以下几种分析目标❶：

（1）行业专利现状分析

这种类型的分析目标主要是从行业角度出发，针对与某一行业相关的技术进行深入的专利分析。对此类行业进行专利现状分析，目的在于摸清国内外同一行业中的技术发展状况并理清与竞争对手的优势或是差距，同时根据我国的实际情况为行业内技术的顺利实施提供强有力的专利策略或是专利布局建议。

---

❶　由于项目需求有重叠，下述分析目标的内容会有所交叉。

主要内容应当包括：技术生命周期分析、重点专利技术分析、技术发展趋势分析、主要竞争对手研究、专利区域分布研究和主要研发团队分析等。

（2）技术标准方案的专利分析

这种类型的分析目标主要与技术标准的形成和确立相关。对此类技术标准方案进行专利分析，目的在于通过对国内外相关标准的解析和比较，加强我国具有自主知识产权的技术标准参与国际竞争的机会，并最终协助其成为国际标准而作出具有建设性的分析结论。

主要内容包括：标准解析，研究与标准中技术内容相关的专利并判定其中的必要专利。

（3）国外公司专利布局分析

这种类型的分析目标主要是针对与研究对象有竞争关系的国外公司来进行的。对此类国外公司进行专利布局分析，目的在于帮助国内企业或是行业规避可能存在的国外公司的技术威胁，确认技术发展趋势并协助企业或行业占领国外公司的技术盲区，最终为建立具有自主知识产权的技术体系提供专利布局方面的支持。

主要内容包括：确定国外公司中的主要竞争对手，了解竞争对手的技术特征和发展趋势，明确竞争对手的技术占领区域、竞争区域、有机会合作区域等。

（4）特定技术领域专利分析

这种类型的分析目标主要针对一些特殊的技术领域进行专利分析。对此类特殊的技术领域进行专利分析，目的在于确定该领域的技术发展趋势、哪些构成核心技术、是否具有技术空白点以及是否有国内企业或行业进入的机会等方面进行分析，从而为国内企业或行业在该领域的专利布局提供政策性的建议。

主要内容包括：特定技术领域的专利现状、技术发展路线图、核心技术、空白技术点、特定领域的主要竞争者、研发团队分析等。

3. 确定研究方法

在前期准备阶段中，课题组还应当对开展课题研究所采用到的方法进行初步的确定。根据专利分析和预警项目的特点，选择相应的分析方法，如定量、定性或拟定量等。

（三）项目分解

项目分解是前期准备阶段的一项重要工作，恰当的项目分解可为后续专利检索和分析提供科学的、多样化的数据支撑。

1. 项目分解的目的

根据所确定的分析目标，将研究对象采用的技术方案进行分解，目的在于细化该技术的分类，如同《国际专利分类表》（IPC）所采用的大类、小类、大组、小组的划分方式，可以采用行业或学科分类等方式，以更好地适应"专利"本身的特点，便于后续的专利检索和侵权判断分析。

　　一项新"技术"往往是成千上万项创新式发明点的集合，其背后则对应着成千上万件的专利申请。如何将这些数量众多的反映该项新"技术"的专利申请进行归类整理，以反映该项新"技术"的专利布局情况，这正是项目分解所要解决的问题。

　　从表10－1所列"煤液化项目分解"可知，就产业和技术角度看，宏观上可将其分解为"煤直接液化"和"煤间接液化"两大类，而每一类又可细分出众多技术重点，研究人员可以有针对性地在这些细分的技术重点上进行专利检索和分析，从而得出科学性的分析结果。

表10－1　煤液化项目分解

```
   1. 煤直接液化
              煤直接液化催化剂
              煤直接液化工艺
              煤直接液化加氢提质催化剂
              煤直接液化加氢提质工艺
   2. 煤间接液化
              费－托合成工艺
              费－托合成设备
              费－托合成催化剂
              费－托油品加工工艺
              费－托催化剂处理
              费－托油品加工设备
              费－托油品加工催化剂
              费－托成品油
```

2. 项目分解的基本原则

　　项目分解应尽可能依据行业内技术分类习惯进行，同时也要兼顾专利检索的特定需求和课题所确定分析目标的需求，使分解后的技术重点既反映产业的发展方向又便于检索操作，以确保数据的完整、准确。一般情况下，可按技术特征、工艺流程、产品或使用用途等进行分解。总体上，课题组可以参照以下基本原则对项目进行分解。

　　（1）行业分类为主

　　一项新技术可以说是众多的发明点的集合，从其产生、发展、应用乃至形成产业规模必然经历了所属行业的既有规范或是突破常规创建了新的标准与规范，这就客观地决定了在项目分解时对技术的本质或是其演变分支的掌握和利用是非常重要的。因此从行业常用的分类角度出发并以此作为项目分解的主要根据，有利于使专利分析报告中的技术内容更加贴近于产业中技术的发展现状和趋势，对课题研究报告的应用者来说更具有实际的指导作用。

　　（2）专利分类为辅

　　由于单一专利申请本身仅涉及某一技术点的内容，现有的国际分类体系或各国分类体系最终目的都是将近似内容的专利都聚合为一类，以利于专利审查员在最短的时间内找出相关的现有技术，换句话说专利审查员只需根据专利分类号检索到相关技术即可以停止检索。这一点与专利分析和预警工作的目的是截然不同的，专利分析和预警工作是需要从宽度和广度上找出尽可能多的引起潜在知识产权风险的专利，因此不仅需要对与项目分解后相关的专利分类号进行研究，而且还需要研究这些分类号之间可能存在的横向相关性。由于从审查角度上专利分类与行业常用的技术分类可能存在不尽相同的情况，为了便于后续研究成果的实际利用，在确定项目分解时最好本着"行业分类为主，专利分类为辅"原则，对技术的宏观框架确定后，再利用专利分类的特点将项目分解真正落实到位。

（3）兼顾课题需求

一般情况下项目分解应遵循前述两点原则，但该原则也并非是一成不变的，课题组也可以根据本课题所确定分析目标的特点来灵活确定项目分解的方式。尤其是涉及某些特定技术领域、技术标准等内容的专利分析时，通常专利分类要优于行业分类；或是在行业分类尚不明确的情况下，遵循专利分类优先的原则可能更有利于项目分解的准确性。

综上可知，项目分解作为专利分析和预警工作中重要的一个环节，其处理方式是灵活多变的，课题组在必要的时候也可邀请相关专家对如何合理地进行项目分解提出适当的建议。

根据确定的分析目标和对项目涉及的技术内容的分解研究，选择与技术主题相关的一个或多个数据库作为专利分析的数据源（数据库的选择参见《专利信息利用导引》第四章及本书第一章相关内容）。

二、数据采集阶段

数据采集阶段的工作主要是在前期准备的基础上，按照分析目标的特点，进行专利数据的采集，这一阶段主要包括制定检索策略、专利检索、专家讨论和数据加工4个环节。由于检索策略、专利检索在《专利信息利用导引》第四章以及本书的第一章有详细介绍，因此本节中重点介绍专家讨论和数据加工环节。

（一）专家讨论

项目进入实施阶段后，可在"专利检索"步骤后设置专家讨论环节。通过邀请相关方面的专家对课题组已进行的工作从管理层面和技术层面进行指导，确保课题组后续研究工作的有效性和实用性。

当然，课题组也可以不必拘泥于本节所规定的专家讨论环节的启动时间，在课题组认为有必要咨询相关专家时，如项目启动之初、确定分析目标或是项目分解等环节，均可以组织专家进行讨论，以利于项目的后续实施。

在项目实施阶段设置专家讨论的主要目的是为了保证课题研究方向的正确性、研究方法的合理性、研究数据的准确性和研究成果的科学性。

通过专家讨论，对项目实施阶段前期已完成的一些研究工作，例如确定分析目标、选择专利分析模块、分解项目以及选择数据库和制定检索策略等，进行阶段性的评估。课题组可以从项目与产业结合、项目分解与技术发展、检索策略的选择和运用等多方面、多角度地汲取有益的经验，弥补前期工作中存在的不足，及时修正研究方向与研究方法，尽量避免由于前期工作的偏差对后期实质性分析过程造成不利的影响。

（二）数据加工

专利检索完成后，应当依据项目分解后的技术内容对采集的数据进行加工整理，形成分析样本数据库。数据加工主要包括：数据转换、数据清洗和数据标引 3 个步骤。

1. 数据转换

数据转换是数据加工过程中的第一步，其目的是使检索到的原始专利数据转化为统一的、可操作的、便于统计分析的数据格式（如 EXCEL、ACCESS 格式等）。

2. 数据清洗

数据转换完成后，应当对数据进行清洗。所谓数据清洗实质上是对数据的进一步加工处理，目的是为了保证本质上属于同一类型的数据最终能够被聚集到一起并作为一组数据进行分析。这是因为各国在著录项目录入时，由于标引的不一致、输入错误、语言表达习惯的不同、专利法律状况的改变以及重复专利或同族专利等原因造成了原始数据的不一致性，如果对数据不加以整理或合并，在统计分析时就会产生一定程度的误差，进而影响到整个分析结果的准确。

3. 数据标引

数据标引是指根据不同的分析目标，对原始数据中的相关记录加入相应的标识，从而增加额外的数据项来进行相关分析的过程。数据标引是数据加工的最后一步，一般情况下根据不同的分析目标和项目分解内容，所标引的内容会有所区别。

三、专利分析阶段

专利分析阶段的工作主要是在已采集数据的基础上，按照分析目标的要求，对这些数据进行深入的专利分析。这一阶段主要包括选择分析工具和实施专利数据分析两个环节。

（一）选择分析工具

此处所称的分析工具特指用于专利分析的软件。目前国内外专利分析软件种类繁多且特点各异，因此挑选合适的分析软件对课题组后续的专利分析起着至关重要的作用。

在选择专利分析工具时，应充分考虑到以下几点。

第一，应根据所确定分析目标的特点以及其所涉及的范围，结合国内、国外专利分析软件的特点，来确定是以国内专利分析软件为主还是以国外专利分析软件为主。

第二，在初步确定所选定的专利分析软件的同时，应当充分考虑软件的运行环境、数据处理方式、系统响应时间等特点。

第三，应根据分析目标的重要程度以及专利分析软件是否收费等情况，合理地选择适当的软件，在合理预支的情况下选择出更能体现出效果的分析工具。

第四，当选择的某一专利分析软件的功能无法覆盖课题研究的全部需求时，还应当确定具有该功能的备选专利分析软件作为补充。

（二）实施专利数据分析

在完成专利分析工具的选取后，就可以利用这些分析工具对经过采集和处理的专利数据进行专利分析了。

数据分析阶段主要任务在于对分析样本数据进行技术处理和分析解读，包括按专利指标聚集数据、生成工作图表和深度分析目标群、分析与解读专利情报等。

1. 聚集数据

这项工作包含两层含义：一是按照分析目标，选定本次分析用的各种专利指标，例如专利数量指标中的专利族指标、当前影响力指标、技术实力指标、科学关联度指标、专利增长率指标以及技术生命周期指标等；二是按预定的专利指标借助分析软件对经过清洗的数据进行数据统计或加工。

2. 生成工作图表和深度分析目标群

借助分析软件，生成各种可视化图表以及需要进一步分析用的深度分析目标群。这里所说的深度分析目标群是指在统计分析得到的图表基础上，为进一步研究而建立的分析样本。例如，需要进一步建立核心专利对比分析样本或需要进一步研究竞争对手的分析样本。

注意：建立深度分析目标群这项工作并不是必须的，而是根据分析目标而定的。换句话说，在有些专利分析的项目中（例如某行业技术现状调查），并不需要建立深度分析目标群。

3. 分析与解读专利情报

根据数据加工整理得到的可视化图表和深度分析目标群，采用各种分析方法综合有关信息并进一步进行归纳和推理、抽象和概括等分析，探索专利信息所反映的本质问题。参见本章第二、第三节内容。

四、完成报告阶段

完成研究报告阶段的工作主要是对前面实体研究工作的归纳和整理，并以书面的形式形成体例规范的课题研究报告，这一阶段的工作也是目前项目实施流程的最后环节。主要包括撰写分析报告、初稿研讨、报告修改和完善、报告印刷 4 个环节。

（一）撰写分析报告

分析报告应当在报告内容、报告结构和格式等方面遵循一定的规范要求，以体现专利分析和预警工作的整体性、一致性和规范性。

一般来说，分析报告的主要内容应当包括：引言、概要、主要分析内容、主要结论、应对措施和政策建议以及附录 6 部分内容。

1. 引言

引言主要表述项目立项背景、立项的重大意义以及项目的运行情况和研究过程等。

2. 概要

概要主要包括：项目的分析目标、技术背景、专利数据库与检索策略、数据处理原则、分析方法和分析工具选择等。

3. 主要分析内容

主要分析内容因不同的分析目标和项目分解内容有所不同。一般可以根据本章第三节中所介绍的内容自由选择与组合。需要注意的是：主要分析内容应当与项目分析目标相对应；另外针对不同技术内容的分析完成后，应当就所分析的问题撰写相应的小结。

4. 主要结论

针对项目需求和项目分解内容，在进行充分分析的基础上分别给出分析报告的整体结论和各个要点分析的主要结论。主要结论应当与项目分析目标密切相关，并有分析过程和分析数据支撑。

5. 应对措施和政策建议

课题组应当依据主要分析结论，并结合国家宏观经济政策和相关法律法规以及相关领域或行业的技术现状和竞争环境等内容，提出应对措施和建议。此外，根据项目分析目标的不同以及研究对象不同，采取的应对措施和建议的侧重点也应有所区别。

6. 附录

列出与项目研究相关的成果清单，如具有风险的专利清单、项目研究过程中形成的各类分析样本、专利分析和预警课题计划书、检索策略表、参考文献等。

（二）初稿研讨

课题组在分析报告初稿完成后，应组织相关领域专家对报告的主要内容、重要结论、应对措施以及政策建议等内容进行研讨。以协助课题组完善报告内容、梳理报告结构、突出重要结论，使报告的应对措施和政策建议更有针对性。

（三）报告修改和完善

通过初稿研讨后，课题组应当充分借鉴相关专家的意见，并综合这些修改建议对报告中尚需改进的地方进行相应的修改和完善。

（四）报告印刷

在课题组完成在报告修改之后，应对报告进行印刷。在安排报告印刷的过程中，应确保研究报告中所涉及的保密内容不被泄露，并选择相应保密级别的印刷单位。

五、成果利用阶段

成果利用阶段的主要工作包括对分析报告进行评估、制定相应的专利战略，以及专利战略的实施等。从理论上讲，成果利用阶段的工作是分析工作的延伸，专利信息分析的最终目的在于将专利情报应用于实际工作中。因而，应当以积极的行动将这些研究成果用于配合制定国家的发展战略、指导企业的经营活动，为国家或企业在市场竞争中赢得有利地位。需要注意的是，成果利用阶段的主要工作通常由专利信息分析报告的委托方组织实施。

（一）分析报告评估

一份好的信息分析报告必须经得起时间与实践的双重检验。研究报告必须经过严谨分析，具有条理性、系统性且合乎逻辑，并且最后获得一些清晰的科学结论，只有这样才能将专利分析的成果很好地应用于实际工作中。因此，慎重阅读和评估专利分析报告具有非常重要的意义。在实际评估工作中，通常需要对下列问题进行必要的估量：

研究报告是否清楚说明其目标？

数据采集的时间跨度及区域范围是否合理？

检索策略是否准确？

数据库的选择是否具有代表性？

数据本身的质量及影响因素考虑是否全面？

使用的统计方法或分析工具是否合适？

以图表形式表达的结果是否将数据合理量化？

图表内容与文中内容是否吻合以及图表之间的数据是否一致？

对统计数据推论得到的结果解释是否合理？

是否针对研究结果作出合理的建议？

（二）制定专利战略

所谓专利战略是以专利制度为依据，以专利权的保护、专利技术开发、专利技术实施、专利许可贸易、专利信息应用和专利管理为主要对象，以专利技术市场为广阔舞台，在企业生存和发展的环境中，以符合和保证实现企业竞争优势为使命，冷静地分析环境的变化和原因，探索未来企业专利工作的发展动向，寻找发展专利事业的机会，变革企业现在的经营机构，选择通向未来的经营途径，谋求革新企业专利经营对策。

通常所称的专利战略包括专利申请战略、技术引进战略、维权战略、市场战略、跟踪主要竞争对手战略，以及专利续展战略。

企业专利战略是企业发展战略的重要组成部分，是企业利用专利手段在市场上谋求利益优势的战略性谋划。它涉及企业自身行业境况、技术实力、经济能力和贸易状况等诸多因素。因此，制定相应的专利战略时，应当充分利用专利分析报告的研究成果，在此基础上注重与企业的实际情况相适应，选择与企业总体发展战略相符合的专利战略。

（三）专利战略实施

企业专利战略应当根据国家发展的总体战略方针和国家专利战略的宏观框架，与企业整体发展战略相适应。同时，企业专利战略的制定应当客观分析企业面临的竞争环境，并与企业自身的条件和特殊性相适应。仅仅有漂亮的专利信息分析报告与宏伟的专利战略是不够的，需要有与其相适应的体制与操作规程。没有相应的制度或管理程序做保证，再好的专利战略也无法正常、有序地实施。因此，企业专利管理是专利战略实施的基础与保证。企业专利管理工作的目的在于充分依靠和有效运用专利制度，有效整合企业资源，积极推进企业专利战略，增强企业技术创新能力和市场竞争能力。

企业在实施专利战略过程中，应将它切实地落实到企业的日常专利管理工作上去，使其成为企业经营战略的重要组成部分，并设立专门机构抓落实，认真贯彻已制定的专利战略，依靠专利技术、专利产品占领市场，为企业带来超额的经济效益。同时，企业专利战略应当具有相对稳定性。既要考虑眼前企业所面临的形势，更要对未来可能的发展变化进行前瞻性的研究。在总的原则确定后，还要依据急剧变化的形势，进行及时的微调。

第二节　技术发展趋势分析

技术发展趋势分析是指在所采集的分析样本数据库中，利用时序分析方法，研究专利申请量（或授权量）或排名靠前的专利技术（专利分类号或技术主题）随时间逐年变化情况，从而分析相关领域专利技术的发展趋势或技术领域中重点技术的发展趋势。

一、专利量逐年变化分析

专利量逐年变化分析是利用时序分析方法，研究专利申请量或授权量随时间逐年变化情况，从而分析相关领域整体的技术发展态势。值得注意的是专利量逐年变化分析常常和技术生命周期分析相结合，研究技术发展的整体态势和技术生命周期。

图 10 - 2 是国外 PVD 技术领域专利申请量逐年变化图，从图中可以看出：在 1985 ~ 1986 年间，国外 PVD 技术的申请量在 500 件以下；从 1987 ~ 2001 年 PVD 技术的申请量呈现缓慢增长态势，但变化不大，一般维持 800 ~ 1 000 件；从 2002 ~ 2006 年，专利申请量有较大增长，持续在 1 500 件水平，从趋势上看申请量仍然处在增长阶段，反映出 PVD 技术处于技术发展期的特征。

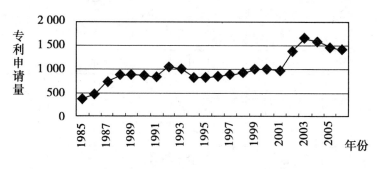

图 10 - 2 国外 PVD 技术领域专利申请量逐年变化图

二、专利分类号逐年变化分析

专利分类号逐年变化分析模块是利用时序分析方法，研究申请量或授权量排名靠前的专利分类号（包括：IPC、ECLA、DC/MC、UCLA、FI/F-term 等分类号）随时间逐年变化情况，从而分析相关技术领域重点专利技术的发展趋势。即通过专利分类号表征技术内容，通过专利分类号对应的专利量逐年变化情况表征重点技术发展趋势或技术热点变化。

以日本东海公司（Tokai Corporation）有关打火机方面的专利数据为例，利用时间序列和回归趋势分析方法，研究专利技术发展趋势。

在中国专利数据库中，该公司有关打火机方面的专利共 78 件，涉及 75 个 IPC 分类小组。经过统计排序分析，取前 20 个 IPC 分类小组，参见表 10 - 2。从中可以了解东海公司在打火机领域专利申请量随时间变化的情况，并以此分析其技术活动动向。

　　数据表明：东海公司在打火机领域拥有的专利技术十分全面，同时有关"液体燃料技术和燃料储存器技术"、"安全装置及打火机外壳技术"和"电点火技术"等关键技术是他们研究的重点。值得注意的是：在东海公司申请的有关打火机的专利中，F23Q 2/02、F23Q 2/44、F23Q 2/46、F23D 3/02、F23D 3/08 和 F23Q 2/06 等技术领域的专利，大多数是1998年以后申请的，同时这些领域的专利申请随时间的变化呈增长的态势。这说明1998以后东海公司的专利活动的重点开始向这些领域转移。

表 10 - 2　东海公司打火机专利申请（中国）前 20 个 IPC 排名

IPC	1992	1993	1995	1996	1997	1998	1999	2000	2001	2002	总计
F23Q 2/16	3	3	1	4	2	4	4	2	7		30
F23Q 2/28	1			2	2	1	3		5	2	16
F23Q 2/34		2	2	2	2	2	1	1	1		13
F23Q 2/02						4	2	4			10
F23D 11/36	2	2	2	1			2				9
F23Q 2/44						4	2	2			8
F23Q 2/30				2	2	1					5
F23Q 2/42				1				4			5
F23Q 2/167	1			1	2						4
F23Q 2/46							1	1	2		4
F23D 14/28	1					1	1				3
F23D 3/02						1	2				3
F23D 3/08						2		1			3
F23Q 2/06						2			1		3
F23Q 2/50		1			1				1		3
F23Q 3/01	1		1		1						3
F23D 3/24						1	1				2
F23Q 11/00			1	1							2
F23Q 2/00		1					1				2
F23Q 2/36	1			1							2

　　与此同时，如表 10 - 2 所示，东海公司在中国申请的有关打火机的专利中，涉及F23D 11/36、F23Q 3/01、F23Q 11/00 和 F23Q 2/36 等领域的专利，多数是在1997年以前申请的。除 F23D 11/36 外，这些领域在1997年以后均没有新的专利申请，反映出这方面的技术已相对成熟，东海公司不再作新的投入。

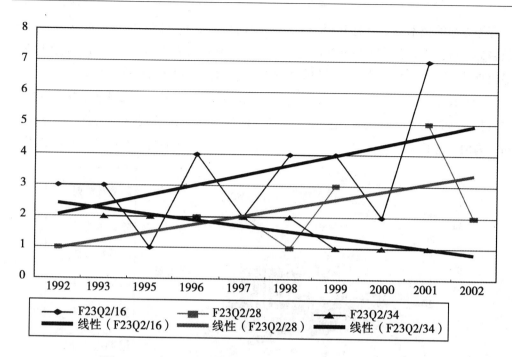

图 10 - 3　东海公司打火机专利申请 IPC 领域回归趋势分析图

　　根据表 10 - 2 中的数据，进行回归趋势分析，绘制图 10 - 3。如图 10 - 3 所示：F23Q 2/16（气体燃料点火器）、F23Q 2/28（以电点火燃料为特征的点火器）等方面的技术呈现增长态势，而 F23Q 2/34（装有燃料的点火器的零件或附件）已呈现明显的下降趋势。这说明东海公司在装有燃料点火器的零件或附件等相应的技术领域的投资在减少。

三、技术主题逐年变化分析

　　技术主题逐年变化分析是利用时序分析方法，研究技术主题词对应的专利数量或占总量的比例随时间逐年变化情况，从而分析相关技术领域重点技术的发展趋势。即通过主题词表征技术内容，通过主题词对应的专利量逐年变化情况表征重点技术发展趋势或技术热点变化。

　　以 PVD 技术为例，在中国专利数据中检索到有关 PVD 的专利共 3 795 件，将这些专利按照溅射工艺、制造或处理半导体、半导体制造过程中的测试、等离子体、磁控溅射工艺和放电管等技术主题进行标引，再按时间序列展开，研究重点技术的发展趋势。如图 10 - 4 所示，其中三维坐标轴分别为：时间轴、专利数量轴和技术主题轴。

　　从图 10 - 4 可以看出：溅射工艺、磁控溅射工艺、半导体制造过程中的测试等技术发展快速，其专利申请数量随时间变化增长快速，表明随着时间的推移，这些技术是该领域竞争者重点投入的技术，有较好的发展前途。与此同时，有关等离子体和放电管等方面的技术基本上是 1995 年以后出现的技术，而且随着时间的推移呈逐年增长趋势，这说明相关技术是该领域的技术热点，参与研究和申请专利的企业在增加，最值得关注的是在半导体制造过程中的测试等技术，相对增长幅度较大。

　　通常技术主题逐年变化分析的实施要借助专业的分析工具，通过文本挖掘或自然语言技术进行技术主题统计和排序，再结合时序分析方法实现技术主题逐年变化分析。有时，分析人员首先要进行技术主题的人工标引，然后再进行统计和时序分析。

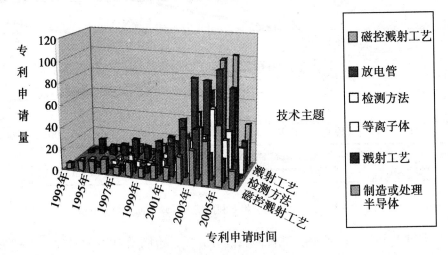

图 10 – 4　PVD 技术的发展趋势图

第三节　地域性分析

　　地域性分析是指在专利分析样本中按照专利优先国家或区域（如国内省市代码等），对专利量（申请量或授权量）进行统计和分析，以了解不同国家或地区对专利技术的拥有量，从而研判国家或地区间的技术实力。在专利数量分析的基础上，还可以进一步对这些国家或地区的专利技术特征进行统计和分析，研究强势国家或地区的技术特征。地域性分析包括区域专利量分析、区域专利技术特征分析和本国专利份额分析。

一、区域专利量分析

　　区域专利量分析主要是在专利分析样本中，按照专利优先国家或区域（如国内省市代码等）对专利数量（申请量或授权量）或占总量的比例进行统计和排序，以了解不同国家或地区对专利技术的拥有量，从而研判国家或地区间的整体技术实力。区域专利总量分析包括：世界范围内国家或地区专利数量对比分析、国内省市专利数量对比分析、中国专利中外国人申请专利数量的国家分布研究等。其中世界范围内国家或地区专利数量对比分析主要用来研究世界范围内国家或地区的技术实力，国内省市专利数量对比分析主要用来研究国内地区间的技术实力，中国专利中外国人申请专利数量的国家分布研究主要用来研究国外在我国的专利布局。参见图 10 – 5、图 10 – 6、图 10 – 7、图 10 – 8。

　　例如，在 DWPI（Derwent World Patent Index）专利数据库中采集世界范围内有关拉链的专利，共 2 578 件，按专利优先权国家进行统计和排序。数据表明：世界范围拉链技术领域的申请主要分布在：日本（JP）、美国（US）和德国（DE）。日本公司在我国的专利申请也较多。其次是澳大利亚（AU）、法国（FR）和韩国（KR）。前 10 名的国家，其专利申请量共 2 364 件，占总数 2 578 件的 91. 70%。其中，日本、美国和德国是拉链技术最活跃的和最主要的国家，它们申请的相关专利 1 810 件，占总数 2 578 件的 70. 21%。反映出上述三国是各国拉链企业专利申请的主要国家，同时说明它们在拉链技术领域投入较大，掌握了大量的专利申请，基本上控制了拉链技术市场，也是拉链产品市场的必争之地。其次是法国、韩国、英国和瑞士。此外，澳大利亚、加拿大等国在拉链产品市场中也占有一席之地。参见图 10 – 5 和图 10 – 6。

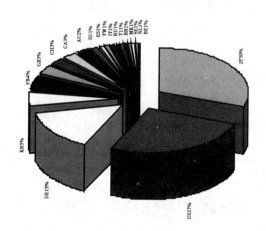

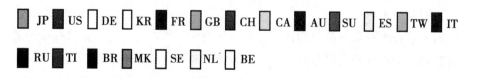

图 10 – 5　世界范围拉链专利国家（地区）分布图

二、区域专利技术特征分析

　　区域专利技术特征分析是指在分析样本数据中，按照国家或地区（如国内省市等）的专利涉及的技术内容进行统计和分析，以了解不同国家或地区的技术特征，从而研判国家或地区优势技术领域或技术重点，并以此推断不同区域市场竞争的态

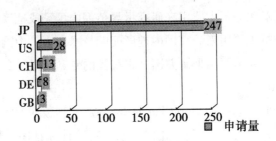

图 10 - 6　拉链领域中国专利中外国人申请专利数量的国家分布图

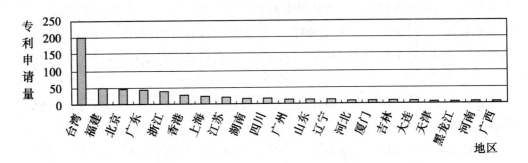

图 10 - 7　中国拉链专利国内省市分布图

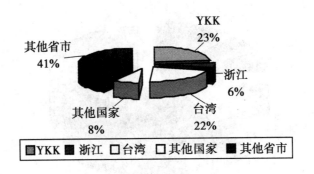

图 10 - 8　中国拉链专利申请中 YKK 公司与浙江省专利分布图

势。其中技术内容可以用专利涉及的分类号、主题词来表征，也可以利用人工标引主题的方式确定技术内容。

　　区域专利技术特征分析包括：国家或地区专利技术特征分析、国外在华专利技术特征分析等，其中国外在华专利技术特征分析通常与主要竞争者相结合。

　　在 DWPI 数据库中，检索锂电池方面且优先权为美国的专利，利用 Aureka 专利分析工具绘制美国锂电池专利技术特征图，参见图 10 - 9。如图所示，美国的锂电池专利技术总体比较分散，技术涉及面广，局部形成相对集中区域，进一步分析这些技术聚集区域，阅读相关专利文献，可以看出，美国锂电池技术最主要集中在二次电池的 5 个部分：①聚合物电解质特别是固体电解质的相关技术；②电解液的电解质技术；③电极的氧化物活性材料技术；④非水性电池特别是锂电池技术；⑤二次电池的正负电极相关技术。这 5 大部分是 2001 年以来电池技术美国专利文献技术分布的重点内容。

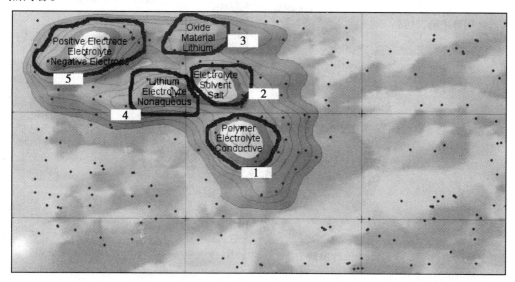

图 10 - 9　美国锂电池专利技术特征图

三、本国专利份额分析

本国专利份额分析主要应用在国家之间或区域之间技术创新能力的比较研究，分析样本中按照被研究的国家或区域内其本国或区域内的专利申请人或权利人所占的专利份额进行统计分析，以了解其技术创新能力。

图 10 - 10 所显示的是锂电池中国专利在 1985 年至 2007 年间国内申请和国外申请数量对比情况。其中，国外申请数量 1 963 件，高于国内申请总量 1 852 件（其中包括台湾省申请 61 件，香港申请 6 件）。国外申请占相关领域专利申请总量的 51. 45%，可见国外公司重视在我国锂电池领域的专利布局。

第四节　竞争者分析

竞争者分析是指在分析样本数据中，按专利申请人或专利权利人的申请量或授权量进行统计和排序，以此研究相关技术领域中主要竞争者。通常，在专利申请人或权利人统计排序后，要根据分析目标进一步对重点竞争对手的专利活动做深入研究。

竞争者分析包括以下内容。

一、竞争对手专利总量分析

竞争对手专利总量分析是指按照专利权人或专利申请人的专利数量，进行统计和排序，确定主要竞争对手。分析中依据不同的分析目标，一般将专利数量排名前 10

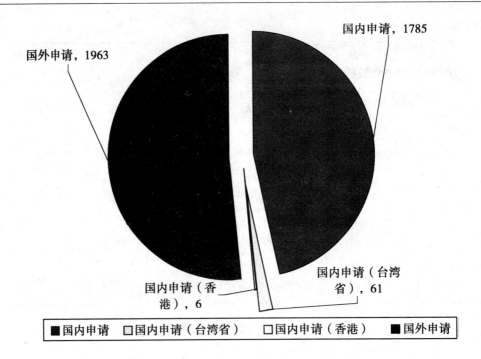

国外申请，1963

国内申请，1785

国内申请（香港），6

国内申请（台湾省），61

■国内申请　　□国内申请（台湾省）　　□国内申请（香港）　　■国外申请

图 10 - 10　锂电池中国专利申请国别分布情况

位至 40 位的专利权人或专利申请人列为主要竞争对手进行进一步分析。

【实例】利用国内打火机专利技术领域专利申请人数据进行统计排序分析。

在所采集到的中国专利数据样本中，按申请人申请专利的数量排序，前 12 位打火机专利申请人如表 10 - 3 所示。考虑到共同申请人的情况，截至 2002 年 6 月，有 1 693 个申请人在国家知识产权局专利局申请了打火机技术领域的专利。其中申请量前 40 名申请人的专利数为 638 件，占总数的 37.68%。申请量前 40 名申请人中，我国公司（包括合资企业）或个人有 32 家，其他是外国公司的来华申请，其中，多数是日本公司。值得注意的是，申请量前 40 名申请人中，发明专利的拥有量有 44 件，占发明总数的 44.90%。

表 10 - 3　中国打火机专利申请量前 12 名申请人排名

排名	申请人	发明	新型	外观	总计
1	沙乐美（福州）精机有限公司			55	55
2	黄新华		10	34	44
3	株式会社东海	13		21	34

续表

排名	申请人	发明	新型	外观	总计
4	新会市明威打火机厂有限公司		1	30	31
5	黄宇明		2	28	30
6	瀬川隆昭	1		26	27
7	李濠中		16	11	27
8	王志林	5	19	1	25
9	舒义伟		3	19	22
10	李伊克		11	10	21
11	顺德县桂洲镇红星打火机厂		4	17	21
12	碧克公司	16		3	19

经进一步研究发现：申请量排名第 3 位的日本株式会社东海，拥有发明专利 13 件。其专利的技术主题主要涉及放电点火式气体打火机、液体燃料技术和材料、焰色反应物载体和制造焰色反应件的方法、安全装置及打火机外壳技术等方面，其技术内容十分广泛。与德国的东海清木有限公司一起，形成了强大的"东海"打火机专利技术保护网，是打火机技术领域强有力的竞争者。专利申请量位于 12 位的碧克公司，拥有发明专利 16 件，在发明专利拥有量排名中名列第一。其专利的技术主题主要涉及儿童安全打火机、可选择性启动的打火机和打火机安全保险等方面的技术，同样是打火机技术领域强有力的竞争者。关注打火机技术领域的人知道，2001 年，欧盟拟订进口打火机的 CR 法规草案。其核心内容是：规定进口价格在 2 欧元以上的打火机必须带有防止儿童开启装置即带安全锁。这意味着，素有"打火机王国"之称的温州打火机即将遭受严峻考验。其实，安全锁的工艺、结构并不复杂，且万变不离其宗。但国外对它的技术及专利已领先一步，这些技术几乎都被国外有关企业申请了专利，例如碧克公司，它在中国申请的 19 件专利中，有 16 件为发明专利，而且于 1998 年在我国专利局申请了 7 件有关防止儿童开启装置的发明专利。如果我国相关企业能及时关注这些国际上主要竞争对手的专利动态，就有可能在欧盟 CR 法规遭遇战前先知先觉，处于主动迎战的地位。有人认为，CR 法规主要是受世界著名的打火机制造商美国 BIC 公司和日本东海公司的影响，是为了保护其在欧洲的市场。从深度上分析，这是国际集团公司惯用的以技术优势抢占产品市场的竞争手法。为此，相关企业应引以为戒。

专利申请人分析，实际上是竞争对手分析。应当在专利申请人排名分析的基础上，针对该企业的具体情况，将排名在该企业之前的申请人作为主要竞争对手，对这些申请人进一步作专利检索，并关注竞争对手的技术特点和申请专利的技术领域变化。同时，对排名在该企业之后的申请人当中，应当关注那些申请量逐年增加的企业，因为这些申请人是该企业的主要潜在竞争对手。

二、竞争对手研发团队分析

竞争对手研发团队分析是在分析样本中按照专利权利人拥有的发明人数量进行统计和排序，以此研究企业的研发规模。通常在某个技术领域，企业的发明人数量越多表明企业在该领域研发投入和研发规模较大，相应的竞争能力就越强。实际工作中还要关注企业发明总量和新增加的发明人数量等信息。

【实例】

假设竞争对手分析涉及 A 公司、B 公司和 C 公司，他们是相同技术领域最主要的竞争者。首先统计 3 个公司历年发明人数量，然后绘制图 10 – 11。从图中可以看出 A 公司和 C 公司研发团队规模逐渐增大，表明他们在相关领域的研发力量投入的加强，反之，B 公司研发人员在逐年减小，亦表明他们研发力量投入的减弱。

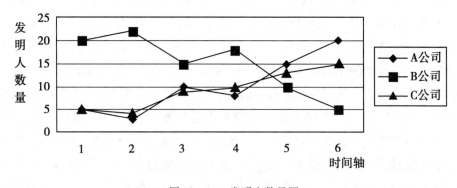

图 10 – 11　发明人数量图

三、竞争对手专利量增长比率分析

竞争对手专利量增长比率分析是通过计算主要竞争对手的专利申请数量或授权专利数量的增长率，以此来表征竞争对手的竞争能力和发展态势。实际操作中，分别用竞争对手后一年专利数量减去前一年专利数量，再除以前一年专利数量，最终获得竞争对手专利量增长比率并按增长比率排序和分析。

在 DWPI 数据库中检索有关牙膏方面的专利（数据采集时间：1984～2006 年），分析该技术领域中重点专利权人的专利延续时间和近 3 年专利数量占其总量的比例情况如表 10 – 4，以此研究竞争对手保持技术领先的时间和最新的发展态势。如表中排名第一的 LION 公司专利申请延续时间最长从 1984～2005 年，近 3 年申请比例占其专利总量的 8%，增长平稳；而排名前列的 CHESEBROUGH 公司，近 3 年没有专利申请，说明基本退出了相关领域的专利竞争；而 HUBER 公司虽然专利总量不高，排名靠后，但近 3 年专利比例占其专利总量的 38%，增长迅速，说明该公司在相关领域的发展态势十分强劲。

表 10 - 4　牙膏技术专利申请人排名情况

专利申请人	专利申请延续时间	近 3 年专利占其总量比
LION CORP [476]	1984 ~ 2005	占 476 的 8%
COLGATE PALMOLIVE CO [205]	1984 ~ 2005	占 205 的 10%
PROCTER & GAMBLE CO [180]	1984 ~ 2005	占 180 的 10%
SUNSTAR CHEM IND CO LTD [141]	1984 ~ 2005	占 141 的 6%
UNILEVER PLC [131]	1984 ~ 2005	占 131 的 9%
KAO CORP [130]	1985 ~ 2005	占 130 的 15%
CHESEBROUGH PONDS USA CO [53]	1986 ~ 2000	占 53 的 0%
HENKEL KGAA [50]	1984 ~ 2005	占 50 的 6%
WARNER LAMBERT CO [48]	1988 ~ 2005	占 48 的 10%
SMITHKLINE BEECHAM PLC [38]	1984 ~ 2003	占 38 的 0%
NIPPON ZETTOC KK [34]	1987 ~ 2005	占 34 的 21%
LG HOUSEHOLD & HEALTH CARE LTD [33]	1996 ~ 2005	占 33 的 6%
CHURCH & DWIGHT CO INC [29]	1985 ~ 2005	占 29 的 7%
BLOCK DRUG CO [25]	1984 ~ 2002	占 25 的 0%
SHISEIDO CO LTD [24]	1984 ~ 2005	占 24 的 4%
HUBER CORP J M [21]	1994 ~ 2005	占 21 的 38%
SANGI KK [20]	1984 ~ 2005	占 20 的 15%
KANEBO LTD [20]	1986 ~ 2005	占 20 的 10%
ICI AMERICAS INC [18]	1984 ~ 2004	占 18 的 17%
ULTRADENT PROD INC [18]	1990 ~ 2004	占 18 的 6%
ENAMELON INC [16]	1995 ~ 2000	占 16 的 0%
GILLETTE CANADA INC [16]	1989 ~ 2005	占 16 的 6%
BEECHAM GROUP PLC [15]	1984 ~ 1993	占 15 的 0%
EARTH SEIYAKU KK [15]	1993 ~ 2003	占 15 的 0%

四、竞争对手重点技术领域分析

竞争对手重点技术领域分析是利用竞争对手分析样本数据中的分类号（如：IPC、ECLA、DC/MC、UCLA、FI/F-term 等）或主题词对应的技术内容的专利数量的多少或占总量的比例进行统计和频次排序分析，研究竞争对手发明创造活动中最为活跃的技术领域以及技术领域中的重点技术。

五、竞争对手专利量时间序列分析

竞争对手重点技术领域分析是通过对主要竞争对手涉及的技术主题的专利数量或专利申请数量随时间的变化趋势进行统计和分析，研究竞争对手重点技术变化路线、逐步放弃的技术领域和新涉足的技术领域等问题，了解竞争对手技术发展趋势。分析中可以用主题词或专利分类号表征相关技术主题。

图 10 - 12 为某领域一主要竞争对手——东京电子逐年技术重点变化图，如图所示：该公司技术重点变化路线是由 H01L 21/31、H01L 21/316、H01L 21/3065 等方面转向 H01J 37/32、H01L 21/302、H01L 21/68 等方向，再转向 G06F 7/16、H05H 1/46 等。

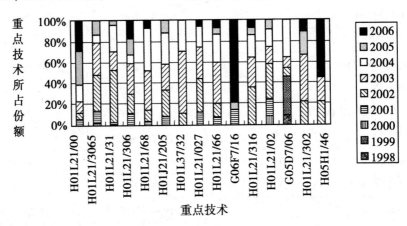

图 10 - 12　东京电子重点技术年度分布图

六、竞争对手专利区域布局分析

竞争对手专利区域布局分析是在竞争对手分析样本数据中，对竞争对手专利涉及的国家或地区、竞争对手的同族专利涉及的国家数量进行统计和时序分析，研究竞争对手技术分布特征和技术布局的战略。

在 DWPI 数据库中检索有关正交频分复用技术（OFDM）方面的专利，按照竞争对手的同族专利申请进行国家统计和分析，参见图 10 - 13。如图所示：三星公司（SAMSUNG）的研发成果主要申请韩国、美国和中国专利，而高通公司（QUAL-COMM）则全部申请美国专利。

七、竞争对手特定技术领域分析

竞争对手特定技术领域分析是在分析样本数据中，按照专利分类号或技术主题词进行统计和排序并且比较竞争对手之间其专利涉及的技术主题的不同，最终筛选出竞争对手独特的或独占的技术区域，以此研究竞争对手特定的技术领域。

继续上面 OFDM 的实例，在按照主要竞争对手专利数量进行统计和排序之后，

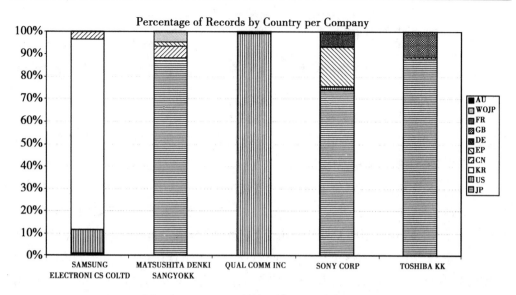

图 10 – 13　OFDM 专利重点企业同族专利分析

按照技术主题统计他们涉及最多的技术领域、独特的技术领域、最新研发的技术领域和尚未研发的技术领域等，参见表 10 – 5。表中技术领域用德温特手工代码表征。如表所示：三星公司的独特领域分布在 W04-F01F5、W02-C03E3A、W01-C01B1A、W01-C01F3、W01-C01G6B、W01-A11G1 等方面，而在 W02-K07C、T01-J04B1、W02-C03C1B 领域没有研究。

表 10 – 5　OFDM 技术领域重点公司技术分析统计表

申请件数	申请人	优先权国家	最多的发明人	申请延续时间	近三年占其总量百分比	最多的技术领域	独特的技术领域	最近研发的技术领域	未研发的技术领域
852	SAMSUNG ELECTRONICS CO LTD	KR [733]; US [91]; CN [26]	LEE J [73]; KIM Y [66]; KIM D [61]	1996 - 2007	24% of 852	W02-K07C [631]; W01-A09D [134]; W01-B05A1A [118]	W04-F01F5 [2]; W02-C03E3A [2]; W01-C01B1A [2]; W01-C01F3 [2]; W01-C01G6B [2]; W03-A11G1 [2]	T01-N02A2B [3]; W01-A [3]; T01-M06 [2]; T01-N02A1B [2]; W02-L [2]	W02-K07C [+1]; T01-J04B1 [+1]; W02-C03C1B [+1]
502	MATSUSHITA DENKI SANGYO KK	JP [451]; CN [28]; WOJP [23]	NISHIO A [44]; MIYOSHI K [32]; LI J [25]	1992 - 2007	18% of 502	W02-K07C [342]; W02-K07 [74]; W01-B05A1A [59]	X22-K11 [3]	X22-K01 [4]; X22-K11 [3]; T01-E02D [2]; T01-H01B6 [2]; T01-J05B4P [2]; U22-E01 [2]	W01-A09D [-1]; T01-S03 [-1]; W01-A06B5A [-1]
363	QUALCOMM INC	US [361]; WOUS [2]	LI J [85]; LAROIA R [82]; WALTON J R [40]	1997 - 2008	49% of 363	W02-K07C [222]; T01-S03 [114]; W01-B05A1A [93]	W01-C01D4 [8]; W01-A06B8C [7]; T01-N02A2E [4]; U23-A01B5 [2]; T01-C07C5 [2]; T01-C11 [2]; T01-M01 [2]; W01-C01D3E [2]; U23-A01B1 [2]	W01-C01D1A [10]; W01-A06F3 [9]; W01-C01D4 [8]; W01-A06B8C [7]; U22-D [6]; W06-A01 [6]; T01-F03C [4]; T01-N02A2E [4]; U22-E [3]; T01-E01A [2]; T01-E02D [2]; T01-E03 [2]; T01-F02C2 [2]; T01-L03 [2]; T01-M06 [2]; T01-N01D1A [2]; U22-A [2]; W01-A04A [2]; W01-A06C4A [2]; W02-C05B [2]	T01-S03 [+1]; W01-B05A1A [+1]; W01-A06C4 [+1]

八、共同申请人分析

共同申请人分析是指在分析样本中，利用关联分析方法研究相关技术领域中最经常出现的共同申请人或专利权人，以此了解该技术领域进行合作研发的单位。通常情况下，共同申请人分析是在竞争对手专利总量分析的基础上所作的进一步分析，即对主要竞争对手在该领域中的合作意向进行分析，并依据主要竞争技术合作伙伴的变化判断主要竞争对手的技术重点的变化。

图 10 – 14 是关于某技术领域中主要专利权人相互关系的研究，旨在揭示相关技术领域中，技术合作与协作开发的重要情报。图中的连线表示各公司之间的联系及其强弱程度。图中显示：LION CORP 公司与 SUNSTAR CHEM IND CO LTD 公司、KAO CORP 公司、UNILEVER NY 公司、COLGATE PALMOLIVE CO 公司、PROCTER & GAMBLE CO 公司、SMITHKLINE BEECHAM PLCD 公司等专利权人均有较密切的合作关系，且 LION CORP 公司的专利数量也最多，表明 LION CORP 公司在该技术领域涉及技术内容广泛，技术实力雄厚。

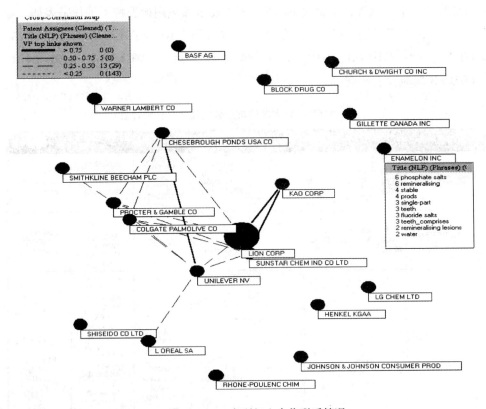

图 10 – 14　专利权人合作联系情况

九、竞争对手竞争地位评价

竞争对手竞争地位评价是在竞争对手分析样本数据中，通过计算专利引证率构建专利引证率四方图，以此研究企业的竞争能力。通常竞争对手分为技术先驱者、重点技术持有者、技术参与者、技术模仿者，如图10-15所示。

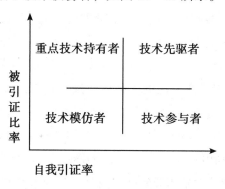

图 10-15 竞争对手地位评价图

技术先驱者是指专利被引证率和自我引证率均高的企业，说明该企业专利申请量大且拥有相关技术领域的前沿技术，同时围绕着重点前沿技术形成了较好的专利技术保护网络。

重点技术持有者是指专利被引证率高、自我引证率低的企业，说明该企业拥有相关技术领域的核心专利，但专利技术份额不高，难以成为技术领军者。

技术模仿者是指专利被引证率低、自我引证率低的企业，说明该企业技术力量薄弱，是相关技术领域的模仿者和跟随者，基本不具有竞争力。

技术参与者是指专利被引证率低、自我引证率高的企业，说明该企业拥有相关技术领域的专利不多而且不涉及某技术领域重点技术，其技术虽具有一定特色，但难以形成技术优势。

第五节 核心技术或核心技术领域分析

技术领域分析主要应用到确定技术领域中的核心技术或基础专利分析，是指在分析样本中通过多种信息分析方法（如专利引证分析、技术关联分析、同族专利规模分析、布拉德福文献离散定律等）对相关数据进行加工和处理，以此来研判相关技术领域的核心技术或基础专利。其中对相关数据进行加工和处理通常要借助专业的分析工具进行。技术领域分析包括专利引证分析、同族专利规模分析、技术关联与聚类分析和布拉德福文献离散定律的应用。

一、专利引证分析

专利引证分析是指在分析样本中，通过对专利引证率的统计和排序分析或者在引证率的统计和排序的基础上绘制专利引证树，以此来研判相关技术领域的核心技术或基础专利。

在所采集的国外专利数据中，按专利引证率进行统计排序，并选择排名靠前的专利，将其所有引证文献进行分析，以此研究该领域重点专利以及技术的发展过程。

EP601788-A 是应用材料公司关于静电卡盘方面的专利。图 10 – 16、图 10 – 17 是 EP601788-A 专利被其他专利所引用的引证树，该专利被大量其他专利所引证，表明该专利是相关技术领域的基础专利。图 10 – 16 显示的施引专利的专利号，图 10 – 17 显示的施引专利的公司名称。从图中可以看出应用材料公司这件关于静电吸盘的专利自引率很高（即施引专利中有大量的专利是应用材料公司自身的），表明应用材料公司围绕 EP601788-A 申请了大量相关专利，同时围绕着该专利形成了较好的专利技术保护网络，如 US6159299A、US6500299B1、US6189482B1、US6494955 等。可以说应用材料公司在静电吸盘技术领域技术实力雄厚。此外，兰姆研究、日本疑子株式会社（NGK INSULATORS. LTD）等公司在该技术领域从事相似的技术研究，他们在引证 EP601788-A 专利的基础上申请了大量相关专利，并形成了新的重点技术，如 WO1997012396A1、US134096A、US5946183A 等，这些专利又被许多其后的专利所引用。有关企业应对重要节点的专利进一步深入研究，寻找技术突破口。

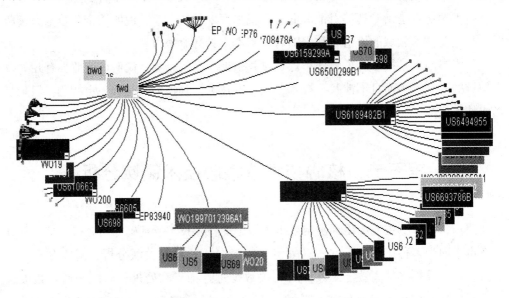

图 10 – 16　EP601788-A 向前引证树情况（以专利号显示）

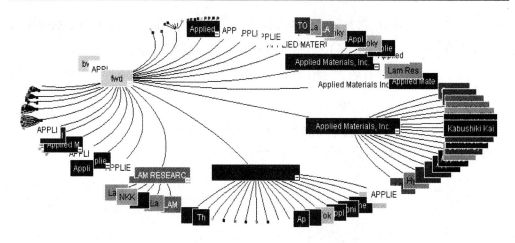

图 10 – 17 EP601788-A 向前引证树情况（以专利权人显示）

二、同族专利规模分析

同族专利规模分析是指在分析样本中，按照每件专利的同族专利涉及的国家数量进行统计和排序，判断重点专利（通常，专利申请人或权利人会将具有重要有价值的专利在多个国家申请专利，可以说一件专利的同族专利数量越多，其专利的重要性越大）。同族专利规模分析有时还可以应用到竞争对手技术实力的研究当中。

在牙膏专利的分析样本中，按照每件专利的同族专利数量进行统计排序，排靠前的专利为重要专利，参见表 10 – 6。

表 10 – 6 牙膏专利产生同族专利排名情况

优先权专利号	件 数
US 1988-291712	14
US 1987-8901	11
US 1989-398592	11
US 1989-398606	11
US 1989-398566	10
US 1989-399669	10
US 1989-398605	9
US 1981-775851	8
US 1984-685167	7
US 1981-813842	7

在牙膏技术分析样本中，研究排名前两位的公司（LION 公司和 COLGATE PALMOLIVE CO 公司）的同族专利涉及的国家情况，参见表 10 – 7，从表中可以看

出：LION 拥有的专利数量是第二位的高露洁公司的 2 倍，但同族专利国家的分布远远不及高露洁公司广泛；且 LION 公司的同族专利主要在日本，而高露洁公司在日本、美国、欧洲等国都有较大量的分布，表明牙膏技术领域高露洁公司的市场控制能力强于 LION 公司。

表 10 – 7　牙膏专利重点公司同族专利分布

同族专利国家	公 司 名	
	LION CORP（476）	COLGATE PALMOLIVE CO（205）
JP	474	69
US	20	191
EP	7	104
AU	5	142
WO	5	89
DE	14	80
BR		102
CA	2	68
CN	6	54
ZA		81
MX		71
ES	4	44
KR	4	14
NO		44
HU		20
NZ		25
PH		28
FI		28
PT		38
CZ		14

三、技术关联与聚类分析

技术关联与聚类分析是指在分析样本中，借助专业分析工具，如 VantagePoint 分析软件、TDA 专利分析工具或其他知识挖掘工具等，利用关联分析或聚类分析方法对相关技术主题进行研究，以此寻找核心技术。

在 DWPI 数据库中检索有关锂电池的专利，按照技术主题进行关联分析，参见图

10 - 18。如图所示：图中每个点代表出现相关主题词的专利文献多少，连线代表这些专利技术内容之间的联系程度，线越粗联系越紧密。从中可以看出，电极技术特别是电极的材料技术、电解液技术和隔膜技术是锂电池技术领域的三大主题。其中涉及电极的活性材料专利最多，如正极活性材料涉及的金属离子如钴、镍、铜、硅、铝、锰等。负极活性材料主要涉及碳基石墨电极。关于电解液方面的专利主要涉及有机溶剂和溶解的盐，其他电池的安装和隔膜也是发明涉及比较多的内容。

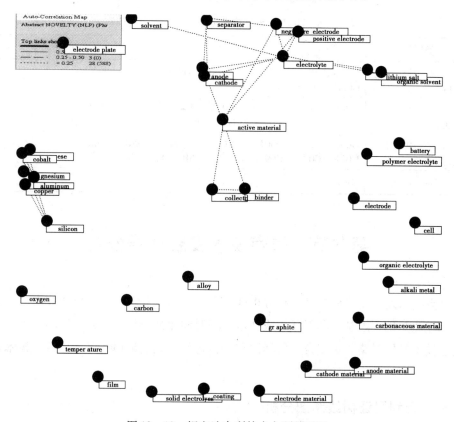

图 10 - 18 锂电池专利技术主题关系图

四、布拉德福文献离散定律的应用

在分析样本中利用布拉德福定律按专利分类号进行区域划分，可以较科学、准确地确定某技术领域中专利文献的核心分类，从而寻找技术领域中的核心技术区域。

应用布拉德福定律，对 2002 年通信技术领域的专利文献做统计研究，参见表 10 - 8。2002 年通信技术领域的专利申请量为 2 007 件（截至 2004 年 3 月被公开的中国专利）。按每件专利文献的主分类统计，其中，集中在 H04N、H04Q、H04M、H04L、H04B、H04J 等 9 个分类号中的专利数达 1 810 件，集中在 G02F、G11B、H04S 和 G03B 等 26 个分类号中的专利数仅有 175 件，而其他 22 个分类号中的专利数只有 22 件。按照布拉德福定律，将这些分类划分为 3 个区域，来研究通信技术领域专利文献分布的不均匀性。

　　表10-8清楚地反映出通信技术领域专利文献的核心、一般和相关3个分类区。该实例的目的是帮助读者理解布拉德福定律应用到专利信息分析中的方法。实际工作中要研究相关技术领域的核心分类区域，首先要对采集的数据作一定的研究，还要选择合理的时间跨度，在划分区域时要设定不同区域其专利数量占相关技术领域专利总量的比例。需要注意的是，不同技术领域应该有不同的划分标准。

表10-8　2002年通信技术领域核心技术分类研究

分类区域	分　类　号	专利申请量/件
第一区域本领域核心分类区	H04N、H04Q、H04M、H04L、H04B、H04J、H04R、G02B和G06F	1810
第二区域本领域一般性分类区	G02F、G11B、H04S、G03B、G01S、H01L、G03G、H05K、G06T、H02M和H03M等分类号	175
第三区域本领域相关分类区	G01B、G01C、G01M、G01R、G04B、G05B、G06K、G07F、G08G、G09B、B60P、B66B和F24F等分类号	22
总量	2007	

第六节　重点技术发展线路分析

　　重点技术发展线路分析是指在分析样本中，通过专利引证率分析或技术内容变化研究，在此基础上绘制专利引证树或技术发展时间序列图等，以此来研判相关技术领域重点技术发展线路。重点技术发展线路分析包括专利引证树线路图分析、技术发展时间序列图、技术应用领域变化分析。

一、专利引证树线路图分析

　　专利引证树线路图分析是在分析样本中，首先通过专利引证分析（专利引证或被引证次数、专利引证率等）确定各阶段重点专利，然后对重点专利构建专利引证树，专利引证树中的重要节点反映了专利技术发展线路，参见图10-19。

二、技术发展时间序列图

　　技术发展时间序列图是在分析样本中，首先通过专利引证分析（专利引证或被引证次数、专利引证率等）确定各阶段重点专利，然后对重点专利构建技术发展时间序列图雷达图、树行图等），以此来反映专利技术发展线路。

三、技术应用领域变化分析

　　技术应用领域变化分析是在分析样本中，按技术的应用领域进行统计和排序，并

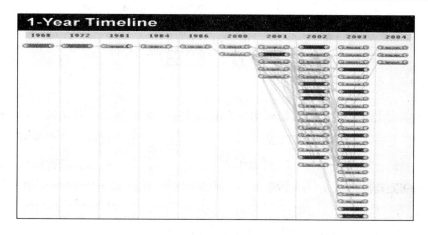

图 10 – 19　引证树状图

按时间序列展开技术应用领域的变化，以此了解技术的发展趋势。其中，技术的应用领域可以按照行业技术分析或德温特手工代码进行，也可以对分析样本中的数据进行人工标引。

　　在牙膏专利分析样本中，按照德温特分类（侧重应用分类体系）逐年变化情况进行统计和排序，以此了解技术变化趋势，参见图 10 – 20。

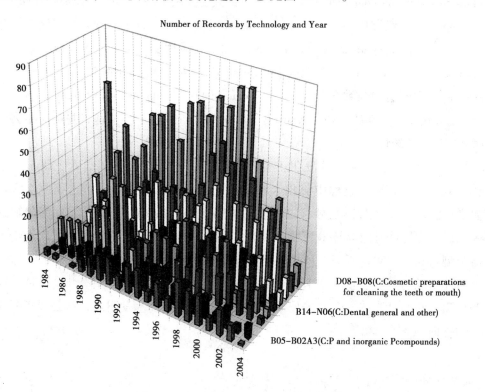

图 10 – 20　牙膏专利技术主题逐年变化情况

第七节　技术空白点分析

技术空白点分析是指对分析样本中专利数据进行专利技术功效矩阵分析，即对专利反映的主题技术内容和技术方案的主要技术功能、效果、材料、结构等因素之间的特征进行研究，以此揭示它们之间的相互关系并寻找技术空白点。这种研究方法的结果常常用功效矩阵图表形式表示。通常，可以按照按材料（Material）、特性（Personality）、动力（Energy）、结构（Structure）、时间（Time）等技术方案的要素对分析样本数据进行加工、整理和分类，构建功效矩阵表，在实际工作中也可以将因素与因素进行组合，如材料与处理方法，材料与产品等，形成多种矩阵图表，以此来研究技术重点或技术空白点。

表 10-9 是关于技术功效矩阵分析的结果显示表格，案例涉及有关"二氧（杂）芑"化合物技术主题的研究。分析人员将 1984 ~ 1998 年间有关二氧（杂）芑化合物，共 56 件进行加工、整理和分类。然后按 4 个技术主题（流化床体燃烧特征（Fluid bed cmbustion charactenstics）、二级燃烧温度控制（Secondary cmbustion temperature control）、二级燃烧混合控制（Secondary cmbustion mixing control）和二级燃烧持续时间（Secondary cmbustion retention time））和 5 个发明目的（使二氧（杂）芑分解（Dioxin decomposition only）、降低成本（Cost reduction）、维护和保养（Improved maintenance）、残渣类型与数量的波动（Accommodation to fluctuations of refuse type and volume）和热恢复及其他（Heat recovery and others））进行分类整理，并按 3 年为一个时间跨度进行统计。

数据显示：该技术领域的发明主要集中在 1987 ~ 1995 年间，技术主题主要集中在二氧（杂）芑分解过程中流化床燃烧特征、二氧（杂）芑分解过程中二级燃烧温度控制、二氧（杂）芑分解过程中二级燃烧混合控制、二氧（杂）芑分解过程中二级燃烧持续时间等技术领域。其次，涉及的另一个技术主题是流化床燃烧中残渣类型与数量的波动研究。值得注意的是有关该技术主题的专利大部分是 1993 年以后才出现的，属于新的技术热点。另一个需要注意的是在表中有几个区域没有专利申请，它们是该技术领域的技术空白点，即潜在的技术发明点，亦是寻求专利创新的方向。

表 10 - 9　专利技术功效矩阵示意图

Purpose / Technical item	Diaxin docomposition only					Cost redution					Improved maintenance					Aooommodation to fluctuations of retuse type and volume					Heat recovery and athera				
Application year	84~86	87~89	90~92	93~95	96~98	84~86	87~89	90~92	93~95	96~98	84~86	87~89	90~92	93~95	96~98	84~86	87~89	90~92	93~95	96~98	84~86	87~89	90~92	93~95	96~98
Fluid bed combustion charactenistics	● ● ● ●									●					●				●					● ●	
Secondary combustion temperature control	● ● ● ● ●							●						●					●	●				●	
Secondary combustion mixing contral	● ● ● ●							●						●						●					
Seoondary combustion retention time	● ● ● ●																								

（图中标注：技术空白点）

第八节　研发团队分析

研发团队分析是指在分析样本中，按照专利发明人拥有的专利数量（专利申请量或授权量）进行统计和排序，或者通过对专利发明人的合作研究（共同发明人分析）进行分析，以此研究相关技术领域中最具研发能力的发明团队或个人。实际操作中一般在对专利发明人专利数量（专利申请量或授权量）进行统计和排序的基础上，选择前 10~40 位的发明人作为该技术领域的重点发明人并进一步对其进行技术特征分析，以此了解不同发明团队的技术特征。这部分分析包括重点专利发明人分析、合作研发团队分析、研发团队规模变化分析和研发团队重点技术变化分析。

一、重点专利发明人分析

重点专利发明人分析是指在分析样本中，按照专利发明人拥有的专利数量（专利申请量或授权量）进行统计和排序，以此研究相关技术领域中最活跃的技术研发人员。

在 DWPI 数据库中采集有关拉链的专利共 2 500 件，采集时间为 1991~2002 年 3 月。前 40 位发明人共申请专利 432 件，占总数（2 769 件，考虑了共同发明人）的 15.60%。表 10 - 10 为前 10 位发明人。显然，这些发明人是拉链行业进行技术创新最重要的主力军，也是有关拉链生产企业应关注的发明人，他们是企业实施引进专利人才的依据。

表 10 - 10　世界范围拉链行业主要发明人

排名	发明人	专利量/件
1	MATSUDAY	26
2	HERRINGTONFJ	21
3	MALINA	19
4	AKASHIS	18
5	ODAK	16
6	IKEGUCHIY	15
7	KATOH	15
8	KUSEK	15
9	VANERDENDL	15
10	MCMAHONMJ	14

二、合作研发团队分析

　　合作研发团队分析是指在分析样本中，利用关联分析方法研究相关技术领域中最经常出现的共同发明人，以此了解该技术领域的合作研发团队。通常情况下，合作研发团队分析是在重点专利发明人分析的基础上所作的进一步分析，即对主要发明人在该领域中的合作动向进行分析，并依据主要发明人技术合作伙伴的变化判断该领域的技术重点的变化。

　　在牙膏专利分析样本中，按照发明人专利数量、所属机构和最经常合作的合作人情况进行统计和分析，参见表 10 - 11，从中可以了解发明人的任职情况和研究团队的配置情况。

表 10 - 11　牙膏专利重点发明人情况

件数	发明人	服务最多的机构	前三位合作人
73	GAFFAR A	COLGATE PALMOLIVE CO [73]	NABI N [21]; AFFLITTO J [17]; POLEFKA T G [12]
42	PRENCIPE M	COLGATE PALMOLIVE CO [42]	GAFFAR A [7]; WONG M [6]; AFFLITTO J [6]; NABI N [6]
31	WINSTON A E	CHURCH & DWIGHT CO INC [19]	USEN N [19]; DOMKE T W [5]; MISKEWITZ R M [4]
26	NABI N	COLGATE PALMOLIVE CO [26]	GAFFAR A [21]; AFFLITTO J [11]; PRENCIPE M [6]; STRINGER O [6]

三、研发团队规模变化分析

　　研发团队规模变化分析主要应用在对竞争对手进行综合分析当中，通过主要竞争对手专利申请或专利发明人团队的变化情况，判断企业技术实力和投资热点的改变。

　　假设甲公司实际发明人为：a、b、c、d、e、f、g、h、i、j、k、l、m、n、o、p、

q、r 等 18 位，乙公司实际发明人为：A、B、C、D、E、F、G、H、I、J、K、L、M、N、O、P、Q、R、S、T、U、V、W、X、Y 等 25 位，时间轴表示相近的年份。如表 10-12 所示，甲公司历年申请专利的发明人均多于乙公司，但甲公司的发明人多数是相同的几个人，只有 1~2 位是新人；而乙公司则相反，不仅累计申请专利的发明人多于甲公司，而且每年都有新的发明人加入，且至少有 1~4 位，说明乙公司在总体研发团队规模大于甲公司，而且公司一直在加大该领域的研发投入，说明乙公司认为该技术领域有发展前途，十分重视该技术领域的投入。分析中可以结合各个公司每年专利总量以及这些新增加的发明人的技术重点分析，可以推测其技术热点的变化。

表 10-12　发明人规模统计示意表

时间	1	2	3	4	5	6
甲公司	abcdefghijkl/12 人	a~l m n/14 人	a~n o/15 人	a~o p/16	a~p q/17 人	a~q r/18 人
乙公司	ABC/3 人	ABCDEFG HIJ/10	EIKLMN OP/8 人	BFPTCVW X/8 人	CGKNO SY/7 人	AFKP C/5 人

四、研发团队技术重点变化分析

研发团队技术重点变化分析主要应用在对竞争对手进行综合分析当中，通过主要竞争对手研发团队技术重点变化情况的分析，以此判断企业技术发展线路、投资热点改变和专利布局动向。其中技术内容可以用相应的分类号或主题词来表征。

在 OFDM 技术分析样本中，研究重点发明人研究团队的技术变化情况。参见表 10-13 和图 10-21，表中列举了本领域主要发明人所服务的机构、与其合作最多的发明人、发明专利的时间跨度、最近涉及的技术领域等信息。针对选定的重点发明人再作技术内容动态变化图，以此了解该发明人历年重点技术主题变化情况。

表 10-13　重点发明人情况表

件数	发明人	专利权人	合作最多的前三名	时间跨度	近三年占其总量比例百分比	最多的技术领域	独特的技术领域	最近的技术领域	优先权国家
160	LIJ	LIJ[87]	LAROIA R[100]; DAS A[24]; RICHARDSON T[22]	1999~2008	49% of 160	W02-K07C[116]; W01-B05A1A[58]; W02-C03C1B[34]	T01-N02B1E[2]	W01-A06B8C[6]; T01-N02A2E[4]; W01-C01D1A[4]; W02-K08[4]; W01-A06B5B[3]; W05-A01[3]; U22-A[2]; U22-D[2]; U22-D05A[2]; U22-E[2]; W02C03[2]; W02-C3A3[2]; W02-C03C1[2]; W02-C03E1A[2]	US[122]; CN[32]; AU[2]; EP[2]; JP[2]; KR[2]; WOUS[2]
117	LAROIA R	LAROIA R[87]	LIJ[100]; LANE F A[23]; VENKATA UPPALA S[22]	1999~2008	40% of 117	W02-K07C[81]; W01B05A1A[50]; W02-C03C1A[30]; W02-C03C1B[30]	W01-A05F2A[3]	W01-A06B8C[6]; T01-N02A2E[4]; W01-A06B5B[3]; W06-A01[3]; T01-N02A2[2]; W1-C01D1A[2]	US[115]; AU[2]; EP[2]; WOUS[2]

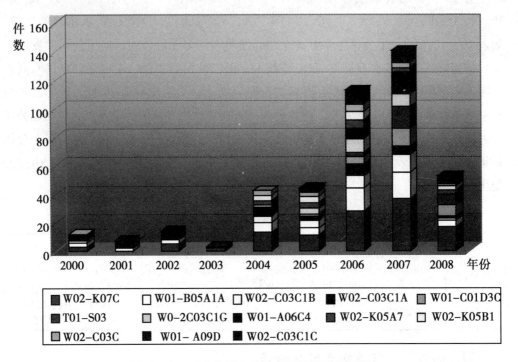

图 10 – 21　重点发明人技术主题随时间变化情况

参考文献

［1］陈燕，黄迎燕，方建国，等．专利信息采集与分析［M］．北京：清华大学出版社，2006.

［2］国家知识产权局专利局审查业务管理部．专利审查指南修订导读2010［M］．北京：知识产权出版社，2010.

［3］江镇华．怎样检索中外专利信息［M］．2版．北京：知识产权出版社，2007.

［4］李建蓉．专利信息与利用［M］．北京：知识产权出版社，2006.

［5］毛金生，冯小兵，陈燕．专利分析和预警操作实务［M］．北京：清华大学出版社，2009.

［6］中华人民共和国国家知识产权局．专利审查指南2010［M］．北京：知识产权出版社，2010.